実務裁判例

出入国管理
及び
難民認定法

多賀谷一照【編著】

日本加除出版

は　し　が　き

　本書は，出入国管理及び難民認定法に関する判例を編成したものである。同法に関する判例は最近増加の一途であり，詳細は不明であるが，判例データベースに搭載されているものだけで最近は年間100件を超えており，恐らく年間200-300件には達していると推測される。

　然るに，紙の形で刊行される判例集等に搭載される判例は年間10-30件程度であり，しかも難民不認定処分や退去強制令書発付処分が取消された事例が中心となるので，出入国管理・難民認定法制の全容が見えにくい。入管局による行政が恣意的，裁量的であり，裁判所によってしばしば矯正されているかのような印象を持たれかねない。

　髙宅茂（日本大学教授）と共著で出版した「入管法大全」では，入管法の体型的理解を求めて，各条文の解説をするとともに，必要な判例を挿入しているが，コンメンタールであるため判例の紹介は不十分なものとなっていた。

　このため，関係する判例を網羅的に編成し，入管法制の全体像を明らかにするものとして本書を執筆した次第である。

　本書に搭載されている判例は，個人的に入手した判例を除くと，巻号数等がないこともあって敢えて引用はしないが，原則として各種法令データベース（第一法規 D1law，ウエストロー，LEX-DB）に搭載されたものからなる。判例タイムズ，判例時報等にも搭載されている場合においては，その旨添付記述しているが，悉皆的ではない。

　判例の集積は最近著しいこともあって，凡そ過去10年間に出された判例について，網羅的に編成してある。ただし，それ以前の判決も一部搭載してある。

　編別構成は，全体で3編からなり，第1編は，出入国管理にかかる判例（出入国管理に関する判例を編成するにあたっては，在留特別許可事例のみではなく，入国・上陸，在留資格の更新・変更・取消，退去強制事由・手続などについても，体系的にまとめてある。出入国管理及び難民認定法の編成に概ね準拠しているが，同法は法改正を繰り返すうちに，種々の条文が挿入されたこともあって，編成としてそのまま採用することができないので，一部入れ替え等をしている。），第2編は，難民認定制度（出入国管理及び難民認定法の難民認定にかかる部分についての判例について，共通する法理ならびに国別の認定・不認定事例についてまとめている。），第3編は，行政行為，行政訴訟にかかる判例（入管法にかかる判例では，行政法に関する判示が多く，それらを纏めている編である。）を集約した。

入管法についての理論的な解説は、「入管法大全」ですでに行っているので、本書では解説を詳しく行うことはしない。ただし、個々の判例の中身を容易に了解することができるように、要旨づけをし、多くの判例にはその冒頭に、その判例の内容の小見出しを付け、索引しやすいように工夫した。

是非とも、入管法制の理解を深めるために、また、各界各層に実務の参考として活用されることを祈る次第である。

2016 年 11 月

多賀谷　一　照

凡　　例

　文中に掲げる裁判例については次の略記とする。

〔裁判例〕

最判平成 23 年 7 月 12 日（判時 2128 号 33 頁，金判 1378 号 28 頁）

　→　最高裁判所判決平成 23 年 7 月 12 日判例時報 2128 号 33 頁，金融・商事判例 1378 号 28 頁

東京地八王子支判昭和 40 年 1 月 27 日（判タ 174 号 155 頁）

　→　東京地方裁判所八王子支部判決昭和 40 年 1 月 27 日判例タイムズ 174 号 155 頁

民　　録	大審院民事判決録	判　　タ	判例タイムズ
民　　集	最高裁判所民事判例集	判　　時	判例時報
刑　　集	最高裁判所刑事判例集	訟　　月	訟務月報
裁判集民	最高裁判所裁判集民事	法　　時	法律時報
行　　集	行政事件裁判例集	裁　　時	裁判所時報
高刑集	高等裁判所刑事判例集	労　　判	労働判例
高刑裁特	高等裁判所刑事裁判特報		

その他，最高裁判所ウェブサイト

〔その他〕

　本書で引用されている裁判例につき，登場する人名等を便宜アルファベット等で振り直す等の取扱いをしている。

目　次

第1編　入管法制 ——————————————————————————————— 1
第1章　総則 ——————————————————————————————————— 3
第1　定義等 —————————————————————————————————— 3
（有効な旅券） ———————————————————————————————— 3
　　1　那覇地判平成 27 年 1 月 27 日　平 25（行ウ）4　*3*
　　2　東京高判平成 19 年 5 月 16 日　平 18（行コ）264（判タ 1283 号 128 頁）　*3*
　　3　広島高判平成 18 年 3 月 23 日　平 17（行ウ）225　*4*
（両性具有者と旅券の発行） ————————————————————————— 4
　　4　東京地判平成 22 年 11 月 10 日　平 21（行ウ）265　*4*
　　5　東京地判平成 26 年 6 月 25 日　平 24（行ウ）334　*4*
（乗員） ——————————————————————————————————— 4
　　6　最三小判昭和 43 年 7 月 16 日　昭 42（あ）2287（判時 527 号 83 頁）　*4*
（国籍の証明） ———————————————————————————————— 5
　　7　大阪高判平成 23 年 12 月 8 日　平 23（行コ）28（訟月 59 巻 10 号 2731 頁）　*5*
（地方入国管理局長の権限） ————————————————————————— 5
　　8　東京地判平成 21 年 2 月 27 日　平 20（行ウ）123　*5*
第2　在留資格 —————————————————————————————— 5
（在留する地位） ——————————————————————————————— 6
　　9　最大判昭和 53 年 10 月 4 日　昭 50（行ツ）120（民集 32 巻 7 号 1223 頁）　*6*
（一資格一在留期間原則） —————————————————————————— 6
　　10　名古屋地判平成 17 年 2 月 17 日　平 16（行ウ）11（判タ 1209 号 101 頁）　*6*
（活動の実質） ———————————————————————————————— 6
　　11　最一小判平成 14 年 10 月 17 日　平 11（行ヒ）46（民集 56 巻 8 号 1823 頁）　*6*
（在外者に対する在留特別許可） ——————————————————————— 7
　　12　大阪地判平成 18 年 3 月 23 日　平 16（行ウ）140（判タ 1213 号 112 頁）　*7*
（在留期間の指定） —————————————————————————————— 7
　　13　最一小判平成 8 年 2 月 22 日　平 4（行ツ）140　*7*
（技能資格） ————————————————————————————————— 7
　　14　東京地判平成 19 年 3 月 16 日　平 18（行ウ）32　*7*
（公私の機関） ———————————————————————————————— 7
　　15　名古屋地判平成 17 年 2 月 17 日　平 16（行ウ）11（判タ 1209 号 101 頁）　*7*
（投資・経営） ———————————————————————————————— 8
　　16　大阪地決平成 24 年 4 月 2 日　平 23（行ク）138　*8*
（興行） ——————————————————————————————————— 8
　　17　大阪地判平成 18 年 6 月 14 日　平 16（行ウ）156（判タ 1217 号 117 頁）　*8*
（人文知識・国際業務） ——————————————————————————— 8
　　18　東京地判平成 28 年 1 月 27 日　平 26（行ウ）432　*8*
第3　憲法，条約，一般法理 ————————————————————————— 9
（基本的人権） ———————————————————————————————— 9
　　19　最大判昭和 53 年 10 月 4 日　昭 50（行ツ）120（判タ 368 号 196 頁）　*9*
（憲法 14 条） ———————————————————————————————— 9
　　20　東京地判平成 21 年 9 月 29 日　平 20（行ウ）586，674　*9*
　　21　東京地判平成 21 年 5 月 28 日　平 19（行ウ）549　*9*
（憲法 26 条） ———————————————————————————————— 9
　　22　大阪地判平成 20 年 9 月 26 日　平 18（ワ）1883（判タ 1295 号 198 頁）　*9*
（要急収容と憲法 31 条，34 条） —————————————————————— 10
　　23　東京高判昭和 47 年 4 月 15 日　昭 46（う）3326（判タ 279 号 359 頁）　*10*
（憲法 32 条） ———————————————————————————————— 10
　　24　東京地判平成 21 年 7 月 24 日　平 21（行ウ）123　*10*
（憲法 34 条） ———————————————————————————————— 10
　　25　最一決昭和 46 年 1 月 25 日　昭 45（ク）441（訟月 17 巻 3 号 454 頁）　*10*

vi 目　次

　　（B 規約） 10
　　　　26　大阪高判平成 27 年 11 月 27 日　平 26（行コ）106　*10*
　　（B 規約，児童の権利条約） 11
　　　　27　福岡高判平成 17 年 3 月 7 日　平 15（行コ）13　*11*
　　（比例原則） 11
　　　　28　東京地判平成 28 年 6 月 3 日　平 27（行ウ）422　*11*
　　　　29　東京地判平成 15 年 9 月 19 日　平 12（行ウ）211　*11*
　　（平等原則） 12
　　　　30　東京高判平成 19 年 7 月 17 日　平 19（行コ）25　*12*

第 2 章　入国，上陸 13

第1　上陸審査 13
　　　　31　最一決昭和 46 年 1 月 25 日　昭 45（ク）441（訟月 17 巻 3 号 454 頁）　*13*
　　（上陸審査中に逃亡し，15 年間不法残留） 13
　　　　32　東京地判平成 27 年 3 月 20 日　平 26（行ウ）52　*13*
　　（国籍の確認と出入国） 14
　　　　33　大阪高判平成 23 年 12 月 8 日　平 23（行コ）28（訟月 59 巻 10 号 2731 頁）　*14*
　　（上陸拒否事由と証明書の交付） 14
　　　　34　東京地判平成 26 年 11 月 19 日　平 25（行ウ）358　*14*
　　（匿名情報提供と上陸審査） 14
　　　　35　東京地判平成 23 年 6 月 24 日　平 22（行ウ）339　*14*
　　（訴えの利益） 15
　　　　36　東京地判平成 21 年 7 月 24 日　平 21（行ウ）123　*15*
　　（証明書不交付と上陸審査） 15
　　　　37　東京地判平成 20 年 7 月 16 日　平 19（行ウ）676　*15*
　　（上陸許可の遡及取消） 15
　　　　38　大阪地判平成 19 年 11 月 14 日　平 17（行ウ）47　*15*
　　（刑の執行猶予と上陸拒否事由） 15
　　　　39　東京地判平成 18 年 9 月 15 日　平 18（行ウ）63　*15*
　　（興行にかかわる活動が虚偽のものであるとして，上陸許可取消処分を受けた事例） 16
　　　　40　大阪地判平成 18 年 6 月 14 日　平 16（行ウ）156（判タ 1217 号 117 頁）　*16*
　　（上陸許可取消処分の執行停止） 16
　　　　41　東京地判昭和 45 年 7 月 4 日　昭 45（行ク）50　*16*

第2　在留資格認定証明書 16
　　（在留資格認定証明書の効果） 16
　　　　42　東京地判平成 22 年 7 月 8 日　平 21（行ウ）107　*16*
①　上陸拒否事由該当性 17
　　（法 7 条 1 項 2 号以外の上陸拒否事由該当性） 17
　　　　43　東京地判平成 20 年 7 月 16 日　平 19（行ウ）676　*17*
　　（上陸拒否事由に該当することが明らかな場合の，証明書不交付） 17
　　　　44　東京地判平成 10 年 12 月 25 日　平 10（行ウ）23（判タ 1006 号 146 頁）　*17*
②　上陸拒否の特例と在留資格認定証明書の不交付 17
　　（在外者に対する在留特別許可） 17
　　　　45　東京地判平成 26 年 7 月 10 日　平 25（行ウ）235　*17*
　　　　46　東京地判平成 20 年 1 月 25 日　平 19（行ウ）547　*18*
　　　　47　東京地判平成 26 年 11 月 19 日　平 25（行ウ）358　*18*
③　不交付処分を違法とした事例 18
　　（年齢差のある婚姻） 18
　　　　48　京都地判平成 23 年 10 月 18 日　平 22（行ウ）36（判タ 1383 号 197 頁）　*18*
　　　　49　東京地判平成 19 年 8 月 31 日　平 18（行ウ）79　*19*
　　（文化活動） 19
　　　　50　東京地判平成 21 年 10 月 16 日　（判タ 1337 号 123 頁）　*19*
④　不交付処分を適法とした事例 19
　　　　51　東京地判平成 19 年 11 月 12 日　平 19（行ウ）302・303　*19*
　　（安定的かつ継続的に婚姻関係を営むことができない） 19
　　　　52　東京地判平成 25 年 9 月 11 日　平 24（行ウ）451　*19*

目　次　vii

（安定した婚姻生活を送れる見込みの立証）··20
　　　53　東京地判平成 25 年 3 月 1 日　平 23（行ウ）654　*20*
（継続的な精神的及び肉体的結合を目的として真摯な意思をもって共同生活を営む見込みが少ない）·········20
　　　54　東京地判平成 25 年 7 月 19 日　平 24（行ウ）550　*20*
　　　55　東京地判平成 23 年 9 月 8 日　平 22（行ウ）504　*20*
　　　56　東京地判平成 23 年 3 月 11 日　平 21（行ウ）560　*20*
　　　57　東京地判平成 23 年 9 月 13 日　平 22（行ウ）464　*21*

⑤　**原告適格，処分性等** ──────────────────**21**
（申請者の配偶者）···21
　　　58　東京地判平成 20 年 7 月 16 日　平 19（行ウ）676　*21*
　　　59　東京地判平成 23 年 12 月 13 日　平 23（行ウ）303，393，394　*21*
（外人タレント招へい業者）···21
　　　60　東京地判平成 19 年 4 月 27 日　平 17（行ウ）513　*21*

⑥　**その他** ──────────────────────────**22**
（代筆と有印私文書偽造罪）···22
　　　61　東京地判平成 22 年 7 月 23 日　平 21（刑わ）1358，2122，2365，平 21（特わ）2330，平 21（合わ）443　*22*
（立証責任）···22
　　　62　東京地判平成 23 年 9 月 13 日　平 22（行ウ）464　*22*

第3章　在留，出国 ─────────────────23

第1　外国人の権能 ──────────────────────23
（住所）···23
　　　63　最三小判平成 16 年 1 月 15 日　平 14（受）687（判タ 1145 号 120 頁）　*23*
（旅券等携帯義務）···24
　　　64　水戸家裁下妻支部決平成 16 年 9 月 1 日　平 16（少）363（判タ 1167 号 302 頁）　*24*
（在留カード発行システムの不具合等につき，国家賠償責任が問われた事例）·············24
　　　65　横浜地判平成 25 年 12 月 4 日　平 24（ワ）4059　*24*
（裁判を受ける権利）···24
　　　66　東京地判平成 21 年 7 月 24 日　平 21（行ウ）123　*24*
（教育を受ける権利・義務）···25
　　　67　大阪地判平成 20 年 9 月 26 日　平 18（ワ）1883（判タ 1295 号 198 頁）　*25*
（住宅ローン申し込み）···25
　　　68　東京地判平成 13 年 11 月 12 日　平 12（ワ）2316（判タ 1087 号 109 頁）　*25*
（生活保護）···26
　　　69　最二小判平成 26 年 7 月 18 日　平 24（行ヒ）45（訟月 61 巻 2 号 356 頁，判例地方自治 386 号 78 頁）　*26*
　　　70　福岡高判平成 23 年 11 月 15 日　平 22（行コ）38　（判タ 1377 号 104 頁）（平成 26 年 7 月 18 日最判の原審）　*26*
　　　71　横浜地判平成 22 年 10 月 27 日　平 22（行ウ）26　*26*
（外国人には，憲法上，適法に我が国に在留する権利ないし在留することを求める権利が保障されていないこと）·········27
　　　72　東京地判平成 19 年 2 月 20 日　平 18（行ウ）323　*27*
（不法入国者と出国確認）···27
　　　73　最三小決昭和 32 年 7 月 9 日　昭 30（あ）2684（刑集 11 巻 7 号 1813 頁）　*27*

第2　資格更新・変更・取消 ────────────────28
1　資格更新 ──────────────────────────28
① **概論** ──────────────────────────**28**
（更新が権利として認められるものではないこと）·······································28
　　　74　最大判昭和 53 年 10 月 4 日　昭 50（行ツ）120（判タ 368 号 196 頁）　*28*
（裁量判断における考慮事項）···28
　　　75　東京地判平成 24 年 11 月 20 日　平 23（行ウ）661　*28*
（更新不許可が信義則違反であるとされた事例）···29
　　　76　最三小判平成 8 年 7 月 2 日　平 6（行ツ）183（判タ 920 号 126 頁）　*29*

viii　　目　　次

②　各種資格と更新 ———————————————————————29

（技能資格と更新）——————————————————————29
　　77　名古屋地判平成 17 年 2 月 17 日　平 16（行ウ）11（判タ 1209 号 101 頁）　*29*

（投資・経営資格と更新）——————————————————29
　　78　東京地判平成 8 年 10 月 24 日　平 7（行ウ）306　*29*

（留学資格の更新不許可）——————————————————29
　　79　東京地判平成 24 年 4 月 25 日　平 22（行ウ）756　*29*

（日本人配偶者等と活動の実態）———————————————29
　　80　東京地判平成 26 年 12 月 24 日　平 26（行ウ）257　*29*

（定住者の更新申請と定住者告示）——————————————30
　　81　東京地判平成 26 年 9 月 4 日　平 25（行ウ）583　*30*

③　素行不良，犯罪などの理由で更新を認めなかった事例 ————30
　　82　東京地判平成 26 年 10 月 22 日　平 25（行）806　*30*
　　83　東京地判平成 23 年 9 月 13 日　平 22（行ウ）758　*30*
　　84　東京地判平成 21 年 2 月 10 日　平 20（行ウ）434　*30*
　　85　東京地判平成 16 年 12 月 2 日　平 15（行ウ）283　*31*
　　86　大阪地判平成 8 年 11 月 12 日　平 7（行ウ）11（訟月 44 巻 10 号 1742 頁）　*31*

④　更新と手続 ———————————————————————31

（取次申請）————————————————————————31
　　87　東京高判平成 25 年 1 月 31 日　平 24（ネ）5340（原審：東京地判平成 24 年 7 月 18 日　平 22（ワ）42340）　*31*

（特別受理）————————————————————————32
　　88　東京地判平成 24 年 12 月 7 日　平 23（行ウ）417，平 24（行ウ）144，490　*32*

（行政書士の業務停止処分と申請取次業務を行う利益）——————32
　　89　東京高判平成 19 年 8 月 29 日　平 19（行コ）159　*32*

⑤　その他 ————————————————————————32

（執行停止）————————————————————————32
　　90　大阪地決平成 24 年 4 月 2 日　平 23（行ク）138　*32*
　　91　大阪地決昭和 55 年 9 月 19 日　（訟月 27 巻 1 号 179 頁）　*32*

（代理人の原告適格）————————————————————33
　　92　東京地判平成 23 年 1 月 18 日　平 22（行ウ）365　*33*

（刑事手続）————————————————————————33
　　93　東京地判平成 5 年 9 月 6 日　平 3（行ウ）254（判タ 864 号 209 頁）　*33*
　　94　東京地判平成 5 年 9 月 6 日　平 3（行ウ）254（判タ 864 号 209 頁）　*33*

2　資格変更 ————————————————————————33

①　資格変更と裁量性 —————————————————————33
　　95　東京地判平成 25 年 6 月 19 日　平 24（行ウ）401　*33*

（申請者の申請事由以外の考慮）———————————————33
　　96　東京地判平成 24 年 7 月 4 日　平 23（ワ）2651　*33*

（資格変更の「相当な理由」）————————————————34
　　97　東京地判平成 24 年 3 月 8 日　平 22（行ウ）495　*34*
　　98　東京地判平成 23 年 11 月 4 日　平 22（行ウ）674　*34*

（裁量判断の対象）—————————————————————34
　　99　名古屋地判平成 17 年 2 月 17 日　平 16（行ウ）11（判タ 1209 号 101 頁）　*34*

②　変更申請の類型 —————————————————————35

（日本人配偶者等への変更申請）———————————————35
　　100　東京地判平成 11 年 10 月 15 日　平 9（行ウ）120　*35*
　　101　東京地判平成 24 年 9 月 7 日　平 24（行ウ）29　*35*
　　102　大阪高判平成 10 年 12 月 25 日　平 8（行コ）60（判タ 1059 号 108 頁）　*35*

（日本人配偶者との離別（離婚・死亡）による変更申請）—————35
　　103　東京地判平成 28 年 8 月 28 日　平 25（行ウ）819　*35*
　　104　東京地判平成 27 年 3 月 26 日　平 25（行ウ）742，745，746　*36*
　　105　東京地判平成 27 年 1 月 28 日　平 26（行ウ）79　*36*
　　106　東京地判平成 25 年 3 月 26 日　平 24（行ウ）72　*36*
　　107　東京地判平成 21 年 9 月 29 日　平 20（行ウ）586，674　*36*
　　108　東京高判平成 5 年 11 月 11 日　平 5（う）751（判タ 846 号 291 頁）　*36*

目　次　ix

　　（短期滞在からの変更申請）――――――――――――――――――――――――37
　　　　109　東京地判平成 19 年 10 月 31 日　平 18（行ウ）113　　37
　　　　110　最一小判平成 14 年 10 月 17 日　平 11（行ヒ）46（判タ 1109 号 113 頁）　37
　　（定住者への資格変更申請）――――――――――――――――――――――――37
　　　　111　東京地判平成 19 年 9 月 21 日　平 18（行ウ）179，190，191　　37
　　　　112　東京地判平成 25 年 12 月 3 日　平 24（行ウ）724　　38
③　申請の手続等 ――――――――――――――――――――――――――――――38
　　（変更手続の遅延と国賠訴訟）―――――――――――――――――――――――38
　　　　113　東京地判平成 27 年 3 月 17 日　平 24（行ウ）693　　38
　　（資格変更等の手続を行政書士に依頼した件）――――――――――――――――38
　　　　114　東京地判平成 26 年 11 月 28 日　平 25（行ウ）2980　　38
　　（事前指導）――――――――――――――――――――――――――――――――39
　　　　115　東京地判平成 22 年 2 月 17 日　平 20（行ウ）443　　39
　　（資格更新申請と資格変更申請）――――――――――――――――――――――39
　　　　116　名古屋地判平成 17 年 2 月 17 日　平 16（行ウ）11（判タ 1209 号 101 頁）　　39
　　　　117　最三小判平成 8 年 7 月 2 日　平 6（行ツ）183（判タ 920 号 126 頁）　　40
④　その他 ――――――――――――――――――――――――――――――――――40
　　（人身取引であるとの主張が認められなかった事例）―――――――――――――40
　　　　118　東京地判平成 27 年 1 月 28 日　平 26（行ウ）79　　40
　　（資格変更，通知の処分性）―――――――――――――――――――――――――40
　　　　119　東京地判平成 22 年 2 月 17 日　平 20（行ウ）443　　40
　　（資格変更申請と刑事訴追等）――――――――――――――――――――――――40
　　　　120　東京地判平成 11 年 11 月 11 日　平 10（行ウ）77　　40
3　資格の取消 ―――――――――――――――――――――――――――――――――41
①　偽りその他不正の手段，不実記載文書の提出等による上陸許可等の取得 ―――41
　　（退去強制されたことがない旨の虚偽の記載）――――――――――――――――41
　　　　121　東京地判平成 26 年 6 月 20 日　平 25（行ウ）647，654 － 656　　41
　　（虚偽の身分事項による永住許可取得）―――――――――――――――――――41
　　　　122　東京地判平成 25 年 7 月 25 日　平 24（行ウ）662　　41
　　（同居の有無に関する虚偽記述）――――――――――――――――――――――41
　　　　123　東京地判平成 26 年 10 月 10 日，平 26（行ウ）42　　41
　　　　124　東京地判平成 25 年 3 月 8 日　平 24（行ウ）232　　42
　　（虚偽の勤務先記載による在留資格変更申請）――――――――――――――――42
　　　　125　東京地判平成 23 年 5 月 12 日　平 22（行ウ）307　　42
②　資格対応活動の非継続，不存在 ――――――――――――――――――――――42
　　（偽装婚姻）――――――――――――――――――――――――――――――――42
　　　　126　東京地判平成 26 年 6 月 26 日　平 25（行ウ）447　　42
　　（成功報酬としての雇用形態）――――――――――――――――――――――――42
　　　　127　東京地判平成 26 年 5 月 30 日　平 23（行ウ）679，平 24（行ウ）430　　42
　　（実子の親の偽装）―――――――――――――――――――――――――――――42
　　　　128　東京地判平成 25 年 12 月 3 日　平 24（行ウ）724　　42
　　（資格外活動）―――――――――――――――――――――――――――――――43
　　　　129　東京地判平成 24 年 11 月 19 日　平 24（行ウ）6　　43
③　意見聴取など取消手続 ――――――――――――――――――――――――――43
　　　　130　東京地判平成 23 年 6 月 28 日　平 22（行ウ）234　　43
　　　　131　東京地判平成 23 年 5 月 12 日　平 22（行ウ）307　　43
　　（変更にかかる考慮要素）―――――――――――――――――――――――――43
　　　　132　東京地判平成 25 年 1 月 31 日　平 23（行ウ）759　　43
第3　再入国許可 ――――――――――――――――――――――――――――――――44
　　（指紋押捺拒否者に対する再入国不許可処分と法務大臣の裁量）―――――――――44
　　　　133　最二小判平成 10 年 4 月 10 日　平 6（行ツ）153（判タ 973 号 281 頁）　　44
　　（指紋押捺拒否者に対する再入国不許可処分）―――――――――――――――――44
　　　　134　東京高判昭和 63 年 9 月 29 日　昭 61（行コ）33（判タ 689 号 281 頁）　　44
　　（再入国不許可処分と訴えの利益）―――――――――――――――――――――44
　　　　135　最二小判平成 10 年 4 月 10 日　平 6（行ツ）152（判タ 973 号 281 頁）　　44

x　目　　次

　　　　136　東京地判平成元年 4 月 28 日　　昭 58（行ウ）10（訟月 35 巻 9 号 1811 頁，判タ 694 号 187 頁）
　　　　　　44
　　　（他人名義による再入国許可申請書）――――――――――――――――――――――――45
　　　　137　最二小判昭和 59 年 2 月 17 日　　昭 58（あ）257（判タ 531 号 151 頁）　　45
　　　（在留資格なき外国人による再入国）――――――――――――――――――――――――45
　　　　138　最一小判昭和 40 年 12 月 23 日　　昭 37（オ）853（判タ 187 号 113 頁）　　45

第 4 章　退去強制事由　　　　　　　　　　　　　　　　　47

第1　不法入国（1号）――――――――――――――――――――――――――47
　　　　139　最三小判昭和 54 年 10 月 23 日　　昭 53（行ツ）37　　48
　　　　140　東京地判平成 27 年 4 月 17 日　　平 26（行ウ）204　　48
　　　　141　東京地判平成 27 年 7 月 16 日　　平 26（行ウ）192　　48
　　　　142　東京地判平成 26 年 9 月 8 日　　平 25（行ウ）448　　48
　　　　143　大阪地判昭和 45 年 12 月 24 日　　昭 43（行ウ）803（訟月 17 巻 4 号 635 頁，訟月 20 巻 7 号 77 頁）
　　　　　　49
　　　（ブローカーから他人名義の旅券入手）――――――――――――――――――――――49
　　　　144　東京地判平成 26 年 9 月 26 日　　平 25（行ウ）455　　49
　　　　145　東京地判平成 26 年 6 月 20 日　　平 25（行ウ）636　　49
　　　　146　東京地判平成 25 年 4 月 17 日　　平 24（行ウ）429　　49

第2　不法上陸（2号）――――――――――――――――――――――――――50
　　　　147　東京地判平成 27 年 3 月 20 日　　平 26（行ウ）52　　50
　　　　148　那覇地判平成 27 年 1 月 27 日　　平 25（行ウ）4　　50
　　　　149　大阪地判平成 18 年 6 月 14 日　　平 16（行ウ）156（判タ 1217 号 117 頁）　　50

第3　在留資格取消（2号の2）―――――――――――――――――――――――51
　　　　150　東京地判平成 27 年 11 月 13 日　　平 27（行ウ）277　　51
　　　　151　東京地判平成 27 年 7 月 10 日　　平 26（行ウ）345　　51
　　　　152　東京地判平成 26 年 6 月 20 日　　平 25（行ウ）647，654 − 656　　51
　　　　153　東京地判平成 26 年 6 月 26 日　　平 25（行ウ）447　　52

第4　偽変造文書の作成・提供等（3号）―――――――――――――――――――52
　　　（妹名義の旅券）――――――――――――――――――――――――――――――――52
　　　　154　東京地判平成 27 年 9 月 15 日　　平 26（行ウ）531　　52
　　　（他の外国人のための文書偽造）―――――――――――――――――――――――――52
　　　　155　東京地判平成 26 年 6 月 4 日　　平 24（行ウ）862，平 25（行ウ）390　　52
　　　（配偶者の認定証明書の偽造）――――――――――――――――――――――――――53
　　　　156　東京地判平成 26 年 4 月 22 日　　平 25（行ウ）131・357，164　　53

第5　不法就労助長（3号の4イ）――――――――――――――――――――――53
　　　　157　東京地判平成 27 年 5 月 28 日　　平 26（行）344　　54
　　　（風俗関連事業での不法就労）――――――――――――――――――――――――――54
　　　　158　東京地判平成 27 年 4 月 16 日　　平 25（行ウ）287　　54
　　　　159　東京地判平成 26 年 12 月 5 日　　平 25（行ウ）352・784，平 26（行ウ）161　　54
　　　　160　東京地判平成 26 年 1 月 17 日　　平 25（行ウ）306　　54
　　　　161　東京地判平成 24 年 2 月 7 日　　平 23（行ウ）200　　54
　　　（町工場での不法就労）――――――――――――――――――――――――――――55
　　　　162　東京地判平成 26 年 11 月 20 日　　平 25（行ウ）718　　55
　　　　163　東京地判平成 26 年 2 月 28 日　　平 24（行ウ）757，平 25（行ウ）211　　55
　　　（故意・違法性の認識の存否）――――――――――――――――――――――――――55
　　　　164　東京地判平成 27 年 5 月 28 日　　平 26（行）344　　55
　　　　165　東京地判平成 26 年 2 月 12 日　　平 25（行ウ）138，587　　56
　　　（反復・継続性の要否）――――――――――――――――――――――――――――56
　　　　166　東京地判平成 26 年 2 月 28 日　　平 24（行ウ）757，平 25（行ウ）211　　56

第6　在留カード等の偽・変造等（3号の5）―――――――――――――――――56
　　　　167　東京地判平成 27 年 9 月 17 日　　平 26（行ウ）434　　57
　　　　168　東京地判平成 27 年 9 月 8 日　　平 26（行ウ）508　　57

第7　資格外活動を専ら行っている者（4号イ）――――――――――――――――57
　　　　169　名古屋地判平成 28 年 2 月 18 日　　平 26（行ウ）128　　57

　①　各種資格と資格外活動 ―――――――――――――――――――――――――――58
　　　（留学資格と資格外活動を専ら行っていた事例）――――――――――――――――――58
　　　　170　東京地判平成 28 年 1 月 26 日　　平 26（行ウ）535　　58

	171	東京地判平成 25 年 9 月 25 日　平 24（行ウ）平 498　*58*	
	172	広島地判平成 20 年 3 月 28 日　平 18（行ウ）28　*58*	
	173	大阪地判平成 18 年 1 月 25 日　平 16（行ウ）15　*59*	

（人文知識・国際業務資格と資格外活動）────────────────────────59

	174	東京地判平成 28 年 1 月 27 日　平 26（行ウ）432　*59*
	175	東京地判平成 24 年 6 月 15 日　平 23（行ウ）163　*59*

（投資・経営）─────────────────────────────────────60

176	東京地判平成 20 年 9 月 19 日　平 19（行ウ）274, 645　*60*

（参考）──60

177	東京地方立川支部判平成 27 年 2 月 4 日　平 25（わ）1514　*60*

（家族滞在資格）────────────────────────────────────60

178	東京地判平成 20 年 2 月 7 日　平 18（行ウ）665　*60*

② 資格外活動を専ら行っているとはいえないとして，退去強制事由該当性がないとされた事例──60

（留学資格）───60

	179	広島地判平成 20 年 3 月 13 日　平 18（行ウ）29　*60*
	180	東京地判平成 19 年 1 月 31 日　平 17（行ウ）607（法時 82 巻 5 号 92 頁）　*61*
	181	東京地判平成 18 年 8 月 30 日　平 17（行ウ）368（判タ 1305 号 106 頁）　*61*
	182	大阪地判平成 16 年 10 月 19 日　平 15（行ウ）91（法時 82 巻 5 号 92 頁）　*61*

（技術資格）───61

183	名古屋地判平成 28 年 2 月 18 日　平 26（行ウ）128　*61*

（技能資格）───61

184	東京地判平成 23 年 2 月 18 日　平 21（行ウ）622, 594　*61*

③ その他──62

（資格外活動による退去強制手続と執行停止申立）──────────────────62

185	東京地決平成 17 年 9 月 29 日　平 17（行ク）217　*62*

第8　不法残留者(4号ロ)────────────────────────────62

① 不法残留事由に該当し，在留特別許可を得られなかった場合──────────63

	186	東京地判平成 27 年 3 月 25 日　平 26（行ウ）149　*63*
	187	東京地判平成 26 年 7 月 17 日　平 25（行ウ）364　*63*
	188	東京地判平成 26 年 6 月 19 日　平 25（行ウ）283　*63*

（資格更新・変更申請と不法残留）───────────────────────────63

	189	東京地判平成 26 年 9 月 5 日　平 26（行ウ）92　*63*
	190	東京地判平成 26 年 8 月 8 日　平 25（行ウ）824　*63*
	191	東京地判平成 26 年 1 月 21 日　平 24（行ウ）772　*64*

（不法残留期間の長さ）─────────────────────────────────64

	192	東京地判平成 28 年 1 月 28 日　平 27（行ウ）389　*64*
	193	東京地判平成 26 年 9 月 5 日　平 25（行ウ）400　*64*
	194	東京地判平成 19 年 3 月 16 日　平 18（行ウ）32　*65*

（不法残留中の活動の評価）──────────────────────────────65

195	東京地判平成 27 年 1 月 22 日　平 26（行ウ）217　*65*

② 不法残留での退去強制令書の発付を違法とした事例────────────────65

196	名古屋高判平成 28 年 1 月 27 日　平 27（行コ）36　*65*

（不法残留が，入管職員の不適切な指導によるものでもあるとされた事例）───65

197	名古屋高判平成 28 年 3 月 2 日　平 27（行コ）45　*65*

（長年にわたる焼肉店の経営）────────────────────────────66

198	東京地判平成 21 年 3 月 27 日　平 20（行ウ）186・198　*66*

③ その他，名義を偽る不法残留など─────────────────────────67

	199	東京地判平成 26 年 9 月 30 日　平 25（行ウ）741　*67*
	200	東京地判平成 26 年 2 月 20 日　平 24（行）603　*67*

第9　人身取引を行い，唆し，又はこれを助けた者(4号ハ)──────67

（人身取引を行い，唆し，又はこれを助けた者として，4号ハに該当するとされた事例）───67

201	東京地判平成 28 年 1 月 21 日　平 27（行ウ）416　*67*

第10　薬物犯(4号チ)──────────────────────────────68

202	東京地判平成 27 年 3 月 12 日　平 26（行ウ）427　*68*

xii　　目　　次

（密売グループの一員）————————————————————————————68
　　　203　東京地判平成26年10月2日　平25（行ウ）586　*68*
（コカインの輸入）————————————————————————————————69
　　　204　東京地判平成25年9月12日　平25（行ウ）26　*69*
（売買の周旋，大麻）———————————————————————————————69
　　　205　東京地判平成25年4月24日　平24（行ウ）367　*69*
（覚せい剤）——————————————————————————————————————69
　　　206　東京地判平成23年11月10日　平22（行ウ）347　*69*
（薬物犯であるが在留特別許可を認めるべきであるとされた事例）————69
　　　207　東京地判平成19年8月28日　平18（行ウ）476　*69*

第11　その他1年を超える懲役・禁固に処せられた者（4号リ）————70
　　　208　東京地判平成27年3月20日　平26（行ウ）265　*70*
（万引き常習犯）——————————————————————————————————70
　　　209　東京地判平成26年6月13日　平24（行ウ）755　*70*
（中国残留邦人の孫）———————————————————————————————71
　　　210　東京地判平成26年4月15日　平25（行ウ）238　*71*
　　　211　東京地判平成20年11月28日　平19（行ウ）720　*71*
（日系二世の子）——————————————————————————————————72
　　　212　東京地判平成26年1月17日　平24（行ウ）595　*72*

第12　売春関連業務従事者（4号ヌ）————————————————————72
　　　213　広島地判平成28年5月18日　平26（行ウ）15　*72*
　　　214　東京地判平成27年9月4日　平26（行ウ）424　*72*
　　　215　東京地判平成27年6月23日　平26（行ウ）341　*73*
　　　216　東京地判平成26年6月10日　平25（行ウ）436　*73*
　　　217　東京地判平成26年1月24日　平24（行ウ）607　*73*
　　　218　東京地判平成21年9月4日　平20（行ウ）300　*73*
（売春行為を行った者についての退令処分が取り消された事例）————————73
　　　219　名古屋高判平成28年3月16日　平27（行コ）32　*73*

第13　他の外国人の不法入国・上陸等の助長（4号ル）————————74
　　　220　東京地判平成19年3月14日　平17（行ウ）467，平18（行ウ）137　*74*

第14　刑法等違反で懲役・禁固に処せられた者（4号の2）————————75
　　　221　東京地判平成25年7月4日　平24（行ウ）378　*75*
（別表第二の在留資格の除外）——————————————————————————75
　　　222　東京地判平成25年7月4日　平24（行ウ）378　*75*
（電磁的公正証書原本不実記録・同供用罪）————————————————————75
　　　223　東京地判平成25年5月23日　平24（行ウ）342　*75*
　　　224　東京地判平成22年5月14日　平21（行ウ）235　*76*

第15　退去命令に応じない者（5号の2）——————————————————76
（搭乗拒否）——————————————————————————————————————76
　　　225　東京地判平成26年12月19日　平25（行ウ）731　*76*
　　　226　東京高判平成19年5月16日　平18（行コ）264（判タ1283号96頁）　*77*
　　　227　東京地判平成19年9月14日　平18（行ウ）432　*77*

第16　特別上陸期間を経過して残留する者（6号）——————————————77
　　　228　東京地判平成28年6月30日　平27（行ウ）41・56　*77*
　　　229　東京地判平成26年12月5日　平26（行ウ）200　*78*

第17　在留許可取消期間（60日）を経過して残留する者（7号）————78

第5章　退去強制手続————————————————————————79
第1　違反調査————————————————————————————————79
（戒具の使用）————————————————————————————————————79
　　　230　東京地判平成24年9月10日　平22（行ウ）660　*79*
（深夜に亘る調査）—————————————————————————————————79
　　　231　東京地判平成19年7月24日　平18（行ウ）281　*79*
（対面調査の要否）—————————————————————————————————80
　　　232　東京地判平成26年12月11日　平25（行ウ）780　*80*
　　　233　福岡地判平成4年3月26日　平2（行ウ）9（判タ787号137頁）　*80*

目　次　xiii

(抜き打ち立入りが違法とされた事例) ·· 80
　　　234　東京地決平成 22 年 2 月 25 日　平 22 (む) 374 (判タ 1320 号 282 頁)　*80*

第2　収容 ――――――――――――――――――――――――――――― 81
(令書発付処分の差止め申立て) ·· 81
　　　235　大阪地決平成 19 年 11 月 1 日　平 19 (行ク) 57　*81*
　　　236　東京地判平成 19 年 2 月 28 日　平 18 (行ウ) 370　*81*
(収容中の処遇) ··· 81
　　　237　東京地判平成 14 年 12 月 20 日　平 10 (ワ) 3147　*81*
(雑居房内での処遇，戸外運動の機会) ··· 81
　　　238　東京地判平成 16 年 4 月 20 日　平 10 (ワ) 24079　*81*
(収容中，暴行を受けたなどとの主張) ··· 82
　　　239　東京地判平成 20 年 2 月 7 日　平 17 (ワ) 27187　*82*
(収容手続と適正手続の法理) ·· 82
　　　240　東京高判昭和 50 年 11 月 26 日　昭 49 (ネ) 1778 (判時 814 号 109 頁)　*82*
(収容には令状を要しないとした判例) ··· 82
　　　241　最三小決昭和 49 年 4 月 30 日　(刑集 192 号 407 頁)　*82*
(要急収容を認める収容手続が憲法 31 条，34 条に違反するものではないとする判例) ··· 83
　　　242　東京高判昭和 47 年 4 月 15 日　昭 46 (う) 3326 (判タ 279 号 359 頁)　*83*
(退去強制令書と理由の記載) ·· 83
　　　243　東京高判昭和 33 年 2 月 24 日　昭 31 (ネ) 1677 (行集 9 巻 5 号 1003 頁)　*83*
(収容令書発付の処分性) ·· 83
　　　244　東京地決昭和 44 年 9 月 20 日　昭 44 (行ク) 56 (判タ 240 号 194 頁)　*83*

第3　審査，口頭審理及び異議の申出 ――――――――――――――――― 83
①　通訳の必要性 ―――――――――――――――――――――――――― 83
(十分な日本語能力があるとされた事例) ·· 83
　　　245　東京地判平成 24 年 9 月 10 日　平 22 (行ウ) 660　*83*
　　　246　東京地判平成 19 年 6 月 29 日　平 18 (行ウ) 216　*84*
(フローチャートによる説明があるので，通訳は不要とした判例) ···················· 84
　　　247　大阪地判平成 22 年 12 月 3 日　平 19 (行ウ) 203　*84*
(法律用語の理解と通訳の必要性) ·· 84
　　　248　大阪高判平成 23 年 10 月 28 日　平 23 (行コ) 7 (訟月 58 巻 12 号 4072 頁)　*84*

②　告知事項，説明義務の範囲 ―――――――――――――――――――― 85
(在特制度についての告知は不要とする事例) ·· 85
　　　249　東京地判平成 25 年 12 月 13 日　平 24 (行ウ) 71　*85*
(告知・説明義務が生じる余地) ·· 85
　　　250　大阪地判平成 22 年 12 月 3 日　平 19 (行ウ) 203　*85*
(退去強制と上陸拒否期間の告知) ·· 85
　　　251　大阪地判平成 18 年 11 月 2 日　平 18 (行ウ) 29 (判タ 1234 号 68 頁)　*85*
(難民制度の告知) ··· 86
　　　252　福岡地判平成 4 年 3 月 26 日　平 2 (行ウ) 9 (判タ 787 号 137 頁)　*86*
(特別審理官による口頭審理の告知が違法ではないとされた事例) ···················· 86
　　　253　東京地判平成 26 年 12 月 11 日　平 25 (行ウ) 780　*86*

③　口頭審理放棄 ―――――――――――――――――――――――――― 86
(動機の錯誤―在留期間延長の誤解) ··· 86
　　　254　東京地判平成 21 年 4 月 9 日　平 20 (行ウ) 95　*86*
(動機の錯誤―長男の在留) ·· 87
　　　255　大阪地判平成 22 年 12 月 3 日　平 19 (行ウ) 203　*87*
(民法規定の適用の限界) ·· 87
　　　256　大阪高判平成 23 年 10 月 28 日　平 23 (行コ) 7 (訟月 53 巻 12 号 4073 頁)　*87*
(口頭審理放棄とフローチャート) ·· 88
　　　257　東京地判平成 24 年 9 月 10 日　平 22 (行ウ) 660　*88*
(錯誤の主張が認められなかったその他の事例) ·· 88
　　　258　東京地判平成 24 年 4 月 11 日　平 23 (行ウ) 373　*88*
　　　259　東京地判平成 24 年 4 月 10 日　平 22 (行ウ) 722　*89*
　　　260　東京地判平成 23 年 11 月 29 日　平 22 (行ウ) 503　*89*

xiv 目 次

（錯誤による放棄であると認められた事例）──────────────────────────89
　　261　東京地判平成 22 年 2 月 19 日　平 20（行ウ）457・470（判タ 1356 号 146 頁）　*89*
　　262　東京地判平成 17 年 1 月 21 日　平 15（行ウ）11，平 16（行ウ）66（判時 1915 号 3 頁）　*90*
④　その他 ───────────────────────────────────────90
（裁決書未作成の瑕疵）──────────────────────────────────90
　　263　東京地判平成 17 年 2 月 3 日　平 14（行ウ）77　*90*
　　264　最一小判平成 18 年 10 月 5 日　平 17（行ヒ）395（裁時 1421 号 15 頁）（平成 17 年 2 月 3 日　東京地判の上告審）　*90*
（主任審査官の権限）──────────────────────────────────90
　　265　福岡地判平成 4 年 3 月 26 日　平 2（行ウ）9（判タ 787 号 137 頁）　*90*
（違法性の承継）───────────────────────────────────91
　　266　横浜地判昭和 63 年 8 月 8 日　昭 62（行ウ）15（判タ 687 号 135 頁）　*91*
（原処分主義）────────────────────────────────────91
　　267　神戸地判昭和 54 年 6 月 1 日　昭 50（行ウ）23（訟月 25 巻 10 号 2665 頁）　*91*
（未成年者の退去強制手続）────────────────────────────────91
　　268　大阪地判昭和 54 年 11 月 6 日　昭 50（行ウ）30（判タ 404 号 96 頁）　*91*
（訴えの利益）────────────────────────────────────91
　　269　大阪地判平成 18 年 3 月 23 日　平 16（行ウ）140（判タ 1213 号 112 頁）　*91*
　　270　東京地判平成 21 年 9 月 29 日　平 20（行ウ）586・674　*91*
（文書提出命令）───────────────────────────────────92
　　271　東京高判昭和 52 年 3 月 9 日　昭 51（行ス）13（行集 28 巻 3 号 189 頁）　*92*
（収容と執行停止）──────────────────────────────────92
（執行停止が認められた事例）───────────────────────────────92
　　272　東京地決平成 15 年 6 月 11 日　平 15（行ク）17（判時 1831 号 96 頁）　*92*
　　273　大阪地判平成 19 年 3 月 30 日　平 19（行ク）1（判タ 1256 号 58 頁）　*92*
（執行停止が認められなかった事例）────────────────────────────92
　　274　最一小決平成 16 年 5 月 31 日　平 16（行フ）3（判タ 1159 号 123 頁）　*92*
（退去強制令書発付処分につき，送還部分に限って執行停止を認め，収容部分については認めなかった事例）──93
　　275　大阪地決平成 2 年 12 月 25 日　平 2（行ク）33（判時 1382 号 21 頁）　*93*

第4　退去強制令書の執行 ─────────────────────────────────93
（強制送還中の死亡事故）────────────────────────────────93
　　276　東京地判平成 26 年 3 月 19 日　平 23（ワ）25874（判タ 1420 号 246 頁）　*93*
（警備業務の委託と警備会社従業員による不法行為）──────────────────────94
　　277　東京地判平成 16 年 10 月 14 日　平 13（ワ）17413（判タ 1188 号 271 頁）　*94*
（執行の差し止め，停止）────────────────────────────────94
　　278　大阪地決平成 19 年 11 月 1 日　平 19（行ク）57　*94*
（退去強制令書発付即日の強制送還）────────────────────────────94
　　279　東京地判平成 19 年 9 月 3 日　平 18（ワ）3979　*94*
（送還と難民該当性の判断）────────────────────────────────95
　　280　東京地判平成 19 年 8 月 31 日　平 15（行ウ）645，平 18（行ウ）189（判タ 1278 号 69 頁）　*95*
（主任審査官の判断権限は形式的審査に限られるとする事例）──────────────────95
　　281　名古屋地判平成 16 年 8 月 26 日　平 16（行ウ）30　*95*
（その控訴審で，実質的審査が必要であるとした事例）─────────────────────95
　　282　名古屋高判平成 18 年 6 月 21 日　平 16（行コ）32　*95*
（退去強制令書の執行を受けない地位確認）───────────────────────────95
　　283　東京地判平成 19 年 2 月 23 日　平 16（行ウ）315 等　*95*

第5　送還先の指定 ────────────────────────────────────96
　　284　東京地判昭和 33 年 12 月 24 日　昭 30（行）58　*96*
①　国籍国への送還の是非 ───────────────────────────────96
（本人の希望による国籍国以外への送還）───────────────────────────96
　　285　東京地判平成 22 年 10 月 29 日　平 19（行ウ）472（訟月 57 巻 1 号 1 頁）　*96*
（国籍国を送還先に指定することが，本人の真意に基づかず無効であるとされた事例）──────96
　　286　東京地判平成 22 年 2 月 19 日　平 20（行ウ）457・470（判タ 1356 号 145 頁）　*96*
（迫害の可能性を理由とする国籍国への送還拒否が認められなかった事例）────────────97
　　287　東京地判平成 25 年 7 月 30 日　平 24（行ウ）336　*97*

目　次　xv

　　　（宗教的迫害を理由とする送還拒否が認められなかった事例）……………………97
　　　　　288　東京地判平成 23 年 6 月 28 日　平 22（行ウ）266　*97*
　　　（送還の是非について，一審・二審で判断が分かれた場合）……………………98
　　　　　289　大阪地判平成 27 年 7 月 24 日　平 23（行ウ）215　*98*
　　　　　290　大阪高判平成 27 年 11 月 27 日　平 26（行コ）106　*98*
　　　（国籍国への送還が人道に反するとされた事例）……………………99
　　　　　291　東京地判平成 13 年 3 月 15 日　平 10（行ウ）130（判時 1784 号 67 頁）　*99*
　②　**無国籍者等と送還先** ───────────────────**99**
　　　　　292　東京地判平成 26 年 7 月 15 日　平 25（行ウ）322，362　*99*
　　　　　293　東京地判平成 25 年 1 月 15 日　平 24（行ウ）101　*99*
　　　　　294　東京地判平成 22 年 11 月 19 日　平 21（行ウ）441，平 22（行ウ）14　*99*
　③　**家族で別々の国に送還される場合** ──────────**100**
　　　　　295　東京地判平成 21 年 4 月 9 日　平 20（行ウ）158，平 20（行ウ）168，平 20（行ウ）169，平 20（行ウ）170　*100*
　　　　　296　名古屋地判平成 17 年 8 月 31 日　平 16（行ウ）48-50　*100*
　④　**送還先指定と退去強制令書** ─────────────**100**
　　　（送還不能と退令処分の効力）……………………100
　　　　　297　福岡高判平成 23 年 4 月 28 日　22（行コ）13　*100*
　　　（送還先指定の令書との非可分性）……………………100
　　　　　298　東京地判平成 22 年 9 月 17 日　平 21（行ウ）289・296・297　*100*
　　　　　299　東京地判平成 16 年 5 月 27 日　平 14（行ウ）75，80（判時 1875 号 24 頁）　*101*

第6　仮放免 ──────────────────────**101**
　　　（主任審査官の裁量）……………………101
　　　　　300　東京地判平成 26 年 5 月 22 日　平 25（行ウ）199　*101*
　　　　　301　東京高判平成 21 年 10 月 29 日　平 21（行コ）209（原審：東京地判平成 21 年 5 月 22 日　平 21（行ウ）10）　*102*
　　　　　302　東京地判平成 21 年 5 月 22 日　平 21（行ウ）10　*102*
　　　（婚姻生活の継続は，仮放免を認める理由にならないとされた事例）……………………102
　　　　　303　東京地判平成 22 年 1 月 20 日　平 21（行ウ）473　*102*
　　　　　304　東京地判平成 20 年 4 月 11 日　平 19（行ウ）685　*102*
　　　　　305　東京地判平成 19 年 5 月 18 日　平 18（行ウ）157　*103*
　　　（逃亡の恐れがないとはいえないとされた事例）……………………103
　　　　　306　東京地判平成 26 年 1 月 30 日　平 25（行ウ）458　*103*
　　　　　307　東京地判平成 24 年 2 月 1 日　平 23（行ウ）71　*103*
　　　（収容期間）……………………103
　　　　　308　東京地判平成 21 年 3 月 25 日　平 20（行ウ）695　*103*
　　　　　309　東京地判平成 21 年 3 月 25 日　平 20（行ウ）608　*103*
　　　（別件訴訟の進行）……………………104
　　　　　310　東京地判平成 21 年 3 月 13 日　平 20（行ウ）585　*104*
　　　（再度の収容に対する仮放免請求が認められなかった事例）……………………104
　　　　　311　東京地判平成 24 年 2 月 3 日　平 23（行ウ）357　*104*
　　　　　312　東京地判平成 23 年 6 月 15 日　平 22（行ウ）568　*104*
　　　（二度に亘る仮放免許可ののち，退去強制令書発付処分に対する取消訴訟の棄却判決が確定したに伴い，再度収容された外国人の妻による仮放免許可申請が認められなかった事例）……………………104
　　　　　313　東京地判平成 27 年 2 月 4 日　平 24（行ウ）763，平 25（行ウ）640，平 26（行ウ）164　*104*
　　　（強制送還と訴えの利益）……………………105
　　　　　314　東京地判平成 22 年 11 月 30 日　平 21（行ウ）401　*105*
　　　（仮放免不許可処分と原告適格）……………………105
　　　　　315　東京地判平成 21 年 3 月 13 日　平 20（行ウ）503　*105*

第 6 章　在留特別許可 ──────────────107
第1　概論 ─────────────────────107
1　永住許可と在留特別許可 ─────────────107
　　　（永住者と犯罪歴）……………………108
　　　　　316　東京地判平成 28 年 6 月 3 日　平 27（行ウ）422　*108*
　　　（永住許可を受けてから日が浅いこと）……………………108
　　　　　317　東京地判平成 23 年 12 月 2 日　平 22（行ウ）565　*108*

318　東京地判平成 27 年 4 月 16 日　平 25（行ウ）287　*108*
（安定した家族生活を送る永住者と度重なる犯罪）··109
319　東京地判平成 22 年 11 月 5 日　平 21（行ウ）625　*109*

2　法50条1項3号該当性（人身取引の被害者）─────────────────109
（人身取引による支配下には置かれていないとされた事例）···109
320　東京地判平成 27 年 1 月 28 日　平 26（行ウ）79　*109*
（裁決時には支配下から脱していたとされた事例）··110
321　東京地判平成 25 年 12 月 10 日　平 24（行ウ）525　*110*
（強制的に働かされていたとする主張が疑わしい事例）···110
322　東京地判平成 24 年 7 月 26 日　平 23（行ウ）479　*110*
（ブローカーの支配下にあったのは 14 年前まで）··111
323　東京地判平成 24 年 6 月 20 日　平 23（行ウ）308　*111*

3　ガイドラインと事例集─────────────────────────111
①　ガイドライン─────────────────────────────111
（司法審査の検討の要点とはなりうるとするもの）··111
324　福岡地判平成 24 年 1 月 13 日　平 22（行ウ）31　*111*
（積極的要素該当性を検討している判決例）··112
325　東京地判平成 26 年 5 月 23 日　平 25（行ウ）567　*112*
（ガイドラインから窺われる考慮要素からして，控訴人らについては在留特別許可を与えるべき積極要素のみしか見当たらないとして，在留特別許可を与えないことが裁量権逸脱であるとした事例）··113
326　大阪高判平成 25 年 12 月 20 日　平 25（行コ）13　*113*
②　事例集───────────────────────────────113
（事例集は判断基準を示したものではない）··113
327　東京地判平成 26 年 11 月 27 日　平 25（行ウ）473，506 − 508　*113*
328　東京地判平成 25 年 1 月 29 日　平 23（行ウ）672　*114*
（事例集とは対応していないとするもの）··114
329　東京地判平成 19 年 12 月 6 日　平 18（行ウ）611　*114*
330　東京地判平成 19 年 5 月 31 日　平 18（行ウ）139，184　*114*

4　その他─────────────────────────────────115
（本邦に在留しない者への在留特別許可）··115
331　大阪地判平成 18 年 3 月 23 日　平 16（行ウ）140（判タ 1213 号 112 頁）　*115*
①　入管法施行規則 42 条 4 号──────────────────────115
（「退去強制が著しく不当である」からといって，特別審理官の判定に対する「異議の申出」に理由があることになるわけではない）··115
332　東京地判平成 26 年 5 月 29 日　平 25（行ウ）328　*115*
333　東京地判平成 26 年 4 月 15 日　平 25（行ウ）604　*115*
②　再審情願─────────────────────────────116
（再審情願は在留特別許可の法令上の根拠足り得ない）···116
334　東京地判平成 19 年 12 月 13 日　平 19（行ウ）473
　　　東京地判平成 25 年 4 月 18 日　平 24（行ウ）333
　　　東京地判平成 27 年 5 月 21 日　平 26（行ウ）326　*116*
（いわゆる再審情願により情願者に法律上の権利，利益が生じることはない）·························116
335　名古屋地判平成 26 年 1 月 30 日　平 24（行ウ）23　*116*
336　東京地判平成 22 年 10 月 19 日　平 21（行ウ）331　*117*
③　在留特別許可と事後的な事情の変化───────────────────117
（再審情願について「付言」する判決例）··117
337　東京地判平成 22 年 4 月 28 日　平 20（行ウ）484，485　*117*
338　東京地判平成 23 年 3 月 16 日　平 21（行ウ）478　*117*
④　難民認定手続との関係────────────────────────118
339　東京地判平成 22 年 1 月 22 日　平 21（行ウ）82　*118*
340　東京地判平成 20 年 8 月 22 日　平 18（行ウ）528，平 19（行ウ）359　*118*

目　次　xvii

第2　在留特別許可に関する判例の動向 ————————————————118
1　配偶者(同居人)が日本人(若しくは特別永住者)の場合 ——————119
①　同居の存否，婚姻期間 ————————————————————120
（同居していないとされた事例）··120
　　341　東京地判平成 25 年 10 月 10 日　平 24（行ウ）618　*120*
　　342　東京地判平成 24 年 8 月 28 日　平 24（行ウ）122　*120*
（週末に妻の家に訪問に行くのみであった事例）····························121
　　343　東京地判平成 21 年 4 月 17 日　平 20（行ウ）159　*121*
（別居後は，生計を一にしていない事例）······································121
　　344　東京地判平成 21 年 3 月 27 日　平 20（行ウ）152　*121*
　　345　東京地判平成 21 年 1 月 22 日　平 19（行ウ）793　*121*
（妻への DV）···121
　　346　東京地判平成 19 年 9 月 19 日　平 17（行ウ）360　*121*
（同居は一時的であり，別居期間のほうがはるかに長期である場合）····122
　　347　東京地判平成 19 年 8 月 23 日　平 18（行ウ）440　*122*
（在留期間更新申請についてのみ婚姻関係の外観を装っているにすぎない場合）····122
　　348　最一小判平成 14 年 10 月 17 日　平 11（行ヒ）46（判タ 1109 号 113 頁）　*122*
（同居しているとの当事者の主張を，事実の調査により認められないとした事例）····122
　　349　東京地判平成 21 年 5 月 29 日　平 20（行ウ）284　*122*
（上下水道の利用水量）··122
　　350　東京地判平成 21 年 3 月 26 日　平 20（行ウ）301　*122*

②　駆け込み婚 ———————————————————————123
　　351　東京地判平成 22 年 4 月 28 日　平 20（行ウ）484，485　*123*
　　352　東京地判平成 20 年 6 月 27 日　平 19（行ウ）424　*123*
　　353　東京地判平成 20 年 2 月 18 日　平 19（行ウ）186　*123*
　　354　東京地判平成 20 年 1 月 18 日　平 19（行ウ）57　*123*

③　離婚，重婚関係，協議離婚など ———————————————124
（重婚的内縁関係のなかでの永住許可取得）····································124
　　355　東京地判平成 26 年 2 月 6 日　平 24（行ウ）410，428　*124*
（三人の日本人女性と相次いでの結婚・離婚）·······························124
　　356　東京地判平成 24 年 8 月 31 日　平 23（行ウ）255　*124*
（協議離婚について争っている状況）··124
　　357　東京地判平成 21 年 3 月 13 日　平 20（行ウ）268，297　*124*
（かつては婚姻関係があったが，裁決当時にはその関係が認められないとされた事例）····124
　　358　東京地判平成 21 年 3 月 27 日　平 20（行ウ）152　*124*
（元夫の DV という主張）···125
　　359　東京地判平成 25 年 12 月 24 日　平 25（行ウ）153　*125*
（先夫との離婚届出を偽造していた場合）······································125
　　360　大阪高判平成 19 年 2 月 1 日　平 18（行コ）43　*125*
（特殊な婚姻関係―一夫多妻）···125
　　361　東京地判平成 26 年 11 月 11 日　平 25（行ウ）747・767　*125*
（重婚関係の存否につき，入管が誤って認定したとされた事例）·········126
　　362　名古屋地判平成 18 年 6 月 29 日　平 17（行ウ）24（判タ 1244 号 94 頁）　*126*

④　婚姻していないが共同生活の実態があるとされた場合 ——————126
（3 年の交際，生活を一にする 2 年間の共同生活）··························126
　　363　東京地判平成 20 年 1 月 21 日　平 18（行ウ）650　*126*
（4 年弱の内縁関係にあったとされた事例）····································126
　　364　東京地判平成 19 年 6 月 14 日　平 18（行ウ）112　*126*
（正式に結婚する可能性が極めて高かったとされた事例）··················127
　　365　東京地判平成 16 年 9 月 17 日　平 15（行ウ）420（判時 1892 号 17 頁）　*127*
　　366　東京地判平成 11 年 11 月 12 日　平 11（行ウ）19（判タ 1219 号 212 頁）　*127*
（婚姻関係の存否は，当該婚姻関係の身分法上の効力とは無関係であるとする判例）····128
　　367　最一小判平成 14 年 10 月 17 日　平 11（行ヒ）46　*128*

xviii　目　次

⑤　**婚姻と他の消極要素との衡量** ──────────────────**128**

（偽造旅券等による不法入国）──────────────────128
　　368　東京地判平成 26 年 8 月 28 日　平 25（行ウ）531　*128*
　　369　東京地判平成 25 年 7 月 18 日　平 24（行ウ）523　*128*
　　370　東京地判平成 24 年 4 月 18 日　平 23（行ウ）143　*129*

（薬物犯）──────────────────129
　　371　東京地判平成 25 年 4 月 25 日　平 24（行ウ）41　*129*

（悪質な入管法違反）──────────────────129
　　372　東京地判平成 23 年 12 月 21 日　平 22（行ウ）428　*129*

（売春防止法違反）──────────────────130
　　373　東京地判平成 24 年 3 月 21 日　平 22（行ウ）551　*130*

（消極的要素をどのように評価するかで，一審・二審の判断が分かれている事例）──────────130
　　374　福岡地判平成 24 年 1 月 13 日　平 22（行ウ）31　*130*
　　375　福岡高判平成 24 年 10 月 19 日　平 24（行コ）10　*130*

⑥　**不法残留中の婚姻の評価** ──────────────────**131**
　　376　東京地判平成 24 年 4 月 19 日　平 22（行ウ）760　*131*
　　377　東京地判平成 19 年 2 月 15 日　平 17（行ウ）346　*131*

（不法残留中でも要保護性を認めた例）──────────────────131
　　378　東京高判平成 26 年 2 月 26 日　平 25（行コ）383　*131*
　　379　東京地判平成 18 年 6 月 30 日　平 16（行ウ）64（判タ 1241 号 57 頁）　*132*

（不法残留中の内縁関係の評価について，一審・二審で判断が分かれた事例）──────────132
　　380　東京地判平成 20 年 2 月 29 日　（判時 2013 号 61 頁）　*132*
　　381　東京高判平成 21 年 3 月 5 日　平 20（行コ）146　*132*

2　配偶者(同居人)が正規に在留する外国人の場合 ──────────**133**

①　**配偶者が永住者の場合** ──────────────────**133**

（1）　在留特別許可が認められなかった事例──────────────────**133**

（偽造旅券による不法入国，7 年間の不法就労という消極要素の存在）──────────133
　　382　東京地判平成 27 年 5 月 14 日　平 26（行ウ）240　*133*

（安定かつ成熟した婚姻関係ではない）──────────────────133
　　383　東京地判平成 26 年 9 月 24 日　平 26（行ウ）67　*133*

（配偶者は日本人夫と離縁して永住者資格を得たもので，日本とのつながりは弱い）──────134
　　384　東京地判平成 25 年 2 月 5 日　平 24（行ウ）273　*134*

（駆け込み婚）──────────────────134
　　385　東京地判平成 24 年 11 月 20 日　平 23（行ウ）696　*134*
　　386　東京地判平成 23 年 3 月 25 日　平 22（行ウ）191　*134*

（日本人の子を養育する永住者は日本人に準じるべきであるとの主張が認められなかった事例）──────134
　　387　東京地判平成 21 年 4 月 14 日　平 20（行ウ）363　*134*

（日本人前夫との離婚により，本邦に永住する実質的な理由を失った永住者の配偶者であること）──────135
　　388　東京地判平成 20 年 1 月 25 日　平 19（行ウ）323　*135*

（婚姻関係の判定時を裁決時とし，裁決後の事情を考慮外とする事例）──────────135
　　389　東京地判平成 25 年 2 月 27 日　平 23（行ウ）539　*135*

（2）　在留特別許可が認められた場合──────────────────**135**
　　390　東京地判平成 23 年 4 月 15 日　平 22（行ウ）168　*135*

（不法残留であるが，永住者の配偶者であり，ダウン症候群の子を監護している外国人に在留特別許可を認めた事例）──────────136
　　391　東京地判平成 26 年 1 月 10 日　平 24（行ウ）770（判タ 1408 号 323 頁）　*136*

②　**配偶者が定住者の場合** ──────────────────**136**

（服役中の原告と定住者である女性との婚姻関係の要保護性を否定した事例）──────────136
　　392　東京地判平成 24 年 12 月 25 日　平 24（行ウ）323　*136*

（定住者との婚姻は必ずしも重視すべき要因ではないとする事例）──────────136
　　393　東京地判平成 24 年 4 月 18 日　平 22（行ウ）595　*136*
　　394　東京地判平成 24 年 1 月 12 日　平 22（行ウ）251，256 － 259　*137*

（定住者との婚姻が短期間若しくは実質を伴わないとした事例）──────────137
　　395　東京地判平成 26 年 9 月 19 日　平 26（行ウ）14　*137*
　　396　東京地判平成 25 年 4 月 16 日　平 24（行ウ）96　*137*
　　397　東京地判平成 24 年 7 月 10 日　平 23（行ウ）647　*137*

（互いに異なる国籍の外国人の婚姻）……………………………………………………138
    398 東京地判平成 27 年 3 月 27 日 平 26（行ウ）167 *138*
（二人の定住者女性との間の婚姻と離縁，内縁関係）………………………………138
    399 東京地判平成 27 年 4 月 28 日 平 26（行ウ）573 *138*
（配偶者の前夫の子との同居）……………………………………………………………138
    400 東京地判平成 22 年 6 月 10 日 平 21（行ウ）329 *138*
（参考：「日本人の配偶者等」との婚姻関係）…………………………………………139
    401 東京地判平成 25 年 2 月 26 日 平 24（行ウ）482 *139*

3 日本人又は特別永住者との間に出生した実子を扶養していること，その他在留資格を持つ実子を扶養していること ——————————————————————139

① 実子に対する養育の実質がない，不要であるとされた事例 ————————139
（定住者である実子）………………………………………………………………………139
    402 東京地判平成 27 年 3 月 27 日 平 26（行ウ）167 *139*
（配偶者は死亡しているが，本人に実子の監護養育をすることができない場合）……140
    403 東京地判平成 27 年 3 月 13 日 平 25（行ウ）709 *140*
（日本人元配偶者側が養育している事例）………………………………………………140
    404 東京地判平成 23 年 12 月 1 日 平 22（行ウ）644 *140*
    405 東京地判平成 25 年 9 月 10 日 平 24（行ウ）735 *141*

② 犯罪を繰り返すなど消極的要素が上回り，実子を養育していても在留特別許可が認められないとされた事例 ————————————————————————141
（万引き常習犯）……………………………………………………………………………141
    406 東京地判平成 26 年 6 月 13 日 平 24（行ウ）755 *141*
（服役）………………………………………………………………………………………141
    407 東京地判平成 25 年 8 月 8 日 平 23（行ウ）699 *141*

③ その他 ——————————————————————————————141
（認知されていない実子の場合）…………………………………………………………141
    408 東京地判平成 27 年 9 月 10 日 平 26（行ウ）477 *141*
    409 東京地判平成 27 年 7 月 10 日 平 26（行ウ）345 *141*
（日本人の実子との面会の利益）…………………………………………………………142
    410 東京地判平成 25 年 12 月 24 日 平 25（行ウ）153 *142*
（重罪を犯しているが，日本人の実子を扶養していることから，在留特別許可を認めるべきであるとされた事例））……………………………………………………………142
    411 東京地判平成 19 年 8 月 28 日 平 18（行ウ）47（判時 1984 号 18 頁） *142*

4 外国人家族の場合 ——————————————————————————143

① 在留特別許可を認めなかった事例 ——————————————————143
（1）子供が中等教育以下の場合 ——————————————————————143
    412 東京地判平成 20 年 5 月 20 日 平 19（行ウ）599，612，613，614 *143*
    413 東京地判平成 23 年 4 月 15 日 平 21（行ウ）639，平 22（行ウ）1−3 *143*
（13 歳，本邦への残留の希望）……………………………………………………………144
    414 東京地判平成 21 年 8 月 3 日 平 20（行ウ）593・627 *144*
（12 歳，4 歳）………………………………………………………………………………144
    415 東京地判平成 21 年 5 月 22 日 平 20（行ウ）328，332−334 *144*
（国際化社会では受忍すべきであるとする事例）………………………………………145
    416 東京地判平成 20 年 9 月 5 日 平 19（行ウ）313，319−321 *145*
（15 歳，中学生）……………………………………………………………………………145
    417 東京高判平成 17 年 4 月 13 日 平 16（行ウ）389 *145*
（2）本国への対応能力として，年齢以外の要素をあげる事例 ——————————146
（アメリカンスクールでの教育）…………………………………………………………146
    418 東京地判平成 21 年 2 月 27 日 平 19（行ウ）724・728 *146*
（韓国語学校等）……………………………………………………………………………146
    419 東京地判平成 21 年 3 月 26 日 平 20（行ウ）185・218−220 *146*
    420 東京地判平成 20 年 7 月 8 日 平 19（行ウ）263，347−349 *146*

xx　目　次

② 外国人家族に在留特別許可を認めるべきであるとされた事例 ━━━━━━146
（積極的要素しかないとされた事例） ━━━━━━━━━━━━━━━━━━━146
　　421　大阪高判平成 25 年 12 月 20 日　平 25（行コ）13　*146*
（入管局による不法在留の黙認？） ━━━━━━━━━━━━━━━━━━━147
　　422　名古屋地判平成 22 年 12 月 9 日　平 21（行ウ）19（判タ 1367 号 124 頁）　*147*
③ 子にのみ在留特別許可を認めることの是非 ━━━━━━━━━━━━147
（1） 子供に在留特別許可を認めつつ，親には認めない事例 ━━━━━148
（裁決時 20 歳） ━━━━━━━━━━━━━━━━━━━━━━━━━148
　　423　横浜地判平成 26 年 11 月 5 日　平 25（行ウ）40　*148*
（里親制度，施設入所の可能性） ━━━━━━━━━━━━━━━━━━━148
　　424　東京高判平成 26 年 9 月 19 日　平 26（行コ）49（原審：東京地判平成 25 年 12 月 25 日　平 25（行ウ）61）　*148*
（母の兄夫婦との養子縁組） ━━━━━━━━━━━━━━━━━━━━━148
　　425　東京高判平成 23 年 5 月 11 日　平 22（行コ）206（判時 2157 号 3 頁）　*148*
（脳腫瘍の治療，友人・公的機関の支援） ━━━━━━━━━━━━━━━149
　　426　東京地判平成 22 年 1 月 22 日　平 20（行ウ）601，617－619（判タ 1353 号 96－110 頁）　*149*
（縁者の経済的支援） ━━━━━━━━━━━━━━━━━━━━━━━149
　　427　大阪高判平成 20 年 5 月 28 日　平 19（行コ）127（判時 2024 号 3 頁）　*149*
（子には不法上陸等の有責性がないこと） ━━━━━━━━━━━━━━━149
　　428　東京高判平成 19 年 2 月 27 日　平 18（行コ）126　*149*
（里親等の支援─兄弟の妹） ━━━━━━━━━━━━━━━━━━━━149
　　429　東京地判平成 18 年 7 月 19 日　平 17（行ウ）80（判タ 1301 号 130 頁）　*149*
（里親等の支援─兄弟の兄） ━━━━━━━━━━━━━━━━━━━━150
　　430　東京地判平成 18 年 3 月 28 日　平 17（行ウ）79（判タ 1236 号 126 頁）　*150*
（15 歳の子にのみ認め，10 歳以下の三人は親と帰国） ━━━━━━━━150
　　431　東京地判平成 16 年 11 月 5 日　平 15（行ウ）340（判タ 1216 号 82 頁）　*150*
（2） 子のみの在留特別許可が認められなかった事例 ━━━━━━━━150
　　432　東京地判平成 24 年 4 月 13 日　平 22（行ウ）667，675－677　*150*
　　433　東京地判平成 23 年 4 月 22 日　平 22（行ウ）201－203　*151*
　　434　東京地判平成 21 年 9 月 18 日　平 20（行ウ）625，578，679　*151*
　　435　大阪地判平成 19 年 11 月 14 日　平 17（行ウ）47　*151*

5　養子縁組 ━━━━━━━━━━━━━━━━━━━━━━━━━━151
（母とともに不法入国し，母の兄とその日本人配偶者夫婦との養子縁組が不法残留期間中に成立した未成年の子（退去強制令書発付時，小学 5 年生）について，子に限って退去強制令書発付処分が取り消された事例） ━━━151
　　436　東京高判平成 23 年 5 月 11 日　平 22（行コ）206（判時 2157 号 3 頁）　*151*
（在留特別許可を認めることはできないとされた事例） ━━━━━━━152
　　437　東京地判平成 23 年 3 月 16 日　平 21（行ウ）478，613－616　*152*
（一審・二審で判断が分かれた場合） ━━━━━━━━━━━━━━━152
　　438　横浜地判平成 17 年 7 月 20 日　平 15（行ウ）31（判タ 1219 号 242 頁）　*152*
　　439　東京高判平成 18 年 1 月 18 日　平 17（行コ）222（訟月 52 巻 11 号 3486 頁）　*152*

6　その他の諸要素 ━━━━━━━━━━━━━━━━━━━━━━━153
① 長期在留 ━━━━━━━━━━━━━━━━━━━━━━━━━━153
（定着性の欠如） ━━━━━━━━━━━━━━━━━━━━━━━━153
　　440　那覇地判平成 27 年 1 月 27 日　平 25（行ウ）4　*153*
（短期滞在で入国し，約 20 年間不法残留していたタイ国籍の外国人に在留特別許可が認められなかった事例） ━━━153
　　441　東京地判平成 27 年 1 月 13 日　平 25（行ウ）420　*153*
（27 年間の不法残留者（日本人配偶者なし）に在留特別許可が認められなかった事例） ━━━154
　　442　東京地判平成 25 年 6 月 14 日　平 25（行ウ）28　*154*
（10 年以上） ━━━━━━━━━━━━━━━━━━━━━━━━━154
　　443　東京地判平成 25 年 1 月 15 日　平 23（行ウ）752，平 24（行ウ）93，102　*154*
（23 年間） ━━━━━━━━━━━━━━━━━━━━━━━━━━154
　　444　東京地判平成 24 年 6 月 15 日　平 23（行ウ）66　*154*
（長期残留で認められた事例もある） ━━━━━━━━━━━━━━━155
　　445　大阪高判平成 25 年 12 月 20 日　平 25（行コ）13　*155*

② 難病の治療 ────────────────────────────────155

（1）難病で在留特別許可が認められた事例 ──────────────155
　　446　名古屋高判平成25年6月27日　平25（行コ）19（原審：名古屋地裁　平23（行ウ）89）*155*
（潰瘍性大腸炎（父親）と停留精巣（子）） ────────────156
　　447　東京地判平成27年6月16日　平26（行ウ）205, 207, 208　*156*
　　448　東京高判平成28年1月20日　平27（行コ）240　*156*
（2）本国でも治療可能とされた場合 ──────────────156
（てんかん） ────────────────────────────156
　　449　東京地判平成24年11月15日　平23（行ウ）572, 600　*156*
（気管支喘息） ──────────────────────────156
　　450　東京地判平成23年3月16日　平21（行ウ）478　*156*
（脳性麻痺） ────────────────────────────157
　　451　東京地判平成27年7月15日　平26（行ウ）170−173　*157*
（乳腺腫瘤及び多発性子宮筋腫） ──────────────157
　　452　東京地判平成25年6月27日　平24（行ウ）445　*157*
（肺結核及び結核性リンパ節炎） ──────────────157
　　453　東京地判平成25年2月5日　平24（行ウ）159　*157*
（先天性尿道狭窄症，腎不全） ──────────────157
　　454　東京地判平成25年7月30日　平24（行ウ）519, 602　*157*

③ その他 ────────────────────────────────158
（自らの意思で出頭したこと） ──────────────158
　　455　東京地判平成26年4月24日　平25（行ウ）179　*158*
（永住者である老親の介護） ──────────────158
　　456　東京地判平成28年1月20日　平27（行ウ）267　*158*
（四人の日本人女性と婚姻，離婚を繰り返し，適法に在留していた期間が約10年，不法残留・不法就労であった期間が約8年である事例） ────────────158
　　457　東京地判平成23年12月6日　平22（行ウ）206　*158*
（身分上の理由以外で在留特別許可を認めた事例──長年にわたる焼肉店の経営） ──────159
　　458　東京地判平成21年3月27日　平20（行ウ）186・198　*159*
（日本人男性の血縁上の子） ──────────────159
　　459　東京地判平成21年3月6日　平19（行ウ）357　*159*
（日系人という要素で他の消極要素を凌駕するとは限らない） ────────159
　　460　東京地判平成27年8月6日　平26（行ウ）252　*159*
（人文知識・国際業務の資格を有する配偶者） ──────160
　　461　東京地判平成21年9月25日　平20（行ウ）304　*160*

7　消極的事由 ────────────────────────────160

① 特に考慮する消極要素 ────────────────────160
② その他の消極要素 ────────────────────160
（4度目の退去強制） ──────────────────────160
　　462　東京地判平成27年3月12日　平26（行ウ）198　*160*
（15年以上適法に在留していた外国人に対する無免許運転による有罪判決を契機とする退令処分が適法とされた事例） ────────161
　　463　東京地判平成25年8月8日　平23（行ウ）699　*161*
（売春あっせん，薬物犯などの重罪） ──────────161
　　464　東京地判平成25年4月24日　平24（行ウ）367　*161*
（入管法違反，外国人登録法違反等） ──────────161
　　465　東京地判平成25年4月16日　平24（行ウ）96　*161*
（中国国籍の外国人が実刑判決を受けた場合で，両親が日本に帰化していても退去強制令書が交付された事例） ──────162
　　466　東京地判平成24年8月24日　平23（行ウ）611　*162*
（在留特別許可による在留中の犯罪） ──────────162
　　467　東京地判平成24年5月30日　平23（行ウ）122　*162*
（自動車窃盗の常習犯） ──────────────────163
　　468　東京地判平成24年1月27日　平22（行ウ）733，平23（行ウ）22, 338, 367　*163*
（在留30年余，薬物犯，五人の子供は既に成人） ──────163
　　469　東京地判平成23年11月10日　平22（行ウ）347　*163*

xxii　目　次

（偽装入国による不法就労の継続） ──────────────────────────────── **164**
　　　470　東京地判平成 20 年 9 月 2 日　平 20（行ウ）97　*164*
（14 年間の不法就労） ───────────────────────────────────── **164**
　　　471　東京地判平成 19 年 11 月 15 日　平 18（行ウ）500　*164*

第7章　罰則 ──────────────────────────── 165

① 法 70 条（不法入国，不法残留等）─────────────────── 165
　　　472　東京地方立川支部判平成 27 年 2 月 4 日　平 25（わ）1514　*165*
（不法残留罪） ────────────────────────────────────── **165**
　　　473　最二小決平成 17 年 4 月 21 日　平 16（あ）1595（判タ 1181 号 183 頁）　*165*
　　　474　東京高判平成 19 年 11 月 5 日　平 19（行ウ）1828　*165*
　　　475　最一小決平成 15 年 12 月 3 日　平 14（あ）1658（刑集 57 巻 11 号 1075 頁）　*165*
（不法入国） ────────────────────────────────────── **166**
　　　476　松江地判平成 10 年 7 月 22 日　平 10（わ）50（判時 1653 号 156 頁）　*166*

② 法 70 条の 2（刑の免除）──────────────────────── 166
　　　477　東京高判平成 20 年 3 月 21 日　平 19（う）2834　*166*
　　　478　広島高判平成 14 年 9 月 20 日　平 14（う）129（判時 1814 号 161 頁）　*166*
　　　479　広島地判平成 14 年 6 月 20 日　平 14（わ）225（判時 1814 号 167 頁）　*166*
　　　480　大阪高判平成 5 年 7 月 1 日　平 4（う）226（高刑集 46 巻 2 号 204 頁）　*166*

③ 法 71 条（密出国・出国企画）────────────────────── 167
　　　481　東京高判昭和 48 年 4 月 26 日　昭 47（う）998（高刑集 26 巻 2 号 214 頁）　*167*
　　　482　最三小決昭和 43 年 7 月 16 日　昭 42（あ）2287（判時 527 号 83 頁）　*167*
　　　483　最大判昭和 37 年 11 月 28 日　昭 34（あ）1678（判時 322 号 2 頁）　*167*
　　　484　広島高判昭和 27 年 12 月 8 日　昭 27（う）531（高刑裁特 20 号 114 頁）　*167*

④ 法 72 条（逃亡罪等）──────────────────────────── 167
　　　485　長崎地判昭和 33 年 5 月 13 日　昭 32（わ）541（一審刑集 1 追録 233 頁）　*167*

⑤ 法 73 条（資格外活動）────────────────────────── 167
　　　486　東京地方立川支部判平成 27 年 2 月 4 日　平 25（わ）1514　*167*

⑥ 法 73 条の 2（不法就労助長）──────────────────── 168
　　　487　福岡地小倉支部判平成 28 年 5 月 25 日　平 28（わ）95　*168*
　　　488　大阪高判平成 9 年 4 月 25 日　平 8（う）427（判時 1620 号 157 頁）　*168*
　　　489　最三小決平成 9 年 3 月 18 日　平 6（あ）1214（裁時 1192 号 26 頁）　*168*
（「自己の支配下においた」とされた事例） ────────────────── **168**
　　　490　東京高判平成 5 年 11 月 11 日　平 5（う）751（判タ 846 号 291 頁）　*168*
　　　491　東京高判平成 5 年 9 月 22 日　平 5（う）233（判時 1507 号 170 頁）　*169*

⑦ 法 74 条（集団密航）──────────────────────────── 169
　　　492　東京高判平成 22 年 1 月 28 日　平 21（行ウ）875　*169*
　　　493　東京高判平成 21 年 12 月 2 日　平 21（う）1492（判タ 1332 号 279 頁）　*169*
　　　494　東京高判平成 16 年 9 月 22 日　平 16（行ウ）1005　*169*
　　　495　東京地判平成 16 年 2 月 25 日　平 15（刑わ）889，平 15（特わ）3644，平 15（合わ）200　*169*
　　　496　千葉地判平成 15 年 2 月 19 日　平 13（ワ）2283，2521　*170*

⑧ 法 76 条（旅券等不携帯，提示拒否）─────────────── 170
　　　497　水戸家裁下妻支部決平成 16 年 9 月 1 日　平 16（少）363（判タ 1167 号 302 頁）　*170*

⑨ 法 78 条（没収）──────────────────────────────── 170
　　　498　福岡地判昭和 57 年 6 月 22 日　昭 57（わ）298（判時 1050 号 177 頁）　*170*

第8章　在留資格 ────────────────────────── 171

第1　永住者 ─────────────────────────────────── 171

① 永住許可申請，永住許可の取消 ─────────────────── 171
　　　499　東京地判平成 26 年 4 月 22 日　平 25（行ウ）542　*171*
　　　500　東京地判平成 22 年 9 月 17 日　平 22（行ウ）292　*172*
（不許可処分が違法であるとされた事例） ────────────────── **172**
　　　501　東京高判平成 19 年 7 月 17 日　平 19（行コ）25　*172*
（永住許可の取消と素行善良要件） ────────────────────── **172**
　　　502　東京高判昭和 34 年 10 月 5 日　昭 34（ネ）214（判時 208 号 45 頁）　*172*

目　次　xxiii

② 　永住者と在留特別許可 ——————————————————————172
　　（在留特別許可が認められなかった事例）——————————————172
　　　　503　東京地判平成 25 年 7 月 10 日　平 24（行ウ）346　*172*
　　　　504　東京地判平成 25 年 4 月 24 日　平 24（行ウ）367　*172*
　　　　505　東京地判平成 24 年 11 月 6 日　平 23（行ウ）294　*173*

第2　定住者 —————————————————————————————173
　① 　総論 ——————————————————————————————173
　　　　506　東京地判平成 24 年 11 月 20 日　平 23（行ウ）661　*173*
　　（告示該当事由以外と法務大臣の裁量）———————————————173
　　　　507　東京地判平成 25 年 11 月 27 日　平 24（行ウ）350　*173*
　　（定住者告示と在留期間更新）——————————————————174
　　　　508　東京地判平成 26 年 9 月 4 日　平 25（行ウ）583　*174*
　　（身障者と定住者該当性）————————————————————174
　　　　509　東京地判平成 25 年 11 月 27 日　平 24（行ウ）350　*174*

　② 　日系二世，三世関係 ——————————————————————175
　　（素行善良要件の憲法適合性）——————————————————175
　　　　510　東京地判平成 25 年 2 月 21 日　平 24（行ウ）292　*175*
　　　　511　東京地判平成 21 年 5 月 28 日　平 19（行ウ）549　*175*
　　（日系三世で犯罪を犯した者の退去強制）—————————————175
　　　　512　東京地判平成 25 年 6 月 25 日　平 24（行ウ）456　*175*
　　（軽微な形式的犯罪の場合）———————————————————176
　　　　513　東京地判平成 24 年 3 月 28 日　平 23（行ウ）80　*176*
　　（日系二世の配偶者）——————————————————————176
　　　　514　東京地判平成 23 年 3 月 24 日　平 22（行ウ）34　*176*
　　（婚姻生活の実態がないとされた事例—告示 5 号ハ適合性）——————177
　　　　515　東京地判平成 21 年 10 月 2 日　平 20（行ウ）506，559　*177*
　　（不法入国後に日系三世の立場になった者の在留特別許可）———————177
　　　　516　東京地判平成 26 年 5 月 30 日　平 25（行ウ）324，347 – 349（判タ 1413 号 226 頁，判時 2240 号 44 頁）　*177*
　　（定住者として資格を有していない者と在留特別許可）————————178
　　　　517　大阪地判平成 23 年 1 月 19 日　平 19（行ウ）191　*178*

　③ 　日本人，特別永住者，別表第二の資格で在留する外国人の扶養を受けて生活する未成年・未婚の実子 ———————————————————————178
　　（DNA 鑑定による父子関係の否定）————————————————178
　　　　518　東京地判平成 27 年 3 月 20 日　平 26（行ウ）242，447　*178*
　　（扶養の実態について一審・二審で判断が分かれた事例）————————178
　　　　519　東京高判平成 25 年 4 月 10 日　平 24（行コ）351　*178*

　④ 　養子 ——————————————————————————————179
　　（6 歳未満の要件に該当しない事例）———————————————179
　　　　520　東京地判平成 19 年 11 月 12 日　平 19（行ウ）302・303　*179*

　⑤ 　中国残留邦人 —————————————————————————179
　　　　521　東京地判平成 22 年 3 月 30 日　平 20（行ウ）522　*179*
　　（中国残留孤児関係者であると偽装して入国した事例）————————179
　　　　522　大阪地判平成 19 年 11 月 14 日　平 17（行ウ）47　*179*
　　（特別永住者なみの取り扱いにすべきであるとの主張が認められなかった事例）———180
　　　　523　東京高判平成 19 年 7 月 19 日　平 19（行コ）75　*180*
　　　　524　東京地判平成 19 年 2 月 23 日　平 16（行ウ）315，平 17（行ウ）230，平 18（行ウ）106　*180*
　　（中国残留邦人に関わる者との偽装にもかかわらず，在留特別許可を認めるべきであるとされた事例）———180
　　　　525　福岡高判平成 17 年 3 月 7 日　平 15（行コ）13　*180*

第3　技能実習生 ————————————————————————————181
　① 　差額分の賃金支払等が認められた事例 ————————————————181
　　　　526　徳島地判平成 26 年 12 月 26 日　平 22（ワ）637　*181*
　　　　527　函館地判平成 26 年 3 月 27 日　平 23（ワ）158，平 24（ワ）27　*181*
　　　　528　金沢地裁小松支部判平成 26 年 3 月 7 日　平 24（ワ）77　*182*
　　　　529　東京地判平成 25 年 12 月 6 日　平 22（ワ）15077，42153（判タ 1375 号 113 頁）　*182*

xxiv 目　次

530　福島地裁白河支部判平成 24 年 2 月 14 日　平 21（ワ）160，平 22（ワ）1（労判 1049 号 37 頁）
　　　182
531　和歌山地裁田辺支部判平成 21 年 7 月 17 日　平 17（ワ）39，平 18（ワ）187　*182*
532　津地裁四日市支部判平成 21 年 3 月 18 日　平 19（ワ）478，552（労判 983 号 27 頁）　*182*

②　事業者の不法行為責任 ————————————————— 183
（従業員による暴行） ———————————————————————— 183
533　千葉地判平成 26 年 9 月 30 日　平 24（ワ）2950（判時 2248 号 72 頁）　*183*
（旅券・通帳の強制管理） ——————————————————————— 183
534　金沢地裁小松支部判平成 26 年 3 月 7 日　平 24（ワ）77　*183*
535　長崎地判平成 25 年 3 月 4 日　平 22（ワ）118（時報 2207 号 98 頁）　*183*
536　福島地裁白河支部判平成 24 年 2 月 14 日　平 21（ワ）160（労判 1049 号 370 頁）　*183*
537　熊本地判平成 22 年 1 月 29 日　平 19（ワ）1711（判タ 1323 号 166 頁）　*183*

③　監理団体等の監督責任 ——————————————————— 184
（監理団体等の不法行為責任が認められた事例） —————————————— 184
538　熊本地判平成 22 年 1 月 29 日　平 19（ワ）1711（判タ 1323 号 166 頁）　*184*
539　福島地裁白河支部判平成 24 年 2 月 14 日　平 21（ワ）160，平 22（ワ）1　*184*
540　富山地判平成 25 年 7 月 17 日　平 24（ワ）6　*184*
541　さいたま地判平成 24 年 10 月 24 日　平 22（ワ）3472　*184*
（JITCO の責任が認められなかった事例） ———————————————— 184
542　熊本地判平成 22 年 1 月 29 日　平 19（ワ）1711（判タ 1323 号 166 頁）　*184*

④　技能実習生による実習実施機関からの逃走・不法残留・不法就労 ————— 185
543　東京地判平成 27 年 9 月 8 日　平 26（行ウ）508　*185*
544　東京地判平成 27 年 7 月 10 日　平 26（行ウ）320　*185*
545　東京地判平成 27 年 3 月 25 日　平 26（行ウ）149　*185*
546　東京地判平成 26 年 7 月 15 日　平 25（行ウ）215　*185*

⑤　その他 ————————————————————————— 186
（暴行による死亡と慰謝料の算定） ————————————————————— 186
547　千葉地判平成 26 年 9 月 30 日　平 24（ワ）2950（判時 2248 号 72 頁）　*186*
（監理団体による実習実施機関への支払請求） ——————————————— 186
548　東京地判平成 23 年 5 月 27 日　平 22（行ウ）24784　*186*
（ガイドラインの効力） —————————————————————————— 186
549　東京地判平成 23 年 5 月 27 日　平 22（行ウ）24784　*186*
（使用者性の認定） ———————————————————————————— 187
550　さいたま地判平成 24 年 10 月 24 日　平 22（ワ）3472　*187*
（日本人従業員との間の賃金の合理的差異） ———————————————— 187
551　東京地判平成 24 年 4 月 20 日　平 23（ワ）20365　*187*
（行政書士による就業のあっせん） ————————————————————— 187
552　東京高判平成 22 年 11 月 24 日　平 22（ネ）5465（判タ 1373 号 184 頁）　*187*
（技能実習生による殺人） ——————————————————————— 187
553　広島地判平成 27 年 3 月 13 日　平 25（わ）480　*187*
（労基法違反による有罪判決） ——————————————————————— 188
554　和歌山地判平成 20 年 6 月 3 日　平 20（わ）146，218（労判 970 号 91 頁）　*188*

第 2 編　難民認定制度
第 1 章　総論 ————————————————————————— 191
第 1　難民の定義 ————————————————————————— 191
（条約解釈権限の所在） —————————————————————————— 191
555　東京地判平成 23 年 2 月 4 日　平 21（行ウ）514　*191*
（難民条約以外の難民概念―マンデート難民） ——————————————— 192
556　東京高判平成 17 年 1 月 20 日　平 16（行コ）113　*192*
（難民条約以外の難民概念― OAU 難民） ————————————————— 192
557　東京地判平成 20 年 2 月 21 日　平 19（行ウ）43　*192*
（経済的自由が含まれないこと） ——————————————————————— 192
558　東京地判平成 23 年 2 月 4 日　平 21（行ウ）514　*192*
（迫害の主体） ——————————————————————————————— 193
559　東京地判平成 26 年 1 月 28 日　平 24（行ウ）864　*193*

560　東京地判平成 25 年 7 月 30 日　平 24 (行ウ) 336　*193*

（恐れの存否）……………………………………………………………………………193

（恐れがあったとは認められないとされた事例）………………………………193

561　東京地判平成 25 年 7 月 30 日　平 24 (行ウ) 336　*193*
562　東京地判平成 24 年 6 月 26 日　平 23 (行ウ) 144・159 - 161　*194*
563　東京地判平成 20 年 2 月 7 日　平 18 (行ウ) 547・548　*194*

第2　立証責任 ———————————————————————— 194

（難民認定申請者側にあるとする判例）……………………………………………194

564　東京地判平成 27 年 5 月 28 日　平 25 (行ウ) 831　*194*
565　東京地判平成 26 年 1 月 28 日　平 24 (行ウ) 864　*195*
566　東京地判平成 25 年 7 月 30 日　平 24 (行ウ) 336　*195*

第3　申請時期 ————————————————————————— 195

567　東京地判平成 25 年 1 月 18 日　平 23 (行ウ) 442　*195*

（遅滞なき届出）……………………………………………………………………………196

568　大阪高判平成 5 年 7 月 1 日　平 4 (う) 226 (高刑集 46 巻 2 号 204 頁)　*196*
569　東京地判平成 26 年 10 月 8 日　平 25 (行ウ) 589　*196*

（一定期間後の申請を，難民性を疑う要因とした事例）……………………196

570　東京地判平成 25 年 12 月 24 日　平 24 (行ウ) 747　*196*

第4　手続等 —————————————————————————— 197

（法 61 条の 2 の 2 第 2 項の在留特別許可）……………………………………197

571　東京地判平成 21 年 1 月 20 日　平 20 (行ウ) 431　*197*

（仮滞在の許可が認められなかった事例）…………………………………………197

572　東京地判平成 21 年 3 月 27 日　平 18 (行ウ) 470, 483 - 488　*197*
573　東京地決平成 18 年 10 月 20 日　平 18 (行ク) 257　*197*

（異議申立手続）……………………………………………………………………………197

574　東京地判平成 22 年 1 月 15 日　平 20 (行ウ) 626, 平 21 (行ウ) 2　*197*

（出訴期間徒過と重大な瑕疵—無効とした事例）……………………………198

575　東京地判平成 19 年 2 月 2 日　平 17 (行ウ) 114 (判タ 1268 号 139 頁)　*198*

（手続的瑕疵—誤った理由の通知）………………………………………………198

576　東京地判平成 16 年 5 月 14 日　平 15 (行ウ) 2　*198*

（参考人の申請）……………………………………………………………………………198

577　東京地判平成 20 年 11 月 13 日　平 19 (行ウ) 76, 436　*198*

第5　難民認定手続と退去強制手続 ———————————— 199

（別個の手続であるとする事例）………………………………………………………199

578　東京地判平成 23 年 3 月 10 日　平 22 (行ウ) 461　*199*
579　東京地判平成 19 年 8 月 31 日　平 15 (行ウ) 645 (判タ 1278 号 69 頁)　*199*

〈難民認定拒否処分の違法性と，退令処分，在留特別許可拒否処分の効力〉……199

（退令処分，在留特別許可拒否処分も無効とされた事例）…………………199

580　名古屋地判平成 18 年 3 月 23 日　平 16 (行ウ) 73　*199*
581　東京地判平成 27 年 8 月 28 日　平 25 (行ウ) 237, 462, 平 26 (行ウ) 285　*200*

（法 50 条の裁決との関係）………………………………………………………………200

582　東京地判平成 20 年 8 月 22 日　平 18 (行ウ) 528, 平 19 (行ウ) 359　*200*

（ノン・ルフルマン原則と送還先指定）……………………………………………200

583　名古屋高判平成 18 年 6 月 21 日　平 16 (行コ) 32　*200*

第6　その他 —————————————————————————— 201

（難民の家族）………………………………………………………………………………201

584　東京地判平成 24 年 5 月 17 日　平 22 (行ウ) 456, 477　*201*
585　東京地判平成 19 年 1 月 19 日　平 18 (行ウ) 401, 406, 407　*201*

（難民の研究所への入学不許可）………………………………………………………202

586　東京地判平成 23 年 12 月 19 日　平 23 (ワ) 20551　*202*

（国家賠償請求訴訟）………………………………………………………………………202

587　東京地判平成 27 年 8 月 28 日　平 25 (行ウ) 237, 462, 平 26 (行ウ) 285　*202*

（国家賠償責任があるとされた事例）………………………………………………202

588　東京地判平成 15 年 4 月 9 日　平 14 (行ウ) 116　*202*
589　東京高判平成 16 年 1 月 14 日　平 15 (行コ) 131　*203*

xxvi 目 次

（義務づけ請求）··203
　　590　東京地判平成27年8月28日　平25（行ウ）237, 462, 平26（行ウ）285　*203*
（難民条約33条1項適用可能性）···203
　　591　広島地判平成17年6月30日　平15（行ウ）16　*203*

第2章　各国別事例 ─────────────────── 205
第1　ミャンマー ─────────────────────── 205
1　難民性を認めた事例 ──────────────────── 205
①　一般 ────────────────────────── 205
（ロヒンギャ族）··205
　　592　東京高判平成24年9月12日　平22（行コ）397（訟月59巻6号1654頁）　*205*
（チン族）···206
　　593　東京地判平成24年4月13日　平23（行ウ）73（判タ1405号90頁）　*206*
　　594　東京地判平成22年6月8日　平21（行ウ）144（判タ1354号98頁）　*206*
（カチン族―親族の政治活動）···206
　　595　東京地判平成19年4月13日　平17（行ウ）329　*206*
（反政府活動についての証言が信用できるとされた事例）··································207
　　596　東京地判平成22年2月5日　平20（行ウ）713（判タ1333号121頁）　*207*
（大学在学中の反政府活動）··207
　　597　東京地判平成22年1月29日　平20（行ウ）261（判タ1359号93頁）　*207*
（政府批判記事の投稿）··207
　　598　東京地判平成20年2月8日　平18（行ウ）491　*207*
（反政府活動の継続）···207
　　599　東京地判平成19年4月27日　平14（行ウ）390・平17（行ウ）328　*207*
（DPNSの日本支部での活動等）··208
　　600　東京地判平成19年3月28日　平17（行ウ）424・425　*208*
（ABSDFのメンバー）···208
　　601　東京地判平成19年3月23日　平16（行ウ）462・平17（行ウ）344　*208*
（逮捕，拘束後もCNFを支援）···208
　　602　東京地判平成19年3月6日　平17（行ウ）111, 113　*208*
（NLD支部の執行委員としての活動等）···209
　　603　東京地判平成19年2月28日　平16（行ウ）174・平17（行ウ）162　*209*
（NLD支持の退役軍人）···209
　　604　東京地判平成19年1月31日　平16（行ウ）323, 平17（行ウ）469（判タ1247号138頁）　*209*
（海外民主化ビルマ学生戦線）···209
　　605　東京地判平成18年11月17日　平16（行ウ）459, 平18（行ウ）308（判タ1262号84頁）　*209*
（海外での反政府活動）··209
　　606　大阪高判平成17年6月15日　平16（行コ）89　*209*
（ミャンマー政府から反対派として把握されていること）·······························210
　　607　東京地判平成17年3月25日　平15（行ウ）360（判タ1210号98頁）　*210*
②　本邦での活動により難民認定 ─────────────── 210
（CNFの支援，父がNLD幹部）··210
　　608　東京地判平成22年6月8日　平21（行ウ）144（判タ1354号98頁）　*210*
（日本におけるLDB支部での反政府活動）···211
　　609　名古屋地判平成22年12月13日　平20（行ウ）36　*211*
（民主化支援の演奏活動）···211
　　610　東京高判平成21年4月30日　平20（行コ）329　*211*
（反政府集会での芸能活動）··212
　　611　東京地判平成20年8月22日　平18（行ウ）528, 平19（行ウ）359　*212*
（バンドにおけるボーカリスト）··212
　　612　東京地判平成20年9月5日　平19（行ウ）485, 508　*212*
（夫婦ともに難民として認定した事例）···212
　　613　東京地判平成20年1月16日　平18（行ウ）409, 415（判時1998号30頁）　*212*
（DPNSの日本支部幹部）···213
　　614　東京地判平成19年10月31日　平17（行ウ）450（判時2009号81頁）　*213*

（NLD-LA 日本支部会員としての活動）··213
　　615　東京地判平成 19 年 3 月 28 日　平 17（行ウ）523・534・535　*213*
　　616　東京地判平成 17 年 7 月 15 日　平 13（行ウ）176, 181（判時 1951 号 44 頁）　*213*
（その他）··213
　　617　名古屋地判平成 18 年 3 月 23 日　平 16（行ウ）73　*213*
③　難民と家族の在留資格 ──────────────────────────**214**
　　618　東京高判平成 21 年 5 月 27 日　平 20（行コ）204（判時 2062 号 33 頁）　*214*
　　619　東京地判平成 19 年 1 月 19 日　平 18（行ウ）401・406・407　*214*
（姉妹で判断が分かれた事例）··214
　　620　東京地判平成 21 年 1 月 20 日　平 19（行ウ）649・650　*214*
2　難民性を認めなかった事例 ──────────────────────**215**
（女優としての活動抑制が，迫害とまではいえないとされた事例）······························215
　　621　東京地判平成 27 年 9 月 11 日　平 25（行ウ）465　*215*
（出国後の本邦での就労中心の活動状況）··215
　　622　東京地判平成 24 年 4 月 10 日　平 23（行ウ）128　*215*
（ロヒンギャ族全員が迫害を受けるおそれはない）··215
　　623　東京地判平成 24 年 3 月 16 日　平 21（行ウ）311　*215*
（モスクの指導者）··216
　　624　東京地判平成 23 年 11 月 30 日　平 22（行ウ）37　*216*
（シャン族）··216
　　625　東京地判平成 23 年 7 月 6 日　平 22（行ウ）9　*216*
（ボーカリスト）··216
　　626　東京高判平成 21 年 4 月 15 日　平 20（行コ）334（判時 2067 号 22 頁）　*216*
（特定の社会集団性が認められなかった事例）··216
　　627　大阪地判平成 19 年 11 月 21 日　平 17（行ウ）54（判タ 1273 号 139 頁）　*216*
（難民性を認めた原審を取り消した事例）··217
　　628　東京高判平成 19 年 9 月 26 日　平 19（行コ）147（判タ 1290 号 141 頁）　*217*
　　629　東京高判平成 19 年 9 月 19 日　平 18（行コ）330（判タ 1290 号 138 頁）　*217*
（難民不認定処分等に対する取消訴訟が請求棄却となった最近の例）····························217

第2　トルコ（クルド人）────────────────────────────**218**
1　難民性を認めた事例 ──────────────────────────**218**
　　630　東京地判平成 16 年 4 月 20 日　平 10（行ウ）208（判時 1863 号 30 頁）　*218*
　　631　名古屋地判平成 16 年 4 月 15 日　平 14（行ウ）49　*218*
2　難民性を認めなかった事例 ──────────────────────**218**
（クルド人というだけでは難民とは認められないとする判例）································218
　　632　東京地判平成 26 年 1 月 31 日　平 24（行ウ）146　*218*
（クルド労働者等（PKK）等の組織への支援などでは難民とは認められないとする判例）··········219
　　633　東京地判平成 24 年 6 月 22 日　平 23（行ウ）7　*219*
　　634　東京地判平成 24 年 5 月 29 日　平 22（行ウ）126・176−179　*219*
（申請者の個人的・具体的事情から難民性を認めることができないとした事例）··················219
　　635　東京地判平成 24 年 4 月 27 日　平 22（行ウ）190, 207　*219*
　　636　東京地判平成 24 年 4 月 17 日　平 22（行ウ）6・7・189　*219*
（正規に入国し，稼働していること）··220
　　637　東京地判平成 23 年 12 月 21 日　平 21（行ウ）636　*220*
（クルド人の合法的政治活動への迫害はなくなっていること）································220
　　638　東京地判平成 23 年 10 月 27 日　平 20（行ウ）487・497・530−533・557・690　*220*
（名誉殺人の可能性）··220
　　639　東京地判平成 23 年 10 月 18 日　平 22（行ウ）413・416−418　*220*
（アレヴィー派）··221
　　640　東京地判平成 23 年 5 月 25 日　平 22（行ウ）156　*221*

第3　イラン ───────────────────────────────**221**
1　難民性を認めた事例 ──────────────────────────**221**
（一番・二審で判断が分かれた事例）··221
　　611　東京地判平成 18 年 10 月 31 日　平 16（行ウ）45, 46　*221*
　　642　東京高判平成 20 年 4 月 16 日　平 18（行コ）318　*221*

xxviii 目 次

2 難民性を認めなかった事例 ————————————————————————— 222
643 東京地判平成 24 年 10 月 3 日 平 23（行ウ）434 *222*

（クルド人）——————————————————————————————————————— 222
644 東京地判平成 23 年 12 月 6 日 平 22（行ウ）215 *222*

第4 アフガニスタン ——————————————————————————————————— 223
1 難民性を認めた事例 ————————————————————————————— 223
（タリバンからの迫害）—————————————————————————————— 223
645 東京地判平成 18 年 6 月 13 日 平 15（行ウ）416（判時 1957 号 26 頁） *223*

（シーア派ハザラ人）——————————————————————————————— 223
646 大阪地判平成 16 年 3 月 26 日 平 12（行ウ）46 *223*
647 東京地判平成 16 年 5 月 27 日 平 14（行ウ）75, 80（判時 1875 号 24 頁） *223*

2 難民性を認めなかった事例 ————————————————————————— 224
（タリバンからの迫害のおそれがないとされた事例）————————————————— 224
648 東京地判平成 19 年 12 月 26 日 平 19（行ウ）171 *224*
（不法就労目的での本邦残留）———————————————————————————— 224
649 東京地判平成 16 年 10 月 29 日 平 15（行ウ）245 *224*
（国籍の虚偽申請）———————————————————————————————— 224
650 東京地判平成 17 年 1 月 26 日 平 14（行ウ）232 *224*

第5 スリランカ ———————————————————————————————————— 225
（地方有力者による迫害）————————————————————————————— 225
651 東京地判平成 28 年 2 月 17 日 平 26（行ウ）219 *225*
（映画の製作）—————————————————————————————————— 225
652 東京地判平成 27 年 9 月 2 日 平 26（行ウ）139 *225*
（私的な迫害）—————————————————————————————————— 225
653 東京地判平成 24 年 2 月 24 日 平 22（行ウ）719 *225*
（LTTE による迫害のおそれはない）————————————————————————— 226
654 東京地判平成 23 年 7 月 12 日 平 20（行ウ）682, 平 21（行ウ）537, 平 22（行ウ）48 *226*
（国家刑罰権の行使）——————————————————————————————— 226
655 東京地判平成 24 年 8 月 28 日 平 22（行ウ）581 *226*

第6 エチオピア ———————————————————————————————————— 227
1 難民性を認めた事例 ————————————————————————————— 227
656 東京地判平成 22 年 10 月 1 日 平 21（行ウ）132（判タ 1362 号 73 頁） *227*
2 難民性を認めなかった事例 ————————————————————————— 228
657 東京地判平成 26 年 8 月 8 日 平 25（行ウ）590 *228*
658 東京地判平成 25 年 12 月 3 日 平 24（行ウ）423 *228*
（旧軍の通信員）————————————————————————————————— 228
659 東京地判平成 22 年 3 月 12 日 平 21（行ウ）33・250 *228*

第7 バングラデシュ ————————————————————————————————— 229
1 難民性を認めた事例 ————————————————————————————— 229
（政治団体からの迫害）—————————————————————————————— 229
660 東京地判平成 19 年 2 月 2 日 平 17（行ウ）114（判タ 1268 号 139 頁） *229*
2 難民性が認めなかった事例 ————————————————————————— 229
661 東京地判平成 25 年 11 月 15 日 平 24（行ウ）753 *229*
662 東京地判平成 25 年 1 月 16 日 平 23（行ウ）52 *230*
663 東京地判平成 19 年 6 月 8 日 平 18（行ウ）14 *230*

第8 アンゴラ ————————————————————————————————————— 231
1 難民性を認めた事例 ————————————————————————————— 231
664 東京地判平成 26 年 4 月 15 日 平 25（行ウ）33（判時 2230 号 11 頁, 判タ 1409 号 336 頁）
231
2 難民性を認めなかった事例 ————————————————————————— 231
665 東京地判平成 24 年 4 月 12 日 平 23（行ウ）48 *231*

目　次　xxix

第9　コンゴ────────────────232
　1　難民性を認めた事例────────────232
　　　666　東京地判平成 27 年 8 月 28 日　平 25（行ウ）237，462，平 26（行ウ）285　*232*
　2　難民性を認めなかった事例──────────232
　　　667　東京地判平成 21 年 1 月 29 日　平 19（行ウ）741　*232*

第10　中国────────────────233
　（天安門事件）────────────────233
　　　668　東京地判平成 19 年 2 月 13 日　平 17（行ウ）19，86，109　*233*
　（法輪功）─────────────────233
　　　669　東京地判平成 24 年 9 月 26 日　平 23（行ウ）337　*233*
　（一人っ子政策）───────────────233
　　　670　東京地判平成 21 年 10 月 29 日　平 21（行ウ）202 − 204　*233*

第3編　行政行為論，行政訴訟にかかる判例法理
第1章　行政行為論にかかる判例────────237

第1　行政行為───────────────237
　①　**資格変更にかかる通知の処分性**──────237
　　（処分性を認めないとする事例）────────237
　　　671　東京地判平成 23 年 3 月 10 日　平 22（行ウ）291　*237*
　　　672　東京地判平成 22 年 2 月 17 日　平 20（行ウ）443　*238*
　　　673　東京地判平成 19 年 4 月 27 日　平 18（行ウ）707　*238*
　②　**再審情願と処分性**───────────238
　　（処分性を認めないとする事例）────────238
　　　674　東京地判平成 20 年 8 月 22 日　平 20（行ウ）435　*238*
　　　675　名古屋地判平成 26 年 1 月 30 日　平 24（行ウ）23　*239*
　③　**告示と処分性**─────────────239
　　（一審・二審で判断が分かれた事例）──────239
　　　676　大阪地判平成 19 年 4 月 19 日　平 17（行ウ）53　*239*
　　　677　大阪高判平成 20 年 3 月 13 日　平 19（行コ）43　*240*
　④　**法務大臣の裁決**───────────240
　　（異議の申出に対する法務大臣の裁決の処分性を否定した事例）──240
　　　678　東京地判平成 15 年 9 月 19 日　平 12（行ウ）211（判時 1836 号 46 頁）　*240*
　　（在留特別許可を付与しない決定は，裁決から独立した処分ではないとされた事例）──241
　　　679　東京地判平成 20 年 3 月 6 日　平 19（行ウ）463　*241*
　⑤　**査証と処分性**─────────────241
　　（査証発給の拒否は取消訴訟の対象でないとする事例）──241
　　　680　東京地判平成 24 年 2 月 28 日　平 23（行ウ）276　*241*
　　　681　東京高判平成 22 年 12 月 14 日　平 22（行コ）253　*241*
　　　682　東京地判平成 22 年 7 月 8 日　平 21（行ウ）107　*242*
　⑥　**その他**──────────────242
　　（口頭審理請求の受理）───────────242
　　　683　名古屋地判平成 26 年 1 月 30 日　平 24（行ウ）23　*242*
　　（収容令書の発付）────────────242
　　　684　東京地決昭和 44 年 9 月 20 日　（判タ 240 号 194 頁）　*242*
　　（退去強制令書発付と在留期間更新不許可処分）──243
　　　685　広島地判平成 20 年 3 月 28 日　平 28（行ウ）13，28　*243*
　　（上陸のための条件に適合しない旨の認定）───243
　　　686　東京高決昭和 45 年 11 月 25 日　昭 45（行ス）21　*243*

第2　理由付記───────────────243
　　（書面による理由の提示がなくても，手続上の違法性はないとする事例）──243
　　　687　那覇地判平成 27 年 1 月 27 日　平 25（行ウ）4　*243*
　　　688　東京高判昭和 33 年 2 月 24 日　昭 31（ネ）1677（行集 9 巻 5 号 1003 頁）　*244*

xxx 目　次

（立証責任と理由付記の程度） ·· 244
　　　689　東京地判平成 24 年 7 月 13 日　平 23（行ウ）79　*244*
（誤った理由の通知） ·· 245
　　　690　東京地判平成 16 年 5 月 14 日　平 15（行ウ）2　*245*

第3　行政行為の違法性（瑕疵） ───────────────── 245
（無効の瑕疵） ··· 245
　　　691　東京地判平成 22 年 10 月 1 日　平 21（行ウ）132（判タ 1362 号 73 頁）　*245*
　　　692　東京地判平成 22 年 6 月 8 日　平 21（行ウ）144（判タ 1354 号 98 頁）　*245*
　　　693　東京地判平成 22 年 2 月 5 日　平 20（行ウ）713（判タ 1333 号 121 頁）　*246*
　　　694　東京地判平成 19 年 2 月 2 日　平 17（行ウ）114（判タ 1268 号 139 頁）　*246*

第4　違法性の承継 ──────────────────────── 246
（難民認定手続と退去強制手続の間には違法性は承継しない） ························· 246
　　　695　東京地判平成 23 年 10 月 25 日　平 21（行ウ）373　*246*
（更新不可処分と変更許可） ·· 247
　　　696　名古屋地判平成 17 年 2 月 17 日　平 16（行ウ）11（判タ 1209 号 101 頁）　*247*
（裁決と入国審査官の認定） ·· 247
　　　697　神戸地判昭和 54 年 6 月 1 日　（訟月 25 巻 10 号 2665 頁）　*247*

第2章　行政訴訟にかかる判例 ───────────── 249

第1　訴訟要件 ───────────────────────── 249
1　出訴期間 ───────────────────────── 249
（出訴期間の認識，教示） ··· 249
　　　698　東京地判平成 27 年 4 月 21 日　平 26（行ウ）25　*249*
　　　699　東京地判平成 25 年 6 月 11 日　平 24（行ウ）520　*249*
　　　700　東京地判平成 25 年 2 月 28 日　平 24（行ウ）600　*249*
　　　701　東京地判平成 19 年 7 月 26 日　平 18（行ウ）560　*250*
〈正当理由〉 ··· 250
（難民不認定処分への異議申立は在特不認定処分等への出訴期間徒過の正当理由にならない） ··· 250
　　　702　東京地判平成 27 年 8 月 28 日　平 25（行ウ）237，462，平 26（行ウ）285　*250*
（病気療養） ··· 250
　　　703　東京地判平成 21 年 7 月 17 日　平 20（行ウ）584・638　*250*
（期間徒過の正当理由があるとされた事例） ·· 250
　　　704　東京地判平成 20 年 2 月 21 日　平 17（行ウ）493　*250*

2　訴えの利益 ─────────────────────── 251
①　代理人・配偶者等の原告適格を否定する判例 ──────── 251
（配偶者の原告適格） ·· 251
　　　705　東京地判平成 23 年 12 月 13 日　平 23（行ウ）303，393，394　*251*
　　　706　東京地判平成 23 年 12 月 9 日　平 22（行ウ）421　*251*
　　　707　東京地判平成 23 年 1 月 18 日　平 22（行ウ）365　*251*
（在留資格認定証明書不交付と訴えの利益） ··· 251
　　　708　東京地判平成 20 年 7 月 16 日　平 19（行ウ）676　*251*
（代理人である弁護士と訴えの利益） ··· 252
　　　709　東京地判平成 21 年 3 月 13 日　平 20（行ウ）503　*252*
（関連事業者の利益） ·· 252
　　　710　東京地判平成 19 年 4 月 27 日　平 17（行ウ）513　*252*
②　出国後の訴えの利益 ────────────────── 252
　　　711　東京地判平成 21 年 7 月 24 日　平 21（行ウ）123　*252*
　　　712　東京地判平成 22 年 6 月 18 日　平 21（行ウ）512　*252*
（上陸拒否期間と訴えの利益） ·· 252
　　　713　東京地判平成 19 年 5 月 15 日　平 18（行ウ）60　*252*
　　　714　東京地判平成 18 年 9 月 15 日　平 17（行ウ）364（判タ 1283 号 101 頁）（原審：東京高判平成 19
　　　　年 5 月 16 日）　*253*
　　　715　大阪地判平成 18 年 3 月 23 日　平 16（行ウ）140（判タ 1213 号 112 頁）　*253*
　　　716　最二小判平成 8 年 7 月 12 日　平 7（行ツ）111　*253*
（再入国不許可処分と訴えの利益） ··· 253
　　　717　最二小判平成 10 年 4 月 10 日　平 6（行ツ）152（判タ 973 号 281 頁）　*253*

718　東京地判平成元年 4 月 28 日　昭 58（行ウ）10（訟月 35 巻 9 号 1811 頁，判タ 694 号 187 頁）
　　　254

③　各種行為と訴えの利益 ―――――――――――――――――――――**254**

（更新不許可処分取消訴訟と資格変更）――――――――――――――――――254

719　名古屋地判平成 17 年 2 月 17 日　平 16（行ウ）11（判タ 1209 号 101 頁）　*254*

（仮放免不許可処分と訴えの利益）――――――――――――――――――――254

720　東京地判平成 22 年 11 月 30 日　平 21（行ウ）401　*254*
721　東京地判平成 21 年 3 月 25 日　平 20（行ウ）695　*254*

（収容令書と訴えの利益）―――――――――――――――――――――――255

722　最一小決平成 14 年 2 月 28 日　平 14（行フ）1（裁集民 205 号 835 頁，判タ 1089 号 133 頁）
　　　255
723　東京地判平成 21 年 9 月 29 日　平 20（行ウ）586・674　*255*

（仮滞在不許可処分と訴えの利益）――――――――――――――――――――255

724　東京地判平成 21 年 3 月 27 日　平 18（行ウ）470，483 − 488　*255*

④　その他 ―――――――――――――――――――――――――――――**256**

（訴えの利益と違法性の承継）―――――――――――――――――――――256

725　東京高判平成 19 年 5 月 16 日　平 18（行コ）264（判タ 1283 号 96 頁）　*256*

（行政書士の業務停止処分と申請取次業務を行う利益）――――――――――――256

726　東京高判平成 19 年 8 月 29 日　平 19（行コ）159　*256*

3　その他 ―――――――――――――――――――――――――――――――**256**

（入国審査官の認定と後続する法務大臣の裁決の間には原処分主義の適用はないとされた事例）――――256

727　大阪高判平成 17 年 5 月 19 日　平 16（行コ）114　*256*

第2　審理に関する法理 ―――――――――――――――――――――――**257**

1　立証責任 ――――――――――――――――――――――――――――――**257**

728　大阪高判平成 23 年 12 月 8 日　平 23（行コ）28（訟月 59 巻 10 号 2731 頁）　*257*
729　名古屋地判平成 18 年 3 月 23 日　平 16（行ウ）73　*257*

2　文書提出命令 ―――――――――――――――――――――――――――**258**

730　東京高判平成 23 年 3 月 31 日　平 23（ラ）233（判タ 1375 号 231 頁）　*258*
731　東京地判平成 17 年 3 月 16 日　平 16（行タ）117，平 17（行タ）38　*258*
732　東京高判昭和 52 年 3 月 9 日　昭 51（行ス）13（行集 28 巻 3 号 189 頁）　*258*

3　違法判断の基準時 ―――――――――――――――――――――――――**259**

（婚姻関係の判定時を裁決時とし，裁決後の事情を考慮外とする事例）―――――259

733　東京地判平成 25 年 2 月 27 日　平 23（行ウ）539　*259*

（養子縁組の成立）――――――――――――――――――――――――――259

734　東京高判平成 23 年 5 月 11 日　平 22（行コ）206（判時 2157 号 3 頁）　*259*

（腫瘍の存在）――――――――――――――――――――――――――――259

735　東京地判平成 22 年 1 月 22 日　平 20（行ウ）601，617 − 619（判タ 1353 号 96 − 110 頁）　*259*

第3　仮の救済 ―――――――――――――――――――――――――――――**260**

1　執行停止 ――――――――――――――――――――――――――――――**260**

①　収容の執行停止が認められなかった事例 ―――――――――――――**260**

736　最一小決平成 16 年 5 月 31 日　平 16（行フ）3（訟月 51 巻 3 号 742 頁）　*260*

（回復困難な損害，重大な損害が認められないとされた事例）――――――――260

737　東京地決平成 17 年 2 月 1 日　平 16（行ク）383　*260*
738　東京高決平成 16 年 11 月 26 日　平 16（行ス）92　*260*

（不法残留者と回復困難な損害）―――――――――――――――――――――260

739　東京地判平成 19 年 2 月 28 日　平 18（行ウ）370　*260*

②　収容部分の執行停止を認めた事例 ――――――――――――――――**261**

740　大阪地決平成 19 年 3 月 30 日　平 19（行ク）1（判タ 1256 号 58 頁）　*261*
741　広島高決平成 18 年 12 月 8 日　平 18（行ス）6　*261*
742　東京地決平成 17 年 11 月 25 日　平 17（行ク）203　*261*
743　東京地決平成 17 年 9 月 29 日　平 17（行ク）217　*261*
744　東京地決平成 15 年 6 月 11 日　平 15（行ウ）17（判時 1831 号 96 頁）　*262*

③　送還部分の執行停止 ―――――――――――――――――――――――**262**

745　東京地決平成 17 年 2 月 1 日　平 16（行ク）383　*262*

xxxii 目　次

④　執行停止と訴えの利益 ——————————————————————262
　　746　最一小決平成 14 年 2 月 28 日　平 14（行フ）1（判タ 1089 号 133 頁）　*262*

（更新期間徒過と執行停止申立）——————————————————————262
　　747　大阪地決平成 24 年 4 月 2 日　平 23（行ク）138　*262*

2　その他の仮の救済 ——————————————————————263
（差止めの訴え）——————————————————————————263
　　748　大阪地決平成 19 年 11 月 1 日　平 19（行ク）57　*263*
　　749　大阪地決平成 18 年 12 月 12 日　平 18（行ク）76　*263*
〈仮の義務づけ〉——————————————————————————263
（償うことのできない損害があるとはいえないとされた事例）————————263
　　750　大阪地決平成 24 年 4 月 2 日　平 23（行ク）138　*263*
　　751　東京地決平成 18 年 10 月 20 日　平 18（行ク）257　*264*

第4　義務づけ訴訟 ——————————————————————264
1　在留特別許可の義務づけと裁決の存在 ————————————264
　　752　東京地判平成 27 年 1 月 14 日　平 25（行ウ）658　*264*
　　753　東京地判平成 23 年 6 月 28 日　平 22（行ウ）234　*264*

2　在留特別許可に関する義務づけ訴訟—訴訟の形態 ——————265

3　事後的事情と義務づけ訴訟—再審情願 ———————————266
（再審情願）————————————————————————————266
　　754　名古屋地判平成 26 年 1 月 30 日　平 24（行ウ）23　*266*
　　755　名古屋地判平成 23 年 4 月 14 日　平 22（行ウ）83　*266*
（撤回の義務づけ）—————————————————————————266
　　756　東京地判平成 27 年 1 月 15 日　平 25（行ウ）530　*266*

4　口頭審理放棄と義務づけ訴訟 ————————————————267
（口頭審理を放棄した以上，法務大臣には在留特別許可を付与する権限はないとするもの）————267
　　757　東京地判平成 27 年 5 月 21 日　平 26（行ウ）326　*267*
　　758　名古屋地判平成 26 年 1 月 30 日　平 24（行ウ）23　*267*
（口頭審理放棄後でも義務づけ訴訟提起は可能であるとするもの）——————268
　　759　東京地判平成 26 年 11 月 25 日　平 25（行ウ）825　*268*
　　760　東京地判平成 19 年 9 月 28 日　平 19（行ウ）10　*268*

5　重大な損害 ——————————————————————————268
（重大な損害ありとするもの）————————————————————268
　　761　東京地判平成 27 年 4 月 14 日　平 26（行）334　*268*
（受忍すべき損害であるとするもの）—————————————————269
　　762　東京地判平成 27 年 7 月 16 日　平 26（行ウ）309　*269*

6　補充性—その損害を避けるために他に適当な方法がない場合の要件 ——269
（補充性の要件を満たすとするもの）—————————————————269
　　763　東京地判平成 26 年 8 月 1 日　平 25（行ウ）513　*269*
　　764　東京地判平成 17 年 11 月 25 日　平 15（行ウ）429　*270*
（補充性の要件を欠くとするもの）——————————————————270
　　765　名古屋地判平成 22 年 12 月 9 日　平 21（行ウ）19　*270*
　　766　東京地判平成 21 年 1 月 29 日　平 19（行ウ）741　*270*
　　767　東京地判平成 19 年 5 月 25 日　平 18（行ウ）266　*270*

7　本案要件 ——————————————————————————271
　　768　東京地判平成 27 年 4 月 16 日　平 25（行ウ）351　*271*
　　769　東京地判平成 19 年 9 月 28 日　平 19（行ウ）10　*271*

判例索引　*273*
著者略歴　*287*

第1編

入管法制

第 1 章

総則

はじめに

　本章は，旅券，乗員などの定義に関わる判例，在留資格の法的地位としての特質，憲法，その他の法理の適用可能性についての判例の示すところを纏めてある。

第 1　定義等

（有効な旅券）

裁判例 1　那覇地判平成 27 年 1 月 27 日　平 25（行ウ）4

　有効な旅券といえるためには，当該旅券の所持人の氏名，生年月日等の身分関係が正確に記載されており，当該旅券の記載自体から当該外国人の特定が確実にされるに足りるものであることが必要であると解される。

　本件入国の際に原告母が所持していた本件旅券には，原告母の生年月日が正確に記載されておらず，その記載自体から原告母を確実に特定することができるものとはいえないから，本件旅券は，有効な旅券には該当しないというべきである。

裁判例 2　東京高判平成 19 年 5 月 16 日　平 18（行コ）264（判タ 1283 号 128 頁）

　退去命令を受けたが，搭乗を拒否し，本邦から退去しなかったため，退去強制令書の発付処分を受けた外国人が，退去命令には，従前に退去を強制された外国人と原告とが同一人ではないのに，これを同一人と誤認した瑕疵があるなどと主張して，裁決及び退去強制令書発付処分の取消しを求めた場合において，当該退去命令以前に退去を強制された外国人と原告とが同一人であり，別の名義の旅券をもって本法に入国し，在留，再出入国を繰り返していたのであり，その行状は極めて悪質である等として，原告の請求を棄却した事例。

4　第1編　入管法制

| 裁判例3 | 広島高判平成18年3月23日　平17（行ウ）225 |

　「有効な旅券」とは，当該旅券が外国政府等により正規に発行されただけでは足りず，当該旅券の所持人の氏名，生年月日等の身分関係として当該外国において公的に正規に通用しているものが当該旅券に記載されており，当該旅券の記載自体から当該外国人の特定が確実になされるに足りるものであることが必要である。

　実在しない人物や実在する他人になりすまして，当該外国から発給を受けた旅券を所持している外国人については，「有効な旅券」を所持していないと評価されるのは当然のことである。

（両性具有者と旅券の発行）

| 裁判例4 | 東京地判平成22年11月10日　平21（行ウ）265 |

　フィリピン国籍の原告（A名義）が，男性として興行資格で入出国を繰り返し，不法残留をし，約12年後に出頭して強制送還されたのち，日本人配偶者等として（B名義，女性）在留資格認定証名を受けて本邦に上陸し，4年後に永住資格を得た。平成20年に再入国した際に，個人識別情報として指紋を提供したところ，従前強制送還されたフィリピン男性と指紋が一致したため，上陸不適合として違反審査に付され，性別検査により，両性具有者であると判別し，男性（A）名義で退令処分をして，強制送還された事例。

　原告（B）が，Aと自分は別人であるとして，A名義の退去強制処分により，Bが国外退去の義務を負わないことの確認を求めた訴えが排斥され，B名義での（Aとは別個の）旅券の有効性が否定された事例。

| 裁判例5 | 東京地判平成26年6月25日　平24（行ウ）334 |

　男性としての偽造旅券により入国し，退去強制されたフィリピン男性（性同一性障害者）が，上陸拒否期間であるその2か月後に，性別を女性として発行された旅券で入国し，数年後に永住許可を取得した事案につき，不法入国に該当するとされた事例。

（乗員）

| 裁判例6 | 最三小判昭和43年7月16日　昭42（あ）2287（判時527号83頁） |

　出入国管理令25条1項・2条3号にいう「乗員」とは，船舶所有者らと雇入契約を締結し，実際に船内労働に従事する者をいうから，形式上有効な船員手帳を所持し，船員法37条・38条による雇入契約公認の手続を経ている者であっても，それが単に出入国の手段として，雇入契約を仮装したに過ぎないような場合には，「乗員」に当たらない。

（国籍の証明）

裁判例 7	大阪高判平成 23 年 12 月 8 日　平 23（行コ）28（訟月 59 巻 10 号 2731 頁）

　外国人の出入国，在留手続においては，本邦に上陸するに際して，外国人として上陸する場合はもとより，たとい日本国籍を有する者と主張されても，有効な旅券，又は日本の国籍を有することを証する文書によって日本国籍を間接的に証明できない場合は，本邦への上陸手続としては帰国確認手続を認めず，第 3 章による上陸手続を，その後の在留及び出国についても，退去強制手続を含めて第 4 章，第 5 章，第 5 章の 2 の適用を予定しているものと解される。

　大方の日本人にあっては，日本国籍の取得を根拠づける直接証明手段を有さないのが通常であって，入管法 61 条は，戸籍に基づき発給される有効な旅券又は日本の国籍を有することを証する文書という間接証明文書を所持すれば，日本国籍を有することの証明（国籍証明）が一応尽くされたものとして帰国確認制度を適用し，反対に，そのような間接証明文書を所持しない場合は，日本国籍を有することの証明がない，すなわち，日本国籍を有しない者（外国人としての身分を占有する者）として扱い，帰国確認制度ではなく，入国（上陸）制度の適用を予定していることを前提とするものと解されるのである。

（地方入国管理局長の権限）

裁判例 8	東京地判平成 21 年 2 月 27 日　平 20（行ウ）123

　原告は，法務大臣から権限の委任を受けた地方入国管理局長は，法務大臣と同等の国政全般の広範な要素を考慮する判断能力を有するか疑問があり，その裁量権の範囲は，法務大臣のそれよりも狭いというべきである旨主張する。

　入管法 69 条の 2 及び同法施行規則 61 条の 2 第 11 号は，入管法 50 条 1 項に規定する法務大臣の権限を地方入国管理局長に委任するに際し何ら制約を設けておらず，他に，法務大臣から入管法 50 条 1 項に規定する権限を地方入国管理局長に委任するに際し，委任される権限の内容が制約ないし変更を受ける法令上の根拠は存在しないことからすると，法務大臣から権限の委任を受けた地方入国管理局長の裁量権の範囲が法務大臣に比べて狭いと解することはできない。

第 2　在留資格

　在留資格のうち，日本人の配偶者等については，在留特別許可に関わる章などにおいて，永住許可，定住者，技能実習については，節を設けて判例を纏めてある。ここでは，在留資格の性格，あり方についての一般論を述べる判例，別にあげた節では触れられていない在留資格（技能，人文知識・国際業務，興行など）について触れている判例を紹介している。

6　第1編　入管法制

（在留する地位）

裁判例9　最大判昭和53年10月4日　昭50（行ツ）120（民集32巻7号1223頁）

　　憲法は，日本国内における居住・移転の自由を保障する（22条1項）にとどまり，外国人が本邦に入国し又は在留することについては何ら規定しておらず，国に対し外国人の入国又は在留を許容することを義務づける規定も存在しない。このことは，国際慣習法上，国家は外国人を受け入れる義務を負うものではなく，特別の条約がない限り，外国人を自国内に受け入れるかどうか，これを受け入れる場合にいかなる条件を付するかを，当該国家が自由に決定することができるものとされていることと，その考えを同じくするものと解される。したがって，憲法上，外国人は，本邦に入国する自由を保障されていないことはもとより，本邦に在留する権利ないし引き続き在留することを要求し得る権利を保障されているものでもなく，入管法に基づく外国人在留制度の枠内においてのみ本邦に在留し得る地位を認められているものと解すべきである。

（一資格一在留期間原則）

裁判例10　名古屋地判平成17年2月17日　平16（行ウ）11（判タ1209号101頁）

　　法及び規則によれば，本邦に上陸しようとする外国人は，一定の在留資格を有することの審査を受けなければならず，本邦に在留する外国人は，特別の規定がある場合を除き，当該外国人に対する上陸許可若しくは当該外国人が取得し又は変更に係る一定の在留資格をもって本邦に在留するものとされている。また，在留資格を決定する場合には，必ずその在留資格に対応する在留期間が定められることとなっていること，上陸，在留資格変更，在留期間の更新のいずれの許可においても，在留資格，在留期間は，1個のみ記載することとされていること，既に在留資格（及びこれに対応する在留期間）を有する外国人が，在留期間経過後も適法に在留するためには，現に有する在留資格を変更することなく在留期間の更新を受けるか，又は在留資格の変更を受けることを必要とすることなどに照らすと，在留資格は，これに対応する在留期間と常に一体不可分に観念されるべきものであることが明らかである。

　　そうすると，法及び規則は，外国人が上陸許可又は在留資格の変更若しくは在留期間の更新許可を受けて本邦に適法に在留するためには，1個の在留資格と，それに対応する1個の在留期間が決定されることを必要としており，同時に複数の在留資格を有したり，終期の異なる数個の在留期間を有することを許容していないものと解される。

（活動の実質）

裁判例11　最一小判平成14年10月17日　平11（行ヒ）46（民集56巻8号1823頁）

　　日本人又は永住者等の配偶者の身分を有する者としての活動を行っていると言えるためには，日本人又は永住者等との間で形式的にも実質的にも婚姻関係にあり，かつ，真摯に当該日本人又は永住者等との婚姻生活を送るために在留しているといえることが必要である。

第2 在留資格 7

（在外者に対する在留特別許可）

裁判例 12　大阪地判平成 18 年 3 月 23 日　平 16（行ウ）140（判タ 1213 号 112 頁）

　入管局長は，本邦に在留していない原告に対して在留特別許可が与えられる余地はないと主張するが，入管法 50 条 2 項，入管法施行規則 44 条 2 項が，在留特別許可を付与する場合に在留期間や在留資格を付することができると定めていることからすれば，在留特別許可は，それ自体で当該容疑者に在留資格を付与するものではなく，本邦に在留しない者に在留特別許可を与えたとしても，本邦に在留しない者に在留資格を付与することを予定しない現行の法制と矛盾することとはならない。

（在留期間の指定）

裁判例 13　最一小判平成 8 年 2 月 22 日　平 4（行ツ）140

　本邦に在留する外国人は，規則 3 条別表第二の定める在留期間内といえども，特定の在留期間の付与を要求する権利を有するものではなく，希望する在留期間を下回る在留期間の更新許可がなされた場合においても，その取消しを求める訴えの利益は存しない。

（技能資格）

裁判例 14　東京地判平成 19 年 3 月 16 日　平 18（行ウ）32

　技能の在留資格をもって在留する外国人は，本邦の公私の機関と産業上の特殊な分野に属する熟練した技能を要する業務に従事するために継続的な雇用関係等を結んでいることが必要であり，独立して自ら貴金属品の製造及び加工販売等を目的とする事業体を設立した場合には，技能の在留資格に該当する余地はないとされた事例。

（公私の機関）

裁判例 15　名古屋地判平成 17 年 2 月 17 日　平 16（行ウ）11（判タ 1209 号 101 頁）

　法別表第一の二にいう「公私の機関」とは，事業主体性を有する団体又は個人を指すと解すべきであるから，ここにいう「契約」とは，そのような事業主体を雇用主とする雇用契約ないし事業主体がその目的を達成するために一定の事項を依頼する委託契約などが想定されているというべきであり，かつ，公私の機関との契約に「基づいて」との文言からは，自らが事業主体となって行う活動ではなく，従属的な立場で当該事業に従事することを要すると解される。このことは，平成元年法律第 79 号による改正前の出入国管理及び難民認定法 4 条 1 項 13 号の在留資格（本邦で専ら熟練労働に従事しようとする者）が，平成元年法律第 79 号の施行によって，在留資格「技能」とみなされたという沿革からも，裏づけることができる。

8　第1編　入管法制

（投資・経営）

| 裁判例 16 | 大阪地決平成 24 年 4 月 2 日　平 23 （行ク） 138 |

　就学・留学等の資格で4年程度滞在したのち，「投資経営」の在留資格でエステティックサロン等の経営をしていた中国国籍の女性に対し，決算等事業の経営状況からみて，本邦で安定的・継続的に「投資・経営」の在留資格に該当する活動を行うものと認められないとの事実を根拠に在留資格の更新が拒否されたのを受けて，更新不許可処分の取消訴訟を本案とする執行停止の申立てがなされた事例（執行停止は認められず）。

（興行）

| 裁判例 17 | 大阪地判平成 18 年 6 月 14 日　平 16 （行ウ） 156 （判タ 1217 号 117 頁） |

　「興行」の在留資格に係る活動である場合，当該外国人が本邦において従事しようとする個別具体的な活動をいうものと解するのが相当であり，とりわけ，当該活動が演劇，演芸，歌謡，舞踊又は演奏の興行にかかる活動である場合については，本邦の特定の機関に招へいされ，特定の施設に出演して報酬を受ける個別具体的な活動をいうものと解するのが相当である。

（人文知識・国際業務）

| 裁判例 18 | 東京地判平成 28 年 1 月 27 日　平 26 （行ウ） 432 |

　法別表第一の二の表の人文知識・国際業務の項の下欄は，「本邦の公私の機関との契約に基づいて行う法律学，経済学，社会学その他の人文科学の分野に属する知識を必要とする業務又は外国の文化に基盤を有する思考若しくは感受性を必要とする業務に従事する活動」と定めており，「現場研修」と称して，飲食店やコンビニにおける料理盛り付け，皿洗い，レジ打ち，調理などを行っていた原告は，上記の活動に属しない収入を伴う事業を運営する活動又は報酬を受ける活動を行ってはならなかった。

第3　憲法，条約，一般法理　9

第3　憲法，条約，一般法理

（基本的人権）

裁判例 19　最大判昭和 53 年 10 月 4 日　昭 50（行ツ）120（判タ 368 号 196 頁）

　外国人に対する憲法の基本的人権の保障は，外国人在留制度の枠内で与えられているにすぎないものであり，在留期間中の憲法の基本的人権の保障を受ける行為（外国人による政治活動）を在留期間更新の際に消極的な事情としてしんしゃくされまいことまでの保障が与えられているものではない。

（憲法 14 条）

裁判例 20　東京地判平成 21 年 9 月 29 日　平 20（行ウ）586，674

　日本人配偶者の死亡後の外国人配偶者について，当該日本人配偶者との間の日本人の子の有無によって定住者への在留資格変更の許否の取扱いに差異があるのは憲法 14 条の平等原則の趣旨に違反する旨の主張が，死亡した日本人配偶者との間の日本人の子の有無は，在留資格変更の許否の判断において考慮される個々の事案ごとの諸般の事情の一つにとどまるとして認められなかった事例。

裁判例 21　東京地判平成 21 年 5 月 28 日　平 19（行ウ）549

　日系人及びその家族について定住者の在留資格の要件を定める法 7 条 1 項 2 号の規定に基づき法別表第二の定住者の項の下欄に掲げる地位を定める件（平成 2 年法務省告示第 132 号に素行不良要件を加える告示（平成 18 年法務省告示第 172 号））につき，素行善良要件を課すことは，憲法 14 条 1 項並びに人種差別の撤廃に関する国際条約 2 条 1 項（a）及び 4 条（c）に違反しない。

（憲法 26 条）

裁判例 22　大阪地判平成 20 年 9 月 26 日　平 18（ワ）1883（判タ 1295 号 198 頁）

　憲法 26 条 2 項前段によって保護者に課せられた子女を就学させるべき義務は，その性質上，日本国民にのみ課せられたものというべきであって，外国籍の子どもの保護者に対して課せられた義務ということはできない。

10　第1編　入管法制

（要急収容と憲法31条，34条）

裁判例23　東京高判昭和47年4月15日　昭46（う）3326（判タ279号359頁）

　出入国管理令による収容は，刑罰ではなく，行政処分に過ぎないものであるから，不法入国者が同令によってその自由を奪われることがあったとしても，そのこと自体がただちに憲法31条に違反するとはいえない。不法入国者に対する収容手続を規定した令の諸条項は，その規定内容の点からみても，格別，憲法31条の精神にもとるほどの違法なものとはいえない。

（憲法32条）

裁判例24　東京地判平成21年7月24日　平21（行ウ）123

　憲法32条は，訴訟の当事者が訴訟の目的たる権利関係につき裁判所の判断を求める法律上の利益を有することを前提として，かかる訴訟につき本案の裁判を受ける権利を保障したものであって，そのような利益の有無にかかわらず，常に本案につき裁判を受ける権利を保障したものではないから，原告が本邦から出国したことにより訴えの利益が失われたとして本案の裁判がされないことをもって直ちに裁判を受ける権利が侵害されたということはできない。

（憲法34条）

裁判例25　最一決昭和46年1月25日　昭45（ク）441（訟月17巻3号454頁）

　国際慣習法上，外国人の入国の許否は当該国家の自由裁量によって決定しうるものとされており，エア・ターミナル・ホテルに留まるかぎりいまだ本邦に上陸したものとはみなされないから，上陸許可の証印を受けないままで本邦に上陸することの自由は認められていない以上，本邦内に向けホテルから外出することができない状態におかれていることをもって拘禁に当たるといえず，憲法34条に違反するものではない。

（B規約）

裁判例26　大阪高判平成27年11月27日　平26（行コ）106

　国籍国等に「送還することができないとき」とは，送還先の国が戦争状態にあるなどの事情により事実上送還することが不可能な場合が主としてこれに該当すると解されるものの，そうした場合に限られるわけではなく，被送還者を国籍国等に送還するときは被送還者の生命に対する差し迫った危険が確実に予想されるような場合もこれに含まれるものと解するのが相当である。このように解することは，生命に対する固有の権利を保障し，死刑存置国においては死刑は最も重大な犯罪についてのみ科することができる旨を定めたB規約6条1項及び2項の趣旨にも合致するものということができる。

第3 憲法，条約，一般法理　11

（B 規約，児童の権利条約）

裁判例 27　福岡高判平成 17 年 3 月 7 日　平 15（行コ）13

　B 規約には，国際慣習法を制限する旨の規定は定められていないし，B 規約 13 条は，「合法的にこの規約の締約国の領域内にいる外国人は，法律に基づいて行われた決定によってのみ当該領域から追放することができる。」と規定しており，不法に在留する者に対して退去強制措置をとり得ることを前提としているものと解されることからすれば，B 規約は，外国人の入国及び在留の許否について国家に自由な決定権があることを前提としているものであり，国際慣習法上の原則を制約する「特別の条約」には当たらない。

　児童の権利条約 9 条 4 項は，締約国がとった父母の一方若しくは双方又は児童の抑留，拘禁，追放，退去強制，死亡等のいずれかの措置に基づいて父母と児童が分離した場合について規定しており，同条項は，父母と児童が退去強制措置によって分離されることがあり得ることを前提としているものと解され，児童の権利条約も，外国人の入国及び在留の許否について国家に自由な決定権があることを前提としているものであり，国際慣習法上の原則を制約する「特別の条約」には当たらない。

（比例原則）

裁判例 28　東京地判平成 28 年 6 月 3 日　平 27（行ウ）422

　原告は，本件裁決につき，家族への恣意的・不当な干渉からの保護（自由権規約 17 条 1 項）及び家族に対する保護（同規約 23 条 1 項）から導かれる比例原則に反し，法務大臣等の裁量権を逸脱，濫用するものであり，違法である旨主張する。

　しかしながら，本邦に在留する外国人は，憲法上，本邦に在留する権利ないし引き続き本邦に在留することを要求する権利が保障されているものではなく，入管法に基づく外国人在留制度の枠内でのみ，憲法の基本的人権が保障されているにすぎず，また，国際慣習法上，国家は外国人を受入れる義務を負うものではなく，特別の条約がない限り，外国人を自国内に受け入れるか否か，これを受け入れる場合にいかなる条件を付するかは，当該国家が自由にこれを決することができるものとされているところ，原告が指摘する自由権規約は，その 13 条において，締約国が法律に基づき退去強制手続をとることを容認している一方，17 条 1 項や 23 条 1 項については，外国人に対して当然に在留資格を与えるべきことまでを定める規定であると解することはできないから，結局，入管法に基づく外国人在留制度の枠内において，それらの条項の趣旨が考慮されることになるものにすぎないというべきである。

裁判例 29　東京地判平成 15 年 9 月 19 日　平 12（行ウ）211

　不法在留外国人の取締りの必要性があることは確かではあるが，不法残留以外に何らの犯罪行為等をしていない原告ら家族につき，在留資格を与えたとしても，それにより生じる支障は，同種の事案について在留資格を付与せざるを得なくなること等，出入国管理全体という観

12　第1編　入管法制

点において生じる，いわば抽象的なものに限られ，原告ら家族の在留資格を認めることそのものにより具体的に生じる支障は認められない。仮に，原告らと同様の条件の者に在留特別許可を与えざるを得ない事態が生じたとしても，原告らのように長期にわたって在留資格を有しないまま在留を継続し，かつ，善良な一市民として生活の基盤を築くことは至難の業というべきことであるから，そのような条件を満たす者に在留特別許可を与えることにどれほどの支障が生ずるかには大いに疑問がある。

　原告ら家族が受ける著しい不利益との比較衡量において，本件処分により達成される利益は決して大きいものではないというべきであり，本件各退去強制令書発付処分は，比例原則に反した違法なものというべきである。

　（なお，この判決は控訴審において取り消された。東京高判平成16年3月30日　平15（行コ）247（訟月51巻2号511頁））

（平等原則）

裁判例 30　　東京高判平成19年7月17日　平19（行コ）25

　永住許可の三要件を満たしているペルー人女性に対する，日系人ではない父親違いの兄を実兄とする旨の資料を提出していること，社会保険等に加入していないことを理由とする不許可処分につき，事実誤認と同人の姉らに対する永住許可と異なる取扱いをすることとなる平等原則違反であるとされた事例。

第2章

入国，上陸

第2章 入国、上陸

はじめに

　本章では，上陸許可，上陸審査にかかる判例とともに，その簡略手続としての在留資格認定証明書の交付に関する判例について触れる。

第1　上陸審査

> **裁判例31**　最一決昭和46年1月25日　昭45（ク）441（訟月17巻3号454頁）

　国際慣習法上，外国人の入国の許否は当該国家の自由裁量によって決定しうるものとされており，エア・ターミナル・ホテルに留まるかぎりいまだ本邦に上陸したものとはみなされないから，上陸許可の証印を受けないままで本邦に上陸することの自由は認められていない以上，本邦内に向けホテルから外出することができない状態におかれていることをもって拘禁に当たるといえず，憲法34条に違反するものではない。

（上陸審査中に逃亡し，15年間不法残留）

> **裁判例32**　東京地判平成27年3月20日　平26（行ウ）52

　不法残留として退去強制を受け，自費出国した後，3年後に上陸申請したが上陸許可を受けることができず，指定されたホテルに自動車で移動中に車内から逃亡し，本邦に不法上陸し，以後15年間不法在留，不法就労していた外国人について，日本への定着性が認められ，自ら入管当局に出頭したからといって，原告の入国及び在留の状況についての消極的評価が覆るものではないとされた事例。

14 第1編 入管法制

（国籍の確認と出入国）

裁判例 33 大阪高判平成 23 年 12 月 8 日　平 23（行コ）28（訟月 59 巻 10 号 2731 頁）

法 61 条は，戸籍に基づき発給される有効な旅券又は日本の国籍を有することを証する文書という間接証明文書を所持すれば，日本国籍を有することの証明（国籍証明）が一応尽くされたものとして帰国確認制度を適用し，反対に，そのような間接証明文書を所持しない場合は，日本国籍を有することの証明がない，すなわち，日本国籍を有しない者（外国人としての身分を占有する者）として扱い，帰国確認制度ではなく，入国（上陸）制度の適用を予定していることを前提とするものと解される。

（上陸拒否事由と証明書の交付）

裁判例 34 東京地判平成 26 年 11 月 19 日　平 25（行ウ）358

法 5 条の 2，規則 4 条の 2 等によれば，法 5 条 1 項各号のいずれかに該当するものの，法 7 条 1 項 2 号所定の在留資格に係る上陸のための条件に適合している外国人に対して，同証明書を交付することを禁ずる法令上の根拠は見当たらず，当該外国人に在留資格認定証明書を交付することは可能である。

もっとも，法 5 条の 2 による特定の事由がある場合における外国人の上陸の許否の判断については，5 条の 2，12 条 1 項の規定以外は，判断の要件又は基準とすべき事項は定めておらず，判断の対象となる外国人は，本来的には本邦に上陸することができない法的地位にあること，外国人の出入国管理は国内の治安と善良な風俗の維持，保健・衛生の確保，労働市場の安定等の国益の保持を目的として行われるものであることなどを勘案すれば，かかる場合における上陸の許否の判断は，法務大臣等の広範な裁量に委ねられているというべきである。

（匿名情報提供と上陸審査）

裁判例 35 東京地判平成 23 年 6 月 24 日　平 22（行ウ）339

原告が成田空港に到着した日，原告の上陸手続の前に，匿名の者から成田国際空港株式会社テレフォンセンターに電話があり，平成 22 年 6 月，スリランカ航空便で上陸する予定のスリランカ人が，実際には本邦に 3 か月以上滞在しようと目論んでいる旨の情報提供があったことが認められる。

この点について，原告は，このような反論反証の機会を与えない不公平な情報を根拠に判断をすることは違法である旨主張するが，匿名者からの電話を端緒として上陸審査を慎重に行ったとしても特にそれが違法であるとは解されず，また，匿名者からの電話であるという不確実な情報であるという前提で，その情報をも考慮に入れて他の資料と併せて判断をしたとしても，そのことが直ちにその判断に違法性をもたらすことにもならないと解される。

（訴えの利益）

| 裁判例 36 | 東京地判平成 21 年 7 月 24 日　平 21（行ウ）123 |

　法 7 条 1 項 2 号所定の上陸条件に適合しないとの認定処分を受けた後本邦から出国した外国人がした，同認定処分の取消しを求める訴えにつき，当該外国人が再び本邦に上陸しようとするときは，改めて上陸審査を受けなければならず，仮に認定処分が取り消されたとしても，当初の申請に基づいて上陸許可がされる余地はないから，訴えは，訴えの利益を欠くとされた事例。

（証明書不交付と上陸審査）

| 裁判例 37 | 東京地判平成 20 年 7 月 16 日　平 19（行ウ）676 |

　在留資格認定証明書については，上陸審査手続の簡易迅速化及び効率化を図るため，本邦に上陸しようとする外国人からあらかじめ申請があったときに，当該外国人が法 7 条 1 項 2 号に掲げる条件に適合するか否か，また，同項 1 号，3 号及び 4 号に掲げる条件に適合しないことが明らかであるか否かを審査するものであり，仮に在留資格認定証明書を交付しないこととしても，それによって直ちに当該外国人が上陸審査手続を受ける機会を奪われるという関係にはない。

（上陸許可の遡及取消）

| 裁判例 38 | 大阪地判平成 19 年 11 月 14 日　平 17（行ウ）47 |

　中国残留孤児の実子の子（母親）とその配偶者並びに両名の子であると偽装し，告示 3 号，5 号，6 号にそれぞれ該当するとして定住者資格を得て本邦に上陸した中国人家族が，8 年後に母親は日本人の子として出生したものではないと判明したことにより。8 年前に遡って上陸許可が取り消され，退去強制手続に付された事例。

（刑の執行猶予と上陸拒否事由）

| 裁判例 39 | 東京地判平成 18 年 9 月 15 日　平 18（行ウ）63 |

　法 5 条 1 項 4 号本文は，「日本国又は日本国以外の国の法令に違反して，1 年以上の懲役若しくは禁錮又はこれらに相当する刑に処せられたことのある者」は本邦に上陸することができない旨規定している。このように，法が一定の刑に処せられたことがあることを上陸拒否事由としているのは，過去に有罪の確定判決を受けて一定の刑に処せられたことがあるという事実は，その者の反社会性を表すものであり，そのような者は自国にとって好ましくない者として一律に上陸を拒否すべきであるとの考えに基づくものであると解するのが相当である。したがって，上記の「刑に処せられた」とは，歴史的事実として刑に処せられたことを意味するのであって，刑の執行猶予の言渡しを受けたかどうか，執行猶予の言渡しを取り消されることな

16　第1編　入管法制

く猶予期間を経過して刑の言渡しが効力を失ったかどうかといったことを問わないものと解すべきである。

（興行にかかわる活動が虚偽のものであるとして，上陸許可取消処分を受けた事例）

裁判例 40　大阪地判平成 18 年 6 月 14 日　平 16（行ウ）156（判タ 1217 号 117 頁）

「興行」の在留資格で上陸の申請をしたが，特定の機関に招へいされ，特定の施設に出演して報酬を受ける個別具体的な活動をしなかったため，法 7 条 1 項 2 号の「申請に係る本邦において行おうとする活動」が虚偽のものであるとされてなされた上陸許可取消処分，裁決及び退去強制令書発付処分は違法ではないとされた事例。

（上陸許可取消処分の執行停止）

裁判例 41　東京地判昭和 45 年 7 月 4 日　昭 45（行ク）50

観光目的で本邦に上陸したイタリヤ共産党中央委員に対する上陸許可取消処分の効力を本案判決確定にいたるまで停止するとした事例。

第2　在留資格認定証明書

（在留資格認定証明書の効果）

裁判例 42　東京地判平成 22 年 7 月 8 日　平 21（行ウ）107

在留資格認定証明書は，入国審査官による上陸のための審査において，本邦に上陸しようとする外国人についてその者が本邦において行おうとする活動が法 7 条 1 項 2 号に規定する条件に適合しているかどうかの認定判断をすることが必ずしも容易ではないことに鑑み，法務大臣において，当該外国人があらかじめ申請をしたときは，その者が上記の条件に適合している旨の証明書を交付することができるものとし，これにより審査手続の簡易化，迅速化及び効率化を図ることとしたものと解される。

このような制度の趣旨に加え，在留資格認定証明書の有効期間が同証明書記載の年月日から 3 か月とされ，上陸の許可を保証するものではない旨等も明記されていることを併せ考慮すれば，外国人は，本邦において上陸の申請をする前に在留資格認定証明書の交付を受けることにより，上陸のための審査手続の負担を軽減することができるという便宜を受けることができるにとどまり，その交付を受けた外国人に原告の主張するような本邦に入国し又は上陸し得る法律上の地位を設定するものとは解し難い。

第2　在留資格認定証明書　17

① 上陸拒否事由該当性
（法 7 条 1 項 2 号以外の上陸拒否事由該当性）

裁判例 43	東京地判平成 20 年 7 月 16 日　平 19（行ウ）676

　地方人国管理局長は，当該外国人が法 7 条 1 項 2 号に掲げる条件に適合するか否か，同項 1 号，3 号及び 4 号に掲げる条件に適合しないことが明らかであるか否かを判断して在留資格認定証明書の交付の許否を決定すれば足りるのであって，例えば，当該外国人が法 5 条 1 項各号の上陸拒否事由に該当する場合において，当該事由が重大なものではなく，その配偶者が日本人である等の事情については，「法務大臣が特別に上陸を許可すべき事情があると認める」か否かという上陸審査手続での法務大臣の裁決において考慮され得べき事柄であり，このような事情を在留資格認定証明書の交付の許否の判断において考慮しなければならないとする法令の規定は存在しない。

（上陸拒否事由に該当することが明らかな場合の，証明書不交付）

裁判例 44	東京地判平成 10 年 12 月 25 日　平 10（行ウ）23（判タ 1006 号 146 頁）

　在留資格認定証明書の交付申請において，当該外国人が上陸拒否事由に適合しないことが明らかである時は証明書を交付しないことができる旨定めている，規則 6 条の 2 第 5 項但書の規定は，法 7 条の 2 第 1 項による委任の範囲内で定められたものである。

　在留資格認定証明書は，当該外国人が法 7 条 1 項 2 号に規定する在留資格に係る条件に適合していることを証明するものであって，同項に規定する他の上陸のための条件に適合していることを証明するものではないが，たとえ当該外国人が在留資格に係る条件に適合している場合であっても，審査の過程において，当該外国人が上陸拒否事由に該当するなど他の上陸のための条件に適合しないことが明らかとなり，当該外国人が上陸の申請をしたとしても上陸が許可される見込みがないという場合についてまで，在留資格認定証明書を交付することは，前示の在留資格認定証明書制度の目的に照らし何らの必要性もない。そのような場合に在留資格認定証明書を交付しないことができるとした規則 6 条の 2 第 5 項但書の規定は，内容的にみて，法 7 条の 2 第 1 項による委任の趣旨に反するものということはできない。

② 上陸拒否の特例と在留資格認定証明書の不交付
（在外者に対する在留特別許可）

裁判例 45	東京地判平成 26 年 7 月 10 日　平 25（行ウ）235

　イスラム教の伝道師として，在留資格「宗教」で本邦に入国したパキスタン国籍の男性が，免許を受けないで業として為替取引を行い，銀行業を行ったとして，有罪判決を受け，強制送還された後，再度本邦に入国するため，「家族滞在」の在留資格認定証明書交付申請（在留資格「投資・経営」で適法に本邦に在留している妻の家族としてなされた申請）に対する不交付処分について，原告の過去の在留状況，原告の家族の状況，原告の反省の状況，健康状態等の

18　第1編　入管法制

諸事情を総合考慮すると，原告に有利な事情を最大限考慮しても，本件において上陸拒否の特例を認めなければ，法務大臣等の裁量権の範囲を逸脱し又はこれを濫用したといえるまでの事情があるとはいえないとされた事例。

| 裁判例 46 | 東京地判平成 20 年 1 月 25 日　平 19（行ウ）547 |

アメリカで禁錮 16 か月の有罪判決を受けて上陸拒否事由に該当し，不交付処分を受けた外国人が主張する，法 12 条 1 項 3 号の特別に上陸を許可すべき事情は，当該外国人が現実に本邦の出入国港に到着し，上陸審査及び口頭審理を経た後に，法務大臣に異議の申出をした場合に，初めて考慮されるべき事情であり，在留資格認定証明書申請時に主張することはできないとされた事例。
［同旨：東京地判平成 20 年 7 月 16 日　平 19（行ウ）676］

| 裁判例 47 | 東京地判平成 26 年 11 月 19 日　平 25（行ウ）358 |

法 5 条の 2，規則 4 条の 2 等によれば，法 5 条 1 項各号のいずれかに該当するものの，法 7 条 1 項 2 号所定の在留資格に係る上陸のための条件に適合している外国人に対して，同証明書を交付することを禁ずる法令上の根拠は見当たらず，当該外国人に在留資格認定証明書を交付することは可能である。

もっとも，法 5 条の 2 による特定の事由がある場合における外国人の上陸の許否の判断については，5 条の 2，12 条 1 項の規定以外は，判断の要件又は基準とすべき事項は定めておらず，判断の対象となる外国人は，本来的には本邦に上陸することができない法的地位にあること，外国人の出入国管理は国内の治安と善良な風俗の維持，保健・衛生の確保，労働市場の安定等の国益の保持を目的として行われるものであることなどを勘案すれば，かかる場合における上陸の許否の判断は，法務大臣等の広範な裁量に委ねられているというべきである。

原告は売春防止法違反の罪により有罪となり，同判決は確定しており，法 5 条 1 項 7 号に該当するとして，在留資格認定証明書の交付を拒否した地方入国管理局長の判断に裁量権の範囲を逸脱・濫用する違法は認められない。
［同旨：東京地判平成 24 年 10 月 2 日　平 24（行ウ）103］

③　不交付処分を違法とした事例
（年齢差のある婚姻）

| 裁判例 48 | 京都地判平成 23 年 10 月 18 日　平 22（行ウ）36（判タ 1383 号 197 頁） |

日本人の夫（60 代）と見合い結婚した中国人女性（30 代）による在留資格認定証明書交付申請について，原告の年齢，身分関係，生活状況などからして，原告が虚偽の在留資格を取得して日本に在留する利益は窺われず，原告は本邦において日本人の配偶者の身分を有する者としての活動を行おうとしたものではないとはいえないとして，資格認定証明書不交付処分は違

法であるとされた事例。

> **裁判例 49**　東京地判平成 19 年 8 月 31 日　平 18（行ウ）79

　原告と日本人夫の間には 30 歳の年齢差があり，初対面の 2 日後に婚姻手続をしている等婚姻意思が真摯なものであったのか疑問を抱かせる事情も窺えるが，原告が偽装結婚をしてまで言葉も分からない日本で稼動せねばならない事情は窺えず，日本人夫は年金生活者であり財産目当てに偽装結婚をするとも考え難い。以上からすると原告が日本で行おうとした活動は「日本人の配偶者の身分を有する者の活動」に該当していたと認められる。

　（なお，この判決は，東京高裁判決（平成 20 年 3 月 13 日）により取り消され，不交付処分は維持された。）

（文化活動）

> **裁判例 50**　東京地判平成 21 年 10 月 16 日　（判タ 1337 号 123 頁）

　かつて「興行」の在留資格で在留していたロシア国籍を有する外国人が提出した，「文化活動」に係る在留資格認定証明書交付申請に対する不交付処分が，「日本陶芸の修得」を目的とするとして提出された資料に特段の不備はないとして違法とされた事例。

④　不交付処分を適法とした事例

> **裁判例 51**　東京地判平成 19 年 11 月 12 日　平 19（行ウ）302・303

　フィリピン国籍を有する外国人による日本人との養子縁組を理由とする「定住者」に係る在留資格認定証明書の交付申請について，「定住者告示」は，日本人の養子に関しては 6 歳未満の養子で当該日本人の扶養を受けて生活する者に係る地位のみを定めており，本件不交付処分時において既に 20 歳になっていた原告が本邦において行おうとする活動が，定住者告示に定める日本人の養子に係る地位を有する者としての活動に該当せず，法 7 条 1 項 2 号に掲げる上陸のための条件に適合していないとされた事例。

（安定的かつ継続的に婚姻関係を営むことができない）

> **裁判例 52**　東京地判平成 25 年 9 月 11 日　平 24（行ウ）451

　日本人配偶者が会社を 3 年前に解雇され，無職であり。生活保護を受けている場合について，「安定的かつ継続的に婚姻関係を営むことができない」として，在留資格認定証明書の交付を拒否した処分が適法とされた事例。

20　第1編　入管法制

（安定した婚姻生活を送れる見込みの立証）

| 裁判例 53 | 東京地判平成 25 年 3 月 1 日　平 23（行ウ）654 |

　　原告は，本件処分の時点で，中国（台湾）における整体師の資格を有していたものの，本件処分に先立つ頃に整体師としての十分な稼働実績を有しておらず，本邦において整体を業として安定的な収入を得る具体的かつ客観的な見込みがあったと認めるに足りる立証はされていなかったといわざるを得ないし，その本国における収入や資産等について客観的な裏づけはされていない。

　　夫（日本人配偶者）についても，平成 21 年 6 月以降生活保護を受け，資産も格別有しておらず，当時に数十万円の負債があったというのである。

　　これらの事情は，原告及び夫が生計を一にし，安定的かつ継続的に婚姻生活を営むことが容易とは言い難い状況に置かれていたことを推認させるものであり，原告が本邦において行おうとする活動が日本人の配偶者の身分を有する者としての活動に該当するものと認め得るか否かの判断に際しては，消極的事情として考慮せざるを得ない。

（継続的な精神的及び肉体的結合を目的として真摯な意思をもって共同生活を営む見込みが少ない）

| 裁判例 54 | 東京地判平成 25 年 7 月 19 日　平 24（行ウ）550 |

　　中国残留邦人（60 歳代の男性）と中国人女性（30 歳代）の中国方式の婚姻について，年齢差（31 歳）や男性の過去の 4 回の中国人女性との結婚歴（うち 3 回は比較的短期間）から，真摯な意思をもって共同生活を営むという活動の実態があったことを認める証拠がないとして，在留資格認定証明書不交付処分は適法であるとされた事例。

| 裁判例 55 | 東京地判平成 23 年 9 月 8 日　平 22（行ウ）504 |

　　日本人配偶者としての在留資格認定証明書の交付申請について，仕送りの頻度の少なさ，国際電話での交流状況，日本人配偶者が前妻（外国人）との婚姻を隠ぺいしていたことなどから，日本人の配偶者の身分を有する者としての活動に該当するとはいえないとして，不交付処分は適法であるとされた事例。

| 裁判例 56 | 東京地判平成 23 年 3 月 11 日　平 21（行ウ）560 |

　　在留資格認定証明書交付申請について，原告とその日本人配偶者とが婚姻したことは認められるものの，婚姻届は永続的な精神的及び肉体的結合を目的として真摯な意思をもって共同生活を営むことについて法的，社会的な認知を受けるためというよりも，在留期限経過前に婚姻を成立させたうえで，原告が日本人の配偶者となったことを理由に在留資格変更申請をするためにされた疑いが極めて濃厚であるとされた事例。

| **裁判例 57** | 東京地判平成 23 年 9 月 13 日　平 22（行ウ）404 |

　日本人配偶者が平成 17 年まで別の外国人女性と夫婦関係にあり，その後婚姻に至る平成 21 年 7 月までに，真摯な婚姻関係の基礎となる関係を結び得たかどうかについては疑いを差し挟まざるを得ないとして，認定証明書の不交付処分に違法はないとされた事例。

⑤　**原告適格，処分性等**

（申請者の配偶者）

| **裁判例 58** | 東京地判平成 20 年 7 月 16 日　平 19（行ウ）676 |

　在留資格認定証明書を交付する処分によって代理人が受ける利益はその代理人の固有の利益ではなく，代理人（申請者の配偶者）は不交付処分の取消を求める訴えにおける原告適格を有するということはできない。

　在留資格認定証明書の申請は，その性質上，本邦に入国しようとする外国人自身の意思に基づくべきものであり，その申請の代理人は，専ら当該外国人の意思に基づいて手続を代行する者であって，その固有の立場から行動する者ということはできないことなどに照らすと，その代理人が申請者の配偶者等であったとしても，法 7 条の 2 第 2 項及び規則 6 条の 2 第 3 項が，在留資格認定証明書を交付する旨の処分によって代理人が受ける利益をその代理人の固有の利益として保護しようとしていると認めることはできない。

［同旨：東京地判平成 19 年 2 月 27 日　平 19（行ウ）33］

| **裁判例 59** | 東京地判平成 23 年 12 月 13 日　平 23（行ウ）303，393，394 |

　本邦に上陸しようとする外国人の配偶者等に関して，家族としての同居の利益を保護すべきものとする趣旨や目的を含むと解される入管法の規定や関係法令の規定は存在しないから，在留資格認定証明書の交付申請に対する不交付処分の関係法条が本邦に上陸しようとする外国人の配偶者等に関して，家族としての同居の利益を保護すべきものとする趣旨を含むと解すべき根拠はないというほかない。したがって，原告は，本件各不交付処分の取消の訴えにつき原告適格を有しないというべきである。

（外人タレント招へい業者）

| **裁判例 60** | 東京地判平成 19 年 4 月 27 日　平 17（行ウ）513 |

　現行の出入国管理制度の下における営業の自由とは，同制度の下において適法に本邦に入国した外国人を使用して営業を行う自由にとどまるものと解さざるを得ないのであるから，原告と契約した外国人タレントが本邦に入国できないことそれ自体は，原告の営業の自由を侵害するものと評価することはできないとして，外国人タレントの招へい及びマネージメント等を業とする株式会社の不交付処分取消請求における原告適格を認めなかった事例。

22 第1編 入管法制

⑥ その他
（代筆と有印私文書偽造罪）

裁判例 61 東京地判平成 22 年 7 月 23 日　平 21（刑わ）1358，2122，2365，平 21（特わ）2330，平 21（合わ）443

　在留資格認定証明書交付申請書の書式をみると，申請人・代理人欄も，同申請書の他の欄と同様に一つの欄として設けられており，この欄のみ本人の意識内容を表示すべきものと明示されているとは認められない等とし，申請人・代理人欄が，本件各在留資格認定証明書交付申請書全体の名義人と異なる名義人を持つ独立した文書であるとは認められず，代理人が本人の氏名等を冒書して同欄を作成しても，有印私文書偽造罪は成立しないとされた事例。

（立証責任）

裁判例 62 東京地判平成 23 年 9 月 13 日　平 22（行ウ）464

　法 7 条の 2 の定める在留資格認定証明書の制度は，上陸の際に法 7 条 1 項 2 号に掲げる上陸のための条件に適合していることの立証を行うことの煩雑さ，審査の困難性を考慮し，短期滞在の活動を行おうとする場合を除き，本邦に上陸しようとする外国人からあらかじめ申請があったときに，法務大臣が，当該外国人が法 7 条 1 項 2 号に掲げる上陸のための条件に適合している旨の証明書を交付する制度であって，上陸のための審査の一部を前倒しするものであるから，同証明書の交付申請をするに当たっては，上陸審査のときと同様に，当該外国人において法 7 条 1 項 2 号に掲げる上陸のための条件に適合していることを自ら立証しなければならないと解すべきである（規則 6 条の 2 第 5 項参照）。

第3章

在留，出国

第3章 在留、出国

はじめに

　本章は，外国人が本邦に滞在している場合における法的地位に関する判例を纏めてある。外国人は上陸に際し，一定の在留資格を付与され，その在留資格によって特定された権能義務を持つわけであるが，それらの個別の資格に特定されることなく，外国人一般の有する権能についての判例を「第1」では纏めてある。

　ついで，それらの資格は永住許可を除いて有期であるから，その更新のあり方，ある在留資格から別の在留資格へ変更する場合に関する判例，何らかの理由により在留資格を取り消される場合についての判例が纏めてある。

　最後に，外国人の在留資格による地位は出国することにより消滅するのが原則であるが，その例外として出国してもなお従前の地位を保持しうる再入国許可に関する判例にを纏めている。

第1　外国人の権能

（住所）

| 裁判例 63 | 最三小判平成 16 年 1 月 15 日　平 14（受）687（判タ 1145 号 120 頁） |

　不法滞在ではあるが，滞在期間は約 22 年間定住して家庭生活を営んでおり，本件請求時には外国人登録をして在留資格を定住者とする在留特別許可も受けた外国人は，国民健康保険法5 条にいう「住所を有する者」に該当するとされた事例。

24　第1編　入管法制

（旅券等携帯義務）

裁判例64　水戸家裁下妻支部決平成16年9月1日　平16（少）363（判タ1167号302頁）

　法23条1項は，本邦に在留する外国人に，常に「旅券又は仮上陸許可書，乗員上陸許可書，緊急上陸許可書，遭難による上陸許可書若しくは一時庇護許可書」を携帯することを求めているが，この「旅券等」が当該外国人にかかる有効な旅券等を指すものであることは，法2条5号イ，2条の2，3条，70条2項の規定等からも明白である。

　すなわち，法23条1項は，同条2項とあいまって，自らの有効な旅券等を所持して本邦に在留する外国人に対して，これを常に携帯することを求めるとともに，同条2項所定の職員への呈示を義務づけることにより，当該職員が，その職務執行に当たり，当該外国人の人定事項や本邦滞在の根拠等を調査・捜査することを容易にすることを目的とした規定である。

　（有効な旅券を所持していない場合における旅券不携帯罪の成立を認めなかった事例。）

（在留カード発行システムの不具合等につき，国家賠償責任が問われた事例）

裁判例65　横浜地判平成25年12月4日　平24（ワ）4059

　在留カード発行システムの不具合により，原告が申請の際に手続きが停滞し，入管局で待たされるなどしたことは窺われるものの，これは本件申請書の紛失とは無関係であるし，在留カード発行システムの不具合について，違法性及び入管職員の故意・過失があったとは認められず，入管職員による違法行為に基づく損害とは認められない。

　本件申請書については，同書面ないしその内容が第三者に漏洩した事実は認められないこと，その紛失によって原告が主観的に個人情報漏洩への危惧・不安を抱いたとしても，同申請書の記載内容は，国籍，生年月日，氏名，住居地，外国人登録証明書番号，資格外活動許可の有無及び連絡先に限られており，うち住居地や連絡先は永続的に不変のものとは認められないし，外国人登録証明書も廃止されていたこと等を踏まえると，これらの情報が漏洩することの危惧・不安については，損害賠償すべき程の要保護性があったとは認められない。

　外国人の出入国に関する処分について行政手続法7条の適用はないし，在留カード発行システムの不具合について違法性及び入管職員の故意・過失があったとは認められないこと，横浜支局では，原告妻からの問い合わせ後は職員を原告宅に向かわせる等の提案をして，速やかな在留カードの交付に努めていたこと，外国人登録証明書はみなし在留カードとしての効力が認められ，原告は切替申請をしなくても，在留期限まで格別不利益があったとは窺われないこと等に鑑みれば，本件申請書の紛失を原因として在留カードの発行が結果的に遅れたことにより，原告に損害があったとは認められない。

（裁判を受ける権利）

裁判例66　東京地判平成21年7月24日　平21（行ウ）123

　原告は，本邦を出国したことにより本件訴え（法7条1項2号の条件に適合していないとす

る不認定処分の取消訴訟）の利益が失われるとすると，上陸のための条件に適合しない旨の認定を訴訟で争うことがほとんど不可能となり，裁判を受ける権利を侵害する結果になると主張する。

しかし，憲法32条は，訴訟の当事者が訴訟の目的たる権利関係につき裁判所の判断を求める法律上の利益を有することを前提として，かかる訴訟につき本案の裁判を受ける権利を保障したものであって，そのような利益の有無にかかわらず，常に本案につき裁判を受ける権利を保障したものではないから，原告が本邦から出国したことにより訴えの利益が失われたとして本案の裁判がされないことをもって直ちに裁判を受ける権利が侵害されたということはできない。また，実質的にみても，原告は，本件認定処分又は退去強制令書（法24条5号の2）の執行について執行停止の申立てをすることにより本邦にとどまった状態で本件認定処分を争うこともできたのに，このような手段を執ることなく自ら本邦から出国したのであるから，本邦からの出国により訴えの利益が失われたとして，本件訴えにつき本案の裁判がされないことが不当であるということはできない。

（教育を受ける権利・義務）

裁判例 67	大阪地判平成20年9月26日　平18（ワ）1883（判タ1295号198頁）

憲法26条2項前段は，親が子に対して負担するいわば自然法的な責務（親が子に対して負う責務）を具体化して，法律の定めるところにより，その保護する子女に普通教育を受けさせる義務（親が国に対して負う義務）を規定している。そして，上記憲法の規定に従って法律によって普通教育の内容を定めるに当たっては，言語（国語）の問題や歴史の問題を考えれば明らかなように，わが国の民族固有の教育内容を排除することができないのであるから，かかる学校教育の特色，国籍や民族の違いを無視して，わが国に在留する外国籍の子ども（の保護者）に対して，一律にわが国の民族固有の教育内容を含む教育を受けさせる義務を課して，わが国の教育を押しつけることができないことは明らかである（このような義務を外国人に対して課せば，当該外国人がその属する民族固有の教育内容を含む教育を受ける権利を侵害することになりかねない。）。

したがって，憲法26条2項前段によって保護者に課せられた子女を就学させるべき義務は，その性質上，日本国民にのみ課せられたものというべきであって，外国籍の子どもの保護者に対して課せられた義務ということはできない。

（住宅ローン申し込み）

裁判例 68	東京地判平成13年11月12日　平12（ワ）2316（判タ1087号109頁）

報道を在留資格として日本に滞在している外国人に対し，住宅ローン申込時において，永住資格がなく最長3年間の在留期間の経過後は本邦に残留することができるか否か不確実な法的地位にあり，通常長期にわたる住宅ローンの弁済期間中債務完済前に本邦を退去せざるを得なくなる可能性があるとして，銀行がローン申し込みを拒絶したのは不法行為に当たらないとさ

26　第1編　入管法制

れた事例。

(生活保護)

裁判例 69	最二小判平成 26 年 7 月 18 日　平 24（行ヒ）45（訟月 61 巻 2 号 356 頁，判例地方自治 386 号 78 頁）

　外国人は，行政庁の通達等に基づく行政措置により事実上の保護の対象となり得るにとどまり，生活保護法に基づく保護の対象となるものではなく，同法に基づく受給権を有しないものというべきである。そうすると，本件却下処分は，生活保護法に基づく受給権を有しない者による申請を却下するものであって，適法である。

裁判例 70	福岡高判平成 23 年 11 月 15 日　平 22（行コ）38　（判タ 1377 号 104 頁） （平成 26 年 7 月 18 日最判の原審）

　生活保護の対象となる外国人を永住的外国人に限定したことは，これが生活保護法の制度趣旨をその理由としているところからすれば，外国人に対する同法の準用を前提としたものと見るのが相当である。よって，生活保護法あるいは本件通知の文言にかかわらず，一定範囲の外国人も生活保護法の準用による法的保護の対象になるものと解するのが相当であり，永住的外国人（別表第二記載の外国人）である控訴人がその対象となることは明らかである。

裁判例 71	横浜地判平成 22 年 10 月 27 日　平 22（行ウ）26

　原告らは，生活保護法による保護の対象に含まれない外国人に対して生活保護を実施することが生活保護法 1 条に違反していると主張する。確かに，生活保護法は，国が生活に困窮するすべての国民に対し，必要な保護を行うこと等を目的としており，すべての国民が同法の定める要件を満たす限り保護を受けることができると定められているところ，同法にいう「国民」とは，国籍法に定められた要件を具備する者をいうと解されるから，これに該当しない外国人は生活保護法の対象に含まれていないものといわざるを得ない。しかしながら，同法は，日本国籍を有する者に対する生活保護扶助費の支給について定めているにとどまり，国や地方公共団体が，外国人に対して，生活保護法による保護とは別に必要な保護を行うことまでを禁じているものではないと解される。

　外国人に対しては，行政措置として生活保護に準じて生活保護扶助費が支給されているが，これは生活保護法を外国人に直接適用するものではなく，あくまでも同法に定める基準を準用するにとどまるのであって，対象を限定しているほか，権利として保護の措置を請求することができず，保護が受けられない場合に不服申立をすることもできないなど，日本国民と同一の保護が保障されているものではない。そうすると，前記のとおり，生活保護法が外国人に対して生活保護法による保護とは別に生活保護扶助費の支出をすること自体を否定するものではない以上，外国人に対して行政上の措置として生活保護扶助費を支出することが生活保護法 1 条

第1 外国人の権能　27

い違反するという原告らの主張は理由がない。

（外国人には，憲法上，適法に我が国に在留する権利ないし在留することを求める権利が保障されていないこと）

裁判例 72	東京地判平成 19 年 2 月 20 日　平 18（行ウ）323

　日本人配偶者である母親の連れ子として，6 歳で本邦に入国したフィリピン国籍の男性が，日本人配偶者の養子となり，定住者資格を得るも，養親と折り合いが悪く，中学時代から無断外泊を繰り返し，少年院送致などされ，在留期間更新をせず不法残留となり，22 歳で無免許運転で道交法違反として懲役 1 年執行猶予 3 年の有罪判決を受けたが，幼少より日本で暮らしているため，在留を希望して，在留特別許可（在留期間 1 年）を受けた。

　それにもかかわらず，執行猶予期間中にパチスロゴト行為により，建造物侵入・窃盗により懲役 1 年 2 月の有罪判決を受け，地方入国管理局長より退去強制事由該当の容疑により，在留期間更新不許可処分を受けた事例。

　原告は，日本人同様に成育してきた原告が，外国人であるが故に退去させられる結果になるのは，日本人であればどのような犯罪を犯しても国外退去とならないことと矛盾しており，不平等である旨主張するが，外国人である原告には，憲法上，わが国に適法に在留する権利ないし在留することを求める権利が保障されているものではないから，原告の主張する事柄を矛盾ないし不平等ということはできない。

　原告は，その本邦で成育してきた事情等を考慮されて在留特別許可を受けたものであって，その経緯から，自分が置かれた立場は十分に理解していたはずであるにもかかわらず，またしても犯罪行為に及んでいるのであって，本件不許可処分は，自らが招いたものであるといっても過言ではなく，これが違法となると解することは困難というほかない。

（不法入国者と出国確認）

裁判例 73	最三小決昭和 32 年 7 月 9 日　昭 30（あ）2684（刑集 11 巻 7 号 1813 頁）

　不法入国者と雖も強制退去処分によらず，任意にその本国政府（外交使節）より旅券又はこれに代る身分証明書，人境許可書，国籍証明書等を以て出国することの可能であり，法 25 条は，適法に本邦に在留し又は入国した外国人であると，不法に本邦に入国した外国人であるとを問わず，すべてその適用がある。

28　第1編　入管法制

第2　資格更新・変更・取消

1　資格更新

①　概論

（更新が権利として認められるものではないこと）

| 裁判例 74 | 最大判昭和53年10月4日　昭50（行ツ）120（判タ368号196頁） |

　憲法の趣旨を前提として，法律としての効力を有する出入国管理令は，外国人に対し，一定の期間を限り特定の資格によりわが国への上陸を許すこととしているものであるから，上陸を許された外国人は，その在留期間が経過した場合には当然わが国から退去しなければならず，当該外国人が在留期間の更新を申請する場合にも，法務大臣が「在留期間の更新を適当と認めるに足りる相当の理由があるときに限り」これを許可することができるものと定めているのであるから，出入国管理令上も在留外国人の在留期間の更新が権利として保障されているものではない。

　出入国管理令21条3項所定の「在留期間の更新を適当と認めるに足りる相当の理由」があるかどうかの判断における法務大臣の裁量権の範囲が広汎なものとされているのは当然のことであって，所論のように上陸拒否事由又は退去強制事由に準ずる事由に該当しない限り更新申請を不許可にすることは許されないと解すべきものではない。

　外国人に対する憲法の基本的人権の保障は，外国人在留制度の枠内で与えられているにすぎないものであり，在留期間中の憲法の基本的人権の保障を受ける行為（外国人による政治活動）を在留期間更新の際に消極的な事情としてしんしゃくされまいことまでの保障が与えられているものではない。

（裁量判断における考慮事項）

| 裁判例 75 | 東京地判平成24年11月20日　平23（行ウ）661 |

　法務大臣等は，在留期間の更新の許否を決するに当たっては，外国人に対する出入国の管理及び在留の規制の目的である国内の治安と善良の風俗の維持，保健・衛生の確保，労働市場の安定などの国益の保持の見地に立って，当該外国人の在留中の一切の行状，国内の政治・経済・社会等の諸事情，国際情勢，外交関係，国際礼譲など諸般の事情を斟酌し，時宜に応じた的確な判断をしなければならないのであるが，このような判断は，事柄の性質上，出入国管理行政の責任を負う法務大臣等の裁量に任せるのでなければ到底適切な結果を期待することができないことに鑑み，法21条3項所定の「在留期間の更新を適当と認めるに足りる相当の理由」があるか否かの判断における法務大臣等の裁量権の範囲は広範なものとされているのである。

（更新不許可が信義則違反であるとされた事例）

| 裁判例 **76** | 最三小判平成 8 年 7 月 2 日　平 6（行ツ）183（判タ 920 号 126 頁） |

「日本人の配偶者等」として在留していた外国人の在留資格につき，配偶者と長期間にわたり別居していたことなどから，外国人の意に反して，その在留資格を「短期滞在」に変更する旨の申請ありとして取り扱い，これを許可する処分を行ったが，その後に，当該婚姻関係が有効であることが判決によって確定したうえ，その活動は，日本人の配偶者の身分を有する者としての活動に該当するとみることができないものではないなど判示の事情の下では，「短期滞在」への変更許可がされた後における在留期間の更新不許可が，同人の意に反して在留資格の変更申請ありとして扱うなどの変更許可の経緯を考慮していない点で違法とされた事例。

②　各種資格と更新
（技能資格と更新）

| 裁判例 **77** | 名古屋地判平成 17 年 2 月 17 日　平 16（行ウ）11（判タ 1209 号 101 頁） |

在留資格「技能」で在留し，インド料理店で稼働していた外国人の在留期間更新申請が，予定している活動は主として店舗の経営であって，在留資格「技能」が想定している活動を超えるとして認められなかった事例。

（投資・経営資格と更新）

| 裁判例 **78** | 東京地判平成 8 年 10 月 24 日　平 7（行ウ）306 |

「投資・経営」の在留資格で在留していた中国国籍の外国人に対し，原告の経営する会社には独立した事務所としての施設もなく，常勤の従業員もおらず，売上実績が全くないという状況にあったものであり，具体的な事業の内容も定かではなかったこと等からなされた在留期間の更新不許可処分に違法はないとされた事例。

（留学資格の更新不許可）

| 裁判例 **79** | 東京地判平成 24 年 4 月 25 日　平 22（行ウ）756 |

姉名義の偽造旅券で不法入国するなどして退去強制されたにもかかわらず，今回の入国の際，入国歴について虚偽申告をし，上陸拒否期間中であるのに上陸したなどの一連の行状は悪質であって，留学資格の更新不許可処分をした判断に，裁量権の逸脱，濫用は認められない。

（日本人配偶者等と活動の実態）

| 裁判例 **80** | 東京地判平成 26 年 12 月 24 日　平 26（行ウ）257 |

本件更新不許可処分時において，原告と日本人配偶者の間では両性の永続的な精神的及び肉

30　第1編　入管法制

体的結合を目的とする真摯な意思が確定的に喪失するとともに，夫婦としての共同生活の実体
を欠き，その回復の見込みが全くない状態に至っており，婚姻は社会生活上の実質的基礎を
失っていたものというべきである。したがって，本件処分時，原告の本邦における活動は日本
人の配偶者の身分を有する者としての活動に該当するということができず，原告は，「日本人
の配偶者等」の在留資格による在留期間の更新の要件を備える者とは認められないというべき
である。

（定住者の更新申請と定住者告示）

裁判例81	東京地判平成26年9月4日　平25（行ウ）583

　定住者告示は，直接的には上陸申請の場合の原則的な許否の要件を定めたものであるもの
の，在留期間の更新に当たっては，従前の在留資格に該当することが必要であると解されるこ
と，上陸許可も在留期間更新許可もいずれも外国人の管理に係る事項であって密接な関係にあ
り，出入国の公正な管理の観点からは，上陸時と在留期間更新時との間で「定住者」の在留資
格該当性に係る判断の整合性を欠くことは妥当とはいえないことに鑑みれば，在留期間更新の
許否の判断においても，定住者告示の内容・趣旨は十分に尊重されなければならないというべ
きである。

③　素行不良，犯罪などの理由で更新を認めなかった事例

裁判例82	東京地判平成26年10月22日　平25（行）806

　永住者の配偶者として「定住者」資格で12年以上在留している外国人男性が，窃盗，麻薬
類取締法違反等で有罪確定判決を受けたため，法24条4号チに該当するとしてなされた資格
更新申請不許可処分に裁量権逸脱・濫用の違法性はないとされた事例。

裁判例83	東京地判平成23年9月13日　平22（行ウ）758

　「永住者の配偶者等」の在留資格で本邦に入国していた外国人が，傷害容疑で二つの刑事手
続を受けていたことが認められるところから，在留期間の更新を適当と認めるに相当の理由
（法21条3項）があるとは認められないとした入管局長の判断に，裁量権の範囲を逸脱・乱用
した違法はないとされた事例。

裁判例84	東京地判平成21年2月10日　平20（行ウ）434

　9歳で来日して以来，「日本人の配偶者等」の在留資格で，日本人である母とともに本邦で
生活している米国国籍の外国人男性（29歳）に対する在留期間更新不許可処分にかかる取消
訴訟。
　原告は，9歳でわが国に入国してから20歳になるまでの間に，わが国において，非行や犯

第2 資格更新・変更・取消 31

罪を繰り返し，教護院送致，保護観察処分を受けたほか，2回少年院に入院し，1回の実刑判決を受け，少年時代の在留状況は極めて劣悪。

原告が日本人と同様の生活を送っていたこと，原告の母が原告を指導監督することを誓約したことなど，原告に有利な事情を最大限考慮して，20歳の時に，在留資格「日本人の配偶者等」，在留期間「1年」とする在留特別許可を受ける。

にもかかわらず，その後もひき逃げ等の犯罪を犯して実刑判決を受けて服役し，さらに，乾燥大麻を所持していたとして，大麻取締法違反の罪の容疑で逮捕。

原告は，不許可処分当時29歳の成年男子であって，それまで繰り返し非行や犯行を重ねてきたことを考えれば，原告の母親には，もはやわが国の法規範を遵守するように原告を指導，監督することは困難であると言わざるを得ないこと，原告は，9歳で来日するまでは，父親の母国であるアメリカで生活していたのであり，その生活習慣等にもなじみがあることなどを考慮して，東京入国管理局長が，原告には，法21条3項にいう「在留期間の更新を適当と認めるに足りる相当の理由」が無いと判断したことは違法とはいえない。

| 裁判例85 | 東京地判平成16年12月2日　平15（行ウ）283 |

スリランカ国籍で，「人文知識・国際業務」資格で本邦に約9年に亘って滞在を続けてきた者が，同胞外国人4名の不正入国に関与していることから，在留資格の更新を拒否したことに違法はないとされた事例。

| 裁判例86 | 大阪地判平成8年11月12日　平7（行ウ）11（訟月44巻10号1742頁） |

在留期間更新不許可処分について，日本人の夫と夫婦関係の実態がないとはいえず「日本人の配偶者等」の在留資格に欠けるところはないものの，偽装結婚等に関与して刑事処分を受けたこと等の事情を総合考慮してされたものであり，法務大臣の判断に裁量権の逸脱・濫用があるとはいえないとされた事例。

④　更新と手続
（取次申請）

| 裁判例87 | 東京高判平成25年1月31日　平24（ネ）5340
（原審：東京地判平成24年7月18日　平22（ワ）42340） |

専門学校が在留期間更新許可申請の取次の約束をしたにもかかわらず，これを怠ったため不法滞在に陥ったと主張してなされた，専門学校に在籍する外国人留学生らによる損害賠償及び学費の返還請求について，専門学校側は，出席率が60パーセントを下回る学生については，原則として取次申請を行わない取り扱いをし，出席率が極めて低く，在留期間更新許可が得られるか危ぶまれる留学生に対して個別に面談を行うなどした際，当該留学生から取次申請を求められた場合には，自分で申請手続を行うよう指導していたとして，留学生側の請求が認めら

32 第1編 入管法制

れなかった事例。

（特別受理）

> **裁判例 88** 東京地判平成 24 年 12 月 7 日 平 23（行ウ）417，平 24（行ウ）144，490

特別受理は，本来であれば在留期間が経過する前にされるべき在留資格の変更や在留期間の更新の申請が在留期間の経過した後にされた場合に，法務大臣等が，例外的な救済措置として特別にその申請を受理するものであり，入国管理法令に根拠のない事実上の運用としてされる実務上の取扱いにすぎない。特別受理は，在留資格の変更等の手続に関して定める法第 4 章第 2 節中の規定による在留資格の変更や在留期間の更新の申請についての取扱いで，同法第 5 章中の規定に従ってされる退去強制の手続とは直接の関連性がないものであって，退去強制の手続にかかる入国審査官において，当該容疑者が特別受理の対象となり得るか否かを審査し，当該容疑者に対して必要な手続をするよう促すべき義務があるとも解し難い。

（行政書士の業務停止処分と申請取次業務を行う利益）

> **裁判例 89** 東京高判平成 19 年 8 月 29 日 平 19（行コ）159

日本行政書士会連合会の作成する「申請取次事務処理の手引き」は，申請取次行政書士の届出に関し，自主的に定める内部的取扱要領とみるよりほかはなく，業務停止処分を受けた申請取次行政書士が，手引きに定められたところに従い届出済証明書を返還したため，事実上，申請取次業務を行うことができない状態となってはいるもの，それが，本件処分の法的効果であると解することはできないし，また，本件処分が取り消されたからといって，控訴人が申請取次業務を行うことができるようになると解することもできない。

それゆえ，申請取次行政書士としての資格を回復する点に，本件処分の取消しを求める訴えの利益を見出すことはできない。

⑤ その他
（執行停止）

> **裁判例 90** 大阪地決平成 24 年 4 月 2 日 平 23（行ク）138

在留期間更新不許可処分に対する効力の停止を求める申立てにつき，仮に効力の停止を認めても，更新許可申請に対し法務大臣等が何ら応答をしていない状態に復するに留まるから，従前の在留期間満了の日から 2 か月を経過した場合には，適法に本邦に在留しているということはできず，不許可処分の効力の停止の申立ての利益は失われるとされた事例。

> **裁判例 91** 大阪地決昭和 55 年 9 月 19 日 （訟月 27 巻 1 号 179 頁）

在留期間更新の手続と退去強制の手続とは，法律上別個の手続ではあるけれども，前者が不

第2　資格更新・変更・取消　33

許可で終了した場合には，新たな在留資格の取得等特段の事由がない限り，事実上必然的に後者の開始を見る筋合であるから，行政事件訴訟法25条2項の関係では，後者は前者の続行というを妨げない。

（代理人の原告適格）

裁判例92　東京地判平成23年1月18日　平22（行ウ）365

在留期間更新不許可処分にかかる取消訴訟において，外国人の日本人配偶者で，更新手続を代理人として行った者に原告適格は認められないとされた事例。

（刑事手続）

裁判例93　東京地判平成5年9月6日　平3（行ウ）254（判タ864号209頁）

日本人の配偶者としての在留資格を有する外国人に対し，強盗罪で有罪となったこと等によりなされた在留許可更新拒否処分について，有罪判決確定前であっても刑事手続での起訴事実や判決を考慮することは当然であるとされた事例。

裁判例94　東京地判平成5年9月6日　平3（行ウ）254（判タ864号209頁）

日本人の配偶者としての在留資格を有する外国人が強盗罪で起訴されている場合，その者の在留期間の更新の許否の決定を当該事件の第一審判決の言渡しがあるまで11か月留保したことが裁量権の範囲内であるとされた事例。

2　資格変更

①　資格変更と裁量性

裁判例95　東京地判平成25年6月19日　平24（行ウ）401

入管法において，在留資格の変更の要件が概括的に定められ，その判断基準が定められていないのは，変更を認めるかどうかの判断を，国内及び国際の情勢に通暁し，出入国管理行政の責任を負う法務大臣等の裁量に任せ，その裁量権の範囲を広範なものとする趣旨に基づくものと解するのが相当である。

（申請者の申請事由以外の考慮）

裁判例96　東京地判平成24年7月4日　平23（ワ）2651

法務大臣等は，在留資格の変更の許否を決するに当たっては，申請者の申請事由の当否のみならず，当該外国人の在留中の一切の行状，国内の政治・経済・社会等の諸事情，国際情勢，

34 第1編 入管法制

外交関係，国際礼譲など諸般の事情を総合勘案し，適宜に応じた的確な判断をすることが求められるのであるが，そのような判断は，事柄の性質上，国内及び国外の情勢について通暁し，出入国管理行政の責任を負う法務大臣等の裁量に任せるのでなければ，到底適切な結果を期待することができないとされた事例。

（資格変更の「相当な理由」）

裁判例97　東京地判平成24年3月8日　平22（行ウ）495

　在留資格の変更は，在留中の外国人が在留資格を変更して新たな在留資格を取得するものであるから，その変更が認められるためには，新たに取得することを希望する在留資格について資格該当性が必要であるのみならず，資格の変更を適当と認めるに足りる相当な理由があることが要求される。

裁判例98　東京地判平成23年11月4日　平22（行ウ）674

　法20条3項は，在留資格の変更の申請があった場合には，法務大臣は当該外国人が提出した文書により在留資格の変更を適当と認めるに足りる相当の理由があるときに限り，これを許可することができる旨規定している。

　要件該当性については申請をする外国人が立証すべきものと解され，法務大臣等は，当該外国人から提出された資料に基づいてその要件該当性を判断すれば足りるのであって，必要がある場合に入国審査官に事実の調査をさせる権限はある（法59条の2）ものの，入管法上，法務大臣等に調査義務を課した規定は存在しないから，当該外国人に対する事情聴取をしたり，追加資料の提出を促したりする義務を負うものではないと解される。

（裁量判断の対象）

裁判例99　名古屋地判平成17年2月17日　平16（行ウ）11（判タ1209号101頁）

　外国人からの在留資格の変更申請を許可するか否かの判断は，論理的に分析すると，〈1〉当該外国人が在留資格の変更後に行うことを予定している活動が，変更申請に係る在留資格の類型に該当するか否かの判断と，〈2〉その他の諸般の事情を考慮し，在留資格の変更を認めるのが相当であるか否かの判断の二つからなり，両者が肯定されて初めて許可処分を受けられると考えられるところ，〈1〉の判断は，基本的には事実認定に属するものであるから，法務大臣の広汎な裁量権の対象となるのは，厳密には〈2〉の判断に限られると解するのが相当である（このことは，認定された事実をどのように評価すべきかの問題が，〈2〉の判断に含まれることを否定するものではない。）。

② 変更申請の類型

（日本人配偶者等への変更申請）

裁判例 100	東京地判平成 11 年 10 月 15 日　平 9（行ウ）120

　外国人が虚偽の婚姻により在留資格を得ていたこと，日本人配偶者が服役中であり，現在においては通常夫婦間で行われる同居・協力・扶助の活動ができないこと等に鑑み，日本人配偶者等への資格変更を認めるに足りる相当の理由がないとした判断に裁量権の逸脱・濫用はないとされた事例。

裁判例 101	東京地判平成 24 年 9 月 7 日　平 24（行ウ）29

　日本人配偶者は原告との共同生活を営む意思を確定的に喪失し，夫婦としての実体を欠くようになっている以上，日本人配偶者との間の夫婦関係調整調停を進行するため等を理由とする，「特定活動」から「日本人の配偶者等」への資格変更申請を不許可とした判断は適法であるとされた事例。

裁判例 102	大阪高判平成 10 年 12 月 25 日　平 8（行コ）60（判タ 1059 号 108 頁）

　夫との別居により「日本人の配偶者等」の在留資格を「短期滞在」へ変更した外国人女性による「日本人の配偶者等」の在留資格への変更申請に対する不許可処分について，申請人が婚姻関係を継続する意思がないと誤認し，夫である日本人が有責配偶者であることを評価の対象としなかったことから，裁量権の行使が全く事実の基礎を欠き，事実に対する評価が合理性を欠くとされた事例。

（日本人配偶者との離別（離婚・死亡）による変更申請）

裁判例 103	東京地判平成 28 年 8 月 28 日　平 25（行ウ）819

　ナイジェリア国籍の外国人男性が，短期滞在で入国，不法残留状態ののち，2 年後に退去強制手続を経て，日本人の配偶者として在留特別許可を受け，8 年後に定住者資格への資格変更申請をして，拒否された事例。この間，原告は最初の日本人配偶者と離婚し（両人の間には二人の子供がいるが，監護教育は前日本人配偶者が行っている。），3 年後に別の日本人配偶者と婚姻したものの翌年からは別居しており，夫婦関係調整調停も不調に終わっており，日本人と安定した婚姻生活を送っていたのは約 2 年程度であった。

　原告は，定住者告示が掲げる各地位を有しておらず，それと同視できるかあるいはこれに準ずると考えられる人道上の理由その他特別の事情も認められないとされた事例。

36　第1編　入管法制

裁判例 104　東京地判平成 27 年 3 月 26 日　平 25（行ウ）742，745，746

日本人配偶者等の資格を有していたフィリピン人女性が，二人の日本人男性と離婚後，二人の子供（フィリピン国籍）の養育，教育を日本で行うことを理由として，在留資格「定住者」への変更許可申請をして認められず，退去強制手続に移行した事例につき，日本人男性との婚姻は偽装婚の疑いが強く，その在留状況は在留特別許可可否の判断において消極要素となるとされた事例。

裁判例 105　東京地判平成 27 年 1 月 28 日　平 26（行ウ）79

日本人配偶者としての在留資格で本邦に約 6 年間在留していたフィリピン国籍の女性（その間，ブローカーの指示によりパブで就業し，3 年後逃走するも就業は継続）が，約 6 年後に離婚し，日本人配偶者から定住者への資格変更を申請したところ，定住者告示において類型化された外国人と同視し又はこれに準じる事情があるということはできないとして拒否された事例において，定住者への変更を認められた他の事例と比較して平等原則に反するという主張が認められなかった事例。

裁判例 106　東京地判平成 25 年 3 月 26 日　平 24（行ウ）72

在留 10 年以上に亘る外国人の在留状況が麻薬類取締法違反で有罪判決を受けるなど不良であり，同人が在留を継続することができたのは日本人と婚姻していたことが重視された結果であり，離婚により日本人配偶者としての地位を失った当該外国人による「定住者」への在留資格の変更申請不許可処分に違法はないとされた事例。

裁判例 107　東京地判平成 21 年 9 月 29 日　平 20（行ウ）586，674

日本人配偶者の死亡後の外国人配偶者について，当該日本人配偶者との間の日本人の子の有無によって定住者への在留資格変更の許否の取扱いに差異があるのは憲法 14 条の平等原則の趣旨に違反する旨の主張が，死亡した日本人配偶者との間の日本人の子の有無は，在留資格変更の許否の判断において考慮される個々の事案ごとの諸般の事情の一つにとどまるとして認められなかった事例。

裁判例 108　東京高判平成 5 年 11 月 11 日　平 5（う）751（判タ 846 号 291 頁）

日本人女性と離婚後，「定住者」への在留資格変更申請をした事例について，離婚後の親権者である前日本人配偶者が子供の養育監護をしているのであって，養育監護の面では原告が日本に在留することが不可欠とはいえず，養育費の支払についてみると，前日本人配偶者らが経済的に困窮するならば生活保護制度などの利用も可能であるから，原告の毎月 2 万円の養育費

の支払が養育に不可欠とまではいえないとして，「定住者」としての資格を認めるべき状況にあったとは到底いえないとされた事例。

（短期滞在からの変更申請）

| 裁判例 109 | 東京地判平成 19 年 10 月 31 日　平 18（行ウ）113 |

　法 20 条 3 項但書は，短期滞在からの変更許可については，「やむを得ない特別な事情」が必要である旨規定するが，原告については，国外から在留資格認定証明書交付申請を行い続けても，出生証明書の信ぴょう性についての処分庁の誤った判断に基づく不交付処分が繰り返された可能性が極めて高かったのだから，そのような事態を避けるべく，短期滞在で本邦に上陸し，さまざまな証拠収集を講じて，定住者への変更許可を求めようと考えたとしても，十分理解できるところである。

| 裁判例 110 | 最一小判平成 14 年 10 月 17 日　平 11（行ヒ）46（判タ 1109 号 113 頁） |

　日本人配偶者との婚姻関係が社会生活上の実質的基礎を失っている外国人につき，その活動が日本人の配偶者としての活動に該当するとはいえず，「日本人の配偶者等」の在留資格取得の要件を備えているとはいえないとして，「短期滞在」から「日本人の配偶者等」への在留資格の変更を許可しなかった法務大臣の処分の取消請求を棄却した事例。

（定住者への資格変更申請）

| 裁判例 111 | 東京地判平成 19 年 9 月 21 日　平 18（行ウ）179，190，191 |

　永住権を取得したブラジル国籍の日系二世の男性（元夫）と婚姻していたペルー国籍の女性，及び彼女らの子らであるブラジル国籍の日系三世である原告らが，特定活動から定住者へ在留資格変更許可申請をしたが不許可処分を受けた事例。

　（女性・母親）　在留資格「永住者の配偶者等」の上陸許可を受け本邦に入ったが，夫は本邦では他のブラジル人女性と生活しており，同居を拒絶され，1 日も同居しないまま，離婚判決を受けたものであり，「永住者の配偶者等」という在留資格が予定する本邦との結び付きは，名実共に失われたといわざるを得ない。定住者告示に該当しないにもかかわらず，あえて「定住者」の在留資格を認むべきほどの事情は見出し難いといわざるを得ない。

　（子供二人）　原告兄弟は，いずれも日本で出生したものの，日本国籍を有せず，母親が不法残留であったために退去強制され，物心がついてから長い期間をペルーにおいて生活していたのであって，本邦への定着の程度は必ずしも大きくなく，原告兄弟が本邦と特に深いつながりを有していたとは認められない。

　父から監護養育を受けることは全く望み得ないのであり，原告兄弟が独自に本邦で生活することはその年齢（8 歳，6 歳）からして望めないから，現実の監護者であり母である原告と離れ，原告兄弟単独で本邦在留を認めることは相当ではないといわざるを得ない。

38 第1編 入管法制

以上のような諸点に鑑みると，日系3世であり，定住者告示3号に該当しているにもかかわらず，本件処分時においては，原告兄弟に「定住者」としての資格変更を認めなければならない積極的な理由は見出し難いといわざるを得ないとした入管局長の判断に裁量権の逸脱・濫用はない。

裁判例 112 東京地判平成 25 年 12 月 3 日　平 24（行ウ）724

日本人配偶者と離婚した原告は，その実子を前配偶者の子と偽り，原告は日本人の実子を監護養育する者であるとし，希望する在留資格を「定住者」とする在留資格変更許可申請をした虚偽文書の提出という不正行為を行うことにより在留資格変更許可を受けたということができるとして，永住者との婚姻を理由とする「定住者」から永住者の配偶者等への資格変更申請が認められなかった事例。

③　申請の手続等

（変更手続の遅延と国賠訴訟）

裁判例 113 東京地判平成 27 年 3 月 17 日　平 24（行ウ）693

インド国籍の外国人男性が，短期滞在資格で入国，不法残留中に日本人女性と婚姻し，退去強制手続を経て，日本人配偶者としての資格を特別許可されたのち，離婚し，永住者資格を持つフィリピン国籍の女性と婚姻したとして，「永住者の配偶者等」への在留資格変更許可申請を出した（平成 22 年 7 月）。

入管局は，インド・フィリピン両国の婚姻証明書を出すように求めたが，手続が遅延しているうちに，在留期間が経過し，原告は短期滞在許可，出国準備のための滞在許可等を受けたが，それも経過し不法残留となり，平成 24 年 1 月に不法残留の嫌疑で逮捕された事例。

原告は，東京法務局による婚姻届の受理証明書の交付の遅延，東京入管局による在留期間更新の不許可を違法として国家賠償請求を求めたが，認められなかった。

（請求が認められなかった理由）婚姻の届出の受理又は不受理の判断をすべき処理期間に関する法令の定めは見当たらず，また，婚姻の届出の受理の効力は，受付日に遡って認められているから，処理期間の長短によって当事者が具体的な不利益を被る事態が生じることは一般的には想定し難いといえることを勘案すれば，当該事務の遅延により金銭によって慰謝すべき精神的苦痛が原告に生じたとまでは認められず，原告に損害があったとはいえないというべきである。

（資格変更等の手続を行政書士に依頼した件）

裁判例 114 東京地判平成 26 年 11 月 28 日　平 25（行ウ）2980

バングラデシュ国籍の親族のためにその在留資格の変更等の手続を行政書士である被告に依頼したところ，親族が覚醒剤輸入の罪で起訴され，法 24 条 4 号チに該当するものとして退去

強制処分を受けることが当然に予想される状況にある状況のなかで，妻の在留資格を投資経営に変更し，本人の在留資格を家族滞在に変更すればよいとの助言を行政書士から受けたことにより，その助言に従うことにより親族及びその妻子が在留を継続することができると誤認して契約を締結したものの，その翌日に助言された方法によって親族及びその妻子の在留継続を実現することは現実には困難であることを理解して，本訴（不可能な解決策を可能であるかのように提示する詐欺商法により，原告から着手金を詐取したことを理由とする不法行為に基づく損害賠償請求）を提起し，本件契約締結の意思表示を取り消すに至ったものであると認められる。

したがって，原告による本件契約締結の意思表示の取消しは，消費者契約法4条1項1号の要件を充足しており，これにより本件契約は効力を失ったというべきである。

（事前指導）

裁判例 115	東京地判平成 22 年 2 月 17 日　平 20（行ウ）443

在留期間内に申請がされた在留資格の変更又は在留期間の更新につき当該期間の経過後に不許可処分がされる場合に，当該処分がそれ自体としては適法なものであるとしても，申請人側になお配慮すべき事情も存し得ることに照らすと，そのような場合において，審査要領が，一律に直ちに不許可処分をするのではなく，申請人において事情に応じなお相応の在留資格において一定の期間適法に在留し得るようなものに申請の内容を変更したときには，当初からそのような申請がされていたものとして取り扱うこととして，申請人に対し，まずそのような申請内容変更申出書の提出の意思の有無を明らかにするよう求める通知をし，申請人にその意思がないことが明らかになった段階で，不許可処分をすることとしていることについては，一般的には，申請人である外国人に有利な取扱いであるといえ，その合理性を肯定することができるものであるとされた事例。

（資格更新申請と資格変更申請）

裁判例 116	名古屋地判平成 17 年 2 月 17 日　平 16（行ウ）11（判タ 1209 号 101 頁）

ある在留資格に基づいて在留期間更新の申請をした者が，その不許可処分を受けた後，他の在留資格への変更許可申請をし，その変更許可処分を受けたときは，後者の処分に重大かつ明白な瑕疵があって無効というべき特段の事情が存しない限り，これと抵触する従前の在留資格に基づく在留期間更新申請は一応その目的を達したとみなされるべきであり，法務大臣もそのような二重の在留資格を与えることはできない。

仮に，法務大臣が，何らかの事情によって，既に有効な在留資格を与えていることを看過し，二重の在留資格を与えた場合には，後になされた在留資格授与処分が当然無効の瑕疵を帯びるというべきである。

40 第1編 入管法制

裁判例 117 最三小判平成 8 年 7 月 2 日　平 6（行ツ）183（判タ 920 号 126 頁）

「日本人の配偶者等」として在留していた外国人の在留資格につき，「短期滞在」への変更許可がされた後における在留期間の更新不許可が，同人の意に反して在留資格の変更申請ありとして扱うなど（日本人配偶者と不仲になり，別居し，日本人配偶者側から提起された離婚請求訴訟が継続中である。）変更許可の経緯を考慮していない点で違法とされた事例。

④　その他

（人身取引であるとの主張が認められなかった事例）

裁判例 118 東京地判平成 27 年 1 月 28 日　平 26（行ウ）79

日本人の配偶者等の在留資格から定住者の在留資格への在留資格の変更を拒否されたフィリピン国籍の女性について，ブローカーの指示によりパブで就業していた当初から出入国することはできており，パブから 3 年後に逃走後も就業していたことからすると，人身取引による支配下に置かれていたとはいえないとされた事例。

（資格変更，通知の処分性）

裁判例 119 東京地判平成 22 年 2 月 17 日　平 20（行ウ）443

留学の在留資格から家族滞在の在留資格への変更申請に対しなされた，申請どおりの内容では許可できないが申請内容を変更するのであれば申請内容変更申出書を提出されたい旨の通知は，原告に対して本件申請に係る在留資格の変更の許否の判断を本件申請に対する諾否の応答として表示したものとは認め難く，それに先立って，申請人である原告の利益も一定の範囲で考慮して，本件申請の内容を任意に変更する意思の有無を明らかにするよう求めるものであったと認めるのが相当であるとして，申請不許可処分としての処分性は認められないとされた事例。

（資格変更申請と刑事訴追等）

裁判例 120 東京地判平成 11 年 11 月 11 日　平 10（行ウ）77

著作権法違反で起訴された外国人からの，「留学」から「技術」への在留資格変更申請に対する拒否処分について，起訴がされたことから直ちに犯罪を犯したものとの事実認定をしたのではなく，システムエンジニアとして「技術」への変更を申請している外国人が，コンピューターソフトウエアを著作権者に無断で複製及び頒布したとの内容の著作権法違反の公訴事実で刑事訴追を受けているという客観的事実を判断の基礎としたものであるとされた事例。

3 資格の取消

法22条の4によれば,
―偽りその他不正の手段により,若しくは不実の記載のある文書等を提出したことにより,上陸許可の証印等を受けたこと
―別表第一の上欄の在留資格をもって在留する者が,当該在留資格に応じ同表の下欄に掲げる活動を継続して三月以上行わないで在留していること
などが在留資格の取消事由である。

① 偽りその他不正の手段,不実記載文書の提出等による上陸許可等の取得

(退去強制されたことがない旨の虚偽の記載)

裁判例121	東京地判平成26年6月20日　平25(行ウ)647,654-656

　退去強制されてから5年間の上陸拒否期間中であったにもかかわらず,前回の退去強制手続が他人名義の身分事項のまま行われたことを奇貨として,内容虚偽の在職証明書を提出し,かつ過去に本邦への出入国歴がない旨の虚偽の申告をして在留資格認定証明書の交付申請をしてその交付を受け,入国した際には,外国人出入国記録カードに過去に退去強制されたことがない旨の虚偽の記載をしたという行為は,偽りその他不正の手段により上陸許可を受けたものとして,法22条の4第1項1号所定の在留資格の取消事由に当たる。

(虚偽の身分事項による永住許可取得)

裁判例122	東京地判平成25年7月25日　平24(行ウ)662

　氏名及び生年月日を偽り,虚偽の身分事項により受けた永住許可は,偽りその他不正の手段により受けた瑕疵ある永住許可であり,法務大臣若しくは東京入管局長においては原告が受けた永住許可の職権をもって取り消し,又は法務大臣においては,法22条の4第1項の規定に基づいて,所定の手続により,原告が現に有する永住者の在留資格を取り消すことができるとされた事例。

(同居の有無に関する虚偽記述)

裁判例123	東京地判平成26年10月10日　平26(行ウ)42

　更新申請書及び本件質問書における同居の有無に関する虚偽の記載は,「日本人の配偶者等」の在留資格の更新を認めるか否かの判断を誤らせるに足りる程度のものであり,法22条の4第1項4号にいう「不実の記載のある文書」に当たり,原告は,これを提出することにより,本件更新許可を受けたものに該当すると認められるとして,在留資格が取り消された事例。

42 第1編 入管法制

裁判例 124 東京地判平成 25 年 3 月 8 日　平 24（行ウ）232

　日本人配偶者と同居して生活している旨の，客観的な事実と異なる不実の記載をした文書により，在留資格更新許可を受けた外国人に対する在留資格取消処分に，両者の間に夫婦として共同生活を営んでいる実態がなく，裁量権行使の逸脱・乱用があるとは認められないとされた事例。

（虚偽の勤務先記載による在留資格変更申請）

裁判例 125 東京地判平成 23 年 5 月 12 日　平 22（行ウ）307

　就職する意思を有していない会社を勤務先とする在留資格変更許可申請の際に，不実記載のある申請書を提出するなど，偽りその他不正の手段により在留資格変更許可を受けたとしてなされた在留資格取消処分が適法であるとされた事例。

②　資格対応活動の非継続，不存在

（偽装婚姻）

裁判例 126 東京地判平成 26 年 6 月 26 日　平 25（行ウ）447

　本邦における在留資格を得るために，日本人男性と偽装婚姻して，在留資格認定証明書の交付を受け，「日本人の配偶者等」に該当しないにもかかわらず，虚偽の内容の書面を提出することにより，資格更新の許可を受けたとして，中国国籍の外国人女性が在留資格取消処分を受けた事例。

（成功報酬としての雇用形態）

裁判例 127 東京地判平成 26 年 5 月 30 日　平 23（行ウ）679，平 24（行ウ）430

　当初雇用契約書において合意されたところとは大幅に異なる就労の状況となり，特に報酬の内容及び水準に関しては，当初の雇用契約書に記載されたところとは全く異なるものとなり，「成功報酬」というべき実情のものとなっていたものであって，「人文知識・国際業務」の在留資格への在留資格の変更が許可された際に前提とされていた活動の内容について，当該在留資格に伴う 1 年の在留期間中に，これが一貫して確実に行われるものというべき基礎は既に失われ，原告の実際の活動は，その在留資格に該当するものではなくなっていたものというべきであるとして，在留資格が取り消された事例。

（実子の親の偽装）

裁判例 128 東京地判平成 25 年 12 月 3 日　平 24（行ウ）724

　日本人配偶者と離婚した原告は，その実子を前配偶者の子と偽り，原告は日本人の実子を監

護養育する者であるとし，希望する在留資格を「定住者」とする在留資格変更許可申請をした虚偽文書の提出という不正行為を行うことにより，在留資格変更許可を受けたということができるとして，定住者としての資格が取り消された事例。

（資格外活動）

| 裁判例 129 | 東京地判平成24年11月19日　平24（行ウ）6 |

　留学の在学資格で本邦に在留していた外国人に対し，資格外活動の条件に違反した資格外活動を繰り返しており，出席状況からも就学意欲が低下しているとしてなされた在留資格取消処分に，裁量権の逸脱，濫用はないとされた事例。

③　意見聴取など取消手続

| 裁判例 130 | 東京地判平成23年6月28日　平22（行ウ）234 |

　原告は，東京入国管理局から送付された意見聴取通知書によって，在留資格取消に関して意見聴取が行われることを知って，指定の日時に指定の場所に赴き，実際に行われた意見聴取において，在留資格取消についての調査がされていることを知り尽したうえで，自らの意見を述べたことが認められ，事前告知や弁明の機会等がないままに処分が行われたという事実は認めがたいとされた事例。

| 裁判例 131 | 東京地判平成23年5月12日　平22（行ウ）307 |

　営業実態のない会社に就職するような虚偽の文書を作成し，虚偽の申立てにより人文知識・国際業務への変更をしたとして，在留資格取消処分を受けた中国国籍の外国人に対する意見聴取期日に，何ら連絡もせず出頭せず，意見の聴取に応じなかったため，資格取消処分を受けたことにつき，原告は聴取予定期日の2週間以上前には意見聴取通知書の内容を了知しており，意見聴取に応じなかったことについて，法22条の4第5項の「正当な理由」があるとは認められないとされた事例。

（変更にかかる考慮要素）

| 裁判例 132 | 東京地判平成25年1月31日　平23（行ウ）759 |

　在留資格取消に係る審査においては，在留資格を有する外国人につき法22条の4第1項各号が具体的に定める事由があるか否か，すなわち，偽りその他不正の手段により上陸許可の証印等を受け，あるいは付与された在留資格に係る活動を相当期間行わなかった等の事由の有無が専ら検討されることになり，在留資格取消の処分との関係において，その名宛人である外国人の子の親子関係上の権利又は利益を当該子の個別的利益として保護すべきものとする趣旨を含むと解される規定は存在しない。

44　第1編　入管法制

第3　再入国許可

（指紋押捺拒否者に対する再入国不許可処分と法務大臣の裁量）

裁判例 133　最二小判平成 10 年 4 月 10 日　平 6（行ツ）153（判タ 973 号 281 頁）

　　いわゆる協定永住者に対する再入国不許可処分は，当時の社会情勢や指紋押なつ制度の維持による在留外国人及びその出入国の公正な管理の必要性その他の諸事情に加えて，再入国の許否の判断に関する法務大臣の裁量権の範囲がその性質上広範なものとされている趣旨にも鑑みると，協定永住資格を有する者の本邦における生活の安定という観点をもしんしゃくすべきであることや，不許可処分が上告人に与えた不利益の大きさ，不許可処分以降，在留外国人の指紋押なつ義務が軽減され，協定永住資格を有する者についてはさらに指紋押なつ制度自体が廃止されるに至った経緯等を考慮してもなお，処分に係る法務大臣の判断が社会通念上著しく妥当性を欠くことが明らかであるとはいまだ断ずることができないものというべきである。

（指紋押捺拒否者に対する再入国不許可処分）

裁判例 134　東京高判昭和 63 年 9 月 29 日　昭 61（行コ）33（判タ 689 号 281 頁）

　　在留外国人が指紋押なつを拒否していることを理由になされた，同人に対する再入国不許可処分に，裁量権の範囲を超え又はこれを濫用した違法があるとはいえないとされた事例。

（再入国不許可処分と訴えの利益）

裁判例 135　最二小判平成 10 年 4 月 10 日　平 6（行ツ）152（判タ 973 号 281 頁）

　　再入国の許可申請に対する不許可処分を受けた者が再入国の許可を受けないまま本邦から出国した場合には，同人がそれまで有していた在留資格が消滅することにより，右不許可処分が取り消されても，同人に対して右在留資格のままで再入国することを認める余地はなくなるから，同人は，右不許可処分の取消しによって回復すべき法律上の利益を失うに至るものと解すべきである。

裁判例 136　東京地判平成元年 4 月 28 日　昭 58（行ウ）10（訟月 35 巻 9 号 1811 頁，判タ 694 号 187 頁）

　　原告が旅行目的としていた会議が終了した以上，再入国不許可処分の取消しを求める訴えの利益は喪失したとされた事例。

（他人名義による再入国許可申請書）

裁判例 137 最　小判昭和 59 年 2 月 17 日　昭 58（あ）257（判タ 531 号 151 頁）

　再入国許可申請書は，再入国の許可という公の手続内において用いられる文書であり，また，再入国の許可は，申請人が適法に本邦に在留することを前提としているため，その審査に当たっては，申請人の地位，資格を確認することが必要，不可欠のこととされている。したがって，再入国の許可を申請するに当たっては，ことがらの性質上，当然に，本名を用いて申請書を作成することが要求されているといわなければならない。

（在留資格なき外国人による再入国）

裁判例 138 最一小判昭和 40 年 12 月 23 日　昭 37（オ）853（判タ 187 号 113 頁）

　再入国の許可により再入国した外国人は，さきの在留資格のまま本邦に在留するのであるから，在留資格，在留期間につき新たな審査決定を受けず，在留期間も出国中進行し，更新されない限り，従来の在留期間の残期間に限定されるのである。もともと適法な在留資格なしに本邦に在留する外国人が，再入国許可処分により再入国し，上陸の証印を受けても，これによって新たに在留資格を取得することはあり得ない。

第4章

退去強制事由

はじめに

　退去強制事由が列挙されている法24条は，外国人に対し，国外に退去させるという不利益処分・措置を行うことにかかる実体要件を定めるものである。本条各号に定める事由に該当する外国人については，不利益処分としての退去強制令書の発付処分を行い，退去強制令書の執行として強制送還という行政強制がなされることが，第5章の退去強制手続で予定されている。

　以下の判例は，退去強制令書の発付処分に対する取消訴訟，異議の申出にかかる裁決に対する取消訴訟に関するものであるが，後者の場合，在留特別許可の許否の判断が主として行われ，事由該当性は前提問題に他ならない場合がしばしばである。これについては，法50条に関する判例として，後に紹介することとなるが，ここではそのうち退去強制事由該当性が争点となっている部分に限定して，判例をあげていくこととする。

　なお，表題のあとの括弧（1号，2号,，）は，法24条の号数を示すが，すべての号について判例があるわけではない。

第1　不法入国（1号）

「第三条の規定に違反して本邦に入つた者」

　偽造した旅券で入国し，数年間あるいはより長期に亘って在留した後に，当初の違法行為が発覚し，退去強制手続に移行するという事例が少なからず見受けられる。

　その後の本邦での在留では違法行為を犯すことなく，日常生活を送ってきた外国人が，この当初の違法行為により，在留特別許可を受けることなく，退去強制令書を発付されるという場合も多い。

48 第1編 入管法制

裁判例 139 最三小判昭和 54 年 10 月 23 日 昭 53 (行ツ) 37

　本邦に不法入国し，そのまま在留を継続する外国人は，出入国管理令 9 条 3 項の規定により決定された在留資格をもって在留するものではないので，その在留の継続は違法状態の継続にほかならず，それが長期間平穏に継続されたからといって直ちに法的保護を受けうる筋合いのものではない。

裁判例 140 東京地判平成 27 年 4 月 17 日 平 26 (行ウ) 204

　他人名義の旅券を行使して本邦に不法入国し，その後他人名義で再入国の許可を受けたうえで 2 回にわたり出入国を繰り返し，他人名義で外国人登録法による居住地登録を行って不法就労していた事例。
　この事例では，原告の母が他人名義の旅券で不法入国し，日本人配偶者として永住資格を受けたうえで，原告及びその実父を呼び寄せ（いずれも他人名義の旅券を行使），約 4 年後に入管局に自主出頭して在留特別許可を申請したが認められなかった事例である（父親は既に退去強制令書の発付を受け，帰国）。

裁判例 141 東京地判平成 27 年 7 月 16 日 平 26 (行ウ) 192

　不法入国し，本件裁決がされるまでの間，約 23 年間，不法入国，不法就労及び外登法違反の事実のほかに，前科，前歴がない外国人による退令処分取消訴訟が認められなかった事例。
　不法入国は，入管法上，違法性の高い行為として位置づけられているものであり，原告は，就労先の給与から日本に入国するための手数料を天引きする旨を説明され，かつ，本件旅券が他人名義のものであることを認識していたにもかかわらず，これを容認して本邦に不法入国したものであるから，その不法入国の意図は強固なものであったといえるうえ，外国人の本邦への不法入国をあっせんしていたとみられる本件仲介業者に対し，手数料として多額の利益を享受させる結果をも生じさせていることも考慮すると，原告の不法入国の悪質性は高いものといわざるを得ない。

裁判例 142 東京地判平成 26 年 9 月 8 日 平 25 (行ウ) 448

　ブローカーから指示された船籍等不詳の船に，有効な旅券又は船員手帳を所持せず，釜山から乗船し，以後 30 年間本邦で不法就労をしていた外国人男性による退去強制令書発付処分の取消請求が認められなかった事例。

| 裁判例 143 | 大阪地判昭和 45 年 12 月 24 日　昭 43（行ウ）803（訟月 17 巻 4 号 635 頁，訟月 20 巻 7 号 77 頁） |

　船員法による船員手帳を所持し日本船の乗員として本邦を出国した在留韓国人が，韓国において日本船を離船し同国の税関から転船許可証明書を得たうえ他の日本船に便乗して入国したことは，不法入国に当たる。（同控訴審：大阪高判昭和 49 年 3 月 7 日）

　最近の事例としては，他人名義の旅券をブローカーから入手して，複数回不法入国を繰り返している場合が少なくない。この場合，刑事罰の対象となり，法 24 条 4 号ホ，リなどの事由と合わせて退去強制手続に付されることとなる。

（ブローカーから他人名義の旅券入手）

| 裁判例 144 | 東京地判平成 26 年 9 月 26 日　平 25（行ウ）455 |

　原告は，過去に二度，虚偽の身分事項が記載された旅券を行使して本邦に不法入国し，退去強制されたことがあるにもかかわらず，今回，またしても虚偽の出生地が記載された旅券を行使して本邦に不法入国したものである。原告の婚姻が在留資格を得るための形だけのものであり，原告がかかる偽装婚姻に基づき本邦に入国したことが強く疑われる。
　以上の事実は，在留特別許可の許否を判断するうえで消極方向に作用する重大な事情として考慮されるべきものである。

| 裁判例 145 | 東京地判平成 26 年 6 月 20 日　平 25（行ウ）636 |

　不法残留中にブローカーに 100 万円払って（重病の祖母に会うために）他人名義の旅券で帰国し，自己名義の旅券で上陸申請したところ，従前の入国に対応する出国の確認がないことから退去命令を受け，なお，本邦での就労を継続するため，ブローカーに 100 万円払って別の他人名義の旅券で不法入国し，7 年後に退去強制令書を発布され，妻，子二人とともに退去強制されたが，半年後に再度ブローカーに 100 万円払って不法入国し，総計 16 年間本邦に留まっていた韓国国籍の男性の事例。

| 裁判例 146 | 東京地判平成 25 年 4 月 17 日　平 24（行ウ）429 |

　ペルー国籍を有する外国人男性が，ブローカーに依頼して，日系人名義の旅券を入手し，有効な旅券又は乗員手帳を所持せず，不法上陸してから 17 年以上にわたり不法在留を続け，この間に，不法入国時の虚偽の身分事項を前提として，「定住者」の在留資格への在留資格の変更を受け，不法に就労していたことが認められ，このような原告の行為は，在留資格制度と根本的に相反するものというほかなく，原告の在留状況は悪質であるといわざるを得ないとされた事例。

50　第1編　入管法制

第2　不法上陸（2号）

「入国審査官から上陸の許可等を受けないで本邦に上陸した者」

裁判例 147　東京地判平成 27 年 3 月 20 日　平 26（行ウ）52

　不法残留として退去強制を受け，自費出国した後，3 年後に上陸申請したが上陸許可を受けることができず，指定されたホテルに自動車で移動中に車内から逃亡し，本邦に不法上陸し，以後 15 年間不法残留，不法就労していた外国人について，日本への定着性が認められ，自ら入管当局に出頭したからといって，原告の入国及び在留の状況についての消極的評価が覆るものではないとされた事例。

　上記のような物理的な不法上陸に関する判例は多くないが，この事由が利用される多くの例は，上陸許可を得て上陸した後に，上陸時の条件に該当しないことが判明し，許可が遡及的に取り消されることにより，「不法上陸」事由に該当するとされる場合である。

裁判例 148　那覇地判平成 27 年 1 月 27 日　平 25（行ウ）4

　母と離婚した米軍属男性との間の子として，SOFA 資格により上陸した者につき，米軍属男性が除隊したことにより，原告子は，本件上陸当時，既に SOFA 資格を喪失していたにもかかわらず，SOFA 資格を有する者として，入国審査官から上陸の許可を受けることなく本邦に上陸した事実が認められる。そうすると，原告子の本件上陸が不法上陸に該当することは明らかであり，原告子は，法 24 条 2 号の退去強制事由に該当する。

裁判例 149　大阪地判平成 18 年 6 月 14 日　平 16（行ウ）156（判タ 1217 号 117 頁）

　「興行」の在留資格で上陸したが，特定の機関に招へいされ，特定の施設に出演して報酬を受ける個別具体的な活動をしなかったため，法 7 条 1 項 2 号の「申請に係る本邦において行おうとする活動」が虚偽のものであるとされてなされた上陸許可の遡及的取消処分，不法上陸を退去強制事由とする裁決及び退去強制令書発付処分は違法ではないとされた事例。

第3 在留資格取消（2号の2）

「第二十二条の四第一項（第一号又は第二号に係るものに限る。）の規定により在留資格を取り消された者」

　偽り若しくは不正の手段で，上陸拒否事由に該当せず，在留資格該当するとして上陸許可の証印，上陸許可を受けたとして，在留資格を取り消されたこと（法22条の4第1項1号・2号）を退去強制事由とするものである。法22条の4第1項3号以下の事由による資格取消の場合には，退去強制事由には直ちには当たらない。

裁判例 150　東京地判平成27年11月13日　平27（行ウ）277

　偽装結婚により，在留資格を「日本人の配偶者等」，在留期間を1年とする在留資格認定証明書の交付を受けて上陸許可を受けたフィリピン国籍の外国人女性が，約3年後に偽装結婚に係る電磁的公正証書原本不実記録，同供用罪の被疑事実で逮捕・起訴，懲役1年6月，執行猶予3年の判決を受け，同判決は確定。

　東京入管局は，法22条の4第1項の権限により，その在留資格を取消し，法24条2号の2の偽りその他不正の手段により上陸許可の証印等を受けたことが判明して在留資格を取り消された者として，退去強制対象者に該当するとして退去強制手続に入った事例。

裁判例 151　東京地判平成27年7月10日　平26（行ウ）345

　日本人配偶者と離婚後に，互いに婚姻する意思のない別の日本人男性と婚姻する旨の虚偽の届出をし，在留期間更新許可を受けたフィリピン国籍の外国人が，「日本人の配偶者等」に該当しないにもかかわらず，該当するとして更新許可を受けているとして，その在留資格を取消し，法24条2号の2の事由に該当すると認定され，退去強制手続に付された事例。

裁判例 152　東京地判平成26年6月20日　平25（行ウ）647，654-656

　退去強制されてから5年間の上陸拒否期間中であったにもかかわらず，前回の退去強制手続が他人名義の身分事項のまま行われたことを奇貨として，内容虚偽の在職証明書を提出し，かつ過去に本邦への出入国歴がない旨の虚偽の申告をして在留資格認定証明書の交付申請をしてその交付を受け等したとして，在留資格を取り消された事例（本邦在留期間約22年，うち15年は不法残留，その後「技能」資格ののち，「投資経営」資格を取得してバーを経営）。

52 第1編 入管法制

> **裁判例 153**　東京地判平成 26 年 6 月 26 日　平 25（行ウ）447

　本邦における在留資格を得るために，日本人男性と偽装婚姻して，在留資格認定証明書の交付を受け，「日本人の配偶者等」に該当しないにもかかわらず，虚偽の内容の書面を提出することにより，資格更新の許可を受けたとして，中国国籍の外国人女性が在留資格取消処分を受け，2 号の 2 に該当するとして，退去強制令書の発付を受けた事例。

第4　偽変造文書の作成・提供等（3号）

「他の外国人に不正に前章第一節若しくは第二節の規定による証明書の交付，上陸許可の証印（第九条第四項の規定による記録を含む。）若しくは許可，同章第四節の規定による上陸の許可又は第一節，第二節若しくは次章第三節の規定による許可を受けさせる目的で，文書若しくは図画を偽造し，若しくは変造し，虚偽の文書若しくは図画を作成し，若しくは偽造若しくは変造された文書若しくは図画若しくは虚偽の文書若しくは図画を行使し，所持し，若しくは提供し，又はこれらの行為を唆し，若しくはこれを助けた者」

（妹名義の旅券）

> **裁判例 154**　東京地判平成 27 年 9 月 15 日　平 26（行ウ）531

　中国国籍の外国人女性が，原告妹名義で日本人男性と婚姻して本邦に入国することを企図して，不正に原告妹名義の旅券を取得して行使し，本邦に不法に入国したうえ，その後，再入国許可による出入国を 21 回繰り返し，長男を不正に本邦に入国させるため，長男の法定代理人原告妹名義で在留資格認定証明書交付申請をし，交付されたものであり，法 24 条 3 号の退去強制事由に該当し，その態様は計画的かつ悪質といわざるを得ないとされた事例。

（他の外国人のための文書偽造）

> **裁判例 155**　東京地判平成 26 年 6 月 4 日　平 24（行ウ）862，平 25（行ウ）390

　在留資格を「短期滞在」として上陸し，ほどなく「日本人の配偶者等」とする在留資格の変更を受け，更新を経て永住者資格を取得したロシアの国籍を有する外国人の女性が，ロシア国籍を有する外国人男性に不正に在留資格変更許可を受けさせる目的で，当人と日本人女性の両名に婚姻する意思がないことを知りながら，路上において，同人らが真しに婚姻した夫婦であるかのように装った写真を撮影し，婚姻届の証人として，婚姻届の証人欄に氏名，住所及び本籍の記載並びに署名し，もって虚偽の文書を作成した嫌疑で，本条 3 号に該当する（偽変造文書行使等）として退去強制手続を受けた事例。

（配偶者の認定証明書の偽造）

> **裁判例 156**　東京地判平成 26 年 4 月 22 日　平 25（行ウ）131・357，164

　フィリピン人父母の子としてフィリピンで出生した原告 A が，母親が日本人男性と再婚し，日本人配偶者等としての資格を取得し，永住者資格に変更したのを受けて，平成 13 年に定住者資格で本邦に入国し，フィリピン男性 B（他人名義の旅券を使用して本邦に入国）との間に，平成 16 年子（原告 C）を出産。B は他人名義のまま，不法残留に該当することを理由に，平成 18 年 10 月退去強制。

　原告 A は，平成 19 年 7 月，B を申請者とする在留資格認定証明書交付申請書を，B の退去強制歴を隠ぺいして提出し，B は在留資格認定証明書の交付を受ける。

　平成 20 年，原告 A は永住者資格を取得。

　B は，平成 19 年に本邦に入国後，平成 22 年自動化ゲート利用希望者登録申請において退去強制歴が判明，在留資格取消を受け，再度退去強制される。

　原告 A は，法 24 条 3 号（偽変造文書の作成・提供）該当を理由に退去強制令書の発付処分を受ける。

　原告 A は，上記のように，退去強制後上陸拒否期間の経過していない B を本邦に呼び寄せるため，B に不正に在留資格認定証明書の交付を受けさせる目的で，虚偽の本件認定申請書及び本件質問書を作成，行使したものである。

　原告 A は，本件認定申請書及び本件質問書の作成に当たり，本件質問書の退去強制歴の回答欄を含めて，自ら質問内容を理解したうえで回答を記入したものであり，主体的な立場でこれを行ったものである。しかも，本件質問書には，原告子の父親は B 以外の者である旨等も記載されているところ，その理由として，原告 A は，B に来日歴があることが分かると在留資格認定証明書の交付を受けられないと思い，あえて B が原告子の父親であることが分からないように細工をしたことを自認しており，原告 A の虚偽の文書を作成する意思は強固なものであったといえる。

第5　不法就労助長（3号の4イ）

「次のイからハまでに掲げるいずれかの行為を行い，唆し，又はこれを助けた者

イ　事業活動に関し，外国人に不法就労活動（第十九条第一項の規定に違反する活動又は第七十条第一項第一号から第三号の二まで，第五号，第七号から第七号の三まで若しくは第八号の二から第八号の四までに掲げる者が行う活動であつて報酬その他の収入を伴うものをいう。以下同じ。）をさせること。」

54　第1編　入管法制

| 裁判例 157 | 東京地判平成 27 年 5 月 28 日　平 26（行）344 |

　わが国の在留制度は，外国人の就労活動に対する規制をその根幹に取り込んで成立していることからすると，外国人の不法就労はわが国の出入国管理政策の根幹に反するものということができる。そして，このような外国人による不法就労を容易にさせる不法就労助長行為は，外国人の就労活動の適正な管理を図ろうとする入管法の趣旨を没却するものであって，わが国の出入国管理秩序の根幹を乱すものであるのみならず，社会，経済秩序への悪影響や外国人労働者に対する差別的待遇等の人権問題を発生させるおそれもあるものである。

（風俗関連事業での不法就労）

| 裁判例 158 | 東京地判平成 27 年 4 月 16 日　平 25（行ウ）287 |

　原告は，風俗店において，中国人留学生らに不法就労活動をさせることが違法であることを認識しながら，経営者とともに本件店舗を営業するなか，本件不法就労助長に係る中国人留学生らを雇い入れ，相当期間にわたり，従業員として稼働させ，報酬を受ける活動に従事させていたのであって，入管法 24 条 3 号の 4 イに該当する。

| 裁判例 159 | 東京地判平成 26 年 12 月 5 日　平 25（行ウ）352・784，平 26（行ウ）161 |

　原告は，法 24 条 3 号の 4 イ（不法就労助長）に該当するから，原則として本邦から当然に退去されるべき法的地位にあるということができる。

　原告は，本件スナックにおいて，就労可能な在留資格を有しない 10 数名の従業員らを雇用することで，反復継続して不法就労助長を行い，本件認定に係る不法就労助長もその一環であるうえ，採用する従業員が就労可能な在留資格を有するか否かを何ら意に介することなく，フィリピンの斡旋業者からホステスの斡旋を受けていたものである。

| 裁判例 160 | 東京地判平成 26 年 1 月 17 日　平 25（行ウ）306 |

　永住者の配偶者等，定住者としての在留資格を有する外国人女性が，クラブを経営し，「留学」などの在留資格で本邦に在留し，法務大臣の資格外活動の許可を受けていない外国人数名をホステスとして稼働させたことが不法就労助長行為に当たるとされた事例。

| 裁判例 161 | 東京地判平成 24 年 2 月 7 日　平 23（行ウ）200 |

　原告は，経営する飲食店のホステス又はボーイ（皿洗いのアルバイト）として，合計 18 名の従業員を不法に就労させていたところ，在留資格「短期滞在」で本邦に在留していた従業員 7 名については，人手不足を補うという安直な目的でこれらの者が本件飲食店で稼働することが不法就労に該当することを明確に認識しつつ雇用しており，その他の在留資格で本邦に在留

第5　不法就労助長（3号の4イ）　55

していた従業員11名についても，これらの者の在留資格の有無等を確認した際，これらの者が本件飲食店で稼働することが資格外活動に該当する蓋然性があることを十分に認識し得たものというべきであることからすれば，これらの者を本件飲食店に雇用して稼働させることにより，本邦における不法就労活動を容認していたものといわざるを得ない。

（町工場での不法就労）

| 裁判例 162 | 東京地判平成26年11月20日　平25（行ウ）718 |

　義父の経営する靴工場で，不法残留の外国人を労働に従事させた定住者資格を有する中国国籍の外国人について，原告は，義父から，同人が中国に帰国している間の本件工場の管理，運営を委ねられていたものであるが，不法残留していた者2名，就労する資格を有していない者2名を短期間に次々と雇い入れ，就労させている。原告は，前2者を雇い入れるに当たって，少なくとも身分確認を行わず，旅券や外国人登録証明書を提示するよう求めることもしなかったものであり，不法就労助長行為について未必の故意があったと評価し得るものである。

　さらに，原告は，原告本人尋問において，これらの不法就労者が就労中，不法就労であることを知ったが，忙しい時期であるからとの理由でそのまま就労させたと供述しており，途中からは故意をもって不法就労助長行為をしていたことを自認するものである。

| 裁判例 163 | 東京地判平成26年2月28日　平24（行ウ）757，平25（行ウ）211 |

　外国人4人を雇用して鞄製作業を営んでいた定住者資格を有する外国人による，在留資格を有しない外国人を不法就労させていたことに故意はないとの主張が認められなかった事例。

　原告は，原告に雇用されることを希望して本件工場を訪れた外国人を面接した際，在留資格の有無を尋ね，在留資格を有しない旨回答を得たにもかかわらず，当該外国人に鞄製作の技術があり，同月末までに仕上げなければならない仕事があったことから，まずは1週間の雇用期間で採用し，翌月月以降も，他に鞄製作の技術を有する従業員が本件工場にいなかったことから，正式に採用して，引き続き鞄工として稼働させて，報酬を得させていたものと認められ，不法就労させたことの故意がないとするも主張は，採用することができない。

（故意・違法性の認識の存否）

| 裁判例 164 | 東京地判平成27年5月28日　平26（行）344 |

　原告は，本件クラブで雇っていた従業員のうち，「永住者」や「日本人の配偶者等」の在留資格を有する者については，在留カードや外国人登録証明書等の写しをとって保管していたというのであり，また，原告自身がかつて不法残留をして3度の退去強制手続を受けたことがある外国人であり，不法残留している間に不法就労を繰り返していたことなどからすると，原告は，本件クラブで不法就労させていた4名の外国人について，そのいずれもが本邦において就労する資格を有していないことを認識していたか，少なくとも，就労する資格を有していなく

56 第1編 入管法制

てもかまわないと考えて就労させていたものと推認することができるし，仮に原告が主張するように，一部の外国人について不法就労であることを明確に認識していなかったとしても，この点についての確認を怠った落ち度は重大というべきである。

裁判例 165 東京地判平成 26 年 2 月 12 日　平 25（行ウ）138, 587

　　原告は，採用時及び稼働期間中において，就労が認められる在留資格を当該外国人が有しないことを明確には認識していなかったことから，法 24 条 3 号の 4 イの定める退去強制事由（不法就労助長）に該当しない旨主張する。

　　しかしながら，退去強制は行政処分であって刑罰ではないこと，また，不法就労助長に関する刑罰規定においてさえ，故意は要件とされていないこと（法 73 条の 2 第 2 項）からすれば，外国人の不法就労助長に該当する客観的事実があれば，当該外国人に就労が認められる在留資格がないことの認識がなかったとしても，法 24 条 3 号の 4 イに該当すると解することが相当である。

（反復・継続性の要否）

裁判例 166 東京地判平成 26 年 2 月 28 日　平 24（行ウ）757, 平 25（行ウ）211

　　原告は，法 24 条 3 号の 4 イの解釈について，同一文言による罰則規定との均衡を考慮すれば，不法就労活動をさせたとの要件は，不法就労助長行為に反復性及び長期性がある場合に限り，該当性が認められるべきである旨主張する。

　　しかし，法 24 条 3 号の 4 イには，同号ハと異なり，「業として」のような反復継続性ないし反復継続する意思のあることを要件とすることをうかがわせる明文の規定がなく，「不法就労活動をさせ」たとの文言から，直ちに不法就労助長行為に反復性や長期性を要するものと解することは，文理解釈上困難である。

第6　在留カード等の偽・変造等（3号の5）

「次のイからニまでに掲げるいずれかの行為を行い，唆し，又はこれを助けた者

　イ　行使の目的で，在留カード若しくは日本国との平和条約に基づき日本の国籍を離脱した者等の出入国管理に関する特例法第七条第一項に規定する特別永住者証明書（以下単に「特別永住者証明書」という。）を偽造し，若しくは変造し，又は偽造若しくは変造の在留カード若しくは特別永住者証明書を提供し，収受し，若しくは所持すること。

　ロ　行使の目的で，他人名義の在留カード若しくは特別永住者証明書を提供し，収受し，若しくは所持し，又は自己名義の在留カードを提供すること。

ハ　偽造若しくは変造の在留カード若しくは特別永住者証明書又は他人名義の在留カード若しくは特別永住者証明書を行使すること。

ニ　在留カード若しくは特別永住者証明書の偽造又は変造の用に供する目的で，器械又は原料を準備すること。」

裁判例167　東京地判平成27年9月17日　平26（行ウ）434

留学期間を徒過して不法残留中の中国国籍の外国人男性が，在留資格欄に「永住者」，就労制限の有無欄に「就労制限なし」などと印字され，原告の顔写真が印刷された他人名義の偽造在留カード1枚を所持しており，原告の行為は，法24条3号の5イ（偽造在留カード所持）及び4号ロ（不法残留）の退去強制事由に該当するとされた事例。

裁判例168　東京地判平成27年9月8日　平26（行ウ）508

技能実習先から逃亡した中国国籍の外国人数名が，派遣従業員として雇用され，元実習生は「日本人配偶者等」在留期間1年とする偽造在留カードを作成，所持していたとして，不法残留，偽造カード所持に該当するとして退去強制されるとともに，派遣会社の会長であるペルー国籍の外国人が不法就労助長の被疑事実で逮捕され，有罪判決を受け，退去強制手続に付された事例。

第7　資格外活動を専ら行っている者（4号イ）

「第十九条第一項の規定に違反して収入を伴う事業を運営する活動又は報酬を受ける活動を専ら行つていると明らかに認められる者（人身取引等により他人の支配下に置かれている者を除く。）」

裁判例169　名古屋地判平成28年2月18日　平26（行ウ）128

法別表第一の一の表，二の表及び五の表の上欄の在留資格を有する外国人が，資格外活動を「専ら行っている」と認められ，法24条4号イ所定の退去強制事由に該当するというためには，当該外国人の在留資格に対応する活動と現に行っている就労活動等との関連性，当該外国人が当該就労活動等をするに至った経緯，当該外国人の認識，当該就労活動等の状況，態様，継続性，固定性等を総合的に考慮して，当該外国人の在留目的である活動が既に実質的に変更されてしまっているということができる程度にその就労活動等が行われていることを要するものと解するのが相当である。

また，「明らかに認められる」（法24条4号イ）とは，証拠資料，本人の供述，関係者の供

58　第1編　入管法制

述等から法24条4号イに定める資格外活動を専ら行っていることが明白であると認められることを意味すると解される。

①　各種資格と資格外活動
（留学資格と資格外活動を専ら行っていた事例）

裁判例170　東京地判平成28年1月26日　平26（行ウ）535

　原告は，4年次までに89単位しか取得できず留年中であり，社交飲食店において，資格外活動許可を受けずに，他の複数の中国人留学生と共に，ホステスとして稼働しており，約8箇月の間，本件稼働先において，土日を除くほぼ毎日，午後7時40分から午後11時40分までの4時間にわたってホステスとして稼働し，支払を受けた報酬の総額は，約160万円であった。

　更新不許可処分を受け，法24条4号イに該当するとして摘発され，退去強制令書の発付処分を受けたことにつき，在留特別許可を付与するかどうかの判断は，諸般の事情を総合考慮して個別に判断されるべきものであり，同様の退去強制事由（資格外活動等）に該当するものについて同一の判断がされるという性質のものではないから，原告と同様に本件稼働先においてホステスとして稼働するという資格外活動を行っていた外国人留学生について，退去強制手続がとられていなかったり，在留特別許可が付与されていたりするという事実があったとしても，原告に対して在留特別許可を付与せずにされた本件裁決について，裁決行政庁がその裁量権の範囲を逸脱し又はこれを濫用するものであることを直ちに理由づけるものではないとされた事例。

裁判例171　東京地判平成25年9月25日　平24（行ウ）平498

　入学して半年後から8か月間一度も大学に行かず，履修登録もせず，翌年4月に大学から学費未納で除籍されたのち，資格外許可を受けずに居酒屋でウエイターとして就労していた外国人留学生の事例。

　原告による本件居酒屋における活動については，「留学」の在留資格に応じた活動から，それ以外の就労等を目的とする在留資格に応じた活動に変更されたと評価することができる程度までに在留資格外の活動を行っている場合に該当すると認められ，原告は，法19条1項の規定に違反して報酬を受ける活動を「専ら」行っていたというべきであるとされた事例。

裁判例172　広島地判平成20年3月28日　平18（行ウ）28

　「留学」の在留資格を取得し，専門学校へ通っていたのは，外国人が本邦でホステスとして働くことが許されていないことを知りながら，ホステスとして働き続けるための手段に過ぎず，資格外活動である就労活動を専ら行っていたと明らかに認められるとされた事例。

第7　資格外活動を専ら行っている者（4号イ）　59

| 裁判例 173 | 大阪地判平成 18 年 1 月 25 日　平 16（行ウ）15 |

　原告は，その在留中の経費の大部分を実質的にみて報酬を受ける活動を行うことにより支弁していたものと評価せざるを得ないのであり，原告の当該資格外活動は，原告の本邦に在留する期間中の学費その他の生活費用を支弁するための手段として行われ，その程度，態様は当該生活費用の一部不足分を補填するという範囲，限度を逸脱するに至っているものといわざるを得ない。そうであるとすれば，原告はその在留目的が実質的に変更したと評価し得る程度にまで資格外活動を行っているものといわざるを得ないとされた事例。

（人文知識・国際業務資格と資格外活動）

| 裁判例 174 | 東京地判平成 28 年 1 月 27 日　平 26（行ウ）432 |

　ネパール国籍の外国人男性が，専門学校を卒業後，A 社に 100 万円近い金銭を支払うことにより就職先の紹介を依頼し，4 か月後に同社と「留学生サポートスタッフ」として雇用契約を結び，人文知識・国際業務の在留資格を得たが，その就労内容は「現場研修」と称して，飲食店やコンビニにおける料理盛り付け，皿洗い，レジ打ち，調理などであり，ネパール語や英語を使う機会は殆どなかった。

　法別表第一の二の表の人文知識・国際業務の項の下欄は，「本邦の公私の機関との契約に基づいて行う法律学，経済学，社会学その他の人文科学の分野に属する知識を必要とする業務又は外国の文化に基盤を有する思考若しくは感受性を必要とする業務に従事する活動」と定めており，原告は，上記の活動に属しない収入を伴う事業を運営する活動又は報酬を受ける活動を行ってはならなかった。

| 裁判例 175 | 東京地判平成 24 年 6 月 15 日　平 23（行ウ）163 |

　「人文知識・国際業務」の在留資格を有する者が，実際にはホテルで配膳業務や清掃業務を行っていたとして，法 24 条 4 号イに該当するとされた事例。

　就学，留学資格で 7 年間在留した後，A 貿易会社に就職が決まったとして，「人文知識・国際業務」資格で在留期間 1 年の在留資格変更許可を受けたスリランカ国籍の外国人男性が，別会社で清掃員としてフルタイムで稼働していたとして，資格外活動にかかる法 24 条 4 号イ違反とされた事例。

　原告は，A 社で人文知識・国際業務に該当する仕事をしたことはないが，原告が資格変更申請の際提出した A 社作成の源泉徴収票には，同社が原告に対し給与・賞与として 144 万円の支払いとした旨の事実とは異なる記載がされていた。

60 第1編 入管法制

（投資・経営）

裁判例 176 東京地判平成 20 年 9 月 19 日　平 19（行ウ）274，645

　　フィリピン共和国の国籍を有し，「投資・経営」の在留資格で本邦に在留していた原告について，その会社の事業への関与は，事業の経営又は管理としての実質を相応に備えたものとは評価し難く，会社は実質的に休眠状態であり，原告は主にホステスとして稼働して生計を維持していたなどの事情からすると，本邦における活動の内容が在留資格に対応する以外のものに実質的に変更されていたものと認められるとされた事例。

（参考）

裁判例 177 東京地方立川支部判平成 27 年 2 月 4 日　平 25（わ）1514

　　「投資・経営」の在留資格をもって本邦に在留する外国人が，飲食店での接客活動等と（自ら設立した会社による）通販業務の両方に従事し，報酬を得ていたことが認められるとして，接客活動等は資格外活動に当たるが，通販業務は「投資・経営」に当たり，その本来の在留目的である活動が実質的に変更されるまでには至っていないとされ，法 70 条 1 項 4 号該当性が認められなかった事例。

（家族滞在資格）

裁判例 178 東京地判平成 20 年 2 月 7 日　平 18（行ウ）665

　　人文知識・国際業務資格で在留するミャンマー国籍の女性の夫で「家族滞在」資格で在留しているミャンマー人男性が，条件を超えて資格外活動（焼き肉店で毎週 6 日間，1 日 8〜10 時間就労）をしていた事例。

　　妻の収入により，家族（子供二人）が必要とする生活費を概ね賄うことができたことが認められ，生活を維持するため，資格外活動は，やむを得ない事情で始められたものではない。

　　原告が本国に送還され，家族も本国に同伴する場合でも，妻は同一事業主の下で就業することが可能である。

②　資格外活動を専ら行っているとはいえないとして，退去強制事由該当性がないとされた事例
（留学資格）

裁判例 179 広島地判平成 20 年 3 月 13 日　平 18（行ウ）29

　　原告の勉学状況はいずれの面でも平均的学生と同等かそれ以上に学問を行っていたといえ，原告の「教育を受ける活動」が専らホステスとしての活動を維持・助長するために行われたものではないとして，法 24 条 4 号イ該当性が否定された事例。

第7　資格外活動を専ら行っている者（4号イ）　61

> **裁判例 180**　東京地判平成 19 年 1 月 31 日　平 17（行ウ）607（法時 82 巻 5 号 92 頁）

スリランカ民主社会主義共和国国籍の原告の本邦入国後の学業状況は良好で，一時的に生活費の支払に窮し，やむなく学業を一時犠牲にして当面の生活費のために就労時間が長期化したもので，原告の本邦での活動は，全体としてみて「留学」の在留資格の在留目的や活動類型から変更されてしまったと評価される程度にまで報酬活動を行ったものとはいえないとされた事例。

> **裁判例 181**　東京地判平成 18 年 8 月 30 日　平 17（行ウ）368（判タ 1305 号 106 頁）

無許可でクラブホステスとして稼働していた中国人留学生について，入国以来一貫して真摯に学業を継続し，成績も優秀であったとして，留学とは名ばかりで「報酬を受ける活動をもっぱら行っている」と明らかに認められる者には該当しないとされた事例。

> **裁判例 182**　大阪地判平成 16 年 10 月 19 日　平 15（行ウ）91（法時 82 巻 5 号 92 頁）

資格外活動に該当すると認定され，退令処分を受けた就学生につき，原告の稼働時間は資格外活動許可を与えられた場合に認められる時間に比べて超過の程度はそれほど大きくなく，その報酬も多額ではなく生活費等の補完として使用されたに過ぎず，かつ今後も原告の生活費及び学費の大半を両親が援助することは十分可能であり，また，資格外活動の就学への影響も認められず，したがって，資格外活動を「専ら行っている」とはいえないとされた事例。

（技術資格）

> **裁判例 183**　名古屋地判平成 28 年 2 月 18 日　平 26（行ウ）128

原告が，派遣された会社において NC 旋盤機械を操って金属素材を切削し，測定していたものであって，これらの作業は，大学等で理科系の科目を専攻して又は長年の実務経験を通して習得した一定水準以上の専門技術・知識を有していなければ行うことができない業務に該当しない。

もっとも，NC 旋盤機械の操作は原告が大学で履修した科目と深い関連性を有するうえ，NC 旋盤機械のプログラミング作業や修理は「技術」の在留資格に対応する活動というべきであり，原告は会社に就職する前にはこれらの作業を行っていたのであるから，NC 旋盤機械の操作自体も，原告が有する専門技術・知識と少なからず関連性を有するものと評価すべきである。

（技能資格）

> **裁判例 184**　東京地判平成 23 年 2 月 18 日　平 21（行ウ）622，594

「技能」の在留資格で在留している中華料理コックが，日本式ラーメン店舗で稼働していた

62　第1編　入管法制

ことに対する資格外活動にかかる退去強制令書発付処分が，日本式ラーメン店での稼働が中華料理という範疇から全く外れているわけではなく，就職活動中の暫定的な職場であるとて，専ら資格外活動を行っている場合に該当しないとして，取り消された事例。

③　その他

（資格外活動による退去強制手続と執行停止申立）

> **裁判例 185**　東京地決平成17年9月29日　平17（行ク）217

資格外活動許可を受けずに就労したことが法24条4号イに該当するとして退去強制令書発付処分を受けた留学生による処分の執行停止申立につき，勉学を志して適法に本邦に入国し，「留学」の在留資格を得て，極めて計画的かつ意欲的に学業に励んでいた留学生にとって，収容が更に継続されることによって学業に支障を生ずることによる不利益は，回復が容易ではなくより重大なものということができるとして，収容部分の執行停止申立を認容した事例。

第8　不法残留者（4号ロ）

「在留期間の更新又は変更を受けないで在留期間（第二十条第五項の規定により本邦に在留することができる期間を含む。第二十六条第一項及び第二十六条の二第二項（第二十六条の三第二項において準用する場合を含む。）において同じ。）を経過して本邦に残留する者」

在留期間の更新又は変更を受けないで在留期間を経過して本邦に残留するという退去強制事由は，法24条の事由のうち最も多く利用される事由である。もっとも，4号のロが単発であげられる場合はそれほど多くなく，他の退去強制事由と合わせて適用される場合が一般である。

留学資格，日本人配偶者などの1年以上継続して滞在することが一般である在留資格において，その在留期間が終了，若しくは離婚等したにもかかわらず，滞在をし続ける場合が，4号のロに典型的に該当する場合である。

何も手続を取らず，期間が徒過等することにより不法残留となる場合もあるが，外国人からの更新申請に対し，入管局が更新を認めないことにより，不法残留となる事例においては，

　―不法残留となる前に有していた在留資格に基づく，当該外国人の在留状況への評価
　―更新を認めなかった入管局の判断の妥当性

などが，不法残留による退去強制手続，在留特別許可の許否の判断において不可避的に関わってくる。

この意味で，不法残留にかかる判例は，在留資格についての判例の紹介でも重複的に扱う場合がある。

第8　不法残留者（4号ロ）　63

① **不法残留事由に該当し，在留特別許可を得られなかった場合**

裁判例 186　東京地判平成 27 年 3 月 25 日　平 26（行ウ）149

　在留資格を技能実習として上陸し，実習していた研磨工場から約 3 か月後に逃走し，その後埼玉県内で野菜の収穫など不法就労していた中国国籍の外国人男性が，約 2 年後に不法残留（入管法違反）を理由に逮捕された事例。

裁判例 187　東京地判平成 26 年 7 月 17 日　平 25（行ウ）364

　フィリピン国籍の外国人女性が，短期資格で入国し，その後 29 年間不法在留し，その間永住者の妹の外国人登録証明書を無断使用して，妹の名前を騙って稼働していた。また，逮捕の 2 年前の日本人男性との婚姻は，同居もせず，婚姻の実態がないものであった事例。

裁判例 188　東京地判平成 26 年 6 月 19 日　平 25（行ウ）283

　日本人配偶者等の資格で入国し，翌年別居，4 年後離婚しており，15 年間の本邦滞在中，14年間が不法残留であった中国国籍の外国人女性の事例。なお，本人は裁決より 4-5 年前から別の日本人男性と内縁関係にあったが，不法残留という違法状態での内縁関係であるとして，在留特別許可を得ることはできなかった。

（資格更新・変更申請と不法残留）

　在留資格の更新や他の在留資格への変更を申請したが，申請が認められなかったために在留期間を徒過してしまう場合も多い。この場合，現行法では，申請にかかる期間が経過してから 2 か月間，若しくは申請に対する拒否処分がされてから 2 か月間（いずれか早い期間）経過後に不法残留となる。

裁判例 189　東京地判平成 26 年 9 月 5 日　平 26（行ウ）92

　他人名義の旅券で入国し，不法残留していたペルー国籍の外国人男性が，不法残留罪で有罪判決を受けたのちに，日本人配偶者として在留特別許可を受けるが，5 年後離婚し，定住者への在留資格変更申請をしたが認められず，再度不法残留として，退去強制令書の発付を受けた事例。

　通算 20 年の本邦での滞在期間中，不法残留期間は 16 年に及ぶ。

裁判例 190　東京地判平成 26 年 8 月 8 日　平 25（行ウ）824

　他人名義の旅券で不法入国し退去強制された前歴を有するフィリピン国籍の外国人男性（原告）が，別の他人名義で日本人女性と結婚し，その他人名義の旅券を行使して，日本人配

偶者等の在留資格で上陸許可を受け，入国し，当初結婚した日本人女性と3年後に離婚したが，同年に別の日本人女性と結婚し，両者の間には日本人国籍を持つ実子が誕生するも，その5年後にこの女性とも離婚している。平成22年に入国時に提供した個人識別情報を端緒として，過去に退去強制を受けていた事実が確認され，退去強制手続ののち，日本人配偶者等として在留特別許可を受ける。翌24年（上述の2度目の離婚を承けて）在留資格「定住者」への変更申請をしたが拒否され，平成25年，不法残留容疑で退去強制手続に入る。

原告は，平成3年に日本に入国してから22年間在留し，その間真面目に働き，本邦への定着性が認められるのであって，本件裁決は，人道上の配慮を欠く違法なものであり，本件ガイドラインにも反する旨主張する。

しかしながら，22年にわたる在期間のうち，適法な在留期間は，平成23年に在留特別許可を受けてから最終在留期限である平成24年までの1年1か月余りしかなく，その余りの滞在は不法入国による不法在留又は不法残留であるから，原告の違法行為もまた長期間に及んでいたというべきである。原告が本件裁決まで長期にわたって本邦に滞在していた事実は，在留特別許可の許否の判断に当たり，むしろ消極要素として考慮されるべきものである。

日本人実子の親権者は母親であり，日本人である母親は実家で親と同居して子供を小学校に通学させており，美容師として稼働していることからすれば，原告の経済的支援がなくとも経済的に直ちに困窮するということはない。

裁判例 191 　東京地判平成26年1月21日　平24（行ウ）772

15年間不法残留，不法就労を継続していた後に，日本人配偶者として在留特別許可を受け，7年間更新を続けていたところ，日本人配偶者とは別居状態となり，ひき逃げ事故を起こして道交法違反で懲役8か月の有罪判決を受けた外国人に対し，更新申請を不許可にしたため，4号ロ該当として退去強制令書が発付された事例。

（不法残留期間の長さ）

裁判例 192 　東京地判平成28年1月28日　平27（行ウ）389

原告は，当初から本邦で就労稼働する目的で本邦に入国し，本件裁決時において8年4か月以上にわたって不法残留（不法就労）を継続しており，本国に約280万円の送金をしていたことに鑑みれば，不法就労の態様は悪質であり，原告の入管法を軽視する姿勢は顕著であるといわざるを得ない。なお，原告は，日本社会が不法在留外国人の労働源をいわば必要悪として容認してきたなどとするが，原告の指摘する事情は，原告による不法残留及び不法就労を何ら正当化するものではない。

裁判例 193 　東京地判平成26年9月5日　平25（行ウ）400

短期滞在資格で本邦に上陸したフィリッピン男性が，配管業務，橋の部品の溶接等の業務に

第8　不法残留者（4号ロ）　65

約11年，ガスタンクやアルミの溶接に約9年間不法就労するなどし，21年余りの長期の不法残留という違法行為を繰り返していたとことは，本邦への定着性が認められるといっても在留特別許可の許否の判断において，重大な消極要素として考慮せざるを得ない。

| 裁判例 194 | 東京地判平成 19 年 3 月 16 日　平 18（行ウ）32 |

原告が上陸してから裁決を受けるまでの 15 年間のうち，当初の 10 年間については在留資格に基づいて本邦に適法に滞在していたから，原告の不法残留期間は 5 年 1 月余りということになるが，これは決して短いものではなく，わが国の入国管理行政の適性を著しく害するものである。

（不法残留中の活動の評価）

| 裁判例 195 | 東京地判平成 27 年 1 月 22 日　平 26（行ウ）217 |

原告は，非常に長期間にわたって（23 年間）本邦で生活し，ほぼ一貫して焼き肉店の厨房で稼働して，肉を処理する技術や日常会話程度の日本語能力を身につけており，また，原告の生活等の援助を申し出たり，原告が本邦に在留することができるように求めたりしている友人が存在するなど，事実上，本邦に定着しているものと認めることができる。

しかしながら，原告が本邦に定着しているといっても，不法残留という違法状態を前提とするものであり，むしろ，長期間不法に残留したという事実自体が悪質なものと評価することができる。

②　不法残留での退去強制令書の発付を違法とした事例

| 裁判例 196 | 名古屋高判平成 28 年 1 月 27 日　平 27（行コ）36 |

満 25 歳から満 48 歳まで長年にわたり本邦で平穏に生活し，既に本邦に生活基盤を有するに至り，日本人男性と婚姻しようとしていた控訴人に対し，職務質問によってたまたま不法残留の事実が発覚したからといって，退去強制手続に踏み切り，口頭審理前に婚姻が成立しているにもかかわらず，これを重視せず，その生活基盤を根底から奪うことは，不法残留期間の長さのみを消極的に考慮する余り，控訴人の本邦における生活実態を無視し，人道的配慮に著しく欠けたものといわざるを得ない。

（不法残留が，入管職員の不適切な指導によるものでもあるとされた事例）

| 裁判例 197 | 名古屋高判平成 28 年 3 月 2 日　平 27（行コ）45 |

中国人女性に対する退去強制令書発付処分等について，当局が退去強制手続に踏み切るより以前に同人と日本人男性との間に安定かつ成熟した婚姻関係が成立しており，不法残留状態に至った経緯を十分に踏まえることなく，むしろその実情に反してまで控訴人の悪性のみを殊更

66 第1編 入管法制

強く問題視するものであり，その判断の基礎となる事実に対する評価において明白に合理性を欠き，裁量権の範囲を逸脱又は濫用した違法なものというほかはない。

控訴人の過去の不法残留は，留学した日本の大学での学業に挫折して気持ちの整理ができず，中国に残してきた家族の手前もあって容易く帰国することができないまま，ずるずると親切な牧場主一家の世話になっていたものの，自ら意を決して入国管理局に出頭し，出国命令を受けて帰国したというものであるから，そこでの不法残留の違法性が格段に高いものであったとはいえない。

今回の不法残留も，合法的な在留の延長を希望して名古屋入管金沢出張所へ相談に赴いているのであり，これに対応した同出張所の職員の不親切な対応が不法残留を誘発したと言っても過言ではないところであるから，このような入管職員の不親切な態度を不問にして，控訴人らのみを強く非難することは相当でない。

（長年にわたる焼肉店の経営）

裁判例 198　東京地判平成 21 年 3 月 27 日　平 20（行ウ）186・198

原告らは，稼働目的で本邦に不法残留し，かつ，不法就労に従事するなどしたものではあるが，長期間にわたって正に身を粉にして働いた結果，著名かつ有力な企業の経営者から高い評価と信頼を受け，同社の商号を使用して焼き肉店の営業を行うことを許諾され，同社との業務上の緊密な協力関係の下に，相当数の従業員を雇用して焼き肉店の営業を行う経営者の地位を築き上げたものであること，

―焼き肉店の営業は経済的価値の高いものであるが，原告夫と経営者との間の個人的な信頼関係に基づく一身専属的な性格が強く，その営業権を他に譲渡するなどして経済的価値を具体的かつ即時に実現回収することは困難であり，また，原告らが退去強制されるとその営業の継続は困難であること，

―原告らについて，主に経済的事情を理由に在留特別許可を付与すべきであると判断しても，それが直ちに不法就労を助長し，稼働目的の不法残留者の増加を招くとは考え難いこと，

―原告らは，不法残留に関連することを除くと，前科前歴もなく，平穏な社会生活を送っており，日本社会にも生活の根を下ろして受け入れられており，原告らに在留資格を付与することを求める多数の嘆願書が寄せられていること，

―原告らは，本邦に適法に在留することを希望して，自ら東京入管に出頭し，不法残留の事実を申告していること，

などの事実が認められる。

これらの事実を総合考慮すると，原告らについては，在留特別許可を付与すべきであると判断する余地が十分にあるものと認めることができる。

第9　人身取引を行い，唆し，又はこれを助けた者（4号ハ）　67

③　その他，名義を偽る不法残留など

裁判例 199　東京地判平成 26 年 9 月 30 日　平 25（行ウ）741

　過去に他人名義の旅券で入国し，資格外活動（4号イ）該当として退去強制された後，自分名義の旅券を用いて，日本人配偶者として入国し，その後離婚し，日系三世である定住者（その後永住者）と結婚し，実子（永住者の配偶者等の資格）を設けた外国人女性について，約 7 年半という滞在歴は不法残留という違法な行為に基づき形成されたものであり，永住者との婚姻，実子の監護の困難性も在留特別許可の許否の判断に当たり，原告にとって殊更有利な事情としてしんしゃくすることはできないとされた事例。

裁判例 200　東京地判平成 26 年 2 月 20 日　平 24（行）603

　二つの戸籍を有する外国人（韓国）が，一方の戸籍を身分事項とする旅券でわが国に入国し，不法残留に該当するとして，退去強制を受け本国に送還された後に，その上陸拒否期間中に，他方の戸籍を身分事項とする旅券を用いてわが国に入出国を繰り返し，留学資格，家族滞在資格で在留していたところ，9 年後に期間更新を怠り，不法残留として摘発された事例において，本邦への一定の定着性が認められるものの，二重戸籍であることを奇貨として不法残留を継続していたものであり，それが長期間継続していたからといって法的保護を受けるものではないとされた事例。

第9　人身取引を行い，唆し，又はこれを助けた者（4号ハ）

「人身取引等を行い，唆し，又はこれを助けた者」

（人身取引を行い，唆し，又はこれを助けた者として，4 号ハに該当するとされた事例）

裁判例 201　東京地判平成 28 年 1 月 21 日　平 27（行ウ）416

　定住者資格を有する外国人女性である原告は，売春婦のいわゆる置屋を営む者の下で，本件被害者を売春婦として働かせる目的で，売買代金を支払い，本件被害者の旅券を受け取るとともに，本件被害者の引渡しを受け，原告は，本件被害者に対して，同人には借金が 500 万円あると告げた。

　本件被害者は，平成 23 年 1 月 24 日から同年 10 月 15 日までの間，ホステス兼売春婦として働き，同年 1 月 25 日から同年 7 月下旬頃までの間，スナックにおいてホステス兼売春婦として働いた。

　本件被害者が売春をすることを拒否すると，原告は，本件被害者に対して，髪の毛を短く切

る，殴る，首をロープで縛るなどして，売春をするように強要し，このようなことが約3か月間継続した。原告は，本件被害者がホステス及び売春婦として働いたことにより得た給料を全額回収し，その総額は240万円以上であった。

本件被害者は，平成23年7月下旬頃までの間，原告の自宅で生活していたところ，家事全般や原告長女等の世話をさせられ，食事は昼食1食を与えられるのみであった。

原告の一連の行為は，本件被害者の人権を著しく侵害するものであり，非人道的であり，原告が売春の周旋と関わりがあったことを疑わせるものであり，原告の入国及び在留状況は悪質極まりなく，上記の各事情は，原告に対する在留特別許可の許否の判断に当たり，重要な消極要素として考慮されるべきものである。

第10　薬物犯（4号チ）

「昭和二十六年十一月一日以後に麻薬及び向精神薬取締法，大麻取締法，あへん法，覚せい剤取締法，国際的な協力の下に規制薬物に係る不正行為を助長する行為等の防止を図るための麻薬及び向精神薬取締法等の特例等に関する法律（平成三年法律第九十四号）又は刑法第二編第十四章の規定に違反して有罪の判決を受けた者」

裁判例 202　東京地判平成27年3月12日　平26（行ウ）427

日系三世であり，18歳に本邦に入国し，定住者の在留資格で在留していたブラジル国籍の男性が，10年後に覚せい剤を自己使用した覚せい剤取締法違反で逮捕され，12年後に建造物侵入，窃盗，覚せい剤取締法違反，住居侵入，強盗未遂などの罪により，懲役7年の実刑判決を受け（自然確定），収監された事例。

原告の母親と姉が本邦に居住しており，家族関係が破壊されるという恐れは，原告の在留状況の悪質性に鑑みれば，受忍すべきものであるとされた。

（密売グループの一員）

裁判例 203　東京地判平成26年10月2日　平25（行ウ）586

永住資格を有し，（別れた）内妻との間に裁決時8歳の子がある外国人男性に対する薬物事犯を理由とする退去強制令書発付事件。

本件犯行は，原告が多量の違法薬物を営利目的で所持していたというものであり，違法薬物の害悪を社会に拡散させる現実的な危険性を有するものであったことは明らかである。さらに原告は，外国人男性が組織する違法薬物の密売グループの一員となり，違法薬物を顧客に届け，代金を受領する役割（デリバリーボーイと呼ばれる配達役）を担っていたこと等の認定事

第10 薬物犯（4号チ） 69

実によれば，本件犯行は極めて悪質であり，原告の刑事責任は相当に重いというべきである。

原告が永住許可を受けていること，実子が原告を父親として慕っており，原告との同居を強く希望していることその他原告が積極要素として考慮すべきであると主張する事情を最大限しんしゃくしても，原告に対して在留特別許可を付与しなかった本件裁決における裁決行政庁の判断が，全く事実の基礎を欠き又は社会通念上著しく妥当性を欠くことが明らかであるなど，裁決行政庁に与えられた裁量権の範囲を逸脱し又はこれを濫用してされたものとは認められない。

（コカインの輸入）

裁判例 204 東京地判平成 25 年 9 月 12 日 平 25（行ウ）26

永住者としての資格を有するペルー国籍の外国人が，多量（輸入が約 894g，所持が約 315g）の麻薬（コカイン）を輸入又は所持した薬事法違反の刑罰法令違反で退令処分を受け，在留特別許可も認められないとされた事例。

（売買の周旋，大麻）

裁判例 205 東京地判平成 25 年 4 月 24 日 平 24（行ウ）367

4 歳から日本で暮らし，永住者としての資格を有し，日本人（複数）との間に二人の実子を設けているペルー国籍の外国人が，売春周旋，薬物犯罪などの重罪を犯した事由で退令処分を受け，在留特別許可も認められないとされた事例。

（覚せい剤）

裁判例 206 東京地判平成 23 年 11 月 10 日 平 22（行ウ）347

20 歳から 28 年以上日本に在留し，この間，会社を経営し，日本人女性三人，外国人女性一人と結婚もしくは同棲し，家庭を設け，五人の子供の父親となった経歴を有する外国人男性が，過去 2 度退去強制手続を受けたことがあるうえ（いずれも日本人配偶者等として在留特別許可を受ける），大麻取締法違反で懲役 3 年の有罪判決を受け，退去強制手続に付された事例。

（薬物犯であるが在留特別許可を認めるべきであるとされた事例）

裁判例 207 東京地判平成 19 年 8 月 28 日 平 18（行ウ）476

日本人と婚姻して三人の子をもうけたタイ人女性が，2 度にわたって薬物犯罪（大麻，あへん，向精神薬の輸入など）を犯し，実刑判決を受けて（懲役 7 年と 2 年 6 か月），4 号チ該当として退去強制令書の発付，裁決を受けた事案につき，未成熟子である三人の子供（裁決時，高校生・中学生，次女は脳性麻痺）の監護の必要性，日本人夫と 10 年以上にわたる安定した婚姻生活といった要素を十分に考慮しなかったとして，裁決が違法であるとされた事例。

70 第1編 入管法制

第11 その他1年を超える懲役・禁固に処せられた者（4号リ）

「ニからチまでに掲げる者のほか，昭和二十六年十一月一日以後に無期又は一年を超える懲役若しくは禁
錮に処せられた者。ただし，刑の全部の執行猶予の言渡しを受けた者及び刑の一部の執行猶予の言渡しを
受けた者であつてその刑のうち執行が猶予されなかつた部分の期間が一年以下のものを除く。」

裁判例 208 東京地判平成27年3月20日 平26（行ウ）265

　短期滞在として入国し，不法残留し，2年後に日本人男性と婚姻して在留特別許可を得，日
本人配偶者等の資格，永住者の資格を得た中国人女性が，度重なる窃盗事件により懲役1年4
か月の実刑判決を受けて服役した後に退令処分手続を受けた事例。

　なお，当人は永住者資格を取得したのち，日本人男性と離婚しているが，刑務所に収監中に
別の日本人男性と婚姻している。

（万引き常習犯）

裁判例 209 東京地判平成26年6月13日 平24（行ウ）755

　中国国籍の女性（原告）が，就学資格で入国し，日本人配偶者等に資格変更し，実子をもう
けたが，約7年後に離婚（原告が実子の親権者）。翌年，同一日本人と再婚し，その後，10年
後に離婚。

　窃盗の罪により，何度か検挙され（スーパー等での万引き），3度目に起訴され有罪判決（1
年，執行猶予4年）を受け確定した。その後も，窃盗・障害の罪により有罪判決を受け，刑務
所に収監され，釈放後，退去強制事由該当者として収容されたが，在留特別許可される（「定
住者資格」）。

　約半年後，強盗罪にかかる被疑事実により逮捕され，窃盗・暴行の罪により有罪判決（懲役
2年）を受けるが，再度在留特別許可を受ける。

　約1年半後，再度窃盗罪で有罪判決を受け，不法残留，4号リ該当により，退去強制手続を
受け，退令書を発付される。

　原告は，原告の実子が本邦に滞在している日本人であることを在留特別許可の根拠としてあ
げる。しかし，入管法は，日本人の配偶者若しくは特別養子又は日本人の子として出生した者
については「日本人の配偶者等」という在留資格を設ける一方，日本人の子がいる外国人につ
いては独立した在留資格を設けていないのであって，同法は，そのような者については，日本
人の配偶者等に該当する者とは異なり，本邦への在留を定型的に認めるべき類型の者とは位置
づけていない。

第11　その他1年を超える懲役・禁固に処せられた者（4号リ）　71

（中国残留邦人の孫）

裁判例210　東京地判平成26年4月15日　平25（行ツ）238

　中国残留邦人の孫にあたり，14歳から12年間本邦に在留し，定住者資格を有する中国国籍を有する原告（両親，兄弟はいずれも本邦に居住しているが，本人は家族からは独立して居住）が，窃盗及び電子計算機使用詐欺罪により，懲役3年6月に処する判決を受け，確定したため，本号（4号リ）並びに不法残留（4号ロ）に該当するとされた事例。

　原告は，父方祖母及び母方祖母が中国残留邦人である日系人であり，この事情は，ガイドラインにおいて積極要素として掲げられている「人道的配慮を必要とするなど特別な事情があること」に当たるものである旨主張する。

　原告が中国残留邦人の孫であることは，人道的配慮を必要とする事情に当たるものであり，原告に対する在留特別許可の判断に当たりしんしゃくすべき事情の一つであることは否定できないが，入管法上，中国残留邦人と一定の身分関係にある者について，常に在留特別許可を付与されるべき法的地位にあるものとされているわけではないのであり，また，原告の在留状況の悪質性をも考え合わせると，原告に対する在留特別許可の許否の判断において，原告が中国残留邦人であることを殊更積極要素として重視するのは相当でないというべきである。

裁判例211　東京地判平成20年11月28日　平19（行ウ）720

　中国残留邦人である祖母が本邦に帰国したのを頼って，両親・弟とともに本邦に入国し（両親，弟等はその後日本に帰化），中学2年の頃，住居侵入・強姦致傷・窃盗などの非行により少年院に送致され，20歳頃，窃盗未遂の罪により懲役1年6月，執行猶予3年の判決言渡しを受け，その猶予期間中に中国人窃盗団の一員としてパチンコ店に侵入し，窃盗未遂，強盗致傷の罪により懲役5年の実刑判決の言渡しを受けた原告にかかる退去強制手続。

　―原告が非行を犯したのは，言葉も通じない異文化社会に連れて来られたことに原因の一端があり，十分に反省し，更生の意欲を示しているという主張に対しては，

　原告は，13歳まで中国で生まれ育ち，当初は日本語が話せない状態で来日し，公立中学校に編入されたものの，周囲の環境になじめずに苦労したことは想像に難くないが，そのことによって，原告の度重なる非行・犯罪が正当化されるものではなく，原告が在留中国邦人の孫であること等の事情を考慮しても，原告の本邦における非行・犯罪の態様は悪質であり，その在留状況は著しく不良であって，既に何度も本邦において更生の機会を与えられながら，反社会的行為を繰り返し，犯罪集団に加入して共犯者らとともに強盗致傷等の犯罪を敢行するなどしたことからすれば，今後さらに本邦において更生の機会を与えなければ不当であるとまではいえない。

　―原告は，改正法附則6条により出生によって日本国籍を取得できなかったのは，原告の母の生年月日という偶然の事情によるものであることをあげ，本件裁決はこれらの事情を十分に考慮していない点で裁量権の逸脱又は濫用がある旨の主張に対しては，

　原告は，国籍法及び改正法の規定の適用上，日本国籍の取得を認められる者に該当せず，本

72　第1編　入管法制

邦における非行・犯罪の前歴・前科のために帰化の許可を受けられなかったものである以上，諸般の事情をしんしゃくしても，本件裁決に裁量権の逸脱又は濫用があったものとは認められないとされた。

（日系二世の子）

裁判例212　東京地判平成26年1月17日　平24（行ウ）595

ブラジル国籍の日系2世の子であり，中学生（13歳）から本邦に入国し（その前も8歳くらいから出入国を繰り返す），永住者としての資格を有する男性が（なお，両親永住者資格で本邦に居住，妹は帰化），強姦・恐喝・傷害の罪により，懲役7年に処する旨の判決を受け，確定して収監中に，退去強制手続に付された事例。

第12　売春関連業務従事者（4号ヌ）

「売春又はその周旋，勧誘，その場所の提供その他売春に直接に関係がある業務に従事する者（人身取引等により他人の支配下に置かれている者を除く。）」

裁判例213　広島地判平成28年5月18日　平26（行ウ）15

6歳であった平成7年6月5日以降本邦に在留し，本邦において義務教育を修了したブラジル国籍の外国人男性（永住者資格，裁決時約24歳）が，売春業に関与し，約9か月の間，集客のための出会い系サイトへの投稿や客との売春の契約などを行い，売春を行う未成年の女性を雇い入れることにも関与し，積極的に勧誘することにも関与しており，本件売春業が反社会的勢力の資金源となっており，原告もそのことを知っていたことなどの事情も併せて考慮すると，原告が売春に関与した態様は悪質といわざるを得ないとされた事例。

裁判例214　東京地判平成27年9月4日　平26（行ウ）424

不法残留で退去強制手続を受けたのち，在留特別許可により日本人配偶者等の在留資格で在留していた（裁決時には再度，不法残留）韓国国籍の女性が，長期間（2年以上）にわたって売春店舗（2店）の経営者として，売春の場所を従業員に提供し，多額の売り上げをあげていたとし，4号ヌに該当し，かつ在留特別許可を認めなかった入管局長の判断に裁量濫用・逸脱の違法はないとされた事例。

第 12　売春関連業務従事者（4 号ヌ）　73

| 裁判例 215 | 東京地判平成 27 年 6 月 23 日　平 26（行ウ）311 |

　永住資格で在留する中国国籍の外国人女性が，日本人配偶者に秘してマッサージ店で売春を含む性的サービスを行い，風営法違反ほう助行為により罰金刑を受け，4 号ヌ該当として退去強制令書の発付を受けた事例。

| 裁判例 216 | 東京地判平成 26 年 6 月 10 日　平 25（行ウ）436 |

　原告は，平成 5 年 8 月，本邦に上陸した後，平成 12 年 4 月，永住許可を受けており，日本に定着していたことが認められる。

　他方で，原告は，法 24 条 4 号ヌ（売春関係業務従事）に該当するから，原則として本邦から当然に退去されるべき法的地位にあるということができる。

　原告は，売春に関わることになるのを十分に認識しながら，交際していた日本人が経営する売春店の清掃や，タオルの洗濯，売上金の回収等を手伝うようになり，日本人に代わって売春店 1 店舗を経営し，売上金から取り分を受け取ったり，売春をしていた女性従業員を採用するなどしていた。そして，原告は，平成 24 年 4 月に，売春の周旋をするとともに，売春を行う場所を提供したことにより，売春防止法違反の罪で，有罪判決の宣告を受け，4 号ヌ該当を理由として，退去強制令書の発付処分を受けた。

| 裁判例 217 | 東京地判平成 26 年 1 月 24 日　平 24（行ウ）607 |

　日本人配偶者等の資格で在留しているタイ国籍の女性（その後永住許可を取得）が，その経営するスナックで外国人女性を資格外活動許可を受けていないことを知りつつ雇用し（不法就労助長），従業員による売春の周旋をしたとして，4 号ヌの退去強制事由に該当するとされた事例。

| 裁判例 218 | 東京地判平成 21 年 9 月 4 日　平 20（行ウ）300 |

　就学資格で本邦に入国した後，日本人 A の配偶者としての在留資格に変更し，連れ子 C（日本人 A の養子となる）とともに，永住資格を取得する。その後，A と離婚し，日本人 B と婚姻し，並行してパブでチーママ，ママとして営業を管理し，同店で従業員による売春をあっせんしたとして，売春防止法違反により刑に処せられた中国人女性による裁決取消請求が認められなかった事例。

（売春行為を行った者についての退令処分が取り消された事例）

| 裁判例 219 | 名古屋高判平成 28 年 3 月 16 日　平 27（行コ）32 |

　本件裁決は，もともと控訴人母が日本人であって生存していれば中国残留邦人に当たる者で

74 第1編 入管法制

あり，控訴人も日本国籍の取得，日本への永住帰国及び在留資格の付与がなされるべき立場に
あったという特に重大な事項があるにもかかわらず，なすべき最低限の調査をも全く行わない
まま，これを殊更無視又は軽視し，

—控訴人と日本人男性との間に成熟かつ安定した実質的な夫婦関係が形成されていたこと等
を無視又は著しく軽視する一方で，

—当時別の日本人男性の妻であった控訴人が別居中の夫から十分な生活費の支援を受けられ
ないなかで，中国の実子を日本に留学させる費用を捻出するために心ならずも売春行為を短期
間行ったという動機に酌量の余地があり，

—それ自体同種事案のなかで必ずしも重大とはいえない売春行為を重大視して，控訴人の悪
性を著しく過大に評価することによってなされたものというべきであり，

その判断の基礎となる事実に対する評価において明白に合理性を欠くことにより，その判断
が社会通念に照らし著しく妥当性を欠くことは明らかであるというべきであるから，裁量権の
範囲を逸脱又は濫用した違法なものというほかはない。

第13 他の外国人の不法入国・上陸等の助長（4号ル）

「他の外国人が不法に本邦に入り，又は上陸することをあおり，唆し，又は助けた者」

裁判例 220 東京地判平成 19 年 3 月 14 日　平 17（行ウ）467，平 18（行ウ）137

スリランカ国籍の外国人男性が，他人名義の旅券で不法入国し，自身の事業（自動車解体・
輸出業）のため，同国籍の従業員の本邦への不法入国の帮助を複数回行い，さらに就労資格の
ない者を雇用し，自身も本邦への不法入国を 2 回行うなど，原告の行状や極めて悪質であり，
また，原告と日本国籍をもつ配偶者との婚姻関係は，これらの違法状態のうえに築かれたもの
で，当然に法的保護に値するものというわけではないとされた事例。

第14　刑法等違反で懲役・禁固に処せられた者（4号の2）　75

第14　刑法等違反で懲役・禁固に処せられた者（4号の2）

「別表第一の上欄の在留資格をもつて在留する者で，刑法第二編第十二章，第十六章から第十九章まで，第二十三章，第二十六章，第二十七章，第三十一章，第三十三章，第三十六章，第三十七章若しくは第三十九章の罪，暴力行為等処罰に関する法律第一条，第一条ノ二若しくは第一条ノ三（刑法第二百二十二条又は第二百六十一条に係る部分を除く。）の罪，盗犯等の防止及び処分に関する法律の罪，特殊開錠用具の所持の禁止等に関する法律第十五条若しくは第十六条の罪又は自動車の運転により人を死傷させる行為等の処罰に関する法律第二条若しくは第六条第一項の罪により懲役又は禁錮に処せられたもの」

| 裁判例221 | 東京地判平成25年7月4日　平24（行ウ）378 |

　4号の2の規定は，外国人から成る犯罪組織ないし犯罪集団が関与して実行されるおそれが類型的に認められる犯罪により懲役又は禁錮に処せられた者は，これを退去強制の対象から除外すると，上記組織ないし集団に復帰したうえ，本邦において再度同種の犯罪を実行する危険があり，わが国の公共の安全に重大な影響を及ぼすおそれがあることに鑑みて，そのような外国人については，その者が執行猶予の言渡しを受けたか否かにかかわらず，本邦からの退去を強制するものとしたものである。

（別表第二の在留資格の除外）

| 裁判例222 | 東京地判平成25年7月4日　平24（行ウ）378 |

　4号の2の規定は，その適用対象を法別表第一の上欄の在留資格をもって在留する者に限定しているが，これは，法別表第二の上欄の在留資格をもって在留する者は，その性質上，活動類型資格をもって在留する者に比べてわが国の社会との関わりが深く，執行猶予の言渡しを受けたときにも退去強制の対象とすることは相当でないためであると解される。

（電磁的公正証書原本不実記録・同供用罪）

| 裁判例223 | 東京地判平成25年5月23日　平24（行ウ）342 |

　中国の国籍を有する外国人女性が，「就学」「留学」の資格で入国，滞在していたところ，長期の在留資格を得るために婚姻を偽装しようと企て，婚姻の意思がないのに，日本人を夫とする婚姻の届出をし，「日本人配偶者等」への在留資格変更許可申請をしたが，配偶者としての活動を行っているとは認められないとして不許可決定を受け，電磁的公正証書原本不実記録・同供用の被疑事実により逮捕・起訴され，懲役1年6月執行猶予3年の判決が言い渡され，確定した。原告は法24条4号の2に該当する疑いがあるとして，退去強制手続に付され，退令処分を受けた。

76　第1編　入管法制

　原告は，偽装婚姻ののち，在留資格「投資・経営」で在留する同国人男性と同居・結婚し，長女を出産したことを根拠に在留特別許可を認められるべきと主唱したが認められなかった。

裁判例224　東京地判平成22年5月14日　平21（行ウ）235

　技能資格の在留資格を持つ父親のもとに，15歳で「家族滞在」資格で入国した外国人男性が，20歳ごろに中国人の日本人配偶者との偽装結婚を仲介するために，電磁的公正証書不実記載，不実記憶電磁的公正証書供用罪（偽装の写真撮影など）で起訴され，共同正犯として懲役2年，執行猶予4年の判決の言渡しを受け，同判決が確定したため，4号の2に該当するとされた事例。

第15　退去命令に応じない者（5号の2）

「第十条第七項若しくは第十一項又は第十一条第六項の規定により退去を命ぜられた者で，遅滞なく本邦から退去しないもの」

（搭乗拒否）

裁判例225　東京地判平成26年12月19日　平25（行ウ）731

　ブローカーに手数料を払って不法入国し，以後14年余り不法就労していたパキスタン国籍の外国人男性が，父親の重病のため出頭して法24条1号違反として本国に退去強制されたが，約1年半後に家族（日本人妻とその連れ子，両人は夫と暮らすためにパキスタンに亘ったが，治安の悪化等により，再度本邦で暮らす意向で本邦に戻った。）とともに上陸の申請をしたところ，法7条1項に規定する上陸のための条件に適合していないとして退去命令を受ける。

　退去命令書に指定された出国便への搭乗を拒否し，退去命令違反として退去強制手続を受ける（なお，並行して難民認定申請を行い，仮放免されている。）。

　日本人配偶者とその連れ子は，原告から送金による援助を受けることが期待でき，現在は生活保護も受給しているから，原告が本国に送還されても，その生活に直ちに支障を来たすとは考えられない。

　また，原告の送還によって家族の生活が分断される結果となるとしても，それは，上陸拒否期間中であるにもかかわらず，家族と共に本邦に入国しようとした原告が自ら招いた事態であるといわざるを得ない。

第 16　特別上陸期間を経過して残留する者（6号）　77

| 裁判例 226 | 東京高判平成 19 年 5 月 16 日　平 18（行コ）264（判タ 1283 号 96 頁） |

　退去命令を受けたが，搭乗を拒否し，本邦から退去しなかったため，退去強制令書の発付処分を受けた外国人が，退去命令には，従前に退去を強制された外国人と原告とが同一人ではないのに，これを同一人と誤認した瑕疵があるなどと主張して，裁決及び退去強制令書発付処分の取消しを求めた場合において，当該退去命令以前に退去を強制された外国人と原告とが同一人であり，別の名義の旅券をもって本法に入国し，在留，再出入国を繰り返していたのであり，その行状は極めて悪質である等として，原告の請求を棄却した事例。

| 裁判例 227 | 東京地判平成 19 年 9 月 14 日　平 18（行ウ）432 |

　ギニア共和国国籍の原告が，入国後，不法残留，不法就労の後，他人名義の旅券で出入国し（当初の入国直後，本人名義の旅券を用いて，第三者が本邦から出国），退去命令を受けたが応じなかった事例。

　裁決当時，原告の日本人婚約者は妊娠しており，裁決後，原告と婚姻して子を出産したが，その家族関係は違法状態のうえに築かれたもので，原告の出入国，在留の悪質性を考慮すると，当然に法的保護に値するものではないとされた。

第 16　特別上陸期間を経過して残留する者（6号）

「寄港地上陸の許可，船舶観光上陸の許可，通過上陸の許可，乗員上陸の許可，緊急上陸の許可，遭難による上陸の許可又は一時庇護のための上陸の許可を受けた者で，旅券又は当該許可書に記載された期間を経過して本邦に残留するもの」

| 裁判例 228 | 東京地判平成 28 年 6 月 30 日　平 27（行ウ）41・56 |

　タイ国籍の外国人女性が，ブローカーのあっせんにより，日本で稼働する目的であったにもかかわらず，米国の査証のある旅券を所持し，成田空港で航空機を乗り換えることを理由に日本に入国するため 72 時間の上陸期間を定める寄港地上陸許可を受け，平成 7 年本邦に上陸した後，許可期限を超えてそのまま本邦に不法残留し，その後，平成 25 年に東京入管に出頭するまで約 18 年の間，本邦での在留を続けていたものであって，このような行為は，法 24 条 7 号の退去強制事由に該当するものである。

78 第1編 入管法制

裁判例 229 東京地判平成26年12月5日 平26（行ウ）200

　原告は，日本で就労して送金をする目的で，タイ人のブローカーに手数料を支払って日本へ
の入国手続及び仕事のあっせん等を依頼し，昭和63年，成田空港での入国審査の際，バンコ
クへ帰国するための乗り換えである旨の虚偽の申請をし，寄港地上陸許可を受けて本邦へ上陸
し，入国の3，4日後から，ブローカーから紹介された工事現場の作業員として働き始め，そ
の後，溶接工，農業に従事し，平成24年に出頭するまで不法就労をしていた。

第17　在留許可取消期間（60日）を経過して残留する者（7号）

　「第二十二条の二第一項に規定する者で，同条第三項において準用する第二十条第三項本文の規定又は第
二十二条の二第四項において準用する第二十二条第二項の規定による許可を受けないで，第二十二条の二
第一項に規定する期間を経過して本邦に残留するもの」

　本邦において出生した外国国籍の者が，法22条の2第3項又は第4項の規定に基づく在
留資格の取得許可を受けることなく，出生後60日を経過することにより，本号に該当す
る。不法入国若しくは不法残留中の外国人家族において出生した者が在留資格の取得許可
の申請をすることなく，本邦に該当する場合が典型であるが，これについては，本人の帰責
事由なき退去強制事由該当性であり，在留特別許可に該当するかが問題となる。
　この点については，在留特別許可にかかる章にあげてある判例を参照されたい（外国人家
族にかかる判例で，子供本人のみの在特を認めるか否かの部分）。

第5章

退去強制手続

はじめに

退去強制手続は，法第5章に規定が置かれている。

第1　違反調査

（戒具の使用）

裁判例 230	東京地判平成 24 年 9 月 10 日　平 22（行ウ）660

　入国警備官が，護送車内において戒具の使用を受けたままの状態の原告に対して事情聴取をし，支局に到着後に大取調室において戒具の使用を解除した状態で開始した手続，その際の入国警備官等の言動にも特段の問題があったとは認め難く，原告は本件護送車両内で説明した内容も含めて作成された本件供述調書につき記載された内容に間違いがない旨を認めて署名及び指印をしていることも考慮すれば，本件調査が適正手続に反しているとまではいえないとした事例。

（深夜に亘る調査）

裁判例 231	東京地判平成 19 年 7 月 24 日　平 18（行ウ）281

　退去強制手続におけるパブの摘発及びその後の手続において，入国警備官が外国人女性の意思を抑圧するような言動をとったり，有形力を行使した形跡はなく，事情聴取ないし違反調査，収容令書の執行，深谷署から東京入管収容場への護送等の手続が深夜から早朝まで及び，それにより，原告が通常に睡眠をとれなかったとしても，やむを得ない面があり，事情聴取ないし違反調査は社会的相当性を欠くものではないとされた事例。

80 第1編 入管法制

（対面調査の要否）

裁判例 232　東京地判平成 26 年 12 月 11 日　平 25（行ウ）780

　法は，違反審査について，入国審査官は容疑者が退去強制対象者に該当するかどうかを速やかに審査しなければならないと規定するだけで，容疑者の人定の方法はもとより，違反調査のような具体的な手続を定めておらず，口頭審理に関する調書のように違反審査に関する調書に記載すべき事項の定めもなく，違反審査とは別に容疑者の供述等を口頭で聴く手続として口頭審理の制度を設けている（48条）ことからすれば，法は，違反審査に当たって容疑者に直接面会して人定や取調べ等を行うことを当然に求めているわけではないと解するのが相当である。

裁判例 233　福岡地判平成 4 年 3 月 26 日　平 2（行ウ）9（判タ 787 号 137 頁）

　法は，違反調査に際して必ず容疑者に対して対面調査することを義務づけてはおらず，また，実際にも，容疑者との対面調査以外の適当な方法により違反調査の目的を達成し得る場合も考え得るから，違反調査の方法として，入国警備官が容疑者との対面調査をすることは必須とまではいえない。

（抜き打ち立入りが違法とされた事例）

裁判例 234　東京地決平成 22 年 2 月 25 日　平 22（む）374（判タ 1320 号 282 頁）

　警察官と入国管理局員らが，不法滞在外国人の稼働場所として把握していた建物を管理する不動産業者に対し，本件建物内に不法滞在中の外国人が居住している疑いがあることを告げて，本件建物の裏口ドアを解錠するよう求め，解錠させた件につき，

　一件記録から認められる当時の状況等に照らせば，本件捜査官らは，臨検許可状あるいは捜索差押許可状等の発付を受け，本件建物に適法に立ち入ることが十分可能であったというべきところ，捜査官らがこのような手続を取ることなく本件建物へ立ち入ったことを正当化する緊急性等があったとも認められないとして，被疑者に対する現行犯人逮捕手続は，上記違法な解錠行為を契機としてなされているのであるから，本件逮捕手続に違法があるとして本件勾留請求を却下した原裁判が相当性を欠くとはいえないとされた事例。

第2　収容

（令書発付処分の差止め申立て）

裁判例235　大阪地決平成19年11月1日　平19（行ク）57

　大韓民国国籍の申立人が，不法残留に該当すると認定されたため，退去強制令書発付処分を受けることで重大な損害が生じるおそれがあるとして，その差止めを求めた事案において，被収容者は身体の自由を制限されているとはいえ，その自由に可能な限りの配慮がなされているから，退去強制令書の執行の収容段階で生じる損害は社会通念上金銭賠償による回復で満足すべきものであり，償うことのできない損害を避けるため緊急の必要があるとはいえないとされた事例。

裁判例236　東京地判平成19年2月28日　平18（行ウ）370

　留学生が，収容令書が発付されるおそれがあるとして，その発付処分の差止めを求めた事案において，収容されると授業等に出席できないなどの「重大な損害を生ずるおそれ」があるが，原告は，長時間にわたる就労により高額の収入を継続的に得ており，客観的に見て「留学」という在留目的が変更されているといえる程度に資格外活動を行っていたものというべきであって，「容疑者が第24条各号の1に該当すると疑うに足りる相当の理由」があると認められるとして請求が棄却とされた事例。

（収容中の処遇）

裁判例237　東京地判平成14年12月20日　平10（ワ）3147

　入国管理局収容場での収容期間中，特段の事情なく，また代替措置もないまま，112日間もの長期間にわたり，戸外での運動の機会を全く与えなかったのが被収容者に戸外での運動の機会を保障した被収容者処遇規則28条に違反するとともに違法なものであるとされた事例。

（雑居房内での処遇，戸外運動の機会）

裁判例238　東京地判平成16年4月20日　平10（ワ）24079

　東京入国管理局の収容所に収容された外国人が，戸外運動の機会を与えられなかったこと，雑居房が不衛生であったことなどを理由とし，国を相手に慰謝料を求めた損害賠償請求について
　原告は，第1回目は，仮放免されるまでの60日間，第2回目は，東日本入国管理センターに移収されるまでの33日間，それぞれ本件収容場に収容されたものであり，いずれも比較的短期の収容が予定される者に対する収容の範囲内に含まれるものということができ，室内での

ストレッチ等の軽運動以外の戸外運動を行わせるための特別の配慮をするなどといった措置が講じられていないことは，違法とまではいえない。

定員8名の雑居房という居室内で，便器やその付帯設備を使用した事故が少なからず発生していることは公知の事実であるから，このような事態を防ぐために，保安上の観点から，本件居室内に遮蔽措置が完全ではない便器を設置することには相当の合理性があるというべきであるとされた事例。

（収容中，暴行を受けたなどとの主張）

裁判例 239 東京地判平成20年2月7日 平17（ワ）27187

入国者収容所東日本入国管理センターにそれぞれ10か月から11か月程度収容されていたパキスタン国籍の原告ら3名が，入国警備官から暴行を受けて負傷したうえ，診療所の医師から適切な医療行為を受けられなかったため負傷が悪化した等と主張して，国家賠償請求を求めた事案において，原告らが主張する暴行の事実自体が認められず，あるいは，入国警備官や医師の措置に不当な点はなかったなどとして，棄却された事例。

（収容手続と適正手続の法理）

裁判例 240 東京高判昭和50年11月26日 昭49（ネ）1778（判時814号109頁）

憲法34条所定の弁護人を依頼する権利は，直接的には刑事手続における身体の拘束の際の適用を予定した規定であって，前記認定の如き外国人の出入国の適正な管理という行政目的のための手続である収容令書による収容及びその前後の審査手続には適用がないと解すべきであるから，入国警備官，入国審査官，特別審理官によって弁護人に依頼する権利を告げられず，口頭審理に際し控訴人及び弁護士が同弁護士を控訴人の弁護人として立会わせることを要求したのに対し，特別審理官が規定がないとの理由で拒絶したからといって，右各処置を違法ということはできないとされた事例。

（収容には令状を要しないとした判例）

裁判例 241 最三小決昭和49年4月30日 （刑集192号407頁）

入国警備官の収容行為は，被収容者が出入国管理令24条2号所定の強制退去事由に該当する外国人として現認されている状況のもとで，しかも，収容令書の発付を待っていては逃亡の虞があると信ずるに足りる相当の理由があるものとして執行されたものであって，同令所定の収容が憲法33条にいう逮捕に当たるか否かは別として，現行犯逮捕又はこれに類するものとして，司法官憲の令状を要しないことが明らかである。

（賃金収容を認める収容手続が憲法31条，34条に違反するものではないとする判例）

| 裁判例 242 | 東京高判昭和47年4月15日　昭46（う）3326（判タ279号359頁） |

　出入国管理令による収容は，刑罰ではなく，行政処分に過ぎないものであるから，不法入国者が同令によってその自由を奪われることがあったとしても，そのこと自体がただちに憲法31条に違反するとはいえない。不法入国者に対する収容手続を規定した令の諸条項は，その規定内容の点からみても，格別，憲法31条の精神にもとるほどの違法なものとはいえない。

（退去強制令書と理由の記載）

| 裁判例 243 | 東京高判昭和33年2月24日　昭31（ネ）1677（行集9巻5号1003頁） |

　退去強制を受ける者の退去強制の理由の記載を欠いた退去強制令書であっても，既に入国審査官の認定より法務大臣の裁決に至る一連の手続において退去強制理由が明示され，その国外退去義務が存することが確定している場合には，理由の不記載は，退去強制令書自体の効力には何ら影響を及ぼさないものと解するのを相当とするとした判例。

（収容令書発付の処分性）

| 裁判例 244 | 東京地決昭和44年9月20日　昭44（行ク）56（判タ240号194頁） |

　収容令書の発付は，それ自体としては主任審査官が入国警備官に対し行うものであり，容疑者たる外国人に対し，法的命令をするものではない。しかしながら，当該外国人に対し身体の継続的拘束という事実たる強制を加えるものであることから，裁判所は収容令書の発付に対する取消訴訟が可能であることを前提とし収容令書の執行停止申立を認めた。

第3　審査，口頭審理及び異議の申出

①　通訳の必要性

（十分な日本語能力があるとされた事例）

| 裁判例 245 | 東京地判平成24年9月10日　平22（行ウ）660 |

　違反審査は通訳人を介さずされており，口頭審理請求権放棄の意味を理解することができなかったから，本件違反審査の手続には重大な瑕疵があるとする主張に対し，入国審査官が外国人である容疑者に対して違反審査及びその後の手続をするに当りおしなべて通訳人を介してこれらの手続をすべき旨を定める法令の規定は見当たらず，通訳人を立ち会わせるか否か等の判断はこれらの手続を担当する入国審査官の合理的な裁量に委ねられているものと解されるとこ

84 第1編 入管法制

ろ，本件においては，入国審査官が，原告の日本語の能力に相応の配慮をしたうえで，原告に
つき日本語により手続をすることで差し支えないと判断したことについて，その裁量権の範囲
から逸脱する等の事情があったものとは認め難いとされた事例。

裁判例 246　　東京地判平成 19 年 6 月 29 日　平 18（行ウ）216

　　原告は，平成 12 年 5 月に入国して以来，既に約 5 年半の長きにわたって本邦において中華料
理店で調理師として就労しながら生活し，退去強制手続に先立ち入管法違反により現行犯逮捕
された際，警察官と日本語で会話をし，警察官の運転する車に乗って，原告の居所まで警察官
を案内したうえ，警察官に旅券と外国人登録証明書を提示するなどして，警察官と日本語で意
思疎通を図ることができていたことからしても，原告は他者と意思疎通を図るのに十分な日本
語能力を有していたということができる。

　　また，大部屋で，いわば衆人環視の状況で行われた警備官による違反調査において，中国語
の通訳人を手配することなどが容易な状況にあったにもかかわらず，警備官は違反調査におい
て，中国語の通訳人を手配することなく，同調査を終了したのであるから，警備官にとって，
日本語を用いて原告と意思疎通を図ることが困難な状況が生じることがなかったものというこ
とができる。

（フローチャートによる説明があるので，通訳は不要とした判例）

裁判例 247　　大阪地判平成 22 年 12 月 3 日　平 19（行ウ）203

　　原告のように退去強制事由について争いがなく，本人自身は帰国の意思があることを表明し
ているような場合には，退去強制手続等について，あえて非日常的な難解な用語を用いて説明
する必要はなく，前記認定した本件各違反調査及び本件違反審査における原告の供述内容等に
照らせば，フローチャートに加えてわかりやすい日本語で丁寧に説明することにより，違反調
査や違反審査において聴取が必要な原告の身上関係や退去強制事由に関する事項及び原告が口
頭審理放棄の判断をするに当たって必要な事項について，十分相互理解が可能であったという
べきである。

　　また，警察での取調べや本件事情聴取の際通訳が付されていたからといって，本件各違反調
査や本件違反審査において通訳が必要であったということはできない。

（法律用語の理解と通訳の必要性）

裁判例 248　　大阪高判平成 23 年 10 月 28 日　平 23（行コ）7（訟月 58 巻 12 号 4072 頁）

　　控訴人は，退去強制手続は極めて非日常的な場面であるから，控訴人程度の日本語能力では
不十分である旨主張するところ，確かに，退去強制手続には，法律用語が使用されることか
ら，日常用語に比べて理解が困難な面があることは否定できない。しかしながら，それは日本
語に通じた日本人であっても同様であり，法律家でもない限り，退去強制手続における法律用

第3 審査，口頭審理及び異議の申出　85

語を何らの説明もないのに，的確に理解し得る者は極めて少数であると思われる。

　退去強制手続において，通訳を付さないことが違法と評価されるのは，容疑者が他者と意思疎通を図るのにも不十分な日本語能力しか有していなかったとか，容疑者が担当官の説明が理解できないとして通訳を付することを要求したのに，通訳が付されなかったような場合に限られるものというべきである。

② 告知事項，説明義務の範囲

（在特制度についての告知は不要とする事例）

裁判例 249	東京地判平成 25 年 12 月 13 日　平 24（行ウ）71

　入管法上，口頭審理請求権の告知の段階で在留特別許可の制度について告知すべきことを定める規定は存しないうえ，入管法は，退去強制手続において，容疑者に対し手続ごとに必要な手続及びその内容が入国審査官等から教示されるという形式を採っており，

　—口頭審理請求後の手続については口頭審理を請求した後の各段階において告知する機会が予定されていること，

　—在留特別許可の制度は，異議の申出に理由がない場合に，法務大臣等の裁量によってその者の在留を特別に許可するという恩恵的な制度であって，これに対応する法令上の申請権は認められていないものと解されること，

からすれば，入国審査官に口頭審理請求権告知の段階で在留特別許可の制度までも告知すべき法的義務があると解することはできないというべきである。

（告知・説明義務が生じる余地）

裁判例 250	大阪地判平成 22 年 12 月 3 日　平 19（行ウ）203

　一般的に，入国審査官には，違反審査に当たって，すべての容疑者に対し在留特別許可についての説明を行う義務はないというべきである。もっとも，法務大臣の在留特別許可を受ける利益は，容疑者の手続上の地位の一つに含まれていると考えられ，この利益を現実に受け得るようになるには，口頭審理を経ること及びその結果としての判定が不利な場合には異議の申出をすることが手続的前提として要求されていることに鑑みれば，違反審査の際，当該容疑者が日本での在留を希望したような場合には，入国審査官は，同制度を含む以後の手続について，十分な告知・説明をすべき義務が生ずる余地があるというべきである。

（退去強制と上陸拒否期間の告知）

裁判例 251	大阪地判平成 18 年 11 月 2 日　平 18（行ウ）29（判タ 1234 号 68 頁）

　外国人である容疑者にとって，上陸拒否期間が，口頭審理を請求するか否かを判断する際の一つの考慮要素になることは否定できず，口頭審理請求権の告知に当たり，上陸拒否期間を教示することは望ましいことである。

86　第1編　入管法制

　しかし，入管法上，このような教示を義務づける明文の規定はない。そして，口頭審理の請求は，容疑者が法24条所定の退去強制事由に該当するとした入国審査官の認定に異議がある場合の不服申立ての請求であり，上陸拒否期間如何によって認定に対する異議の有無が決まる関係に立つものではなく，上陸拒否期間が口頭審理を請求するか否かを判断する際の一つの考慮要素になり得るとしても，それは事実上のものにとどまり，上陸拒否期間を告知する法的な義務があるとはいえない。

（難民制度の告知）

裁判例 252　福岡地判平成4年3月26日　平2（行ウ）9（判タ787号137頁）

　退去強制手続上の入国審査において，難民認定申請手続の存在及びその概要等について当然に告知義務が存するとまで解するのは困難というべきである。

　ただし，入国審査の過程において，当該容疑者に難民認定の対象となり得る事由の存在が明らかに窺われ，容疑者としても難民認定申請手続の存在について知識があればこれを行うであろうことを窺わせる相当の事情がある場合には，当該入国審査官は，右の告知をすべき法律上の義務を負担する場合もあると解される。

（特別審理官による口頭審理の告知が違法ではないとされた事例）

裁判例 253　東京地判平成26年12月11日　平25（行ウ）780

　法47条3項の認定の通知や認定通知書の交付，同条4項の口頭審理の請求ができることの通知は，判断作用を伴わない形式的な結果の通知と手続の教示にすぎないこと，一般に認定と通知との間に入国審査官の異動等が生じ得ることに鑑みると，必ずしも違反審査を担当した入国審査官が自らこれらを行う必要はないと解すべきである。口頭審理を担当することになる特別審理官が，入国審査官として，認定通知書を容疑者に交付して認定の通知をするなどしたとしても，容疑者の口頭審理の準備の機会を直ちに奪うものではなく，口頭審理における審理の公平や適正を害することになるともいえないというべきであるから，これをもって違法ということはできない。

③　口頭審理放棄
（動機の錯誤―在留期間延長の誤解）

裁判例 254　東京地判平成21年4月9日　平20（行ウ）95

　バングラデシュ国籍の原告が，不法残留に該当すると認定され，退令処分を受けたところ，口頭審理説明書への署名の意味を理解させないまま，口頭審理放棄書へ署名させられたとして，当該退令処分の取消しを求めた事案において，本件違反調査の調書及び口頭審理放棄書への署名指印が在留期間の延長につながるものと誤解したとの供述については，

　―原告は，相応の日本語の能力があるうえ，既に前回の退去強制手続において，自ら口頭審

第3　審査　口頭審理及び異議の申出　87

理の請求を行い口頭審理及び異議の申出を経て在留特別許可を受けており，原告自身，本件違反審査の時に，口頭審理の請求ができることを知っていたこと，

──入国審査官から原告が不法残留の状態にあることの確認をされたこと及び不法残留をすれば強制送還を受けることになるのは分かっていたことを自認していること，

──当時，原告は既に在留期間更新不許可処分も受けていたこと，

からすれば，これらの経緯にもかかわらず，なお，本件違反調査の調書及び口頭審理放棄書への署名指印が原告の在留期間の延長につながると誤解したというのは不自然・不合理であり，原告の供述はにわかに採用することができない。

（動機の錯誤─長男の在留）

裁判例 255　大阪地判平成 22 年 12 月 3 日　平 19（行ウ）203

　原告は，本件違反審査において，入国審査官に対し，長男だけは日本に在留できるようにしてほしいことや，入管の施設のなかでもよいので長男の結果が出るまでは日本にいたい旨を述べ，本件口頭審理放棄当時，自分が本国に帰国することで長男が日本での在留を認められるようになることに強い期待を抱いていたことが認められるところである。

　しかしながら，入国審査官から，原告に対し，原告が帰国することで長男の在留が認められるようになるなどと誤解するような言動があったとは認められないところであり，本件違反審査における原告の供述内容に照らしても，原告が，本件口頭審理放棄当時，原告が口頭審理放棄を行えば長男の在留が認められると誤信していたと認めることはできず，また，上記のような本件口頭審理放棄の動機が表示されたことを認めることもできない。原告が，自ら帰国の意思を示すことで長男の在留が認められやすくなると期待していたことは認められるものの，上記のような単なる期待を錯誤ということはできず，結局，上記を理由に本件口頭審理放棄の意思表示に瑕疵があるとは認められない。

（民法規定の適用の限界）

裁判例 256　大阪高判平成 23 年 10 月 28 日　平 23（行コ）7（訟月 58 巻 12 号 4073 頁）

　一般に，公法上の意思表示についても，その性質に反しない限り，私法上の意思表示に関する法理が類推適用されるべきものと解されるが，前者においては，取引の安全確保の要請が後退する反面，公法秩序の早期安定の要請が強く働くので，意思表示の欠缺，瑕疵に関する法理をそのまま持ち込むことは相当ではない。

　口頭審理請求権の放棄については，出入国管理を達成するための最も強力な手段である退去強制処分に至る手続の一環であり，それ自体として，私人間の私的自治の原則が妥当する法律関係を規定する民法の規定になじみ難いものであるうえ，入管法自体が，47 条，48 条で，その放棄の要件や手続について具体的かつ厳格な定めをおいていることに照らしても，口頭審理請求権の放棄の手続は，公法関係における公法秩序の早期安定の要請が強く働く手続である。

　したがって，口頭審理請求権の放棄については，民法の錯誤の規定がそのまま適用されるの

88 第1編 入管法制

ではなく，あくまでも，入管法が規定する個別の要件解釈として，口頭審理の請求を放棄する旨の意思表示の有効性を判断することになる。

　そして，法47条5項は，具体的な要件として，入国審査官から退去強制対象者に該当するとの通知を受けた容疑者が，入国審査官の「認定に服したとき」に，口頭審理の請求をしない旨を記載した文書に署名するものとして規定された手続であるから，当該容疑者が入国審査官の認定に服したか否かが判断されるべきであり，当該容疑者が真意に基づいて認定に服したものと認められれば，当該容疑者にそれ以外の点について錯誤，誤解があったからとしても，口頭審理請求権の放棄が無効になるものではない。

（口頭審理放棄とフローチャート）

裁判例 257　　東京地判平成24年9月10日　平22（行ウ）660

　違反審査は通訳人を介さずされており，口頭審理請求権放棄の意味を理解することができなかったから，本件違反審査の手続には重大な瑕疵があるとする主張に対し，入国審査官は，違反審査の結果された認定につきフローチャート等をもって口頭審理の請求をすることができる旨を原告に知らせていたこと，フローチャートはタガログ語により記載されているうえ，その内容に関しては，退去強制対象者に該当すると認定された場合には，口頭審理の請求をするか，又はこれをしないかのいずれかを選択すべきことや，口頭審理の請求をしなければ直ちに退去強制令書の発付に至る一方で，口頭審理の請求をすればなお手続が続行され，最終的な結論のいわゆる選択肢として在留特別許可を受けることもあり得ることについて，一見して判然と理解し得るように表示されていることが認められる。相応の社会的経験を積んできた原告の理解力及び判断力をもってして，以上のような本件フローチャートの内容を了解することが困難であったとは考え難く，本件入国審査官が平易な日本語で本件フローチャートの内容を説明していること等を考慮すれば，原告においては，退去強制の手続の流れについて，少なくとも口頭審理の請求及び在留特別許可といったいわゆる骨格を成す事項については十分に理解していたものと認めるのが相当である。

（錯誤の主張が認められなかったその他の事例）

裁判例 258　　東京地判平成24年4月11日　平23（行ウ）373

　口頭審理放棄書に署名して提出し，退去強制令書発付処分を受けたことにつき，韓国語の通訳もなく，その内容を十分に理解しないで真意によらずに口頭審理の請求放棄をしたなどと主張した事案において，原告は，本件違反審査の際，自らに係る退去強制手続の意味内容を理解しており，本件入国審査官のした認定に対する口頭審理を請求できる旨の告知を受けたうえで，当該認定に服し，口頭審理放棄書に署名及び指印をしたものと推認され，これらの手続に原告主張のような瑕疵は存在しないとされた事例。

第3 審査，口頭審理及び異議の申出　89

裁判例259　東京地判平成24年4月10日　平22（行ウ）722

　原告は，口頭審理請求権の放棄の意思表示は錯誤により無効であると主張するが，原告は日常会話程度であれば日本語を理解できること，審査官は法令用語を日常用語に言い換えるなどできる限り平易な日本語を用い，必要に応じて英語を交え，原告に係る違反調査を行ったこと，原告が渡航証明書の交付を申請するなど本国に帰国する意思を有していたと認められることなどからすると，錯誤無効の主張は採用できないとされた事例。

裁判例260　東京地判平成23年11月29日　平22（行ウ）503

第5章
退去強制手続

　原告は，口頭審理の請求権の放棄の意味を理解したうえで，口頭審理の請求権を放棄する旨が記載された口頭審理放棄書に署名したものと認められ，また，原告が日本語での説明を受けてその内容を理解できたと認められる以上，本件違反審査において，ネパール語の通訳人を同席させる必要があったということはできず，その他口頭審理の請求権の放棄に至る手続に違法があったとは認められないとし，これらの手続を前提としてされた退去強制令書の発付処分も適法であるとされた事例。

　その他，口頭審理請求権の放棄が適法になされたとされた事例。
　東京地判平成27年4月23日　平25（行ウ）817
　東京地判平成26年6月5日　平25（行ウ）161
　東京地判平成26年2月27日　平24（行ウ）814
　東京地判平成25年3月26日　平24（行ウ）348
　東京地判平成24年7月19日　平22（行ウ）470
　東京地判平成24年4月25日　平22（行ウ）756
　東京地判平成20年8月29日　平19（行ウ）261
　東京地判平成20年3月25日　平19（行ウ）447
　東京地判平成20年2月15日　平19（行ウ）77
　東京地判平成19年9月27日　平18（行ウ）292
　東京地判平成19年6月29日　平18（行ウ）216

（錯誤による放棄であると認められた事例）

裁判例261　東京地判平成22年2月19日　平20（行ウ）457・470（判タ1356号146頁）

　口頭審理請求権の放棄に際し，その意思を確認せず，国籍国に送還される旨の説明も行わず，容疑者が自らが希望する国に送還されるものと誤信して，口頭審理請求権を放棄する旨の意思表示をした場合は，その意思表示は，真意に基づくものでなく無効であるから，処分の前提となる手続に重大な瑕疵があったとして，退去強制令書発付処分の取消しが認められた事例。

90 第1編 入管法制

| 裁判例 262 | 東京地判平成 17 年 1 月 21 日　平 15（行ウ）11，平 16（行ウ）66（判時 1915 号 3 頁） |

　違反事実を認定したときは理由を付した書面で容疑者に通知するとともに，口頭審理の請求をすることができる旨を知らせ，さらに容疑者が認定に服したときは，口頭審理の請求をしない旨を記載した文書に署名させなければならないところ，相手方の真意を確認する十分な手続をとらずに，口頭審理請求権の放棄があったとして退去強制令書発付処分がなされたため，手続上の違法があるとして処分の取消しが認められた事例。

④　その他
（裁決書未作成の瑕疵）

| 裁判例 263 | 東京地判平成 17 年 2 月 3 日　平 14（行ウ）77 |

　異議の申出は理由がない旨の裁決につき，同法施行規則に規定する裁決書が作成されていないことが，同裁決の取消事由とはならないとされた事例。
　法 49 条 3 項に規定する被告法務大臣の裁決について，裁決書を容疑者に交付することは，法令上，予定していないものというべきである。
　規則 43 条が法 49 条 3 項に規定する法務大臣の裁決は，第 61 号様式による裁決書によって行うものとすると定めた趣旨は，法 49 条 3 項に規定する被告法務大臣の裁決を書面で行わなければ有効に成立しない要式行為として定めたものとまでは解されず，退去強制手続における外国人の権利保障の観点から，容疑者が退去強制事由に該当するか否かの判断を慎重かつ的確に行わせるとともに，後続する機関への事件の引渡しを確実に行わせることを目的としたものと考えるのが相当である。

| 裁判例 264 | 最一小判平成 18 年 10 月 5 日　平 17（行ヒ）395（裁時 1421 号 15 頁）
（平成 17 年 2 月 3 日　東京地判の上告審） |

　法 49 条 3 項に基づいて異議の申出に理由がない旨の裁決をするに当たり法務大臣が規則 43 条に定める裁決書を作成しなかったという瑕疵は，同裁決及びその後の退去強制令書発付処分を取り消すべき違法事由に当たるとまではいえない。

（主任審査官の権限）

| 裁判例 265 | 福岡地判平成 4 年 3 月 26 日　平 2（行ウ）9（判タ 787 号 137 頁） |

　法 47 条 4 項，51 条が退去強制令書の発付権限を入国審査官とは異なる主任審査官に与えている趣旨は，右令書の発付が，通常の場合には当該容疑者に対する終局処分となることを踏まえ，退去強制事由の有無の認定に当たった入国審査官とは別の主体であり，かつ，その上級者から指定される主任審査官をして，発付の当否や現実にどのような時期，形で退去強制を発付

すべきかについて判断させるとしたものと考えるのが相当であり，その立場上，入国審査官のした認定についてのチェック的役割を果たすことも期待されているものとみることができる。

（違法性の承継）

| 裁判例 266 | 横浜地判昭和 63 年 8 月 8 日　昭 62（行ウ）15（判タ 687 号 135 頁） |

主任審査官は退去強制令書の発付について裁量の自由を有しないのであるが，在留特別許可を付与しないとする点の判断に違法な点があれば，この点を違法事由として裁決の取消しを求めることができるばかりでなく，法務大臣の裁決の違法性が後行処分たる退去強制令書発付処分にも承継されるものとして，その取消しも求めうるというべきである。

（原処分主義）

| 裁判例 267 | 神戸地判昭和 54 年 6 月 1 日　昭 50（行ウ）23（訟月 25 巻 10 号 2665 頁） |

出入国管理令 47 条ないし 49 条によれば，法務大臣が異議の申立を理由がないとして棄却する裁決は，特別審理官によって誤りがないと判定されたことによって維持された入国審査官の認定を原処分として，その当否を審査し，これを維持する処分であると解するのが相当であるところ，法務大臣の右裁決のうち，入国審査官の認定の当否の判断を争う部分については，原処分の違法を理由として，その取消しを求めることは許されないというべきである。

（未成年者の退去強制手続）

| 裁判例 268 | 大阪地判昭和 54 年 11 月 6 日　昭 50（行ウ）30（判タ 404 号 96 頁） |

韓国人を父とする同国人たる未成年者に対する強制退去手続においては，法令 20 条に従い韓国法により親権者たる父が未成年者の法定代理人として関与しなければならない。

（訴えの利益）

| 裁判例 269 | 大阪地判平成 18 年 3 月 23 日　平 16（行ウ）140（判タ 1213 号 112 頁） |

異議の申出に対し理由なしとした裁決を受けて発付された退去強制令書に基づく執行により容疑者が送還されても，退去裁決の取消判決を受けることにより退去強制令書発付処分が取り消されることで，上陸拒否の不利益を免れるという法的利益を有するため，同裁決の取消しを求める訴えの利益は失われていない。

| 裁判例 270 | 東京地判平成 21 年 9 月 29 日　平 20（行ウ）586・674 |

法 39 条に基づく収容令書による収容は，退去強制手続において容疑事実である退去強制事由に係る審査を円滑に行い，かつ，最終的に退去強制令書が発付された場合にその執行を確実

にすることを目的として行われるものであるから，退去強制令書が発付され執行されたとき
は，その目的を達し，収容令書は効力を失い，以後は退去強制令書の執行として収容が行われ
ることになるというべきである。したがって，既に，退去強制令書が発付され，それが執行さ
れている本件においては，本件収容令書を発付する処分の取消しを求める訴えの利益は失われ
ており，その訴えは不適法であると解するのが相当である。（参照：最一小決平成14年2月
28日　平14（行フ）1（裁集民205号835頁））。

（文書提出命令）

> **裁判例 271**　東京高判昭和52年3月9日　昭51（行ス）13（行集28巻3号189頁）

申立人の出入国管理令49条1項の規定に基づく異議申出の審査に関する稟議書は，相手方
が同条3項の裁決をするに当たりその判断の適正を期する等専ら行政事務執行の便宜上自己使
用のためにのみ作成した内部文書であるから，民事訴訟法312条3号後段の文書（現220条）
には該当しないというべきである。

（収容と執行停止）

執行停止については，第3編第2章第3「仮の救済」の節を参照。

（執行停止が認められた事例）

> **裁判例 272**　東京地決平成15年6月11日　平15（行ウ）17（判時1831号96頁）

退去強制令書による収容中に統合失調症を発症したタイ人女性につき，統合失調症が収容を
原因とするものであることは容易に推認でき，収容をこのまま継続したとすれば，心身の異常
が固定化されるなど回復し得ない結果となることも十分考えられるのであり，申立人の収容を
解く必要性は極めて高いといわざるを得ないとして，退去強制令書の執行が収容部分も含めて
停止された事例。

> **裁判例 273**　大阪地判平成19年3月30日　平19（行ク）1（判タ1256号58頁）

大学で学業を継続できなくなるのみならず，大学を除籍されることになる蓋然性が高いこと
を理由に，退去強制令書発付処分の送還部分のみならず収容部分の執行停止の申立てについて
も，「重大な損害を避けるため緊急の必要がある」と認めた事例。

（執行停止が認められなかった事例）

> **裁判例 274**　最一小決平成16年5月31日　平16（行フ）3（判タ1159号123頁）

退去強制令書の執行により被収容者が受ける損害は，当然には回復の困難な損害に当たると
いうことはできず，収容部分の執行を停止すべき緊急の必要があるとはいえないとして，執行

を停止した原決定が取り消された事例。

（退去強制令書発付処分につき，送還部分に限って執行停止を認め，収容部分については認めなかった事例）

裁判例 275　大阪地決平成 2 年 12 月 25 日　平 2（行ク）33（判時 1382 号 21 頁）

　　退去強制令書の送還部分の執行が完了したときは，本案訴訟における訴えの利益が消滅し，本案訴訟による救済が受けられなくなるおそれがあるうえ，他に申立人らにおいて，本件退去強制令書の発付処分の適否の司法審査を受け，再入国その他送還の執行前に申立人らが置かれていた原状を回復し得る制度的な保障もない。これらの事実に鑑みると，送還部分の執行により，申立人らが受ける損害は，原状回復が不可能又は困難な損害であって，しかも，金銭賠償という形での損害の回復を受忍させることが相当でないものというべきである。

　　申立人らは，それぞれ仮放免の許可を受けており，右許可はその理由が存続する限り，その期間の更新が継続される見込みであるというのであるから，送還部分の執行が停止された場合には，申立人らの身柄を確保すべき特別の事情の生じない限り，早急に申立人らを収容する必要性もなくなり，右仮放免の許可が更新され続ける蓋然性も高い。したがって，収容部分の執行を停止すべき緊急の必要性があるということもできない。

第4　退去強制令書の執行

（強制送還中の死亡事故）

裁判例 276　東京地判平成 26 年 3 月 19 日　平 23（ワ）25874（判タ 1420 号 246 頁）

　　航空機に搭乗していた強制送還中のガーナ人男性が，猿ぐつわによる呼吸制限と座位での前屈み体制の強制による胸郭及び横隔膜の運動制限などが相まって呼吸困難になり窒息死したとして，国家賠償法上違法と評価される過剰な制圧行為であるとされた事例。

　　この事例は控訴審で取消された。

　　［同控訴審：東京高判平成 28 年 1 月 18 日　平 26（ネ）2195］

　　男性の死因は，房室結節の嚢胞状腫瘍（CTAVN）により致死性不整脈を発症して死亡したものというべきであり，入国警備官らによる制圧行為によるものではなく，制圧行為も男性が航空機内で暴れたり，自殺したりするのを防ぐために必要かつ相当な行為であって，違法とまではいえない。

　　入国警備官らがガーナ人男性の異変を認識し得た時点（航空機の乗務員から指示を受けて，通路側の座席から窓側の座席に移動させた時点）で速やかに救護措置をとるべきであったということはできるものの，その時点では既に CTAVN による致死性不整脈により心停止してい

94　第1編　入管法制

たものと認められるのであり，CTAVN により心停止した場合，心臓マッサージや AED 等に
よる蘇生行為を行っても心拍が回復する可能性は極めて低いことが認められ，入国警備官らが
その時点で即座に心臓マッサージや AED の使用といった救護措置をとったとしても，死亡を
回避できたとはいえず，仮に入国警備官らに救護義務違反が認められるとしても，ガーナ人男
性の死亡との間に相当因果関係があるとはいえないとされた事例。

（警備業務の委託と警備会社従業員による不法行為）

裁判例 277　　東京地判平成 16 年 10 月 14 日　平 13（ワ）17413（判タ 1188 号 271 頁）

　空港で上陸を禁止された外国人から，警備を委託された警備会社従業員が，警備料等徴収目
的で，身体に対する有形力の行使により金銭を取得した事案につき，空港等における上陸を禁
止された外国人に対する送還されるまでの間の身柄の確保は国家の権力作用として行われるも
のではなく，当該業務を行う警備会社に対する入管支局等による審査場立入許可にも違法性は
認められないとされた事例。
　空港で上陸を禁止された外国人から，警備を委託された警備会社従業員が，警備料等徴収目
的で，身体に対する有形力の行使により金銭を取得した事案につき，警備会社，その従業員等
については不法行為責任が認められるが，航空会社には安全配慮義務違反が認められない。

（執行の差し止め，停止）

裁判例 278　　大阪地決平成 19 年 11 月 1 日　平 19（行ク）57

　大韓民国国籍の申立人が，不法残留に該当すると認定され，退去強制令書発付処分を受ける
ことで，退去強制令書が執行されて送還されると，本邦における生活そのものが奪われるばか
りか，少なくとも 5 年間は本邦への入国が認められなくなるので，夫婦関係が決定的に破壊さ
れ，回復不能な損害を被るおそれがあるとして，その差止めを求めた事案において，送還段階
で生じる損害は，退去強制令書発付処分の取消訴訟を提起し執行停止を受けることで避け得る
性質のものであることから，処分がされることにより生じる償うことができない損害をさける
ため緊急の必要があるとはいえないとされた事例。

（退去強制令書発付即日の強制送還）

裁判例 279　　東京地判平成 19 年 9 月 3 日　平 18（ワ）3979

　バングラデシュ国籍の原告に対する，退去強制令書発付処分が出された当日の国費による強
制送還が，行政の円滑な遂行という基本的要請に適うもので違法又は不当な目的があったと推
認できず，入国警備官が弁護士への連絡を認めなかったことは護送要領に従ったもので裁判を
受ける権利を侵害したとはいえず，原告に対する手錠の使用も違法と評価できないとして，請
求が棄却された事例。

（送還と難民該当性の判断）

| 裁判例 280 | 東京地判平成 19 年 8 月 31 日　平 15（行ウ）645，平 18（行ウ）189（判タ 1278 号 69 頁） |

　難民認定手続における難民該当性判断の時期と退去強制手続における送還可能性判断の時期とに時間的な隔たりがあり，前者の時期には難民に該当していなかった者が後者の時期には難民に該当していたということが十分にあり得ることを考えれば，送還時における難民該当性の判断は，難民認定手続とは別に，退去強制手続のなかで独自に行われなければならないものというべきである。

（主任審査官の判断権限は形式的審査に限られるとする事例）

| 裁判例 281 | 名古屋地判平成 16 年 8 月 26 日　平 16（行ウ）30 |

　容疑者が法 24 条各号の一に該当するとの入国審査官の認定（若しくは特別審理官の判定）に服したとき等の場合，主任審査官は，当該容疑者に対し，すみやかに退去強制令書を発付しなければならないと規定し，主任審査官が発付の可否について何らかの実質的判断権限を有することをうかがわせる文言は存在しない。そうすると，主任審査官の権限は，せいぜい，手続が入管法に従って履践されたことを確認する形式的審査権を有するに過ぎず，これが満たされている場合に，その発付を拒否することは許されないと解すべきである。

（その控訴審で，実質的審査が必要であるとした事例）

| 裁判例 282 | 名古屋高判平成 18 年 6 月 21 日　平 16（行コ）32 |

　主任審査官は，本国政府を迫害主体とする難民と認定されるべき者を当該本国に送還することは許されず，送還先が法 53 条 3 項に適合しているか否かについて審査のうえ送還先を指定することになるところであり，退去強制手続における送還先は，主任審査官によって，当該外国人が難民に該当するかについての実質判断がなされたうえで指定される手続になっているものと解するのが相当である。

（退去強制令書の執行を受けない地位確認）

| 裁判例 283 | 東京地判平成 19 年 2 月 23 日　平 16（行ウ）315 等 |

　一定の不利益処分がなされることが当然に予想できる場合，当該処分の違法を主張してその効力を予防的に争う場合には，差止めの訴えによるほうが，より直截的である。

　しかしながら，退去強制令書の執行を差止めようとするならば，当該裁決の効力を有しないものとするか又は排除しなければならないところ，当該裁決の取消し又は無効確認以外の方法（例えば，職権による取消し又は撤回の義務づけ）に疑義がないではないというべきであるから，本件各裁決の取消し又は無効確認が認められない以上，いわゆる補充性を理由として，公

96　第1編　入管法制

法上の法律関係の確認の訴えとみられる本件各確認の訴えの利益がないと解することは相当とはいえない。

　ただし，その地位の確認（本案の判断）に当たっては，本来より直截的であるはずの差止めの訴えの要件（行政事件訴訟法37条の4）をも勘案しながら，十分慎重な吟味を要するというべきである。

第5　送還先の指定

| 裁判例 284 | 東京地判昭和33年12月24日　昭30（行）58 |

　送還先である「国」とは国家を指称するもの即ち領土と人民と統治権との有機的結合体であり，単なる特定地域を指称するものではない。

　退去強制令書において送還先と指定した「朝鮮」という表現が，単に「朝鮮半島」なる地域を意味するとすれば管理令51条の方式に違背するし，もしも「朝鮮半島に存在する国家」を指称するのであるならば，被告の主張するように互に自らが朝鮮半島全部に主権を有する正統政府であることを主張する政府が二つありその名称はいずれも「朝鮮」とはいっていないから送還先としていずれの「国」即ちいずれの政府を指定したか確定することができない。

① 　国籍国への送還の是非
（本人の希望による国籍国以外への送還）

| 裁判例 285 | 東京地判平成22年10月29日　平19（行ウ）472（訟月57巻1号1頁） |

　法53条2項が本人の希望により送還先を定めることとしているのは，国籍又は市民権の属する国以外の国を送還先に決定する場合には，本人の希望を聞いたうえで，最も適当な送還先を決定する趣旨にとどまり，被退去強制者が希望しない国を送還先と指定することができないというものではないから，難民不認定原告が難民申請していることからミャンマーを送還先として指定することができなくなるものではないとして，仮に，ロヒンギャ族である原告がミャンマー国籍を有しているとは認められないとしても，前居住地であったミャンマー連邦を送還先として指定することは可能であるとされた事例。

（国籍国を送還先に指定することが，本人の真意に基づかず無効であるとされた事例）

| 裁判例 286 | 東京地判平成22年2月19日　平20（行ウ）457・470（判タ1356号145頁） |

　ベトナムからタイに逃れた難民の子としてタイで生まれ育った外国人に対してされた，国籍国ベトナムへの退去強制令書発付処分が，原告は，国籍国とされたベトナムに送還される旨の

第5　送還先の指定　97

説明を受けておらず，自らが希望するタイに送還されるものと誤信して，口頭審理請求権を放棄する旨の意思表示をしており，その意思表示は，原告の真意に基づくものということはできず，無効であり，よって本件退去強制令発付処分には，処分の前提となる手続に重大な瑕疵がある等として，原告の請求を認容した事例。

（迫害の可能性を理由とする国籍国への送還拒否が認められなかった事例）

裁判例 287	東京地判平成25年7月30日　平24（行ウ）336

　原告は，仮に，原告が入管法上の難民に該当しないとしても，原告は，パキスタンに帰国すればTTP（パキスタンタリバン活動）により再度拉致され，殺害されるおそれがあるから，送還先をパキスタンに指定した本件退令処分は，原告の生命を一顧だにしない恣意的かつ許されざるものであり，裁量権の範囲を逸脱し又はそれを濫用したものとして違法である旨主張する。

　原告がパキスタンに帰国し，ハイバル・パフトゥンハー州（旧北西辺境州）のスワビ郡で居住することとなった場合に，TTPに原告の所在を発見された場合には，原告が拉致・監禁等をされるおそれがないとまではいえないものの，原告が首都イスラマバードやカラチなどの大都市において居住することは不可能であるとはいえず，原告の送還先をパキスタンと指定する本件退令処分は，法53条3項1号に違反するものでもなく，適法であるというべきである。

（宗教的迫害を理由とする送還拒否が認められなかった事例）

裁判例 288	東京地判平成23年6月28日　平22（行ウ）266

　原告は，イスラム教からカトリックに改宗しており，本国に帰国すれば処罰され死刑又は重罪を科されて宗教的迫害を受ける蓋然性が高いと主張する。

　しかし，

　─近時のイランの国内情勢については，イスラム教からキリスト教への改宗者に対して死刑を科されることはなく，また，改宗者であっても，イスラム教徒に対してキリスト教（特に福音派）の布教活動を行うなど目立った活動をしたり，教会幹部でもない限り，処罰されたり危険にさらされることはなく，信仰を続けることができると報告されていること，

　─原告は，本邦入国後にイスラム教からカトリックに改宗したものであり，特にカトリック教会の幹部の地位にあったわけではなく，本邦において一般信者として週に1，2回教会に通っていただけで布教など積極的な宗教的活動に従事していたわけではないこと，

などからすると，原告が本国に帰国した場合，宗教的迫害を受ける蓋然性があるとは認められない。

98　第1編　入管法制

（送還の是非について，一審・二審で判断が分かれた場合）

裁判例 289　大阪地判平成 27 年 7 月 24 日　平 23（行ウ）215

　　原告がイランに送還された場合，イランにおいて本件犯行（本邦において，イラン人であり，イスラム教徒である知人を殺害し，懲役 10 年の刑に処せられ，服役）について，殺人罪により公開処刑される蓋然性が高く，イランに送還することは，B 規約 7 条に違反するとの主張が認められなかった事例。

　　イランの司法権法務室は，非拘束的な意見ではあるが，イラン国外で罪を犯し，当該犯罪地でこれについて刑を受けた場合には，イランにおいては当該犯罪について刑に処せられないとの意見を明らかにしており，本件犯行については，そもそも刑に処せられない可能性もあるうえ，仮に起訴・処罰の対象となるとしても，本件犯行から 8 年以上が経過していた本件退令発付処分の当時において，本件被害者の相続人が原告を宥恕せず「血の代償金」による代替も受け入れないために死刑判決がされ，前記認定の和解委員会の活動等によっても宥恕が得られないまま原告が実際に死刑に処せられる可能性が高かったとはいうことができない。

　　その控訴審は，原審をこの送還先指定の部分につき取り消した。

裁判例 290　大阪高判平成 27 年 11 月 27 日　平 26（行コ）106

　　控訴人については，本件退令発付処分がされた当時，同処分の執行によりイランに送還された場合には，同国において本件犯行につき，イラン人でありイスラム教徒である本件被害者を故意により殺害した殺人罪として再び起訴されて裁判が行われ，その結果，同害報復刑が宣告され，また，「血の代償金」の支払について本件被害者の相続人の同意が得られないため死刑に処せられる蓋然性が極めて高いと認めるべき状況にあったものである。そして，既に認定した事実を基にすれば，控訴人は，わが国において既に，本件犯行に係る殺人等の罪により懲役 10 年に処する旨の判決の宣告を受け，現在ではその刑の執行を終えていること（なお，本件退令発付処分がされた時点では上記刑の執行中であったものの，控訴人が退去強制前にその執行を終えることになることは，同時点において確実であった。），本件犯行に係る犯情，殊に被害者の数に照らし，わが国の裁判所において，控訴人が本件犯行に係る殺人罪により死刑に処せられる現実的な可能性はなかったこと，これらに加えて，イランにおける控訴人に対する上記死刑の執行は，公開の場における絞首刑の方法で行われる可能性も相当程度考えられることがそれぞれ認められる。

　　これらの事情からすれば，本件退令発付処分の執行により控訴人をイランに送還するときは，控訴人の生命に差し迫った危険の発生することが相当程度の蓋然性をもって予想され，かつ，その結果は，わが国の法制度や刑罰法規の定め及び刑事手続の運用等に照らして到底容認し難いものであるといわざるを得ない。

第5 送還先の指定 99

（国籍国への送還が人道に反するとされた事例）

| 裁判例291 | 東京地判平成13年3月15日　平10（行ウ）130（判時1784号67頁） |

　7年以上わが国で不法残留していたボリヴィア国籍の未成年者を，子供のころ2か月しか滞在しなかったボリヴィアに送還することは，甚だ人道に反し，社会通念に照らして著しく妥当性を欠くとした事例（元来中国人であるが，中国国籍を失い，ボリヴィア国籍となる）。

② 無国籍者等と送還先

| 裁判例292 | 東京地判平成26年7月15日　平25（行ウ）322，362 |

　原告らは，原告母は無国籍であるから，強制退去手続に従ってもタイに送還することはできない旨主張する。しかしながら，送還不能の場合であっても，退去強制令書を発付することを予定しているものと解され，仮に，指定された送還先の国への送還が結果的に不可能であったとしても，そのことから直ちに，その国を送還先と指定した退去強制令書発付処分が違法となるものではないというべきである。

　ところで，原告訴訟代理人がタイ大使館員に電話で聴取したところによれば，原告母がタイ国籍を取得することは困難であるというのであるが，これがタイ当局の確定的な見解であって今後の事情いかんに関わらず変更される余地がないと認めるには足りず，タイへ向けた送還の見通しが全く立たない客観的事情が存在するとはいえない。

| 裁判例293 | 東京地判平成25年1月15日　平24（行ウ）101 |

　原告らは，原告子は中国とスリランカのいずれの国籍も有していないため，原告父及び原告母が退去強制された場合には，原告子のみが本邦に残ることを強いられることになる旨の主張をする。

　原告子につき中国国籍を取得することができていないとする理由についての原告父及び原告母の各供述をみると，原告子の出生届が中国大使館に受理されていないのは，原告父及び原告母が不法残留の状態にあることや，必要書類が不足していることなどの手続上の問題によるものであることがうかがわれるところ，本件全証拠をみても，原告父又は原告母が，これら手続上の問題を解決するために必要な手続を履行したと認めるに足りる証拠は存しないし，それが履行されても中国国籍が否定されると認めるに足りる証拠も存しない。

　よって，原告子が無国籍であることを理由に原告父及び原告母が退去強制された場合に原告子のみが本邦に残留を強いられることになるとは認められず，この点に関する原告らの主張を採用することはできない。

| 裁判例294 | 東京地判平成22年11月19日　平21（行ウ）441，平22（行ウ）14 |

　送還先をタイ王国とする退令処分について，タイ政府から国籍を認められず，結果として受

100 第1編 入管法制

入れを拒否されたとしても，国籍をタイと認定してなされた退令処分は違法ではないとされた
事例。

③ 家族で別々の国に送還される場合

裁判例 295 東京地判平成21年4月9日 平20（行ウ）158，平20（行ウ）168，平20（行ウ）169，平20（行ウ）170

　パキスタン・国籍の原告父及び原告子並びにフィリピン国籍の原告母が，それぞれ不法残留
に該当すると認定され，それに対する異議に理由がない旨の裁決及び退令処分を受けた事案に
おいて，原告父及び原告子らと，原告母の送還先が異なるとしても，その後，いずれかの国で
家族として再統合し，共に家族生活を営むことも可能であること等から，請求を棄却した事例。

裁判例 296 名古屋地判平成17年8月31日 平16（行ウ）48-50

　イラン国籍を有する夫，同国籍とともにコロンビア国籍を有する妻及び両名の間の息子につ
いて，夫・息子についてはイランを，妻についてはコロンビアを送還先に指定した退去強制令
書の発付処分について，主任審査官の裁量の逸脱又は濫用があるとはいえないとされた事例。

④ 送還先指定と退去強制令書

（送還不能と退令処分の効力）

裁判例 297 福岡高判平成23年4月28日 22（行コ）13

　退去強制処分により指定された送還先が送還不能な場合には，令書発付後の事情変更による
手続を予定している（法52条5項，6項）のであるから，送還不能であるからといって退去
強制令書発付が直ちに違法無効となるものではない。

（送還先指定の令書との非可分性）

裁判例 298 東京地判平成22年9月17日 平21（行ウ）289・296・297

　被告は，退去強制令書発付処分のうち送還先部分については，主任審査官が決定する事項で
あるのに対して，その余の退去強制部分については，入国審査官の認定，特別審理官の判定，
法務大臣等の裁決によって決定される事項であり，判断権者や決定手続が異なっていることな
どから，送還先部分と退去強制部分とは可分であり，主任審査官は，退去強制部分の効力を維
持したまま，送還先のみを変更することが可能である旨主張する。

　しかし，法51条は，送還先を退去強制令書の必要的記載事項としており，退去強制令書の
執行に当たっては，被送還者を本邦から退去させるのみならず，送還先まで送還しなければな
らないのであるから，送還先の指定は，退去強制令書発付処分において不可欠な本質的要素で
あるというべきであり，これを欠く退去強制令書発付処分は，有効に存在し得ないというべき

第6 仮放免 101

であ～。そして，退去強制令書発付処分の主体は，退去強制部分，送還先部分共に主任審査官であって，退去強制部分についての実質的な判断主体が法務大臣等であるとしても，そのことが，退去強制部分と送還先部分とが可分であることの根拠となるものとは解されない。

　そうすると，退去強制令書発付処分において，退去強制部分と送還先部分とは不可分であると解するのが相当であり，その本質的要素である送還先部分に瑕疵のある退去強制令書発付処分は，退去強制部分も含めて，その全体に瑕疵があるものというべきである。

裁判例 299 　東京地判平成 16 年 5 月 27 日　平 14 (行ウ) 75，80（判時 1875 号 24 頁）

　法 51 条及び規則 45 条からすると，退去強制令書はそれを受ける者に対して，本邦を退去せよとの意思表示を本質とするものであって，送還先の記載は同令書発付処分が本来有する効力に関するものではなく，同令書の執行の便宜上記載されるべきものであるが，退去強制の実務は退去のみならず特定国への送還を本質として取り扱われていることからすると，送還先を誤った場合は同令書全体を違法として効力を否定しなければ当該送還先への送還を阻止する手段がないから，そのような場合は同令書全体を重大な瑕疵があり無効とせざるを得ないとされた事例。

第6　仮放免

（主任審査官の裁量）

　身柄収容の原則に対する例外的措置として仮放免の請求に対する許否の判断は，主任審査官等の広範な裁量に委ねられているとする判例が多い。

裁判例 300 　東京地判平成 26 年 5 月 22 日　平 25 (行ウ) 199

　原告は極めて悪質な密輸行為により，退去強制事由に該当する外国人である。
　—収容されていることにより，訴訟遂行に特段の支障が生じることはない。
　—外部の医療機関による診療が必要である病気に罹患していない。
　—退去強制されるべき立場にある以上，家族との間の交流に一定程度の制約が生じることはやむを得ない。
　—家族が生活する上で，原告の存在が必要不可欠であるといえない。
　—原告の逃亡のおそれの有無といった事情が，仮放免の許否に当たって，殊更重視すべき事情であるということもできない。
　所長が仮放免を認めなかったことに裁量権の逸脱，濫用はない。

102 第1編 入管法制

| 裁判例 301 | 東京高判平成21年10月29日　平21（行コ）209
（原審：東京地判平成21年5月22日　平21（行ウ）10） |

　国家が，在留資格に反した活動を行い，自国にとって好ましくないと認める外国人を，強制力をもって国外に排除する退去強制手続を行うに当たっては，身柄を収容して行うことが原則であり，身柄を確保することはその実質的な必要性がある場合に限定されるべきであるとする控訴人の主張は，採用することができない。

　また，仮放免制度は，特段の事情が存する場合に，一定の条件を付したうえで一時的に身柄の解放を認める例外的な制度であって，入管法の規定上，具体的な判断基準等の定めがないことを考慮すると，仮放免の請求に対する許否の判断は，主任審査官等の広範な裁量に委ねられており，身柄を確保する実質的な必要性がなければ仮放免を許可する義務が主任審査官等にあるとは認められないというべきである。

| 裁判例 302 | 東京地判平成21年5月22日　平21（行ウ）10 |

　仮放免制度は，身柄収容の原則に対する例外的措置として，自費出国若しくはその準備のため又は病気治療のためなど，容疑者の身柄の収容を続けるとかえってその円滑な送還の執行を期待することができない場合や，その他人道的配慮を要する場合等特段の事情が存する場合に，一定の条件を付したうえで一時的に身柄の解放を認める制度であり，仮放免の請求に対する許否の判断は，主任審査官等の広範な裁量に委ねられている。

（婚姻生活の継続は，仮放免を認める理由にならないとされた事例）

| 裁判例 303 | 東京地判平成22年1月20日　平21（行ウ）473 |

　仮放免をするか否かは，入国者収容所長又は主任審査官の広範な裁量に委ねられており，仮に原告とその日本人配偶者の婚姻関係に実態があるとしても，それが原告の身柄拘束により支障が生じることは，原告が本邦から退去を強制される地位にあることの必然的な制約であるといわざるを得ない。

| 裁判例 304 | 東京地判平成20年4月11日　平19（行ウ）685 |

　定住者の在留資格をもつ配偶者の存在に関わりなく，原告は退去強制事由に当たる以上，その婚姻から直ちに本件不許可処分に裁量の逸脱又は濫用が認められるわけでない。配偶者の子（前夫の子）は原告と生活を共にしていないことから，その成育状況は理由にならず，原告の仮放免が許可されても本邦で適法に就労できないことから配偶者の経済的困窮も理由にならない等から，本件不許可処分に裁量の逸脱又は濫用は認められない。

第6 仮放免　103

裁判例305　東京地判平成19年5月18日　平18（行ウ）157

　原告妻は，仮放免不許可処分が婚姻を破壊する旨主張するが，原告夫の収容により婚姻生活を営めなくなるとしても，それにより，直ちに主任審査官の判断に裁量権の逸脱があるとはいえない。

（逃亡の恐れがないとはいえないとされた事例）

裁判例306　東京地判平成26年1月30日　平25（行ウ）458

　原告は，日本に在留することを熱望しており，原告が逃亡するおそれは全くないから，原告について仮放免を許可すべきである旨主張する。

　しかしながら，原告は，本件居住地条件を遵守することなく，無断で本件指定居住地から転居したうえ，その事実を東京入管局に対してあえて申告していなかったものであり，このような原告の態度に鑑みれば，原告について逃亡のおそれが全くないなどということはできない。

裁判例307　東京地判平成24年2月1日　平23（行ウ）71

　原告は，逃亡のおそれがなく，証拠を隠匿又は変造することもあり得ず，病気治療が必要な妻の生活を支えるべき義務があるのだから，本件不許可処分は，正当な理由のない身体活動の自由に対する拘束であると主張する。

　しかしながら，退去強制手続における収容の目的に照らせば，逃亡のおそれや訴訟の証拠の隠匿又は変造の余地がないからといって，直ちに仮放免を認めるべきであるということはできないことはもとより，原告の婚姻関係は形式的なものにすぎないうえ，妻が一人で生活することが困難であるとも認められない。

（収容期間）

裁判例308　東京地判平成21年3月25日　平20（行ウ）695

　原告が退去強制対象者であり，退令処分の執行による収容期間は不許可処分の当時いまだ1か月であり合理的な期間の範囲内に留まっていること，収容に耐えられない病気等の存在はうかがえないこと，日本人配偶者との婚姻届の提出も退令処分後であること等を考慮すれば，仮放免の不許可処分に裁量権の範囲の逸脱・濫用があると認めることはできない。

裁判例309　東京地判平成21年3月25日　平20（行ウ）608

　原告の収容期間は3か月に満たないもので，合理的な期間の範囲を超えるものではなく，原告の健康状態も，収容の継続に耐えられないほど重篤な疾患に罹患した状態と認めるには足りず，また，原告は，かつて自費出国許可を得て入管収容所を出所したにも関わらず，その後，

104　第1編　入管法制

数年間に渡って本邦へ不法残留を継続したものである。

　したがって，韓国国籍の原告に対する仮放免不許可処分における入国管理センター所長の判断は，その裁量権の範囲を逸脱又は濫用するものということはできない。

（別件訴訟の進行）

裁判例310　　東京地判平成21年3月13日　平20（行ウ）585

　売春の周旋により法24条4号ヌに該当する疑いがあるとして退去強制手続に付されている中国籍の女性からの仮放免申立について，仮放免の請求に対する許否の判断は，入国者収容所長等の広範な裁量に委ねられていると解するのが相当であり，別件（裁決，退令処分）取消訴訟の訴訟追行に支障があるわけでもなく，原告の身柄の収容を続けるとかえってその円滑な送還の執行を期待できない場合や，その他人道的配慮を要する場合等特段の事情が存する場合に該当するものと認めることはできないとされた事例。

（再度の収容に対する仮放免請求が認められなかった事例）

裁判例311　　東京地判平成24年2月3日　平23（行ウ）357

　原告は，不法入国者であり，原告に対する本件退令発付処分が適法であることは前回訴訟で確定しているのであるから，当然に退去強制されるべき者であって，身柄を確保して速やかに送還されるべき状況にある。そして，退去強制手続における収容の目的として，退去強制令書の発付を受けた者の本邦内での活動を制限するという目的もあることからすれば，仮に逃亡のおそれがないとしても，直ちに仮放免を認めるべきであるとはいえない。

裁判例312　　東京地判平成23年6月15日　平22（行ウ）568

　仮放免期間満了により，収容された者の再度の仮放免請求が認められなかった事例につき，原告に対する退令処分の取消等を求める別件訴訟における原告の敗訴が確定しており，原告は本件退令の執行により速やかに送還先に送還されるべき立場にある者として収容されており，仮放免不許可は主任審査官等が有する裁量権の範囲を超えるものではないとされた事例。

（二度に亘る仮放免許可ののち，退去強制令書発付処分に対する取消訴訟の棄却判決が確定したに伴い，再度収容された外国人の妻による仮放免許可申請が認められなかった事例）

裁判例313　　東京地判平成27年2月4日　平24（行ウ）763，平25（行ウ）640，平26（行ウ）164

　原告は，2回目の収容は，訴えを提起した外国人への実質的な懲罰であり，また，証拠調べに向けた代理人や関係者との打ち合わせを困難にさせるためのものであったとみざるを得ないとも主張するが，2回目の収容は，本件裁決の通知を受けてされた本件退令発付処分を執行す

第6 仮放免　105

るこ…により行われたものであり，原告が本件訴えを提起したことへの実質的な懲罰であった
ことや，証拠調べに向けた代理人や関係者との打ち合わせを困難にさせるためのものであった
ことをうかがわせるに足りる証拠はない。

（強制送還と訴えの利益）

裁判例314　東京地判平成22年11月30日　平21（行ウ）401

　ヨルダン国籍の外国人が，退令処分の執行後，病気療養等のため仮放免され，仮放免の期間
延長，収容，仮放免ののち，4年後に仮放免の延長を不許可とされ，退令処分の執行によりヨ
ルダンに強制送還された事例。

　仮放免ないしその期間の延長によって当該外国人が受ける利益は，専ら退去強制令書の執行
を一時的に免れることにあるといえる。

　外国人が退去強制令書の執行により本邦外に送還されるなどして退去強制令書の執行が完了
しもはやその対象ではなくなった場合には，上記のような利益を回復する可能性はなくなると
いうべきであるから，仮放免を不許可とする旨の処分ないしその期間の延長を不許可とする旨
の処分の取消し又は無効確認を求める訴えの利益は失われるものというべきであって，これと
異なって解すべき法令上の根拠は見当たらない。

（仮放免不許可処分と原告適格）

裁判例315　東京地判平成21年3月13日　平20（行ウ）503

　法54条に基づき，被収容者である外国人の仮放免の請求を行うべく選任された代理人は，
仮放免不許可処分についての取消を求めるにつき法律上の利益を有する者に当たらない。法
54条1項所定の代理人の資格が特に定められていないことから，その代理人に原告適格を認
めて取消訴訟の提起を可能とすると，弁護士代理の原則（行政事件訴訟法7条，民事訴訟法
54条1項本文）を容易に潜脱し得る結果になる。

第6章

在留特別許可

第1　概論

　法務大臣は，退去強制手続の対象となった外国人が退去強制対象者に該当すると認められ，法49条1項の規定による異議の申出に理由がないと認める場合においても，その外国人が法50条1項各号のいずれかに該当するときは，その者の在留を特別に許可することができるとされる。

　在留特別許可の判断の対象となる者は，在留期間更新許可の場合のように適法に在留している外国人とは異なり，既に法24条各号の退去強制事由に該当し，本来的には退去強制の対象となるべき地位にある外国人である。さらに，外国人の出入国管理は，国内の治安と善良な風俗の維持，保健・衛生の確保，労働市場の安定等の国益の保持の見地に立って行われるものであって，その性質上，広く情報を収集し，諸般の事情をしんしゃくして，時宜に応じた判断を行うことが必要とされる。

　もっとも，法50条は，容疑者が，
　―永住許可を受けているとき（本条1項1号）
　―かって日本国民として本邦に本籍を有したことがあるとき（本条1項2号）
　―人身取引等により他人の支配下に置かれて本邦に在留するものであるとき（本条1項3号）
　―その他法務大臣が特別に在留を許可すべき事情があると認めるとき（本条1項4号）
には，在留特別許可をすることができるとして，在留特別許可を与えることができる場合の要件を一部定めている。

　以下では，第4号の「その他」条項を除いて（次節参照），第1号から第3号にかかる判例をあげ，在留特別許可にかかるガイドライン，事例集の効力にかかる判例も紹介する。

1　永住許可と在留特別許可

　永住許可を受けている場合には，原則として在留特別許可を与えることができるが，永住

108　第1編　入管法制

者に在留特別許可を認めなかった判例としては，以下の事例がある。

（永住者と犯罪歴）

裁判例316	東京地判平成28年6月3日　平27（行ウ）422

　原告は，永住許可を受けており，法50条1項1号に該当し，法務大臣等の在留特別許可の許否判断における特に考慮する積極要素としてしんしゃくすべきである旨主張する。

　「永住者」の在留資格への変更は，申請者が日本人の配偶者である場合においては，「その者の永住が日本国の利益に合すると認めたとき」に許可することができるとされている（法20条）。

　しかるに，原告は，平成16年頃及び平成17年又は平成18年頃に窃盗行為をし，これらが発覚して警察から厳重注意を受けたことがあり，また，本件刑事事件に係る各窃盗行為（約半年の間に窃盗3件）に及んでいたのであって，平成20年3月に永住許可を受けた時点において，未だ懲役刑等を受けてはいなかったものの，原告の永住につき日本国の利益に合するものと評価することには問題があったことがうかがわれる。加えて，原告は，永住許可を受けた後，本件刑事事件により有罪判決を受け，その後も窃盗行為を繰り返し，実刑判決を受けて服役したというのであり，本件裁決時においては，「その者の永住が日本国の利益に合する」と認められるとの永住許可の条件を欠くに至っているといわざるを得ない。

　そうすると，原告が「永住者」の在留資格を有しているという事実が，原告の在留特別許可の許否判断に当たり，必ずしも強い積極要素であるとまではいえないとされたとしても，不合理ではないというべきである。

（永住許可を受けてから日が浅いこと）

裁判例317	東京地判平成23年12月2日　平22（行ウ）565

　退去強制事由に該当する外国人が永住者の在留資格を有することは，上記判断の際に，わが国への定着性を示す一要素として考慮することができる事情となり得るものにとどまる。

　―本件裁決時において，原告が適法に本邦に在留してい約5年6月のうち，永住許可を受けた以降の期間は約1年2月にとどまること，

　―原告の入国状況は良好なものではなく，また，その在留状況（売春防止法（場所提供）の罪により有罪判決を受けたこと等）は，極めて悪質なものであるというほかないこと，

　―原告に対する永住許可は，法務大臣において，原告の重大な犯罪行為を認識することなくされたものであると考えられること，

などに鑑みれば，在留を特別に許可すべきか否かの判断に当たり，殊更しんしゃくすべき事情であったものとはいえない。

裁判例318	東京地判平成27年4月16日　平25（行ウ）287

　原告は，永住者については原則として在留特別許可をすべき事情があり，許可をしないこと

が正当化されるためには重要な消極的事由があることが必要である等と主張するが，原告が本邦に入国してから本件裁決までの期間は約8年であるものの，永住許可を受けてからは4年6か月程度にとどまるうえ，本邦に入国後永久許可を受ける前に2年程度中国で生活していたことにも照らすと，原告が永住許可を受けていることや，日本への定着性について原告が主張する点について，出入国管理行政の適正な執行に与えた影響等といった事情を当然に凌駕する事情として重視すべきものとまでは言い難い。

（安定した家族生活を送る永住者と度重なる犯罪）

裁判例319	東京地判平成22年11月5日　平21（行ウ）625

日本人男性と婚姻して昭和59年に来日して以来，本件裁決まで約25年にわたって本邦で生活しており，二人の子供を出産し，子らと同居して，主婦として生活しており，家族関係も良好であった永住者資格を持つ中国国籍の女性が，窃盗により懲役2年の実刑判決を受けて退令処分となった事例。

原告が，本件事件に至るまでの間，いずれも窃盗の罪で，起訴猶予の処分を2回，執行猶予付き有罪判決を1回，実刑判決を2回受け，2回も服役しているにもかかわらず，またもや窃盗に及んだこと，本件窃盗事件の前である平成16年の有罪判決は，懲役1年6月に処するというものであって，これ自体が法24条4号リの退去強制事由に該当するところ，それでもなお，法務大臣の委任を受けた東京入管局長が在留特別許可をしたという経緯があるということに照らすと，これまで，原告には，更生に向けた努力をする機会が再三与えられていたにもかかわらず，それが全く功を奏していなかったというべきであるから，原告の規範意識は著しく低いといわざるを得ない。

子らは既に成人し，社会人として働いていることに加え，国籍を異にする者が婚姻する際には，互いの国籍国で生活することも考慮されてしかるべきであるし，一方が自国に単身で帰国することになるなどの困難な状況となることは，そのような婚姻の性質上起こり得るものということができる。

2　法50条1項3号該当性（人身取引の被害者）

（人身取引による支配下には置かれていないとされた事例）

裁判例320	東京地判平成27年1月28日　平26（行ウ）79

日本人配偶者としての在留資格で本邦に入国し，ブローカーの指示によりパブで就業し，3年後逃走するも就業は継続していたフィリピン国籍の女性について，当初から出入国することはできており，ブローカーの指示によるパブから逃走後も就業していたことからすると，人身取引による支配下に置かれていたとはいえないとされた事例。

110　第1編　入管法制

（裁決時には支配下から脱していたとされた事例）

裁判例 321	東京地判平成 25 年 12 月 10 日　平 24（行ウ）525

　法50条1項3号の「他人の支配下に置かれて本邦に在留するものであるとき」に該当すると認められるには，裁決の時において，当該外国人が他人の支配下に置かれているといえることを要するものというべきである。

　原告は，本邦に入国した直後に千葉県内のスナックに売却され，2，3か月後に逃げ出すまで，暴行，脅迫により意思を抑圧されて売春を強制されていた旨を主張するが，上記スナックから逃げ出した後の原告の状況についてみると，自らの意思で本邦にとどまって，茨城県，埼玉県，東京都及び長野県等においてホステス等として稼働したうえ，日本人男性との同居生活を継続してきたものであり，他方，上記スナックにおいて売春を強制したとされる関係者の影響下に生活していたことを示す事情は何らうかがわれない。そうすると，本件裁決時において，原告が他人の支配下に置かれて本邦に在留していたものと認めることはできないから，原告が法50条1項3号に該当すると認めることはできない。

（強制的に働かされていたとする主張が疑わしい事例）

裁判例 322	東京地判平成 24 年 7 月 26 日　平 23（行ウ）479

　原告は，他人名義の旅券を所持して本邦に不法入国したが，これはフィリピン人の人身取引ブローカーによる強制的なものであり，また，その後，フィリピンパブで強制的に働かされ，行動の自由を奪われていたのであって，原告は，人身取引の被害者であり，原告には在留特別許可が付与されるべきであったと主張する。

　これにつき，脅迫等の有無及びその具体的内容にかかる原告の供述が時を追うに従って著しく変遷していること，強制的に働かされ，暴力団員の監視を受けていたことについても，原告が真に強制的に働かされ暴力団員の監視を受けていた者なのであれば，そのような状況から逃れた後は，そのような状況に置かれた場所には近づくことなく，また，わが国の警察や入国管理局，自国の在外公館に保護を求めるのが通常であると考えられるのに，店を逃げ出した後，髪型などを変えたとはいうものの，原告を指名してくれていた客に連絡を取り，食事に誘うなどして，フィリピンパブに連れて行き，客が店に支払う飲食代金の2分の1を店からもらうという仕事をしていたというのである。また，わが国の警察や入国管理局，在日フィリピン大使館などに被害を申告し保護を求めることなどしようともしていないことなどから，仮に原告が人身取引の被害者であるとしても，その事情が在留特別許可の許否の判断に当たり殊更に積極要素として考慮することはできないとされてもやむを得ないものというべきであるとされた事例。

第1　概論　111

（ブローカーの支配下にあったのは 14 年前まで）

| 裁判例 323 | 東京地判平成 24 年 6 月 20 日　平 23（行ウ）308 |

　　原告は，いわゆるブローカーにだまされて多額の借金を背負わされるなどしたうえ，その支配下に置かれ，売春婦として強制的に働かされていたものであって，法 50 条 1 項 3 号に当たるなどと主張する。

　　しかし，原告は，本邦に入国した当時，28 歳の成人であり，本邦で稼働するために自らの意思に基づいてブローカーに依頼したものであって，他人名義の旅券で本邦に入国することについても遅くとも本邦に向かう航空機内において認識していたというのであるし，本邦への入国後にブローカーに対して相応の対価を支払わなければならないことについても当然認識していたと推認される。

　　仮に，原告が，本邦に上陸した後の 3 か月ないし 4 か月の期間，他人の支配下に置かれて売春をすることを強制されていたものであるとしても，それは，本件裁決の約 14 年前のことであって，その後はそのような事情は全くうかがわれないのであるから，法務大臣等において，本件裁決をするに際しての在留特別許可の許否の判断に当たり，上記の事情を法 50 条 1 項 3 号に該当する事由としてしんしゃくすべきものであったとはいえないというべきである。

3　ガイドラインと事例集

①　ガイドライン

　　在留特別許可の透明性，公平性を高めるために，法務省入国管理局は「在留特別許可に係るガイドライン」を平成 18 年に定め，同 21 年に改訂している。

　　ガイドラインは，法務大臣等の裁量権を前提としたうえで，在留特別許可の許否の判断の際に積極要素又は消極要素として考慮される事項を類型化して例示的かつ一般的・抽象的に示すものである。したがって，積極要素として記載された事情が認められるからといって直ちに在留特別許可の方向で検討されるべきというものではなく，退去強制対象者につきガイドラインの積極要素に該当する事実が一部認められたとしても，そのことのみをもって，同対象者に在留特別許可を付与しなかった法務大臣等の判断が裁量権の範囲の逸脱又はその濫用に当たるということはできない。

　　以下，ガイドラインの役割について言及している判例をあげる。

（司法審査の検討の要点とはなりうるとするもの）

| 裁判例 324 | 福岡地判平成 24 年 1 月 13 日　平 22（行ウ）31 |

　　ガイドラインは，積極要素及び消極要素の主要なものを例示し，これを「特に考慮する」要素と「その他の」要素として，その重要性の程度を分類し（ガイドライン第 1），積極要素として考慮すべき事情が明らかに消極要素として考慮すべき事情を上回る場合には，在留特別許可の

112　第1編　入管法制

方向で検討することとなるとしている（ガイドライン第2）。

　在留特別許可を付与しなかった法務大臣等の判断の司法審査においても，ガイドラインに例示された積極要素，消極要素の有無，それが特に考慮する要素か，その他の要素にとどまるか，これらを総合して，積極要素が明らかに消極要素を上回るかどうかは，前記の観点からの判断の基礎とされた重要な事実が何か，また，事実に対する評価の合理性があるかを判断するに当たって，検討の要点とはなり得るものである。

（積極的要素該当性を検討している判決例）

　ガイドラインの「その他の積極要素」の(1)，(2)，(5)及び(6)に該当するとの原告の主張に対し，ガイドラインの内容が法務大臣等の上記裁量を法的に制約するものということもできないとしつつ，本判決はガイドラインの積極要素該当性を以下のように否定している。

裁判例 325　　東京地判平成26年5月23日　平25（行ウ）567

　「その他の積極要素」の(1)として，「当該外国人が，不法滞在者であることを申告するため，自ら地方入国管理官署に出頭したこと」をあげており，原告はこれに該当するけれども，他方で，本件ガイドラインは，「在留特別許可方向」で検討する例として，「当該外国人が，本邦に長期間在住していて，退去強制事由に該当する旨を地方入国管理官署に自ら申告し，かつ，他の法令違反がないなど在留の状況に特段の問題がないと認められること」をあげ，上記(1)に該当する事由のみでは在留特別許可をするものではないことを明らかにしているところ，原告については，道路交通法違反（無免許運転）の罪により有罪判決を受けた事実や外登法3条1項に基づく新規登録申請義務の懈怠という法令違反が認められるのであるから，原告は本件ガイドラインが示す上記の例に該当しないといわざるを得ない。

　さらに，本件ガイドラインは，「その他の積極要素」の(2)として，当該外国人が，永住者を含む別表第二に掲げる在留資格で在留している者と婚姻が法的に成立している場合であって，「前記1の(3)のア及びイ」に該当することをあげ，当該「1の(3)のア及びイ」において「ア　夫婦として相当期間共同生活をし，相互に協力して扶助していること　イ　夫婦の間に子がいるなど，婚姻が安定かつ成熟していること」と定めているところ，本件裁決時において，夫婦として相当期間共同生活をしていると認められないことや，両者の間に子がなく，両者の婚姻が安定かつ成熟していると認められない。

　そして，本件ガイドラインは，「その他の積極要素」の(5)として，「当該外国人が，本邦での滞在期間が長期間に及び，本邦への定着性が認められること」をあげており，(6)として，「その他人道的配慮を必要とするなど特別な事情があること」をあげているところ，原告について積極要素として考慮されるべき本邦への定着性が認め難いし，原告の婚姻関係が必ずしも特別に保護すべきものとまではいえない。

第 1 概論 113

（ガイドラインから窺われる考慮要素からして，控訴人らについては在留特別許可を与えるべき積極要素のみしか見当たらないとして，在留特別許可を与えないことが裁量権逸脱であるとした事例）

| 裁判例 326 | 大阪高判平成 25 年 12 月 20 日　平 25（行コ）13 |

　ガイドラインは，個々の事案ごとに，在留を希望する理由，家族状況，素行，内外の諸情勢，人道的な配慮の必要性，更にはわが国における不法残留者に与える影響等，諸般の事情を総合的に勘案して行うと明記しており，その性質上，法務大臣等の裁量権を一義的に拘束するものではない。しかしながら，本件ガイドラインは，在留特別許可に係る透明性及び公平性を高めるために公表されているものであるから，その公表の趣旨からしても，裁判所が法務大臣等の判断に裁量権の逸脱や濫用があるといえるか判断する際に，本件ガイドラインに積極要素・消極要素として記載されている事項は，重要な検討要素となるものである。

　控訴人父母は，長期間にわたり本邦に在留しており，わが国への定着性が認められること，控訴人父母には，わが国における犯罪歴や出入国管理行政の根幹にかかわる違反又は反社会性の高い違反はなく，その他入国・在留状況等にも大きな問題はないこと，控訴人子らの年齢等からすると，控訴人父母と控訴人子らを別々に処遇するのは相当ではないことなどを総合的に考慮すれば，本件ガイドラインから窺われる考慮要素からして，控訴人らについては在留特別許可を与えるべき積極要素のみしか見当たらないから，在留特別許可を与えることが相当であると判断されるべきであり，控訴人らに対し在留特別許可を付与しないとした処分行政庁である大阪入管局長の判断は，その裁量権が広範なものであることを考慮したとしても，社会通念に照らし著しく妥当性を欠くものといわなければならない。

② 事例集

　なお，ガイドラインの外に，入国管理局は平成 16 年度以降，在留特別許可された事例，在留特別許可されなかった事例を，事例集としてホームページに搭載している。この事例集も法的効力を持つものではない。

（事例集は判断基準を示したものではない）

| 裁判例 327 | 東京地判平成 26 年 11 月 27 日　平 25（行ウ）473，506-508 |

　原告らは，不法入国者に対して在留特別許可がされた過去の裁判例や事例と比較して，本件で当該許可をしないのは著しく均衡を失するとも主張する。しかしながら，過去の裁判例や法務省が公表している在留特別許可された事例は，法務大臣等の裁量権を前提とするものであり，その判断は個々の事案における上記事情を総合的に考慮したうえで個別的に決定されるものであるから，過去の裁判例や法務省が公表している在留特別許可が認められた事例と比較して，在留期間や子の年齢など考慮事情の一部について（原告らがあげる裁判例の事案も，本件とは事情を異にする部分があるものである。）同様な事情が存在したとしても，そのことから直ちに，同対象者に在留特別許可を付与しなかった法務大臣等の判断が裁量権の範囲の逸脱又はその濫用に当たるということはできない。

114　第1編　入管法制

裁判例 328　東京地判平成25年1月29日　平23（行ウ）672

　事例集は，在留特別許可制度の透明性を高めるという観点から，在留特別許可が付与された事例と付与されなかった事例につき，主な事案別に分類をし，発覚事由，違反態様，違反期間，婚姻期間などを公表したものにとどまり，在留特別許可についての法務大臣等の判断基準を示したものとは認められない。この点をおくとしても，法務大臣等による在留特別許可の許否の判断は，個々の事案ごとに，在留を希望する理由，家族状況，素行，内外の諸情勢，人道的な配慮の必要性，更にはわが国における不法滞在者に与える影響等，諸般の事情を総合的に考慮して行われるべきものであるから，本件事例集から仮に何らかの基準を読み取ることができるとして，その基準に著しく逸脱するような判断がされた場合に平等原則の観点から当該判断が違法とされる余地があるに過ぎない。

（事例集とは対応していないとするもの）

裁判例 329　東京地判平成19年12月6日　平18（行ウ）611

　原告は，法務省が公表している在留特別許可がされた事例及びされなかった事例を指摘し，在留特別許可された他の事例と比較して原告に関する事情がより悪いとは解されず，また，在留特別許可がなされなかった事例にみられる入管法以外の犯罪行為や偽装結婚等の虚偽申告は原告には当てはまらないから，原告には在留特別許可が与えられるべきであると主張する。

　しかし，法務省が公表している平成15年度から平成17年度までに在留特別許可がされた事例を子細に検討してみても，重要な事実関係において原告の事情とすべて同じであるといえる事例を見いだすことはできない。原告は，在留特別許可がされた事例において，定職に就き，家族とともに安定した生活をしている点が主に考慮されていると主張するが，これらの事情以外にも，本人が入国，残留した経緯，配偶者の国籍及び外国人である場合の在留資格，子の年齢及び就学状況など，さまざまな事情が考慮されていることが認められるから，原告の主張は採用できない。

裁判例 330　東京地判平成19年5月31日　平18（行ウ）139，184

　原告らは法務省HPに掲載された付与事例に本件類似事案が存在すると述べるが，公開事例は，参考となり得る付与事例と付与されなかった事例につき，事実関係を一定限度抽象化して示し，もって在留特別許可の判断の透明性・公平性に資するという観点で公開されたものであるといえるから，抽象化した事例における要素が類似しているだけで，平等原則違反や裁量権の逸脱・濫用とすることはできない。そして，公開事例は，法務大臣等の判断を拘束する基準となり得るものともいえない。

第1　概論　115

4　その他

（本邦に在留しない者への在留特別許可）

裁判例 331	大阪地判平成 18 年 3 月 23 日　平 16（行ウ）140（判タ 1213 号 112 頁）

　入管局長は，本邦に在留していない原告に対して在留特別許可が与えられる余地はないと主張するが，法 50 条 2 項，規則 44 条 2 項が，在留特別許可を付与する場合に在留期間や在留資格を付することができると定めていることからすれば，在留特別許可は，それ自体で当該容疑者に在留資格を付与するものではなく，本邦に在留しない者に在留特別許可を与えたとしても，本邦に在留しない者に在留資格を付与することを予定しない現行の法制と矛盾することとはならない。

① 　入管法施行規則 42 条 4 号
（「退去強制が著しく不当である」からといって，特別審理官の判定に対する「異議の申出」に理由があることになるわけではない）

裁判例 332	東京地判平成 26 年 5 月 29 日　平 25（行ウ）328

　規則 42 条 4 号は「退去強制が著しく不当であることを理由として申し出るときは，審査，口頭審理及び証拠に現れている事実で退去強制が著しく不当であることを信ずるに足りるもの」と規定している。

　同号は，特別審理官の判定（法 48 条 8 項）が適法であり，同判定に対する異議の申出に理由はないものの，なお，法 50 条 1 項の在留特別許可の付与を求めるという場合において，在留特別許可の許否を判断する際の資料の提出を求めるものであることは明らかである。そうである以上，規則 42 条 4 号は，特別審理官の判定（法 48 条 8 項）に対する異議の申出の理由として「退去強制が著しく不当であること」を定めたものと解することはできず，「退去強制が著しく不当である」（規則 42 条 4 号）からといって，特別審理官の判定に対する「異議の申出」に理由があることになるわけではない。

裁判例 333	東京地判平成 26 年 4 月 15 日　平 25（行ウ）604

　原告は，在留特別許可は「異議の申出が理由がないと認める場合」にされるものであり（法50 条 1 項柱書），規則 42 条 4 号が「退去強制が著しく不当であること」を異議の申出の理由としてあげているから，在留特別許可は，外国人に対する退去強制が著しく不当とはいえない場合にされるものと解すべきであるなどと主張している。

　法 49 条 1 項に基づく法務大臣に対する異議の申出は，法 24 条各号所定の退去強制事由のいずれかに該当し，かつ，出国命令対象者に該当しないとした入国審査官の認定に誤りがない旨の特別審理官の判定（法 48 条 8 項）に対する不服申立手続であり，法 50 条 1 項は，上記の異議の申出に理由がないと認める場合でも，同項各号のいずれかに該当するときは，在留特別許

116　第1編　入管法制

可を付与できる旨を定めている。そして，規則42条は，法49条1項に基づく異議の申出に際
し，異議申出書と併せて，規則42条各号のいずれかに該当する資料を提出すべき旨を定めて
おり，同条1号ないし3号が特別審理官の「判定に影響を及ぼすこと」を基礎づけるものを規
定しているのに対し，同条4号は「退去強制が著しく不当であることを理由として申し出ると
きは，審査，口頭審理及び証拠に現れている事実で退去強制が著しく不当であることを信ずる
に足りるもの」を規定している。これらの規定内容に照らせば，同号は，特別審理官の判定
（法48条8項）が適法であり，同判定に対する異議の申出に理由はないものの，なお，法50
条1項の在留特別許可の付与を求めるという場合において，在留特別許可の許否を判断する際
の資料の提出を求めるものであることは明らかである。そうである以上，規則42条4号は，
特別審理官の判定（法48条8項）に対する異議の申出の理由として「退去強制が著しく不当
であること」を定めたものと解することはできず，「退去強制が著しく不当である」（規則42
条4号）からといって，特別審理官の判定に対する「異議の申出」に理由があることになるわ
けではない。

②　再審情願
（再審情願は在留特別許可の法令上の根拠足り得ない）

裁判例 334	東京地判平成19年12月13日　平19（行ウ）473 東京地判平成25年 4月18日　平24（行ウ）333 東京地判平成27年 5月21日　平26（行ウ）326

　いわゆる「再審情願」については，法務大臣等が異議の申出に理由がない旨の裁決をした
が，その後，当該外国人の事実上の上申（再審情願）を受けて，裁決について明示的又は黙示
の職権取消・撤回をして異議の申出に対する判断がなされていない状態に復させたうえ，当該
外国人の在留を特別に許可すべき事情があると認めることができるとして，在留特別許可を付
与するものであるということができるとされ，そのような実務上の取扱いは在留特別許可にか
かる法令上の根拠とはなり得ないとされる。

（いわゆる再審情願により情願者に法律上の権利，利益が生じることはない）

裁判例 335	名古屋地判平成26年1月30日　平24（行ウ）23

　入管法には，再審情願を認める規定はなく，また，退去強制令書の発付を受けた容疑者は直
ちに本邦外に送還されていることが予定されているのであるから，入管法は，退去強制令書の
発付を受けた容疑者に対して在留特別許可を付与する再審情願の手続を予定していないという
べきである。そうすると，再審情願は，単なる情願（請願），即ち，法務大臣等に在留特別許
可に関する職権発動を促す上申にすぎず，情願者は，法務大臣等に対して当該情願について審
理や応答等を求める権利があるものではなく，情願をしたことにより法務大臣等との間に特別
な公法上の法律関係が生じるものでもない。そうすると，再審情願の審理等の手続が行われな
かったとしても，情願者の権利や法律上保護された利益が害され，あるいはその法的地位が不
安定になることはない。

第1　概論　117

| 裁判例 336 | 東京地判平成 22 年 10 月 19 日　平 21（行ウ）331 |

　再審情願についての法文上の定めはなく，口頭審理請求権の放棄により退去強制が確定した現在の状態を，同放棄の撤回により，これが確定する前の状態にいったん戻したうえで，改めて口頭審理を行うなどして在留特別許可についての判断をする取扱いであると推測されるところであって，たとえ実務上一定の場合にそのような取扱いが認められているとしても，在留特別許可をすることができるというべき法令上の根拠足り得ない。

③　在留特別許可と事後的な事情の変化

　裁決にかかる訴訟における違法判断の基準時は裁決時（口頭弁論終結時）であるが，裁判の進行中に子供は成長し，配偶者との関係も積み重ねられていく。このため，判決は裁決時の事情に基づいて判断するものの，その後の事情の変化にかかわる対応について，入管局に付言する判決がある。

（再審情願について「付言」する判決例）

| 裁判例 337 | 東京地判平成 22 年 4 月 28 日　平 20（行ウ）484，485 |

　<u>付言するに</u>，平成 20 年 1 月の本件の口頭審理の際には，本件婚姻（予定）及び本件養子縁組の事実が，原告から告げられず，東京入管局においてこれらの事実を認識し得なかったことから，本件婚姻及び本件養子縁組の事実は本件各裁決の東京入管局長の判断の基礎とされていないが，再審情願に対する判断に当たっては，これらの事実及び本件各裁決後の事情を含む現在の状況を踏まえ，
　―本件養子縁組が家庭裁判所において同調査官の調査を経て原告子の福祉に資するものとして許可を受けて成立していること，
　―原告母自身も，本件婚姻の届出後，本件各裁決後に日本人夫との同居を開始し，実質的な婚姻関係の形成に向けた生活環境の変化が生じていること，
等の事情が，原告らに有利な事情として考慮されたうえで改めて在留特別許可の許否の判断がされることになるものと思料される。

| 裁判例 338 | 東京地判平成 23 年 3 月 16 日　平 21（行ウ）478 |

　スリランカ国籍の親子が 19 年以上（父親の場合）不法残留していた事例について，原告らの在留は在留期間を徒過した不法なものであるが，
　―日本人妻と原告父との養親子関係は真摯なものであり，本件各裁決後ではあるが，現に夫妻と原告らが平成 21 年 6 月以降日本人夫妻宅で共同生活を続け，原告父は日本の自動車運転免許を取得するなどしており，他方，原告父の養親は 65 歳，59 歳であってそれぞれ持病を抱えている。
　―原告子らについても，本件裁決後ではあるが，原告長女は，現在 9 歳の小学校 3 年生であ

118　第1編　入管法制

り，日本の小学校生活に完全になじみ，日本での生活が相当程度定着しつつあり，

　―さらに，原告母がPTA活動に積極的に関わっていること，

等をも併せ考慮すれば，原告らがその居住する地域に受け入れられていることもうかがわれる。

　こうした事情は，本件各裁決時を離れて考えるならば，在留特別許可の判断において酌むべき事情となり得ると付言されている。

④　難民認定手続との関係

　難民認定手続と法50条の在留特別許可の関係については，第2編「難民認定制度」の章を参照のこと。

裁判例339　東京地判平成22年1月22日　平21（行ウ）82

　在留資格未取得外国人が難民認定申請をした場合には，難民認定手続のなかでその在留の許否の判断がされるのであり，法務大臣が法49条1項による異議の申出に対する裁決を行う際に法50条1項の適用はなく，法務大臣は，専ら当該外国人が退去強制事由に該当するかどうかにかかる特別審理官の判定に対する異議の申出に理由があるか否かのみを判断することになる。

裁判例340　東京地判平成20年8月22日　平18（行ウ）528，平19（行ウ）359

　原告は法61条の2の6第4項所定の難民認定申請をした在留資格未取得外国人であるところ，原告が難民に該当することは，原告が退去強制対象者に該当するかどうかという点にかかる特別審理官の判定に対する異議の申出に理由がない旨の本件裁決の違法事由であるということはできず，他に本件裁決における裁決固有の瑕疵にかかる主張はないから，本件裁決は適法であるといわざるを得ない（なお，難民として認定されたので，難民不認定処分，退令処分のほうは取り消された。）。

第2　在留特別許可に関する判例の動向

　法50条1項4号は，「法務大臣が特別に在留を許可すべき事情があると認めるとき」と規定するだけであって，文言上その要件を具体的に限定するものはなく，同法上，法務大臣が考慮すべき事項を掲げるなどしてその判断を覊束するような規定も存在しない。

　法50条1項4号に基づき在留特別許可をするか否かの判断は，法務大臣等の極めて広範な裁量に委ねられており，その裁量権の範囲は，在留期間更新許可の場合よりも更に広範であると解するのが相当であって，法務大臣等は，国内の治安と善良な風俗の維持，保健・衛

生の確保，労働市場の安定等の国益の保持の見地に立って，特別に在留を求める理由の当否のみならず，当該外国人の在留の状況，国内の政治・経済・社会等の諸事情，国際情勢，外交関係，国際礼譲等の諸般の事情を総合的に勘案してその許否を判断する裁量権を与えられているものと解される。したがって，同号に基づき在留特別許可をするか否かについての法務大臣等の判断が違法となるのは，その判断が全く事実の基礎を欠くか，又は社会通念に照らして著しく妥当性を欠くことが明らかであるなど，法務大臣等に与えられた裁量権の範囲を逸脱し又はこれを濫用した場合に限られるものというべきである（最大判昭和53年10月4日　前掲）。

　在留特別許可に関する判断は，それぞれの事例における外国人の在留状況の個別的事情の判断に帰する場合が多く，先例拘束性を有する判例，裁量判断にかかる基準が導かれるものではない。このような留保の下，以下では，判例の動向をいくつかの類型ごとに述べることとする。

1　配偶者（同居人）が日本人（若しくは特別永住者）の場合

　外国人が日本人（若しくは特別永住者）の配偶者としての地位を有している場合は，別表第二で正規の在留資格を有している場合のみならず，たとえ，不法残留など退去強制事由に該当していても，在留特別許可を認められることがある典型的事例である。

　判例では，日本人等の配偶者であることを論拠として，退去強制処分を争い，在留特別許可を受けようとする場合において，

　―婚姻の実態があるか否か，

　―永続的な精神的及び肉体的結合を目的として真摯な意思をもって共同生活を営んできたか，

　―退去強制を免れるために，婚姻を仮装し，又は形式的な婚姻届を提出した場合でないか，

がしばしば争点となる。

　なお，ガイドラインは特に考慮すべき積極的要素として，

　当該外国人が，日本人又は特別永住者と婚姻が法的に成立している場合（退去強制を免れるために，婚姻を仮装し，又は形式的な婚姻届を提出した場合を除く。）であって，次のいずれにも該当すること。

　　ア　夫婦として相当期間共同生活をし，相互に協力して扶助していること

　　イ　夫婦の間に子がいるなど，婚姻が安定かつ成熟していること

をあげている。

　最一小判平成14年10月17日　平11（行ヒ）46（判タ1109号113頁）によれば，

　法は，個々の外国人が本邦において行おうとする活動に着目し，一定の活動を行おうとする者のみに対してその活動内容に応じた在留資格を取得させ，本邦への上陸及び在留を認

120　第1編　入管法制

めることとしているのであり，外国人が「日本人の配偶者」の身分を有する者として別表第
二所定の「日本人の配偶者等」の在留資格をもって本邦に在留するためには，単にその日本
人配偶者との間に法律上有効な婚姻関係にあるだけでは足りず，当該外国人が本邦において
行おうとする活動が日本人の配偶者の身分を有する者としての活動に該当することを要する
ものと解するのが相当である。

　すなわち，当該外国人が，日本人との間に，両性が永続的な精神的及び肉体的結合を目的
として真しな意思をもって共同生活を営むことを本質とする婚姻という特別な身分関係を有
する者として本邦において活動しようとすることに基づくものと解される。

　また，その婚姻関係が社会生活上の実質的基礎を失っている場合には，その者の活動は日
本人の配偶者の身分を有する者としての活動に該当するということはできないと解するのが
相当である。

　短期在留資格で入国後，ほどなくして日本人配偶者と正規に婚姻した場合については，間
に不法残留期間が多少存在する場合であっても，在留特別許可が認められる事例が少なくな
い。

　これに対し，長期間不法残留であり，その間に日本人と婚姻し，あるいは内縁関係であっ
たと主張する外国人の場合，在留特別許可が認められず問題となる事例が多い。

①　同居の存否，婚姻期間

　永続的な精神的及び肉体的結合を目的として真しな意思をもって共同生活を営むという特
別な関係ではないことの指標として，婚姻期間が短期であること，同居していないことが用
いられている。

（同居していないとされた事例）

裁判例 341	東京地判平成 25 年 10 月 10 日　平 24（行ウ）618

　原告（イラン人男性）と日本人女性との法律上の婚姻関係は，不法残留という違法状態のう
えに，そのことを双方が認識しながら成立したものであり，その婚姻関係は，本件裁決当時，
わずか3か月程度継続していたにすぎず，婚姻成立前の同居期間を考慮しても全体で9か月余
りにすぎないうえ，両者の間には子どももないことなどからすると，夫婦としての結び付きも
いまだ強いものとは認められない。したがって，本件裁決の時点において，その婚姻関係は，
成熟し，かつ安定したものになっていたとみることはできないから，在留特別許可の許否の判
断に当たり，殊更に積極的に考慮すべき事情に当たるということはできない。

裁判例 342	東京地判平成 24 年 8 月 28 日　平 24（行ウ）122

　裁決当特，原告と日本人夫は，交際を開始してから3か月程度であり，原告の日本語の能力
が不十分なため，コミュニケーションも十分とれないだけでなく，同居もしておらず，お互い

第2　在留特別許可に関する判例の動向　121

の家族との交流もなかったのであって，およそ永続的な精神的及び肉体的結合を目的とした真
摯な意思をもって共同生活を営むという婚姻の本質を備えた事実上の婚姻状態にあったとは認
められない。

（週末に妻の家に訪問に行くのみであった事例）

裁判例343　　東京地判平成21年4月17日　平20（行ウ）159

　　原告は，週末に訴外子らの面倒をみに日本人妻の家を訪れていたものの，その家に上がるこ
とはなかったこと，妻は，本件交通事故後，身柄を拘束された原告に対して差入れ等をするこ
とはなく，原告の刑事裁判の傍聴にも行かず，原告の下に初めて面会に訪れたのも，原告の刑
が確定し，刑務所に収容されてからであることが認められるのであるから，本件裁決時におい
て，原告と日本人妻の間に，永続的な精神的及び肉体的結合を目的とする真しな共同生活が存
在したということはできない。

（別居後は，生計を一にしていない事例）

裁判例344　　東京地判平成21年3月27日　平20（行ウ）152

　　原告と日本人配偶者は，平成14年に別居した後本件裁決時まで同居したことがなかったこ
と，両者は，生計を一にしておらず，日本人配偶者が原告と会った際に1万円から3万円程度
を渡すにすぎなかったことが認められることからすると，原告と日本人配偶者との間にかつて
約11年にわたる婚姻関係があったことを考慮するとしても，なお，本件裁決当時において，
いまだ両者の間に婚姻関係又はこれと同様の実体が形成されていたと認めることは困難である。

裁判例345　　東京地判平成21年1月22日　平19（行ウ）793

　　原告と日本人夫が交際してから婚姻するまでの期間は約4か月と短期であり，その間，両名
は同居することはなく，婚姻の届出をしてから原告が逮捕されるまでの間も，同居しておら
ず，生計を共にしていたこともないというのであるから，本件裁決に至るまでの時期におい
て，両者の間に，夫婦としての共同生活があったとは認められない。

（妻へのDV）

裁判例346　　東京地判平成19年9月19日　平17（行ウ）360

　　日本人妻との関係についていえば，妻は別居し，原告が暴行を加えたり，待ち伏せをしたこ
と等から警察に通報され，現行犯逮捕されており，このような事情からすれば，妻との関係は
おおよそ安定的なものであったとはいえないし，永続的なものであるとは到底言い難い。

122　第1編　入管法制

（同居は一時的であり，別居期間のほうがはるかに長期である場合）

裁判例 347　東京地判平成 19 年 8 月 23 日　平 18（行ウ）440

　一時同居していたことはあったが，同居とはいっても，原告の実弟と三人で同居したのであり，しかも，その期間に比べて別居期間がはるかに長く，その間原告は週に 1，2 回妻の家を訪問している程度であり，両者は互いの仕事や財産関係を承知しておらず，経済面で共同生活があったとも考え難く，両者の間に，「永続的な精神的及び肉体的結合を目的として真しな意思をもって共同生活を営むという特別な関係」があったということはできない。

（在留期間更新申請についてのみ婚姻関係の外観を装っているにすぎない場合）

裁判例 348　最一小判平成 14 年 10 月 17 日　平 11（行ヒ）46（判タ 1109 号 113 頁）

　被上告人は，日本人の配偶者として本邦に上陸した後，日本人配偶者と約 1 年 3 か月間同居生活をしたが，その後本件処分時まで約 4 年 8 か月にわたり別居生活を続け，その間，婚姻関係修復に向けた実質的，実効的な交渉等はなく，それぞれ独立して生計を営んでいた。

　日本人配偶者は，離婚意思を有し，本件処分当時，被上告人に対して婚姻関係を修復する意思のないことを告げ，ただ，被上告人の在留期間更新申請についてのみ婚姻関係の外観を装うことに協力するなどしていたというのである。これらの事情に照らすと，被上告人の婚姻関係は，本件処分当時，夫婦としての共同生活の実体を欠き，その回復の見込みが全くない状態に至っており，社会生活上の実質的基礎を失っていたものというのが相当である。

（同居しているとの当事者の主張を，事実の調査により認められないとした事例）

裁判例 349　東京地判平成 21 年 5 月 29 日　平 20（行ウ）284

　両者が，居宅にいたことが認められる時間帯に，両者の間で携帯電話の通話が複数回なされている。両者の居宅は 4 畳半と 6 畳の和室及び台所を中心とするいわゆる 2DK の間取りであることが認められるところ，夫婦が揃ってその程度の広さの建物内にいながら，両者の携帯電話が何度も通話状態になるというのは，いかにも不自然というほかない。

　両者の関係は，原告が一定額の生活費を負担したうえで日本人配偶者と同居しているという，いわゆるルームシェア類似の関係にすぎないもののようにも見えるところである。

（上下水道の利用水量）

裁判例 350　東京地判平成 21 年 3 月 26 日　平 20（行ウ）301

　東京入管局の調査によれば，日本人配偶者宅の水道・下水道の使用水量は，平成 17 年 2 月以降平成 19 年 6 月までの間，2 か月当たり 10 立方 m 以下であって，平成 18 年 2 月又は同年 6 月を境とした変動がみられず，その使用量自体，一人世帯における平均使用量を下回っている。また，東京入管局入国警備官は，平成 19 年 6 月に立入調査を実施したところ，室内にお

第2　在留特別許可に関する判例の動向　123

いて，女性の下着や化粧品類，原告が毎日服用するはずの薬などを確認することができなかった。以上の諸事情に照らすと，原告と日本人配偶者が，原告が主張するような時期に知り合い，同居を開始し，本件裁決時において共同生活を営んでいたのかどうかは極めて疑わしいといわざるを得ない。

② 駆け込み婚

　婚姻関係にかかるもう一つの要素として，いわゆる駆け込み婚がある。退去強制手続が開始してから，あるいは開始する直前に，退去強制令書を受けるのを回避するために婚姻したとして，在留特別許可を認めなかった法務大臣等の判断を認める判例は多い。

裁判例 351　東京地判平成 22 年 4 月 28 日　平 20（行ウ）484，485

　婚姻の届出は裁決の 3 週間前であり，同居もしていないから，その婚姻関係は客観的に安定かつ成熟しているとはいえないとされた事例。
　なお，この事例は控訴審において，子供にのみ養子縁組を理由に在留特別許可が認められた。
［同旨：東京高判平成 23 年 5 月 11 日　平 22（行コ）206（判時 2157 号 3 頁）］

裁判例 352　東京地判平成 20 年 6 月 27 日　平 19（行ウ）424

　婚姻が届けられた日は，裁決がされた日より約 10 日前であったにすぎず，このような状況を考慮すると，たとえ両者の間に真摯な愛情が保たれているとしても，その家族的結合の実情は，在留特別許可の許否の判断において，直ちに法的保護に値すると評価しなければならない程度に至っているということはできないとする事例。

裁判例 353　東京地判平成 20 年 2 月 18 日　平 19（行ウ）186

　原告と日本人配偶者との同居期間は 6 か月余りと短期間で，具体的な婚姻の話が出たのは原告の逮捕の約 1 か月前で，かつ就労先の店長から在留資格の確認を求められてその翌日から出勤しなくなり，その後，両者の間で具体的に婚姻の話が出てから，必要な書類の準備を進めたことが認められる等，退去強制手続を免れるために駆け込み的に婚姻が行われた疑いが残る。

裁判例 354　東京地判平成 20 年 1 月 18 日　平 19（行ウ）57

　両者の間に同居事実はなく，週 1，2 回程度 A が原告宅に泊る程度で，しかも婚姻したのは，本件裁決の約 1 か月前にすぎないことからすると，直ちに法的保護に値すると評価しなければならない程度に至っているとはいえない。

124　第1編　入管法制

③　離婚，重婚関係，協議離婚など

　婚姻関係が，重婚関係にあったり，協議離婚中であるなどの理由で，日本人配偶者との婚姻・同居関係が，在留特別許可の判断に当たり重視されなかった事例がある。他方，重婚関係等の存否を入管当局が誤って認定したとする判例もある。

（重婚的内縁関係のなかでの永住許可取得）

| 裁判例 355 | 東京地判平成26年2月6日　平24（行ウ）410，428 |

　原告と日本人配偶者として永住資格を有する外国人との内縁関係は，不法入国という違法状態のうえに，そのことを双方が認識しながら成立したものであり，内縁の夫は原告と交際を始めていたにもかかわらず，日本人である前妻の配偶者であることを理由として永住許可をその後に取得したものであるから，内縁の夫が永住者の在留資格を有することを，原告の在留特別許可の許否の判断に際して殊更積極要素として考慮するのは相当ではない。原告等の重婚的内縁関係が解消してから本件各裁決までの期間はわずか2年10か月余りにすぎなかったから，本件各裁決の時点において，原告と内縁の夫との内縁関係は，いまだ成熟し，かつ安定したものになっていたとみることはできず，在留特別許可の許否の判断に当たり，殊更に積極的に考慮すべき事情に当たるということはできない。

（三人の日本人女性と相次いでの結婚・離婚）

| 裁判例 356 | 東京地判平成24年8月31日　平23（行ウ）255 |

　原告は，日本に在留して就労したいという自己本位な欲求のために日本人女性と相次いで結婚を繰り返しているにすぎず，真に日本人女性と永続的な精神的肉体的な結合を本質とする婚姻関係を築く意思があったのかさえ疑わしいといわざるを得ないとした事例。

（協議離婚について争っている状況）

| 裁判例 357 | 東京地判平成21年3月13日　平20（行ウ）268，297 |

　パキスタン国籍の外国人男性が，日本人配偶者との協議離婚につき，離婚無効の訴訟を提起している事例について，原告とその元日本人配偶者との関係は既に婚姻の社会生活上の実質的基盤を失い，本件裁決時においても回復するには至っておらず，その協議離婚が無効であったとしても「日本人の配偶者等」の在留資格の在留活動に当たるとはいえないとされた事例。

（かつては婚姻関係があったが，裁決当時にはその関係が認められないとされた事例）

| 裁判例 358 | 東京地判平成21年3月27日　平20（行ウ）152 |

　日本人配偶者との間の約11年の婚姻関係ののち別居し，日本人配偶者は，離婚後，他の者と婚姻して共同生活を開始しており，その時点で，原告との婚姻関係は，一度完全に終了して

いる。その後，原告とかつての日本人配偶者とは，再会したものの，同居してはおらず，生計も一にしていないこと等からして，かつて約11年に渡る婚姻関係があったにしても，本件裁決当時，両者に婚姻関係又はこれと同様の実体が形成されていたと認めることはできない。

（元夫のDVという主張）

裁判例 359　東京地判平成25年12月24日　平25（行ウ）153

　原告は，原告に対する在留特別許可の許否の判断に当たって，原告が元夫によるDVの被害者であることが積極的にしんしゃくされるべきである旨を主張する。

　しかし，仮に原告が主張するように原告が別居した原因が元夫によるDVにあったとしても，そのことは，離婚により「日本人の配偶者等」の在留資格に係る在留期間の更新を受けることができなくなり，その結果不法残留をするに至ったことについて，悪質性を減殺する事情であるという余地があるにとどまる。そして，在留特別許可が外国人に将来における本邦での在留を認める性質のものであることからすれば，既に離婚して同居もしていない元夫から，かつてDVの被害を受けたという事情について，原告に対する在留特別許可の許否の判断に当たり特に積極的にしんしゃくすべきものとする理由を見いだすことはできない。

（先夫との離婚届出を偽造していた場合）

裁判例 360　大阪高判平成19年2月1日　平18（行コ）43

　控訴人（中国国籍の女性）と日本人配偶者との婚姻関係は，控訴人の不法残留という違法な事実状態を認識したうえで，しかも中国人先夫との離婚を偽装して形成したものにすぎず，考慮すべき事情の一つとしてしんしゃくされるべきであり，その存在をもって当然に本邦に在留する権利が認められるわけではないというべきである。

　控訴人は，婚姻の届出をして本邦に残留するために，偽造に係る離婚証を入手し，これを行使したこと，偽造離婚証は，偽造の態様が専門家の鑑定を経てようやく偽造であると判断することができる程度にまで精巧な細工が施されたものであるばかりか，仮に日本の公文書であれば偽造公文書行使罪（法定刑が懲役1年以上10年以下）として処罰を免れない犯罪行為であり，それ自体国益を著しく損なう行為といわなければならない。

（特殊な婚姻関係—一夫多妻）

裁判例 361　東京地判平成26年11月11日　平25（行ウ）747・767

　原告らは，原告X1（パキスタン人女性）が永住者であるA（男性）と夫婦として相当期間共同生活をし（平成21年11月にパキスタンで結婚），相互に協力して扶助しているといえ，また，夫婦の間には原告X2という子がいるため，婚姻が安定かつ成熟している旨主張する。

　しかしながら，Aは，B（日本人女性）と婚姻しており（平成23年5月に離婚），パキスタンにおいては一夫多妻制が認められていたとしても，日本においては認められていない重婚の

126 第1編 入管法制

状態にあった。そして，原告X1も，（平成24年2月に本邦に入国するまでは）AにBという妻がいる以上，原告X1が来日して，Aと共に生活することは難しいと思っており，また，Aも原告X1を来日させるのは難しいと思っていたものであり，原告X1とAとの婚姻は必ずしも日本において同居することを前提としたものではなかったことが認められる。

さらに，Aは，本件各裁決当時，就労しておらず，生活保護を受給しており，日本において原告らと同居して自立した家族生活を行う経済的な基盤を欠いていたと認められる。

（重婚関係の存否につき，入管が誤って認定したとされた事例）

裁判例 362 名古屋地判平成18年6月29日　平17（行ウ）24（判タ1244号94頁）

日本人の配偶者として在留特別許可を求めて出頭したパキスタン人（不法残留）に対し，本国の妻との先行する婚姻と重婚関係にあるとして異議の申出には理由がないとした入管局長の裁決が，裁決時には既に本国の妻と離婚していた事実を把握せず，日本人配偶者との同居の有無など婚姻の実態についての事実の誤認に基づいてなされたものであるとして取り消された事例。

④　婚姻していないが共同生活の実態があるとされた場合

他方，共同生活の実体がある場合には，たとえ婚姻関係が法的には成立していない場合でも，在留特別許可を認める要因とすべきであるとする判例もある。

（3年の交際，生活を一にする2年間の共同生活）

裁判例 363 東京地判平成20年1月21日　平18（行ウ）650

原告と日本人夫は，約3年間の交際期間を経た後に同居を開始し，婚姻を届出たこと，両者の間には，不法残留容疑で逮捕されるまでの約2年間，夫の収入で夫婦の生活費を賄い，原告が家事に従事する等して夫を支えるといった共同生活をしていたことが認められ，両性が永続的な精神的及び肉体的結合を目的として真摯な意思をもって共同生活を営むという婚姻の本質に適合する実質的な関係にあったものといえるとされた事例。

（4年弱の内縁関係にあったとされた事例）

裁判例 364 東京地判平成19年6月14日　平18（行ウ）112

法律上の婚姻関係にはなかったが，約3年10月もの間，婚姻関係に準ずるような相当程度安定した内縁関係を形成しており，両者の間には，内縁関係といえる「真摯な共同生活」があったと認められ，住民票上の記載その他外形的事実から，相当期間の同居の不存在を前提とした裁決は裁量権の逸脱，濫用に当たるとした事例。

（正式に結婚する可能性が極めて高かったとされた事例）

> **裁判例365** 東京地判平成16年9月17日 平15（行ウ）420（判時1892号17頁）

　平成6年4月留学資格で入国，平成10年1月外国人との婚姻を理由に「家族滞在」に変更許可され，平成14年に離婚し，「人文知識・国際業務」への変更申請をして拒否されて，退令処分を受けた事案。なお，原告は退令処分当時，日本人男性と同居しており，入籍予定である。

　原告は20歳で来日してから，本件裁決及び本件退令処分の時まで約9年間日本に滞在し，中国での就労経験はなく，成人後の大半の期間を日本で過ごしてきたこと，日本語会話がたん能であって，日本語の読み書きもでき，幼児教育はもちろん，一般人文知識や旅行業についても，相当の知識を有していること，本件裁決及び本件退令処分当時，日本人男性と平成15年8月末頃に将来の結婚を約し，平成16年1月8日以降は，半ば同居の状態にあったこと，近々入籍することを決めて，その手続を開始していたことを認めることができる。

　本件裁決の時点において，原告と日本人男性との関係は，極めて濃密なものであり，正式な婚姻のうえ，通常の夫婦生活が継続される可能性が極めて高かったと推認するのが相当である。入管局長が原告の日本人男性との婚姻可能性やその夫婦関係の安定性等を適正に認定していれば，原告に在留特別許可を付与した可能性が高いと認めることができる。そうすると，原告に在留特別許可を付与しなかった本件裁決は，その判断が全く事実の基礎を欠き又は社会通念上著しく妥当性を欠くことが明らかである。

> **裁判例366** 東京地判平成11年11月12日 平11（行ウ）19（判タ1219号212頁）

　バングラディシュ国籍の外国人が短期滞在で入国後，7年以上にわたり不法残留，不法就労していた事例につき，日本人女性と事実上の婚姻関係にあり，婚姻届が遅れた原因は，原告がオーバーステイ状態であるため，結婚できるのかどうか，結婚できるとしてどのような書類，手続が必要なのかがわからなかったことなどによるものであり，原告らが抱いた懸念は首肯できるものである。

　原告は，結果的に約7年9か月にわたりわが国に不法残留し不法に就労していたものであり，右行為は，わが国の出入国管理の秩序を乱すものであって強く非難されるべきであるが，就労行為自体及びその他の生活状況に関していえば，原告は，その間まじめに就労し，入管法違反（不法残留）のほかには，犯罪行為を犯した事実は認められず，わが国において平穏に生活していたものと評価できるのであって，在留特別許可を付与すべきかどうかの判断に当たって，不法残留の点のみを過大に評価し過ぎるのは適当でないというべきである。

　ちなみに，婚姻関係の身分法上の効力（配偶者である日本人が有責配偶者であるか否かなど）と，在留特別許可の判定基準としての婚姻関係の存否は別の問題であるとされている。

128　第1編　入管法制

（婚姻関係の存否は，当該婚姻関係の身分法上の効力とは無関係であるとする判例）

| 裁判例 367 | 最一小判平成14年10月17日　平11（行ヒ）46 |

　　日本人の配偶者の身分を有する者としての活動に該当するかどうかを決するに際しては，婚姻関係が社会生活上の実質的基礎を失っているかどうかの判断は客観的に行われるべきものであり，別居状態が有責配偶者である日本人配偶者の出奔によるものであって，その離婚請求が身分法秩序の観点から信義則上制約されることがあることによって左右されるものではない。

⑤　婚姻と他の消極要素との衡量

　　具体的事例においては，日本人配偶者との婚姻という要素は，当該外国人による犯罪行為など，他の消極的要素と勘案のうえ，在留特別許可に関する裁量的判断の是非が審査されることとなる。

　　なお，こうした消極的要素は，在留特別許可該当性に先立つ退去強制令書発付処分における退去強制事由該当性として事実認定・法的評価の対象となっており，不法入国，不法残留，刑事犯罪，資格外活動などの消極的要素の判定が重要である事例については，法50条ではなく法24条に関わる判例としてあげることとしている。

　　なお，同一の判例が，本条と法24条で重複してあげられていることもありうる。

（偽造旅券等による不法入国）

| 裁判例 368 | 東京地判平成26年8月28日　平25（行ウ）531 |

　　他人名義の偽造旅券で入国を試み，見破られて退去強制を受け，再度別の偽造旅券を用いて，不法入国し，以後9年間不法就労し，日本人配偶者と結婚後は専業主婦となっていた中国国籍の女性の事例。

　　原告と日本人配偶者は，真摯な婚姻意思を有して婚姻をしており，本件裁決時点における両者の関係は，婚姻の本質を踏まえた実質を有していたものということができる。

　　もっとも，両者の婚姻期間は，裁決時点で約1年程度であったものであり，両者の間に子はないことからすれば，法律上の婚姻の前に約3年にわたり同居して生活していた期間があることを勘案しても，その婚姻関係の成熟性及び安定性の度合いがそれほど高いものということはできない。のみならず，両者の婚姻関係は，原告の本邦での不法在留という違法状態の下に，そのことを認識しながら形成されたものであることからすると，その保護の必要性は低いものといわざるを得ない。そして，原告の入国及び在留状況の悪質性等に鑑みれば，原告が本国である中国に送還されることにより配偶者と本邦において同居して生活を共にすることが困難になるとしても，その不利益は，原告において受忍すべきものといわざるを得ない。

| 裁判例 369 | 東京地判平成25年7月18日　平24（行ウ）523 |

　　偽造旅券により不法入出国を複数回行い，虚偽の身分事項による外国人登録の手続をもして

第2　在留特別許可に関する判例の動向　129

いた外国人につき，原告が日本人男性と婚姻し，約8年にわたり本邦で婚姻生活を営み，ある程度本邦に定着しているものであることを考慮しても，退令処分が非人道的ではないとされた事例。

| 裁判例 370 | 東京地判平成24年4月18日　平23（行ウ）143 |

　日本人配偶者として入国した後，4か月後離婚し，偽造旅券を入手して虚偽登録し，5年後に別の日本人男性と婚姻し，一子をもうけた外国人女性につき，その在留状況は悪質であり，婚姻が相応の実態を伴うとしても，在留特別許可を与えなかった裁決に裁量権の逸脱，濫用は見られないとされた事例。

（薬物犯）

| 裁判例 371 | 東京地判平成25年4月25日　平24（行ウ）41 |

　平成2年に短期在留資格で入国したイラン国籍の外国人男性が，5年後に日本人女性と婚姻し，8年後に日本人配偶者として在留特別許可を受け，二人の子供が出生し，溶接工として稼働していたところ，18年後に会社を退職せざるを得なくなったことにより，覚せい剤密売に関与するに至り，翌年逮捕されて懲役2年，罰金20万の有罪判決を受けて，確定し服役した事例。なお，原告と日本人配偶者とは数年前から別居しており，原告は別の外国人女性と同居しているが，日本人配偶者の生活費，子どもの養育費等を負担している。

　原告には，本件裁決の当時，在留特別許可の許否の判断に当たり，覚せい剤取締法違反による有罪という消極要素として考慮されることもやむを得ない事情がある一方で，本邦に定着性を有しているという積極要素として考慮され得る事情もあったということができるが，日本人女性との婚姻関係が安定しかつ成熟したものであったということはできないのであり，その事情は，法務大臣等の在留特別許可の許否の判断に関する裁量権を制約し，直ちに原告に対し在留特別許可を付与すべきものとするほどのものとは認められない。

（悪質な入管法違反）

| 裁判例 372 | 東京地判平成23年12月21日　平22（行ウ）428 |

　わが国の在留資格制度の下では，日本人の配偶者であることから当然に在留が認められるというものではなく，退去強制事由に当たるが日本人の配偶者がいる外国人を他の外国人とは異なって特別に本邦に在留させるという取扱いをするべきであるとする法的根拠ないし事情は見当たらない。

　原告と日本人配偶者との婚姻関係は相応の実体を伴ったものとは認められるものの，本件入国の際に過去の退去強制歴を申告せず，入国後も再び不法残留，不法就労を4年以上しており，その在留状況は悪質なものである。退去強制がされた場合の不利益等の程度等も併せ考慮すると，東京入管局長が原告に在留特別許可をすることなく本件裁決をしたことについて，そ

130　第1編　入管法制

の判断が全く事実の基礎を欠き又は社会通念に照らし著しく妥当性を欠くことが明らかである
など，東京入管局長が有する裁量権の範囲からの逸脱又はその濫用があったということはでき
ない。

（売春防止法違反）

| 裁判例373 | 東京地判平成24年3月21日　平22（行ウ）551 |

　日本人男性との間の6年以上にわたる夫婦関係の実態があるとしても，配偶者には無断で，
風俗店の経営に協力し，同店長と同居しており，売春防止法違反の罪に係る被疑者として逮捕
された事例について，夫婦関係の実態は特別に重視すべき事情とはいえないとされた事例。

（消極的要素をどのように評価するかで，一審・二審の判断が分かれている事例）

| 裁判例374 | 福岡地判平成24年1月13日　平22（行ウ）31 |

　原告には，過去に二度の退去強制歴及び一度の退去命令歴があるが，退去命令時から起算し
ても本件入国まで約7年，各裁決時までには，約12年を経過しており，常習的に不法入国して
いたと評価することはできない。また，原告は，日本人配偶者と婚姻し，本件各裁決当時，
約1年9か月が経過しており，相当期間婚姻が継続していたということができ，本件各裁決当
時，同居していなかったものの，同居しようとはしており，これが実現しなかったのは，日本
人配偶者の母の強い反対（人種的偏見に基づくと伺われる。）等の障害があったことによるも
のであり，その意思がなかったというものではない。姑と嫁の関係が夫婦関係を不安定にする
ことはしばしば見られることであり，そのことから，婚姻関係の安定性，成熟性を直ちに否定
すべきものではないとして，裁決並びに退令処分をいずれも取り消した事例。

　もっとも，この福岡地判の認容判決は，高裁で覆されている。

| 裁判例375 | 福岡高判平成24年10月19日　平24（行コ）10 |

　過去4回の日本への入国のうち，2回は退去強制手続がとられ，1回は上陸が許可されな
かったこと，本件入国に際し，EDカードに過去の退去強制処分について記載しなかったこと
が認められるのであり，在留制度に関し，法を遵守しようという姿勢が見られない。さらに，
本件入国についても，親族訪問の名目で短期在留資格で入国し，在留期限を守らず，不法に残
留・就労を続け，そういった状況のなかで日本人男性の婚姻届出をした後，在留特別許可を得
るために入国管理局に出頭したものであり，日本における遵法精神に欠けるといわなければな
らない。

　退去強制事由に該当する外国人が日本人の配偶者であることは，法務大臣等が当該外国人に
対して在留を特別に許可すべきか否かの判断をする際にしんしゃくされることのある事情の一
つにすぎず，日本人配偶者との婚姻関係の存在をもって，法務大臣等の在留特別許可をすべき
か否かの判断に関する裁量権の行使に対し，法律上の制約を課しているものではないから，日

第2　在留特別許可に関する判例の動向　131

本人配偶者と婚姻関係にある外国人であっても，法務大臣等は，当然に在留特別許可をしなければならないものではない。

　本件各裁決等が出された平成22年7月の時点では，日本人夫の母の反対のため両者は同居できず，婚姻前と同様に，夫が原告のアパートに訪ねるという状態が続いていたのであり，婚姻による共同生活が相当期間継続しているという実体はなく，社会的に家族として認知されていたとはいえない。また，二人の間に子供ができたといった事情もない。そうであれば，上記婚姻関係は，ガイドラインがいう，夫婦として相当期間共同生活をし，相互に協力して扶助していること，夫婦の間に子がいるなど，婚姻が安定かつ成熟していることのいずれにも該当するということはできない。

⑥　不法残留中の婚姻の評価

不法残留中の婚姻は，在留特別許可の許否の判断において，低く評価される。

　もっとも，不法残留中であるからといって，在留特別許可が一切認められないというわけではない。

　不法残留中の婚姻を重視し得ないとする判例は数多い。

裁判例376　東京地判平成24年4月19日　平22（行ウ）760

　不法残留という違法状態の元で，そのことを双方が認識しながら始まった婚姻関係の場合は，婚姻関係の要保護性はそれだけ低いものとなり，婚姻関係の実質についての評価は自ずと厳格なものとならざるを得ない。

裁判例377　東京地判平成19年2月15日　平17（行ウ）346

　1年間の交際，同棲生活を経て婚姻し，婚姻してから約8か月間婚姻生活を継続していたものであり，仮放免後も同居を継続していることから，婚姻関係はそれなりの実態を伴うものであるが，その婚姻関係は，夫の不法残留の継続という違法状態のうえに築かれたものであるから，通常の婚姻と比べると重視する程度に違いがある。

　その他，不法残留中の婚姻に要保護性を低く見る事例として，東京地判平成20年1月18日平19（行ウ）57，東京地判平成20年11月14日　平19（行ウ）780　ほか。

（不法残留中でも要保護性を認めた例）

裁判例378　東京高判平成26年2月26日　平25（行コ）383

　一審判決（東京地判平成25年9月27日　平24（行ウ）688）では認められなかったにもかかわらず，控訴審で内縁関係にある者に在留特別許可を認めた事例。

　不法入国をして，8年以上にわたって，日本人男性と内縁関係で同居し，その家族とも付き

132　第1編　入管法制

合ってきたフィリピン国籍の外国人女性につき，不法入国後長期間平穏に在留を継続したからといって，その在留自体が違法である以上，そのことのみから直ちにそれが法的保護を受けるとまではいえない。しかしながら，こうした平穏な在留の長期継続という事実は，今後，当該外国人が，日本社会において健全な市民として平穏で安定した生活を送ることができる蓋然性を示すものであるといえるから，在留特別許可の許否の判断における積極要素となるというべきである。

裁判例 379　東京地判平成18年6月30日　平16（行ウ）64（判タ1241号57頁）

日本人女性とパキスタン男性との間の婚姻関係には，裁決時までに愛情・信頼に基づく安定した夫婦関係が構築されており，その期間もパキスタン人男性が不法残留の事実を申告し，入管局の調査に服した後の期間が大半を占めており（約7年間），「不法残留という違法状態の上に形成された関係である」などと単純化できないことが認められ，これらからすると，原告らの夫婦関係は，十分保護に値するものというべきである。

（不法残留中の内縁関係の評価について，一審・二審で判断が分かれた事例）

裁判例 380　東京地判平成20年2月29日　（判時2013号61頁）

18年間不法残留であった外国人が，日本人女性との内縁関係が婚姻の本質に適合する実質を備えていることから，在留特別許可を与えるべきであるとした著名な東京地裁判決。

不法残留の点は，一定期間を限って本邦への上陸が拒否される事由となるにすぎず（法5条1項9号），また，不法就労，外国人登録法違反，警察官及び入国審査官らに対する嘘の供述などの点も，それのみで直ちに退去強制事由となるものではないから，これらのことをもって，日本人の事実上の配偶者としての真摯な実体を有する原告に対し，なお在留特別許可を不相当とするような特段の事情とみることはできない。また，本国での生活に支障がないという点も，在留特別許可を積極的に不相当とするような事情ではない。

裁判例 381　東京高判平成21年3月5日　平20（行コ）146

日本に入国してから逮捕されるまでの18年余の間，健全な市民として，平穏で安定した生活は，18年間を超える長期の不法残留という違法行為によって築かれたものであり，そのこと自体が退去強制事由（法24条4号ロ）に該当する。

被控訴人と日本人配偶者との関係は，婚姻と同視することまではできず，少なくとも日本人配偶者の両親も認める同棲生活を送ってきたといえるものであるが，その同居生活には中断期間があったなど，在留特別許可を付与するかどうかの判断において，一つの事情とはいえても，特に考慮すべき事情とまではいえず，両名の関係を考慮に入れても，東京入管局長がした判断に，事実的基礎を欠くものであるか又は社会通念上著しく妥当性を欠くものであるとは認められず，東京入管局長に委ねられた裁量権の範囲を逸脱し又はその濫用があったものとは認

第 2　在留特別許可に関する判例の動向　133

められない。

2　配偶者（同居人）が正規に在留する外国人の場合

　外国人が永住者，定住者など正規に在留する資格（別表第二に掲げる在留資格）を有している場合，その配偶者である外国人に在留特別許可を認めるか否かにかかる場合である。

　ガイドラインでは婚姻が正式に成立しており，婚姻関係の実質があることが「その他考慮すべき積極要素」とされている。

　永住者の配偶者等（永住者等の配偶者又は永住者等の子として本邦で出生しその後引き続き本邦に在籍している者）については，別表第二により在留資格が認められているが，定住者の配偶者や永住者等と内縁関係にあるものについては固有の在留資格が認められていない。また，永住者等の配偶者であった者が永住者等と離婚した事例もある。

　この場合でも，日本人の配偶者と同じく，婚姻の実質があることが必要であるが，日本人の配偶者と同列に解し得ないとする判例が多い。

①　配偶者が永住者の場合
（1）　在留特別許可が認められなかった事例
（偽造旅券による不法入国，7 年間の不法就労という消極要素の存在）

> **裁判例382**　東京地判平成 27 年 5 月 14 日　平 26（行ウ）240
>
> 　他人名義のマレーシア旅券（ブローカーに 300 万払って取得）を行使して，不法入国した中国国籍の外国人女性が，同国人であり永住者資格を有する男性（留学資格で本邦に入国したのち，日本人女性と婚姻し，日本人の配偶者等の資格，8 年後永住者資格を取得するも，11 年後に協議離婚）と婚姻し，子供をもうけている事例。
>
> 　他人名義の旅券による悪質な不法入国，裁決まで 7 年以上の不法就労という消極要素に対し，永住者との婚姻は不法残留という違法状態のうえに築かれたもので，裁決まで 1 年に過ぎず，安定かつ成熟した婚姻関係とはいえない。
>
> ［同旨：17 年の不法残留　東京地判平成 26 年 9 月 24 日　平 25（行ウ）810］

（安定かつ成熟した婚姻関係ではない）

> **裁判例383**　東京地判平成 26 年 9 月 24 日　平 26（行ウ）67
>
> 　技能実習生として本邦に入国したフィリピン国籍の男性（原告）が，資格変更を受けないで不法残留し，永住者資格を持つ同国人の女性と同居していた事例。女性は，特例上陸期間を超えて不法残留していたが，日本人男性 A と婚姻し，一子をもうけたのち 6 年後離婚し，別の日本人男性 B と婚姻し，2 年後離婚したのちに原告と同居するようになった。ただし，女性は最初の日本人夫と離婚後も，長距離運転手である前夫，日本人と同居し，原告も同所に同居

134　第1編　入管法制

していた。

　以上のような状況では，原告と女性との関係は，安定かつ成熟したものであったとは評価できないとされた事例。

（配偶者は日本人夫と離縁して永住者資格を得たもので，日本とのつながりは弱い）

裁判例384　東京地判平成25年2月5日　平24（行ウ）273

　仮に，原告とAとが内縁関係にあったとしても，Aはあくまで「永住者」という在留資格を有する外国人であって，そのような外国人と内縁関係にあるからといって，日本人の配偶者と同様の保護を受けることにはならないことはいうまでもなく，また，Aは，日本人の元夫との間に長男をもうけ，元夫と離婚した後に「永住者」の資格を得たものであり，日本人と比べれば日本とのつながりははるかに弱く，Aと原告との内縁関係をわが国において保護する必要性は低いといわざるを得ない。

（駆け込み婚）

裁判例385　東京地判平成24年11月20日　平23（行ウ）696

　5年に及ぶ不法残留，不法就労のフィリピン国籍の外国人男性と，同国人である永住資格を有する女性（配偶者であった日本人と協議離婚）との同居は，当初から原告が不法残留の状態にあることを認識していたものであるうえ，本件裁決までの間はわずか数か月にすぎず，裁決後に原告との婚姻届を提出したことは認められるが，婚姻届の提出は原告の不法残留状態を解消することを目的の一つとしていたものであるし，日本において婚姻手続が既に正式に受理されたことを裏づける証拠もなく，フィリピン大使館への婚姻の届出もされていない。そうすると，原告に有利な事情として過大に評価することはできない。

裁判例386　東京地判平成23年3月25日　平22（行ウ）191

　日系三世でペルー国籍の外国人が，定住者としての在留期間を徒過し，不法残留となり，窃盗罪により有罪判決を受け，退去強制手続に付された場合について，永住者である妻との夫婦関係は安定せず，同居期間は1年3か月程度であり，在留特別許可を与えなかった判断に裁量権逸脱・濫用はないとされた事例。

（日本人の子を養育する永住者は日本人に準じるべきであるとの主張が認められなかった事例）

裁判例387　東京地判平成21年4月14日　平20（行ウ）363

　前妻である永住者と離婚し，滞在資格を期間徒過によって失った中国国籍の男性が，別の永住者資格を持つ配偶者と同居しているとする事例において，永住者の在留資格を持つ配偶者は，日本人又は特別永住者ではないものの，日本国籍を有する子の母として永住許可を得てい

第 2 　在留特別許可に関する判例の動向　135

る者であり，日本人である子を育てるために本邦を離れるわけにはいかないという点では，これらに準じて考えられ，その配偶者に在留特別許可を認めるべき積極要素として評価すべきであるとの主張に対し，ガイドライン上，特別永住者を日本人に準じて取り扱うことについては相当な理由があるものと認められるところ，法律上の特例が認められていない永住者について，日本人の前配偶者との間の日本国籍の子を養育する立場にあることの一事をもって，日本人又は特別永住者に準ずるものということはできないとされた事例。

（日本人前夫との離婚により，本邦に永住する実質的な理由を失った永住者の配偶者であること）

裁判例 388	東京地判平成 20 年 1 月 25 日　平 19（行ウ）323

　永住許可を受けている外国人は，日本国籍を有している者ではなく，しかも，日本人の配偶者としての在留資格を基礎として永住許可を受けたものであり，日本人である前夫との婚姻関係が解消された後は，本邦に永住する実質的な理由を失ったものということができるから，このような立場にある者の配偶者であることが，在留特別許可の許否の判断に当たり，積極的にしんしゃくされるべき事情であるということはできない。

（婚姻関係の判定時を裁決時とし，裁決後の事情を考慮外とする事例）

裁判例 389	東京地判平成 25 年 2 月 27 日　平 23（行ウ）539

　裁決は平成 23 年 7 月 4 日付でされたこと，原告と配偶者（永住者）はその後の同年 9 月 5 日に婚姻を届け出たこと，原告は，平成 24 年 7 月 2 日に妊娠 5 週と診断され，出産予定日が平成 25 年 3 月 2 日であることが認められる。

　そうすると，原告が主張する婚姻及び原告の妊娠は，いずれも本件裁決後の事情であって，これらの事情をもって本件裁決の違法性を基礎づけることはできないというべきである。

（2）　在留特別許可が認められた場合

裁判例 390	東京地判平成 23 年 4 月 15 日　平 22（行ウ）168

　7 年以上の不法残留，不法就労をしていた外国人女性について，

　―原告は，正規の在留資格を得て在留期間内に出国することを予定して本邦に入国したものであって，不法就労目的で入国したものではない。

　―不法残留に至った経緯についても，永住者の在留資格を有する内縁の夫との間の子を妊娠してしまったことから，日本にとどまって子を育てたいと考えたというものである。

　―永住者の在留資格を有する内縁の夫と 8 年余り同居しており，その関係は婚姻の実質を備えた内縁関係。

　―両者の間には在留特別許可を得て定住者の資格を有し，日本の生活になじんでいる裁決時 8 歳の実子がいる。

　このような原告の家族関係は，在留特別許可の許否を判断するについて，積極的要素として

136 第1編 入管法制

十分に考慮すべきものである。

（不法残留であるが，永住者の配偶者であり，ダウン症候群の子を監護している外国人に在留特別許可を認めた事例）

> **裁判例 391**　東京地判平成 26 年 1 月 10 日　平 24（行ウ）770（判タ 1408 号 323 頁）

　　原告は，本邦において生活する中で，「永住者」の在留資格を有する者と婚姻の本質を備えて成熟かつ安定した内縁関係を築き，当該内縁関係が比較的長期間継続しており，両者が婚姻届出に至らなかった原因は必要な書類を揃えるための費用上の問題であったこと，原告が配偶者との間にもうけた「永住者の配偶者等」の在留資格を有する子は，ダウン症候群等であるため，フィリピンにおいて必要な療育及び治療等を受ける機会が非常に乏しく，本邦での治療等を必要としていることなどの積極要素を総合勘案し，児童の権利に関する条約 3 条 1 や，児童がその父母の意思に反してその父母から分離されるべきではないとの原則を定めている同条約9 条 1 の趣旨を参酌すると，原告が長期にわたる不法残留者であること，法的な婚姻関係が存在せず，配偶者が永住者の在留資格を有する外国人であるにすぎないこと等を考慮してもなお，原告に対して在留特別許可を与えるべきではないとした東京入管局長の判断は，考慮すべき積極要素を過少評価したものであって，社会通念に照らし著しく妥当性を欠くことが明らかであるというべきである。

②　配偶者が定住者の場合
（服役中の原告と定住者である女性との婚姻関係の要保護性を否定した事例）

> **裁判例 392**　東京地判平成 24 年 12 月 25 日　平 24（行ウ）323

　　本件裁決当時，原告は定住者である女性と法的婚姻関係にあり，両名の間には，11 歳と 7歳の二人の息子がいることが認められる。しかしながら，定住者の地位自体が入管法により外国人に認められた一在留資格にすぎず，定住者と本邦のつながりは日本人と本邦とのつながりに比較して弱いことからすると，在留特別許可の許否の判断に当たって，外国人たる定住者との婚姻関係を日本人との婚姻関係よりも保護の必要性が低いものと扱うことには相応の合理性があるというべきである。

　　しかも，婚姻の本質は永続的な精神的及び肉体的結合を目的とした真摯な意思をもって共同生活を営むことにあるところ，裁決時において，服役中である原告と妻子らとの交流は，1 年にわたって断絶していただけでなく，妻には原告との実質的な婚姻関係を回復・継続していく意思はなかったものと認めるのが相当である。

（定住者との婚姻は必ずしも重視すべき要因ではないとする事例）

> **裁判例 393**　東京地判平成 24 年 4 月 18 日　平 22（行ウ）595

　　入管法は，定住者の在留資格をもって本邦に在留する外国人と婚姻関係にある者について，

第2　在留特別許可に関する判例の動向　137

独立した在留資格を設けておらず，同法か，こうした者について，本邦への在留を認めるべき類型の者と位置づけていないことや，両者の婚姻関係が原告の不法残留という違法状態のうえに築かれたものであること等も考慮すると，原告と定住者との婚姻関係について，東京入管局長が原告に対して在留特別許可をするか否かを判断するうえで，特別に重視すべきほどの事情であったとまでは言い難い。

［同旨：東京地判平成24年3月9日　平22（行ウ）540］

裁判例 394　東京地判平成24年1月12日　平22（行ウ）251，256-259

　入管法は，退去強制事由に該当する外国人同士の夫婦関係について，外国人が日本人の配偶者又は永住者の配偶者となった場合とは異なり，独立の在留資格を認めていないし，配偶者の一方が定住者の資格を有しているわけでもないから，当該外国人同士が夫婦関係を構築して本邦において同居生活を送っていることは，法務大臣等の在留特別許可において積極的に考慮されなければならない事情ということはできない。

（定住者との婚姻が短期間若しくは実質を伴わないとした事例）

裁判例 395　東京地判平成26年9月19日　平26（行ウ）14

　フィリピン国籍の外国人男性が，不法残留中に病を得た父親を助けるために，家族で短期在留資格で入国し，そのまま5年以上の不法残留，不法就労を継続している（父親他家族は帰国）。他方，原告は家族に送金するために，本邦に不法残留し，不法就労を継続しているうちに，同国人である定住者資格を持つ女性（日本人男性と再婚した母親を頼って本邦に短期在留で入国し，定住者資格を取得）と婚約したが同居にまでは至っていなかった（裁決後，当該女性は原告の子を出産）事例において，在留特別許可を認めなかった入管局長の判断に違法はないとされた事例。

裁判例 396　東京地判平成25年4月16日　平24（行ウ）96

　不法残留で摘発を受けた直後に，定住者である同国人と婚姻し，裁決後配偶者たる定住者が実子を出産した場合につき，両者の同居は短時間であり，定住者である妻は働いて日本で子供を育てることも，本国に帰り一緒に家庭をもうけることも可能であるとして，退去強制令書発付処分の取消しを認めなかった事例。

裁判例 397　東京地判平成24年7月10日　平23（行ウ）647

　退去強制を受けたのち，偽造旅券を行使して不法入国し，不法残留・不法就労を継続した外国人に対し，定住者としての在留資格で本邦に在留する同国人と内縁関係にあることを理由とする在留特別許可が認められなかった事例。

138　第1編　入管法制

（互いに異なる国籍の外国人の婚姻）

裁判例 398　東京地判平成 27 年 3 月 27 日　平 26（行ウ）167

　スリランカ国籍の男性（原告）が，短期滞在資格で入国し，不法残留中に，フィリピン国籍で「定住者」の資格を持つ女性（日本人の配偶者等として本邦に入国し，実子を出産した後，離婚して，定住者資格を取得する。なお，同人は別の日本人男性との間にも子をもうけるが，養育費を支給されることなく，生活保護を受給している。）と婚姻し，女性は原告との間にも実子（定住者としての資格を取得）をもうけている。両者は母国語が異なるため，日本語で会話している。

　退去強制事由に該当する外国人が定住者の配偶者であることは，在留特別許可の許否の判断において，積極的にしんしゃくされる事情の一つにとどまるというべきである。また，一般に，定住者と本邦とのつながりは日本人と本邦とのつながりに比較して弱いといえることからすれば，定住者である外国人との婚姻関係を日本人との婚姻関係よりも保護の必要性が低いものと取り扱うことには，相応の合理性があるというべきである。

　両者の婚姻期間は，10 か月足らずと短期間で，しかも，原告の不法在留という違法状態のうえに築かれたものであったこと，同居期間（1 年 10 か月）中も女性は継続的に生活保護を受給しており，両者の関係は必ずしも経済的に安定したものではなかったこと，両者は互いに母国語でない日本語によってしか意思の疎通を図ることができないことが認められる。

　そうすると，本件裁決当時，その婚姻関係が，安定しかつ成熟したものであったとまではいうことはできない。

（二人の定住者女性との間の婚姻と離縁，内縁関係）

裁判例 399　東京地判平成 27 年 4 月 28 日　平 26（行ウ）573

　インドネシア国籍の外国人男性が，日系三世である同国人（定住者資格者）と婚姻し，配偶者として定住者資格を得て本邦に上陸したが，別居し，5 年後離婚し（相手方女性は二人の間に生まれた子供とともに本邦から出国），離婚後の資格更新申請（家族と同居しているという虚偽の記載を行っている。）において，更新が認められず不法残留となった事例。

　なお，本人はその後，別のインドネシア国籍の女性（定住者資格で在留しているが，別の同国人と婚姻しており，本人とは内縁関係）と知り合い，同居して子をもうけている。

　当初の婚姻関係の破たんにより，本邦在留の理由がなくなり，更新申請における虚偽記載，恒常的無免許運転という消極要素とともに，別の女性との同居は内縁関係に過ぎないから，在留特別許可を与えることはできないとされた事例。

（配偶者の前夫の子との同居）

裁判例 400　東京地判平成 22 年 6 月 10 日　平 21（行ウ）329

　中国国籍の男性が，定住者の在留資格をもつ外国人（日本人配偶者と離婚し，日本国籍の実

第 2　在留特別許可に関する判例の動向　139

子と生活）と内縁関係にある等の事情や当該外国人との間に出生した実子の扶養という事情のみをもって，在特許可を与えなければならないわけではなく，また，その内縁配偶者とその前夫との間の日本国籍を持つ子は，原告と親子関係になく，その同居期間も約 2 年 1 か月に留まることからすれば，その子が原告を父と慕っていたとしても，在特許可の許否の判断に当たって，特に考慮すべき事情に当たらない。

（参考：「日本人の配偶者等」との婚姻関係）

| **裁判例 401** | 東京地判平成 25 年 2 月 26 日　平 24（行ウ）482 |

　原告の配偶者は，入管法によって認められた「日本人の配偶者等」の在留資格により，一定の在留期間に限り本邦に在留するにすぎない外国人（日本人の子であり，「日本人の配偶者等」の在留資格を有するフィリピン人）であって，在留資格の変更又は在留期間の更新が許可されない限り，本邦から出国しなければならない者であるから，在留特別許可の許否の判断に当たって，このように本邦に永続的に在留することが原則として予定されていない外国人との婚姻関係について，日本人との婚姻関係と同等の保護を与えるべきものとはいえないことは明らかである。

3　日本人又は特別永住者との間に出生した実子を扶養していること，その他在留資格を持つ実子を扶養していること

　ガイドラインによれば，日本人又は特別永住者との間に出生した実子を扶養している外国人についても，
「ア　当該実子が未成年かつ未婚であること
　イ　当該外国人が当該実子の親権を現に有していること
　ウ　当該外国人が当該実子を現に本邦において相当期間同居の上，監護及び養育していること」
の三要件を何れも満たす場合には，特に考慮する積極要素に当たるとされる。
　また，別表第二に掲げる在留資格（定住者等）で在留している実子（嫡出子又は父から認知を受けた非嫡出子）を扶養している場合には，その他に考慮する積極要素とされる。
　以下では，日本人の実子を扶養しているという要件に当てはまらず，在留特別許可を認めることができないとする判例を中心にあげていく。

①　実子に対する養育の実質がない，不要であるとされた事例
（定住者である実子）

| **裁判例 402** | 東京地判平成 27 年 3 月 27 日　平 26（行ウ）167 |

　スリランカ国籍の男性（原告）が，短期滞在資格で入国し，不法残留中に，フィリピン国籍

140　第1編　入管法制

で「定住者」の資格を持つ女性（日本人の配偶者等として本邦に入国し，実子を出産した後，離婚）と婚姻し，女性は原告との間にも実子（定住者としての資格を取得）をもうけている。女性は，複数の子を生活保護を受けて養育している。

　入管法には，在留資格を有する子がいることから直ちに，当該外国人を特別に扱うべきことを定めた規定等が見当たらないことからすれば，退去強制事由に該当する外国人に，定住者の子がいることは，在留特別許可の許否の判断において，積極要素としてしんしゃくされる事情の一つにとどまるものというべきである。

　女性は生活保護を受給しており，原告に収入がなくとも子を養育することができていたこと等，子の監護・養育にとって原告が必要不可欠であったとまではいえない。

（配偶者は死亡しているが，本人に実子の監護養育をすることができない場合）

裁判例 403　東京地判平成 27 年 3 月 13 日　平 25（行ウ）709

　ペルー国籍の外国人男性が，同国人である日系二世の女性と結婚し，定住者資格で在留し，本邦で一子が生まれたが，配偶者が病死した後，アルコール依存症となって仕事ができなくなり，子供も児童養護施設への入退所を繰り返している。

　原告は，不法残留であり，妻の死を契機にアルコール依存症となり，万引き等の窃盗を繰り返すようになり，罰金刑，執行猶予付き判決を受けたのち，懲役 6 か月の実刑判決を受け，服役している。

　原告は，このまま窃盗を繰り返せば実刑に処せられる旨を刑事手続において告げられるなどしていたものであって，自らの問題を自覚して立ち直る機会を何度も与えられていたにもかかわらず，結局，その機会を生かすことなく窃盗を繰り返して実刑に処せられたものである。妻の死亡という同情すべき事情があったことを否定するものではないが，ものには限度があるというべきであって，繰り返し行われた窃盗をはじめとする状況を正当化することはできず，在留特別許可の許否の判断に当たり，重要な消極要素として考慮されるべきものといわざるを得ない。

　原告は，妻の死亡後，鬱状態，アルコール依存症となって養育できなくなり，子は，児童相談所の保護を受けることとなり，一時は二人で生活を開始し，その監護養育を行ったが，その後も飲酒をやめられず，再び養育できなくなり，児童相談所の保護を受けることとなり，妻の死亡後，原告が子を監護養育した期間は僅か 9 か月余りにすぎない。

（日本人元配偶者側が養育している事例）

裁判例 404　東京地判平成 23 年 12 月 1 日　平 22（行ウ）644

　21 年間，日本に不法残留し，日本人の元妻などとの間に六人の子供を有する外国人につき，子らはいずれも未成年かつ未婚であるものの，それぞれ母親に引き取られて養育されており，原告は子らとの交流を有しておらず，養育費を負担した事実も認められない以上，6 名の子をもうけていることは在留特別許可の判断に当たり積極要素として考慮されるものではない。

第2　在留特別許可に関する判例の動向　141

| 裁判例 405 | 東京地判平成 25 年 9 月 10 日　平 24（行ウ）735 |

　離婚した日本人夫との間の実子については，元夫とその母が監護していることから，外国人元妻には養育の必要性は認められないとした事例。

② 犯罪を繰り返すなど消極的要素が上回り，実子を養育していても在留特別許可が認められないとされた事例
（万引き常習犯）

| 裁判例 406 | 東京地判平成 26 年 6 月 13 日　平 24（行ウ）755 |

　法 24 条 4 号リの判例（第 1 編第 4 章第 11）参照。

（服役）

| 裁判例 407 | 東京地判平成 25 年 8 月 8 日　平 23（行ウ）699 |

　定住者の在留資格で在留し，日本人妻と長年内縁関係にあり，実子三人をもうけた外国人男性が，度重なる無免許運転により刑務所に服役中に，内縁の妻が在留期間更新許可申請を代理しなかったこともあって不法残留となった事例について，内縁の妻との関係は服役を期に断絶し，三人の子供とも同居しておらず，監護・養育に当たっているわけではないとされた事例。

③ その他
（認知されていない実子の場合）

| 裁判例 408 | 東京地判平成 27 年 9 月 10 日　平 26（行ウ）477 |

　日本人の配偶者として在留していたが，離婚により不法残留していたフィリピン国籍の女性が，勤めていたスナックの客である日本人男性（既婚者）との間で子をもうけ，男性は将来認知することを約束しているが，なお認知されず子はフィリピン国籍であり，母とともに退去強制手続に付された事例。
　原告子は日本人男性の血縁上の子であるものの，認知されておらず，「日本人の配偶者等」の在留資格に該当するものではなく，早期に認知がされる見込みもない。
　日本人男性は，妻子とともに生活し，原告らと同居したことはなく，原告子が今後本邦に在留したとしても，その養育監護を受けることは考えにくく，原告子に対する在留特別許可の許否の判断に当たり，日本人男性の存在を格別考慮すべきものとはいえないとされた事例。

| 裁判例 409 | 東京地判平成 27 年 7 月 10 日　平 26（行ウ）345 |

　本件男児は，日本人男性の実子であるとは推認されるものの，いまだその認知を受けられているものではなく，現に日本国籍を有する者であるとはいえず，実母である原告の血統により

142　第1編　入管法制

フィリピンの国籍も有していると考えられる（フィリピンの1987年施行の憲法第4節1条(2)）。このことに加え，本件男児が，出生時から同国の原告の母の下で成育されていることも勘案すると，本件男児を，同国ではなく日本で成育することが本件男児の最善の利益に合致するとも直ちに即断することはできない。今後本件男児の日本人男性に対する認知の訴えにおいて認容判決が確定し，その後，本件男児が国籍法3条1項の規定による届出をすれば，日本国籍を取得することのできる蓋然性が高いことを考慮しても，母子に在留特別許可を認めないという評価を左右するものではない

（日本人の実子との面会の利益）

裁判例410　東京地判平成25年12月24日　平25（行ウ）153

　不法残留による退去強制手続き中のフィリピン人女性が，離婚した日本人男性との間の子（監護者は元夫側）が本邦に居住しており，裁決当時，原告と当該子との面会交流にかかる審判が近く予定されていたことなどからすれば，原告に対して在留特別許可を付与すべきであると主張した事例。

　一般に，実母とその子である未成年者との交流は，子の福祉に合致する限りにおいて尊重されるべきものと考えられる。しかし，入管法には，その判断に当たり，日本人の子がいる外国人を特別に取り扱うべきことを定めた規定は見当たらないことからすれば，退去強制事由に該当する外国人に日本人の子がいることは，在留特別許可の許否の判断の際にしんしゃくし得る事情の一つにとどまるものというべきである。

　入管法自体には，日本人の子を監護，養育することを直接の目的とする在留資格が設けられておらず，たとえ外国人が日本人の子の監護，養育の権利を有し，その義務を負う場合であったとしても，当該外国人がそのことのみを理由に本邦に在留することが保障されるわけではない。

　日本人の子について監護，養育の権利義務を有さず，面会交流をし得る地位にあるにとどまる外国人の場合，その子との面会交流の必要性又は可能性の点については，在留特別許可の許否の判断に当たって殊更に積極要素としてしんしゃくしなければならないものとまではいえないと解することが相当である。

（重罪を犯しているが，日本人の実子を扶養していることから，在留特別許可を認めるべきであるとされた事例）

裁判例411　東京地判平成19年8月28日　平18（行ウ）47（判時1984号18頁）

　法24条4号チの判例（第1編第4章第10）参照。

第2 在留特別許可に関する判例の動向　143

4　外国人家族の場合

　在留資格を有しない外国人家族の場合，その家族の一員として監護・教育されている実子がわが国に相当期間在住し，わが国の初等・中等教育を受けて，わが国の文化に馴染んでいることを，在留特別許可を認めるべき理由として主張する場合が多い。

　なお，ガイドラインでは特に考慮すべき積極要素として，

　―当該外国人が，本邦の初等・中等教育機関（母国語による教育を行っている教育機関を除く。）に在学し相当期間本邦に在住している実子と同居し，当該実子を監護及び養育していることをあげている。

①　在留特別許可を認めなかった事例

（1）　子供が中等教育以下の場合

　子供が初等，中等教育の段階である場合には，その順応性，可塑性から本国に送還しても環境に対応できるとする判例が多い。

裁判例 412　東京地判平成 20 年 5 月 20 日　平 19（行ウ）599，612，613，614

　裁決当時，原告子らはそれぞれ 12 歳，10 歳及び 3 歳であり，いずれも環境の変化に対し柔軟に対応し得る年齢にあったことに加え，原告長女及び同次女はタガログ語を聞き取ることができるうえ，原告長女が英語を得意科目としていると認められることからすると，原告子らが，本国の生活習慣や言語等に習熟した原告母とともに速やかに帰国し，本国での生活を経験することによって，本国の言語や文化に慣れ親しむことは十分可能である。原告母の両親や兄弟姉妹などの親族が身近にいる環境で生活することは，長期的にみれば，原告子らの健全な心身の発達にとって有意義であるということもできる。

　そもそも原告子らに対し学校教育を受ける機会を保障する責任を負うのは，第一次的には親である原告母，次いで国籍国であるフィリピン政府であるというべきであるから，本件各裁決に当たり，原告子らが本国に帰国した場合に，学校教育を受けられない可能性があるからといって，直ちに原告らに対し在留特別許可を与えなかった判断が，社会通念上著しく妥当性を欠くことが明らかであるとはいえない。

　同趣旨として，原告（ペルー国籍の女児）の母親は不法残留として退令処分を受けており，永住者資格を持つ原告の父は，裁決後原告を認知したが，原告を監護養育していくことは困難であることから，原告に在留特別許可を与えなかった判断に裁量権の逸脱，濫用はないとされた事例（東京地判平成 24 年 9 月 7 日　平 23（行ウ）219）。

裁判例 413　東京地判平成 23 年 4 月 15 日　平 21（行ウ）639，平 22（行ウ）1-3

偽装日系で短期入国した後，定住者資格を得て妻を呼び寄せ，16 年間の不法残留中，本邦

第6章
在留特別許可

144　第1編　入管法制

で出生した子供がそれぞれ12歳，4歳になっている（裁決時）事例について，出頭したにもかかわらず，在留特別許可を与えなかった入管局長の判断に裁量権の逸脱・濫用はないとされた事例。

（13歳，本邦への残留の希望）

> **裁判例414**　東京地判平成21年8月3日　平20（行ウ）593・627

　留学に相当する資格で入国し，3年後以降逮捕されるまで約16年間不法残留となり，中国料理店で調理人として不法就労していた中国人男性と，同人と中国人女性（同じく，不法残留であり，退去強制を受け帰国，同人とは離婚）との間に本邦で出生した子にかかる退去強制令書の発付にかかる事案。

　父親については，長期にわたる不法残留，他人の住基カードを用いて身分を詐称するなど，自らの送還を避けるためには法秩序を侵害することなどもいとわないといった原告父の規範意識の乏しさが強くうかがわれるところであり，裁決に違法性はない。

　子については，不法残留になったことに本人の責任はなく，裁決時に本邦在留13年に及び，日本への定着性が強く，本人は日本への残留を強く望んでおり，また，永住資格を有する叔母が本人の監護を担うことができる可能性がある。

　しかし原告子の約12歳8か月という年齢については，いまだ父や母の愛情が十分に必要な年齢であって，原告子の年齢や生育歴に照らせば，原告父及び母であるAから引き離されることが，原告子にとって重大な不利益であると判断することも，首肯するに足りるものであったというべきである。

　子にも退去強制令書を発付した東京入管局長の判断が全く事実の基礎を欠き又は社会通念上著しく妥当性を欠くことが明らかであるとはいえない。

（12歳，4歳）

> **裁判例415**　東京地判平成21年5月22日　平20（行ウ）328，332-334

　本邦に18年間若しくは14年間不法残留，不法就労し，本国の家族に送金してきたフィリピン人夫婦の入国，在留の状況は悪質なものであり，在留特別許可をしない入管局長の判断は違法であるということはできない。

　本邦で出生した二子（裁決時12歳，4歳）は，本邦の生活環境になじんでおり，フィリピンへ強制送還されることによって少なからぬ心理的又は物理的な悪影響を受けるが，他方，原告子らに対して在留特別許可をしても，原告子らは，両親である原告父母と離れて暮らさなければならないということになる。

　原告子らの年齢が低く，まだ十分な判断能力等を有していないことを考慮すると，原告子らの心情や福祉という観点から考察してみても，後者の心理的又は物理的な悪影響のほうが小さいと判断することはできない。

（国際化社会では受忍すべきであるとする事例）

裁判例416 東京地判平成20年9月5日　平19（行ウ）313，319-321

　原告子（長女11歳，長男9歳）らがイランに帰国した際に生ずる困難は，両親が外国で生活中に当該外国で生まれ育った子供が両親と共に帰国する際に一般に生ずるものであるから，現代のように国際化が進んだ社会においては，それほど特殊なものとはいえないとする事例。

（15歳，中学生）

裁判例417 東京高判平成17年4月13日　平16（行ウ）389

　確かに，第一審原告（フィリピン国籍で，本邦で出生した未成年者）は，本件裁決の当時，約15年間にもわたり日本社会において日本人の子供と全く変わりない生活を継続し，日本の生活習慣や文化にも十分になじんでおり，引き続き日本での学習を継続し，将来は日本で仕事をすることを希望していたことが明らかである。

　しかしながら，第一審原告は，その出生以来一貫して父母の監護養育を受けてきた者であり，当人に対してのみ在留特別許可をすると，日本において両親から離れて生活することになる。当時の同第一審原告の年齢（14歳）を考慮すると，両親の監護を受けられないことによる影響は，ただ単に経済的な問題に止まらず，心理的・物理的にも大きな影響を及ぼすことになるものと考えられる。

　また，そもそも入管法上，中学生である外国人が扶養者である両親と離れて単独で本邦に在留し，中学校に通学するという活動を想定した定型的な在留資格は設けられていない。

　子供に可塑性，柔軟性があるとされ，在留特別許可を認めなかったその他の事例。

　裁決時　9歳，5歳の事案（東京地判平成26年8月5日　平25（行ウ）553，576-578）

　裁決時　5歳，3歳，1歳，0歳の事案（東京地判平成25年2月15日　平23（行ウ）111，116-119）

　裁決時　13歳の事案（東京地判平成24年4月13日　平22（行ウ）667，675-677）

　裁決時　12歳，7歳の事案（東京地判平成23年11月10日　平22（行ウ）444，473-474）

　裁決時　13歳，11歳，9歳の事案（東京地判平成23年7月19日　平21（行ウ）406-408）

　裁決時　11歳の事案（東京地判平成21年3月25日　平20（行ウ）203，259）

　裁決時　14歳，7歳の事案（東京地判平成21年7月31日　平18（行ウ）72，74）

　裁決時　11歳，5歳の事案（東京地判平成21年2月27日　平20（行ウ）76，78-80）

　裁決時　12歳，9歳，6歳の事案（東京高判平成20年3月19日　平19（行コ）341）

　裁決時　12歳，8歳の事案（東京地判平成19年9月26日　平18（行ウ）632，643-645）

146　第1編　入管法制

（2）　本国への対応能力として，年齢以外の要素をあげる事例
（アメリカンスクールでの教育）

裁判例418　東京地判平成21年2月27日　平19（行ウ）724・728

　　フィリピン共和国国籍の原告父は稼働目的で本邦に不法入国したうえ，17年以上も不法残留及び不法就労を継続しており，その入国及び在留状況は芳しくないといわざるを得ず，また，本邦で出生した原告子も（フィリッピンでは公用語である。）英語中心の授業内容のインターナショナルスクールに在籍しており，その高い言語能力から，帰国後，タガログ語を修得し，母国の生活習慣に親しむことは十分可能である等として，請求を棄却した事例。

（韓国語学校等）

裁判例419　東京地判平成21年3月26日　平20（行ウ）185・218-220

　　約14年の不法残留により退去強制手続に付されている韓国籍の父親の長男に在留特別許可を認めなかったことについて，本件裁決時（18歳）までに合計約13年間にわたってわが国に在留し，日本にある程度定着した生活を送っていたということができるが，韓国人の父母の下に韓国で出生し，3歳までは韓国で養育されており，また，9歳頃から約1年間，韓国の小学校に通っていたほか，小学校1年から3年までは東京韓国学校に通学し，韓国語で授業を受けていたこと，近時においては韓国人である叔父と同居しその仕事を手伝っていたこと，現在でも韓国語の聞き取りは可能であることがそれぞれ認められるのであって，これらのことからすると，言語及び生活習慣の面において，原告長男は韓国とそれなりの関わり合いを持ってわが国で生活していたものといえるから，原告長男が，原告父とともに韓国に帰国したとしても，原告父の援助を受けつつ上記のような困難を乗り越えることが不可能ではないとの評価を受けたとしても不合理とはいえないとされた事例。

裁判例420　東京地判平成20年7月8日　平19（行ウ）263，347-349

　　子供は12歳（長女），7歳（長男）であり，長女の小学校卒業を期に，本国に帰ることを想定して子らの養育に当たっていたことが伺えるとする事例。

②　外国人家族に在留特別許可を認めるべきであるとされた事例
（積極的要素しかないとされた事例）

裁判例421　大阪高判平成25年12月20日　平25（行コ）13

　　短期滞在資格で入国し，不法残留，不法就労を15年から17年続けているペルー人夫婦と，本邦で出生した次男（裁決時7歳），長女（裁決時1歳）に対する退去強制手続に関し，控訴人二男は，本邦で出生し，国籍国であるペルーに入国したことはなく，本件裁決時に小学校2年に在学していたこと，控訴人父母は，長期間にわたり本邦に在留しており，わが国への定着

性が認められること，控訴人父母には，わが国における犯罪歴や出入国管理行政の根幹にかかわる違反又は反社会性の高い違反はなく，その他入国・在留状況等にも大きな問題はないこと，控訴人子らの年齢等からすると，控訴人父母と控訴人子らを別々に処遇するのは相当ではないことなどを総合的に考慮すれば，ガイドラインから窺われる考慮要素からして，控訴人らについては在留特別許可を与えるべき積極要素のみしか見当たらないから，在留特別許可を与えることが相当であると判断されるべきであり，控訴人らに対し在留特別許可を付与しないとした処分行政庁である大阪入管局長の判断は，その裁量権が広範なものであることを考慮したとしても，社会通念に照らし著しく妥当性を欠くものといわなければならないとされ，裁決が取り消された事例。

（入管局による不法在留の黙認？）

裁判例 422 名古屋地判平成 22 年 12 月 9 日　平 21（行ウ）19（判タ 1367 号 124 頁）

　偽造旅券を用いて不法入国したペルー国籍の夫婦（日系人を偽装して日本人配偶者等，定住者としての許可を受ける）と三人の子，並びに本邦で夫婦の間に出生した子（長女）に対する不法入国後 12 年から 14 年後の退去強制手続について，

　—地方入管局は，平成 10 年（当初の不法入国から約 4 年後）在留許可の更新不許可処分を行い，原告らが不法入国等であることを把握していた。

　—入管局は原告らに出国の手続を取るように求めたが，原告らは出頭せず，平成 13 年に原告らに対する入管法違反事件を中止する中間処分を行った。

　—平成 18 年に原告らが出頭することにより，退去強制手続が始まった。

　—裁決庁は夫婦と長女（小学校 2 年生）については退去強制令書を発付し，他方，三人の子（裁決時，21 歳，20 歳，18 歳）に対しては在留特別許可を与えた。

という経緯によるものである。

　判決は以下のような点から在留特別許可を認めなかった入管局長の判断は違法であるとした。

　—名古屋入管は，原告父母の不正行為を把握してから，原告ら家族の出頭があるまで 8 年 9 か月の長期間にわたって，原告父母が本邦に在留することを黙認していた。

　—その在留期間中に原告長女が出生し，裁決時点では小学 2 年生になっていたこと。

　—原告父母の不法入国等の違法行為と不法就労の点を除いて，犯罪行為や素行に問題があったことをうかがわせる証拠はない。

　—原告父母は，在留資格がないという不自由な立場にありながら，三兄弟を高等学校に進学させるなどしており，夫婦が協力して懸命に子育てをしてきた様子がうかがわれる。

　その他本件に現れた一切の事情を総合勘案すると，原告らに対し在留特別許可を付与しないとした裁決行政庁の判断は，その裁量権が広範なものであることを考慮したとしても，社会通念に照らし著しく妥当性を欠くことは明らかであるといわなければならない。

③　子にのみ在留特別許可を認めることの是非

親が不法入国，不法残留であった場合でも，子については不法入国等の有責性はなく，そ

148　第1編　入管法制

の在留可能性を別途に検討する判例もある。

　ガイドラインも，当該外国人が，別表第二に掲げる在留資格で在留している者の扶養を受けている未成年・未婚の実子であることを，その他考量すべき積極要素にあげている。

（1）　子供に在留特別許可を認めつつ，親には認めない事例
（裁決時20歳）

裁判例 423	横浜地判平成26年11月5日　平25（行ウ）40

　10歳の時に親に連れられて不法入国，不法滞在し，本邦の中学，高校を卒業し就労しているコロンビア国籍の外国人について，偽造旅券を用いて入国しているものの，その事情を知らずに，母に連れられて入国したものであるから，本人にとってはいかんともし難い事情により，不法入国者，不法残留となったのであって，中学2年生時に自身に在留資格がないことを知った後の不法残留についても，未成年であった本人に父と離れ離れになり本邦で一人生きていくことを覚悟して入国管理局に出頭申告するよう求めることは酷であるから，出頭申告しなかったとしてもやむを得ない。したがって，原告には，不法入国及び不法残留について帰責性があるとはいえないとして，裁決時20歳の外国人男性に対する退令処分が取り消された事例。

（里親制度，施設入所の可能性）

裁判例 424	東京高判平成26年9月19日　平26（行コ）49 （原審：東京地判平成25年12月25日　平25（行ウ）61）

　いずれも偽造旅券による不法入国，不法就労であるフィリピン共和国国籍の両親の間で本邦に出生した子（裁決時中学生）について，本邦に不法に在留している状態にあるものの本人に帰責性はなく，日本に定着しており帰国して新たな環境に適応することは困難であること，父母が日本に残れない場合であっても，一人で日本において生活を続けることを決意していること，子が一人で日本に残留したとしても，日本の福祉制度の下では，里親制度の利用や施設入所等の方策を利用することが可能であるし，日本に一人で残されても生活していくことが可能な見通しがあるものといえるとして，家族三人による退令処分の取消請求をいずれも退けた原審判決を一部変更し，両親への裁決は適法であるとしつつ，子についての退去強制令書発付処分を取り消した事例。

（母の兄夫婦との養子縁組）

裁判例 425	東京高判平成23年5月11日　平22（行コ）206（判時2157号3頁）

　イラン国籍の母とその実子に対する退去強制令書発付処分に対する取消訴訟において，一審では棄却されたが，控訴審において，子供にのみ母の兄夫婦（配偶者は日本人）との養子縁組等を理由に在留特別許可が認められた事例（「養子縁組」の項目（第1編第6章第2の5）参照）。

第2　在留特別許可に関する判例の動向　149

（脳腫瘍の治療，友人・公的機関の支援）

裁判例 426	東京地判平成 22 年 1 月 22 日　平 20（行ウ）601，617-619（判タ 1353 号 96-110 頁）

　原告長男（裁決時 14 歳）は，脳腫瘍に罹患していたものであって，平成 21 年 4 月に脳腫瘍の摘出手術を受けたものである。仮に，原告長男がペルーに帰国した場合には，ペルーの医療事情等に照らせば，適切な治療を受けることができず，深刻な事態が生じていた可能性が高いとして，両親と長女（裁決時 11 歳）とは異なり，長男のみに裁決，退令処分が取り消された事例。

　また，原告長男には多くの日本人の友人がおり，周囲の日本人の家族の援助を期待することもできないわけではなく，長男が通っていた中学校を始めとする教育機関や医療機関等の公的機関の支援を期待することができるといえるのであって，原告長男に対してだけ在留を特別に許可するという判断が明らかに不合理であるとまでいうことはできないとされた。

（縁者の経済的支援）

裁判例 427	大阪高判平成 20 年 5 月 28 日　平 19（行コ）127（判時 2024 号 3 頁）

　在留資格を偽って不法入国し，8 年後に偽装であることが判明した中国人家族の未成年の子（裁決時 16 歳）について，子供本人に帰責事由はなく，日本語能力も優れ，日本社会に溶け込んでおり（他方，中国の生活に溶け込むには多大な困難が伴う），家族が帰国しても縁者が経済的援助等で生活を支援するという意思を表明している事情からすれば，それらの事情を十分考慮することなくなされた裁決は，事実に対する判断が明白に合理性を欠くものであり，違法というべきものであるとされた事例。

（子には不法上陸等の有責性がないこと）

裁判例 428	東京高判平成 19 年 2 月 27 日　平 18（行コ）126

　外国人が不法上陸及び不法在留していることについて，当該外国人自身には責めるべき点がない場合（親に連れてこられた未成年の子供など）には，通常の不法上陸，不法滞在の事案とは異なり，わが国における生活，学習等の実績，将来の設計や，それらが国外退去させられることによって失われる不利益についても，これを違法状態のうえに築かれたものとして軽視することは不相当であり，その不利益も大きなものと見るべきである。

（里親等の支援─兄弟の妹）

裁判例 429	東京地判平成 18 年 7 月 19 日　平 17（行ウ）80（判タ 1301 号 130 頁）

　父が中国残留邦人の子であると偽って入国し，7 年後に上陸許可を取り消された中国人家族のうち，上陸時 7 歳，裁決時 15 歳の子（妹）について，両親は既に帰国しているが，里親等

第6章　在留特別許可

150　第1編　入管法制

の支援者がおり，兄と共に日本に在留することを認めるべきであるとした事例。

（里親等の支援─兄弟の兄）

裁判例 430　東京地判平成 18 年 3 月 28 日　平 17 (行ウ) 79 (判タ 1236 号 126 頁)

　父が中国残留邦人の子であると偽って入国し，7 年後に上陸許可を取り消された中国人家族のうち上陸時 9 歳であった子（兄）について，本人には帰責性がなく，本邦で里親制度など日本に在留することになる子供を支える仕組みがあることなどを在留特別許可を子供にのみ認める一因とする事例。

（15 歳の子にのみ認め，10 歳以下の三人は親と帰国）

裁判例 431　東京地判平成 16 年 11 月 5 日　平 15 (行ウ) 340 (判タ 1216 号 82 頁)

　不法入国・不法残留の外国人夫婦の日本で出生した子供四人のうち，裁決当時 15 歳の中学生に限って，他の 10 歳，6 歳，3 歳半の子供とは異なり，在留特別許可を認めるべきであるとした事例。

(2)　子のみの在留特別許可が認められなかった事例

　ただし，子供にのみ在留特別許可を与えることができる場合であっても，本人がわが国での単独での在留を拒み，あくまで両親と一緒に暮らすことを望む場合には，両親に在留特別許可を認めることができない以上，本人にも在留特別許可を認めることができないとする事例もある。

裁判例 432　東京地判平成 24 年 4 月 13 日　平 22 (行ウ) 667，675－677

　原告子（裁決時 13 歳）が韓国に帰国した際に生ずる困難は，両親が外国で生活中に当該外国で生まれ育った子が両親とともに本国に帰国する際に一般に生じるものであり，現代のように国際化が進んだ社会においてはある程度起こり得るものである。また，そもそも，わが国と韓国との言語や生活習慣の違い等により，子が韓国に帰国した際に困難に直面するというのであれば，幼少の原告子を保護する立場にあった原告父において，そのような事態を避けるべく行動すべきであったので，そのような事態が生じるとすれば，その主たる責任は，原告父にあるものといわざるを得ない。

　原告らが家族全員での本邦の在留を希望していることも考慮すれば，原告らのその余の主張を考慮しても，原告子につき在留特別許可をせず，原告父母とともに帰国するのが相当であるとした東京入管局長の判断について，裁量権の範囲から逸脱し，又はこれを濫用したものということはできない。

　［同旨：東京地判平成 23 年 6 月 7 日　平 22 (行ウ) 138，142，143，東京地判平成 23 年 9 月 28 日　平 22 (行ウ) 114，120－122］

| 裁判例 **433** | 東京地判平成 23 年 4 月 22 日　平 22（行ウ）201 - 203 |

　そもそも，わが国と中国との言語や生活習慣の相違などにより，中国に帰国した後，原告子につき困難な事情を生じ得るというのであれば，原告父母において，そのような事態を避けるべく行動すべきであったのであり，原告らが危ぐするような事態が生じた主たる責任は，偽装行為等をして本邦に上陸し，在留を続けた原告父母にあるのであって，そのような原告父母が，上記のような事態が生じ得ることを主張して，在留特別許可を求めるというのは，筋違いといわざるを得ない。また，原告子の年齢や，原告子自身が，その退去強制手続において，<u>原告父母が退去強制を受けた場合には，一緒に中国に帰国するつもりであり，自分一人だけ本邦に残る意思はない旨述べている</u>ことからすれば，原告父母が中国に帰国する場合には，原告子においても原告父母と共に中国に帰国することが，原告子の福祉に沿うものというべきである。

| 裁判例 **434** | 東京地判平成 21 年 9 月 18 日　平 20（行ウ）625，578，679 |

　日本人配偶者等，定住者として 17 年間本邦に在留，知人の不法入国に関与して電磁的公正証書原本不実記載，同供用の罪で有罪判決を受けた中国国籍の女性の，<u>長男（19 歳，父も中国人）も次男（13 歳）も，本国に送還されるにせよ，本邦に残るにせよ，家族が離れ離れになることは避けたいとの意向</u>である。

| 裁判例 **435** | 大阪地判平成 19 年 11 月 14 日　平 17（行ウ）47 |

　中国残留孤児の実子の子（母親）とその配偶者並びに両名の子であると偽装し，それぞれ告示 3 号，5 号，6 号にそれぞれ該当するとして定住者資格を得て本邦に上陸した中国人家族が，8 年後に母親は日本人の子として出生したものではないと判明したことにより，8 年前に遡って上陸許可が取り消され，退去強制手続に付された事例。

　子は，上陸時 8 歳，裁決時 16 歳であるが，在留特別許可を認めることはできないとされた。

5　養子縁組

（母とともに不法入国し，母の兄とその日本人配偶者夫婦との養子縁組が不法残留期間中に成立した未成年の子（退去強制令書発付時，小学 5 年生）について，子に限って退去強制令書発付処分が取り消された事例）

| 裁判例 **436** | 東京高判平成 23 年 5 月 11 日　平 22（行コ）206（判時 2157 号 3 頁） |

　本件養子縁組では，控訴人母の側も，養親の側も，控訴人子の在留資格を得ることを視野に入れていたことは推認することができる。そして，控訴人母が自らも在留資格を取得し，日本にとどまることを希望していたことは明らかであるが，控訴人母は，自分自身が在留資格を取

152　第1編　入管法制

得できない場合でも，控訴人子が在留資格を得て日本にとどまり，養親夫婦に養育されること
を希望していることが認められる。そして，養子縁組に実態がなく形式のみ作出して在留資格
を得るという特段の事情があるときは別として，養子縁組に実態があるときには，子の在留資
格を取得するうえでプラスになることを考慮したとしても，何ら問題はないというべきである。

　本件にあらわれた諸事情，とりわけ本件養子縁組の存在及び控訴人子の生活実態，さらには
帰国させた場合に予想される困難な状況等を考慮すれば，人道的見地からしても，控訴人子に
ついては在留特別許可を認めるのが相当というべきである。

（在留特別許可を認めることはできないとされた事例）

裁判例 437　東京地判平成 23 年 3 月 16 日　平 21（行ウ）478, 613−616

　入管法は，外国人が日本人と普通養子縁組をして日本人の養子となった場合につき，日本人
と婚姻して日本人の配偶者となった場合と異なり，独立の在留資格を認めていないから，当該
外国人が日本人との間の親子関係に基づいて家族生活を送っていることは，わが国との一定の
結び付きを有する徴表として，在留特別許可を与えるか否かの判断において考慮すべき事情の
一つとはなり得ても，直ちに法務大臣等の在留特別許可に関する裁量権を制約し，そのことを
常に積極的に考慮しなければならないとはいえないと解すべきである。

　（ただし，裁判所は「裁決時を離れて考えるならば，在留特別許可の判断において酌むべき
事情となり得る」と付言している。）

（一審・二審で判断が分かれた場合）

裁判例 438　横浜地判平成 17 年 7 月 20 日　平 15（行ウ）31（判タ 1219 号 242 頁）

　偽装結婚を手段とする不法入国，不法残留及び不法就労等を行っていたが，同居していた日
本人と養子縁組を行い，同人との生活を続けることを希望して，不法残留事実を申告した中国
籍を有する女性について，日本人と相互の情愛や精神的な結びつきをもって真摯な養子縁組を
行い，かつ，同居し互いに扶け合って共同生活を送っているような場合には，外国人が日本人
と婚姻関係を結んでいる場合と同様に，あるいはこれに準じて，重視されなければならないな
どとして，本件事案の事情の下においては，入国管理局長がした在留特別許可を付与しないと
の判断は，事実的基礎を欠くものであるか又は社会通念上著しく妥当性を欠くものであること
は明らかであるとされた事例。

裁判例 439　東京高判平成 18 年 1 月 18 日　平 17（行コ）222（訟月 52 巻 11 号 3486 頁）

　婚姻と養子縁組とは，相互の情愛ないし精神的な結びつきをもって，新たに家族関係を形成
していくという点では，共通性を有するものではある。しかし，同居の必要性（日本人の養親
が日本国内に居住している場合の他方の日本在留の必要性）の観点からは，大きな相違がある。
　一般の養親子関係については，不法残留又は不法就労の点を除いても，それ自体が在留資格

となるものではないから，在留特別許可を付与するかどうかの判断において，日本人の配偶者と日本人の養子とを同列に扱うことはできないというべきである。

6　その他の諸要素

①　長期在留

在留期間が長期にわたるといっても，不法残留である場合には，必ずしも積極的に評価されるわけではない。

（定着性の欠如）

裁判例 440	那覇地判平成 27 年 1 月 27 日　平 25（行ウ）4

フィリピン国籍を持つ女性が，真実と異なる生年月日を記載した旅券を用いて興行資格で入国を繰り返した不法入国とされ，その女性と米軍軍属との間で出生した子が，日米地位協定による SOFA 資格を（米軍軍属が除隊することにより）喪失したにもかかわらず，SOFA 資格として上陸したのが不法上陸であるとして，退去強制事由に該当するとされた事例である。

原告母には，本件入国前に，7 回の入国歴があるが，継続して本邦に在留したのは長くて 5 年，6 年であり，その間，スナックやクラブで働いたり，複数の交際相手らからの経済的援助を受けたりして生活していること，日本語については，簡単な会話ができるにとどまることなどの事情が認められ，これらの事情に照らせば，原告母が，わが国において定着して生活していると評価することは困難である。

原告子は，裁決の当時 9 歳であり，約 6 年 7 か月という本邦の在留期間は，それなりの長期間であったと評価できるが，本件上陸後，原告母と生活を共にし，原告母の転居に伴い，神奈川県から沖縄県に生活の拠点を移しており，その際，約 10 か月間にわたって小学校に通学できない期間が生じるなどし，その結果，本件各裁決の当時，原告子が本邦の小学校に通学していた期間は約 2 年間にとどまっていることが認められ，これらの事情を考慮すると，原告子が，わが国に定着し，継続的に安定した学校生活を送っていると評価することは困難である。

（短期滞在で入国し，約 20 年間不法残留していたタイ国籍の外国人に在留特別許可が認められなかった事例）

裁判例 441	東京地判平成 27 年 1 月 13 日　平 25（行ウ）420

原告は，本件裁決までの本邦での滞在期間が 21 年に及んでいるうえ，勤務先の中心事業であるアジアンスーパーマーケット事業を支え，その仕事ぶりや人柄から取引先との人間関係も良好であることなどを理由に，本邦に定着性が認められることをしんしゃくすべきである旨主張する。

原告の本邦での 21 年間の滞在期間中，不法残留や不法就労という点を除けば，犯罪行為を

154 第1編 入管法制

犯した等の事情も見受けられず，それなりに平穏に生活していたものとうかがわれる。もっとも，原告の場合，滞在期間中の当初90日のみが適法な滞在でありその後は不法残留が続いていたものであることを考慮すると，滞在期間が長期間にわたることを有利に考慮すべき面があるとしても，そこには一定の限度があるともいえる。また，原告の事業上の貢献や評価がいずれも不法残留中の不法就労という違法状態を基礎として築かれたものであることを考え併せると，なお在留特別許可をすべきと当然にいえるまでのものであったとは言い難い。

（27年間の不法残留者（日本人配偶者なし）に在留特別許可が認められなかった事例）

裁判例 442 東京地判平成25年6月14日　平25（行ウ）28

　原告は，日本での在留期間がタイでの生活より長くなり，日本で安定を伴った定着した生活状況があるとか，日本に入国して以来，長期間にわたって真面目に稼働し，日本人と同等の高い職業技術と勤勉さを身に付けて，大きな信頼を得てきたなどとして，これらが特別に在留を許可すべき事情に当たる旨主張する。

　しかし，原告が主張する上記各事情は，同時に，不法残留及び不法就労という違法行為が長期間に及んでいることを意味するものにほかならず，在留特別許可の判断において，このことだけを採り上げて有利な要素として考慮すべきであるとまでは言い難いことから，原告の上記主張は採用できない。

（10年以上）

裁判例 443 東京地判平成25年1月15日　平23（行ウ）752，平24（行ウ）93，102

　外国人の不法残留が長期間（両親は10年以上）にわたるということは，当該外国人の違法行為が長期間にわたり継続したことを意味するから，在留特別許可をすべきか否かの判断に当たって消極的な要素として考慮されるべき事情であり，原告父及び原告母に入管法及び外登法以外の法令違反がないことをもって，原告らの在留特別許可の許否の判断に当たって殊更有利にしんしゃくすべき事情とはいえない。

（23年間）

裁判例 444 東京地判平成24年6月15日　平23（行ウ）66

　偽造旅券にて不法入国し，以後23年間本邦で不法就労しており，同国人の内縁の妻とその連れ子と同居していた外国人に対し，在留特別許可を認めなかった事例。

第2　在留特別許可に関する判例の動向　155

（長期残留で認められた事例もある）

| 裁判例 445 | 大阪高判平成 25 年 12 月 20 日　平 25（行コ）13 |

「外国人家族」に関する項目（第1編第6章第2の4）参照。

② 難病の治療

　難病等の治療の必要性については，ガイドラインによれば，積極的に考慮する要素として，日本での治療を必要とすることを考慮するものであり，その場合には，難病等を患っている本人のみならず，その看護をする者が必要な場合に，これを考慮することとしたものである。

（1）　難病で在留特別許可が認められた事例

　胸腺がんにつき，一審では認めならなかったのに対し，高裁で認められた事例がある。

| 裁判例 446 | 名古屋高判平成 25 年 6 月 27 日　平 25（行コ）19
（原審：名古屋地裁　平 23（行ウ）89） |

　原審では以下のように，病気を理由に在留特別許可を認めることはできないとされていた。

　原告は，再発率や死亡率の高い稀な疾患である胸腺癌に罹患し，手術を受けた名古屋市立大学病院での診療を継続することがより望ましいということはできるけれども，原告の出身地である釜山には，最先端の診療装備を揃え，癌の種別ごとに専門クリニックのある釜山地域癌センターが併設されている釜山大学病院を始めとして，多数の大病院が存在し，韓国でも原告の胸腺癌に対応することは十分可能である。

　これに対し，控訴審では在留特別許可を認めるべきであるとした。

　他の病院でも経過観察や治療行為を行うことができるという事実は，専ら医学的水準の観点からのものであって，実際に控訴人が大きな支障なく診察や治療等を受けられることを保障するものではない。

　韓国内での医療保険上の受給資格があるかについても明らかでなく，親族からの経済的援助も期待できないことを考慮すると，控訴人が韓国国内で治療等を受けることに現実性があるかについても疑問を抱かざるを得ない。

　健康，特に生命に関わる病気を抱える者に対する配慮は，文明国家である以上，当然に尽くすべきものと考える。

　今後，生命に関わる胸腺癌の再発（本件裁決時においても再発は避けられないと予測されていた。）と闘病せざるを得ず，その過程には，通常人でも耐え難い苦痛と負担が待ち受けていることは容易に想像できるところであって，これらを少しでも軽減するためには，症状等の情報が集積され，担当医らとの信頼関係を再度構築する必要のない本件病院にて継続的に治療等を行うことを認めるのが最も適切であり，その程度は，単に望ましいというレベルを超えていると判断される。したがって，病院を替わることに伴う重い負担は，不法残留という途を選択

156　第1編　入管法制

した控訴人の自己責任で対応すべきであるなどと判断するのは，到底相当とは考えられない。

（潰瘍性大腸炎（父親）と停留精巣（子））

裁判例 447　東京地判平成 27 年 6 月 16 日　平 26（行ウ）205，207，208

　夫が，不法入国後にわが国の特定疾患治療研究事業対象疾患である潰瘍性大腸炎に罹患しており，国籍国に帰国した場合，5-ASA 製薬等の適切な薬剤を必要な数量入手して効果的な治療を継続すること，症状が再燃した場合又は重症化して外科的措置が必要となった場合に適切に治療を行うことにはいずれも困難が伴う。

　裁決当時，子が停留精巣に罹患しており，国籍国に帰国した場合，早期に手術又は治療を受けることができない結果，深刻な事態が生じていた可能性が高く，期的な経過観察等の適切な治療を受けることができるかについて疑念がある。

　子がその父母から分離されないことが子にとっての最善の利益であるところ，妻が裁決の当時 4 歳であった子の主たる監護養育を担当していた。

　なお，この判決は控訴審で取り消された。

裁判例 448　東京高判平成 28 年 1 月 20 日　平 27（行コ）240

　バングラデシュの医療や衛生事情が日本と比較して劣っており，日本に在留すればより確実かつ質の高い医療が受けられるとしても，本件では，被控訴人父の潰瘍性大腸炎が，服薬を続けることによって長期間寛解状態が継続しており，バングラデシュでも同様の服薬治療等を受けられること，被控訴人子の停留精巣についてもバングラデシュでも必要な手術及び経過観察を受けられることからは，被控訴人父の持病及び被控訴人子の既往症が，ガイドラインの積極要素に該当するとはいえないし，あるいは重く評価することもできない。

（2）　本国でも治療可能とされた場合
（てんかん）

裁判例 449　東京地判平成 24 年 11 月 15 日　平 23（行ウ）572，600

　長男にてんかんの持病及び知的障害があるが，てんかんは緊急の入院や外科的治療が必要な状態でなく，母国での治療も可能であり，わが国より内容的に劣るかも知れないが母国（フィリッピン）でも特別支援教育を受けることは可能である。

（気管支喘息）

裁判例 450　東京地判平成 23 年 3 月 16 日　平 21（行ウ）478

　各裁決当時，原告長女が 7 歳（小学校 2 年生），原告長男が 3 歳，原告二女が 0 歳で，いずれもいまだ可塑性に富む年齢であること，長女及び原告長男が重度の気管支喘息を患っている

が，スリランカの医療事情に照らすと，十分治療可能であるとした事例。

（脳性麻痺）

裁判例451 東京地判平成27年7月15日 平26（行ウ）170-173

本邦で出生したフィリピン国籍の長女には脳性麻痺による痙直型両麻痺があり，両下肢の運動機能障害があるが，当該障害については，根本的に治療する手術等の方法はなく，原告子が本邦において受けている主な治療等は，理学療法にとどまるものであって，フィリピンの医療機関において対応が困難な処置であるとまでいえるものではない。

原告母は，原告子に対して主治医から指導されている自宅でのリハビリテーションをたまにしか行っていないというのであって，原告子の障害について，本邦で治療をしなければ生命に関わる事態となったり，直ちにその障害が重篤化したりするという状況にあるというものではない。

原告子の歩行能力や今後の生活の質の向上のため，専門家による継続的な治療等を受ける必要があるとしても，フィリピンで治療の継続をすることができないとまでいえるものでもない。

（乳腺腫瘤及び多発性子宮筋腫）

裁判例452 東京地判平成25年6月27日 平24（行ウ）445

原告は，左乳腺腫瘤及び多発性子宮筋腫に罹患しているとの診断を受けており，生活基盤もある本邦においてその治療に専念する必要があると主張するが，そもそも，外国人が，本邦において，その社会制度や医療水準を前提とした医療を受ける法的地位又は利益が保障されているわけでもなく，本来，国民の保護は，第一義的には国籍国の責任において行われるべきであるから，原告が本国に強制送還された後に本邦と同等の医療水準での医療を受けられなくなることがあるとしても，そのことから直ちに本件裁決が違法となることはない。

（肺結核及び結核性リンパ節炎）

裁判例453 東京地判平成25年2月5日 平24（行ウ）159

肺結核及び結核性リンパ節炎に罹患しているが，現在の病状は，抗結核薬での治療を継続し，経過を観察するという程度のものであることから，ペルーでも必要な診察を受けることは可能であると解されるとされた事例。

（先天性尿道狭窄症，腎不全）

裁判例454 東京地判平成25年7月30日 平24（行ウ）519，602

先天性尿道狭窄症の影響による腎不全により生後間もなく手術・治療を受けていた幼児につき，裁決当時（約2歳）定期的な経過観察で足りる程度に改善しており，ドミニカにおいて治

158　第1編　入管法制

療を受けることができないような重篤なものではない。また，わが国とドミニカの間に医療水準・医療体制に差異があるとしても，そのような差異は国・地域において当然存在し得るものであって，在留特別許可をして本邦における医療を受ける機会を保障すべきものということはできない。

③　その他
（自らの意思で出頭したこと）

　自らの意思で出頭したことは，多くの事例で原告側の主張するところである。しかしながら，それはその他的な積極的事由の一つに過ぎない。

> **裁判例455**　東京地判平成26年4月24日　平25（行ウ）179

　原告は，自らの意思で東京入管局に出頭したが，東京入管局が閉庁していたことから，警察署に出頭した旨を主張する。しかし，原告の不法残留の期間が14年以上もの長期に及ぶものであることに鑑みれば，仮に，原告が主張するように原告が自らの意思で東京入管局に出頭したことがあるとしても，そのことを原告に対する在留特別許可の許否の判断において殊更有利な事情としてみるのは相当でないというべきである。

（永住者である老親の介護）

> **裁判例456**　東京地判平成28年1月20日　平27（行ウ）267

　永住許可を受けている中国国籍の外国人男性が，経営する風俗店における売春関連業務で，退去強制事由（法24条4号ヌ）該当として退去強制手続の対象となっているところ，永住資格を有し，本邦で暮らす老母の介護を理由に在留特別許可がなされるべきことを主張したが認められなかった事例。

　原告の母は，子宮頸がんの手術を受けたことがあるものの，その後も，平成25年12月頃までは一人暮らしをしてきたものであり，このことからすると，本件裁決の時において，日常生活において常時介助を要する状態であったことは認められず，原告の母には本邦に居住する兄弟がおり，原告の母に対して生活保護の措置が行われていることからして，原告の母が，原告が本邦に滞在して援助することを要する状態にあるということも困難である。

（四人の日本人女性と婚姻，離婚を繰り返し，適法に在留していた期間が約10年，不法残留・不法就労であった期間が約8年である事例）

> **裁判例457**　東京地判平成23年12月6日　平22（行ウ）206

　平成3年に日本に短期在留で入国したイラン国籍の男性が，不法残留後，日本人女性と婚姻し日本人配偶者として在留特別許可を受け，以降18年間の間に四人の日本人女性と婚姻，離婚を繰り返し，適法に在留していた期間が約10年，不法残留・不法就労であった期間が約8年である事例。

第 2　在留特別許可に関する判例の動向　159

　原告は，本国への送金を欠かさず行っており，当初から不法就労を目的として入国したこと
が疑われ，本件裁決時において，原告と最後の日本人配偶者の婚姻期間は僅か 1 か月にすぎ
ず，同居していたとも認められず（その後離婚），両者の婚姻関係が永続的な精神的及び肉体
的結合を目的として真摯な共同生活を営むという婚姻の本質を踏まえた実質を有するもので
あったと認めることは困難である。したがって，原告に在留特別許可をしないとした東京入管
局長の判断が，裁量権の範囲を逸脱し又は濫用してされたものということはできず，本件裁決
に取り消すべき違法はなく，本件裁決は適法であるというべきである。

（身分上の理由以外で在留特別許可を認めた事例―長年にわたる焼肉店の経営）

裁判例 458	東京地判平成 21 年 3 月 27 日　平 20（行ウ）186・198

　法 24 条 4 号ロの判例（第 1 編第 4 章第 8）参照。

（日本人男性の血縁上の子）

裁判例 459	東京地判平成 21 年 3 月 6 日　平 19（行ウ）357

　ミャンマー国籍の原告が，不法残留に該当するとして退去強制令書の発付処分を受け，その
取消しを求めた事案において，原告が日本人男性の血縁上の子であるという事実は，入管法上
在留について高度の保護を与えられている「日本人の子として出生した者」の中核と評価され
るべきものとして，また，その者とわが国との強い結び付きを示すものとして，在留特別許可
の許否を判断するに当たり，重要な積極的事情として考慮されなければならないものというべ
きであるとして，その事実を考慮しなかった裁決に裁量権の逸脱，濫用があったとされた事例。

（日系人という要素で他の消極要素を凌駕するとは限らない）

裁判例 460	東京地判平成 27 年 8 月 6 日　平 26（行ウ）252

　原告は，在留特別許可の許否の判断において，原告が日系三世であることを積極要素として
考慮されるべき旨主張する。しかしながら，日系人であっても，日本国籍を有しない以上，入
管法 24 条各号所定の事由に該当すれば退去強制手続の対象となることは避けられない。入管
法上，退去強制の局面において，日系人であることを理由として特別の法的保護を与える根拠
となる規定は存しないのであって，平成 2 年法務省告示第 132 号において，日系人（ただし，
いわゆる中国残留邦人等を除く。）が同告示に基づき「定住者」の在留資格を取得するための
要件に，「素行が善良であるもの」が追加された趣旨に照らしても，原告の素行が現に不良で
ある以上，日系人であることの一事をもって，入管法上，在留特別許可の許否の判断におい
て，他の消極事情を凌駕して在留特別許可を与えるべきといえるほど特別の考慮をされる事情
となるものということはできない。

160　第 1 編　入管法制

（人文知識・国際業務の資格を有する配偶者）

> **裁判例 461**　東京地判平成 21 年 9 月 25 日　平 20（行ウ）304

　配偶者は，「人文知識・国際業務」の在留資格を有する外国人にすぎず，同人が日本において行うことのできる活動には制約があり，その就労状況によっては，その在留資格を失う可能性もあること，在留期間が定められており，在留期間更新許可を受けて在留することが可能であるとしても確実なものではないことなどからして，日本人や「永住者」の在留資格を有する外国人とは根本的に日本との結び付きの強さが異なるのであるから，日本人や「永住者」の配偶者の場合と同様にみることはできない。

7　消極的事由

　ガイドラインでは，以下の事由を消極的事由としてあげている。
① **特に考慮する消極要素**
（1）　重大犯罪等により刑に処せられたことがあること
（2）　出入国管理行政の根幹にかかわる違反又は反社会性の高い違反をしていること
② **その他の消極要素**
（1）　船舶による密航，若しくは偽造旅券等又は在留資格を偽装して不正に入国したこと
（2）　過去に退去強制手続を受けたことがあること
（3）　その他の刑罰法令違反又はこれに準ずる素行不良が認められること
（4）　その他在留状況に問題があること

　犯罪を犯し，刑に処せられたことは，それ自身として退去強制事由に該当し（法 24 条 4 号ホ，ヘ，ト，チ，リ，4 号の 2，4 号の 4 など），退去強制手続の発動事由となるが，在留特別許可の是非の判定においても重大な消極要素となる。
　また，消極的事由は必ずしも単体として考慮されるのではなく，他の積極的事由との考量判断要素として用いられていることは，既に述べたところである。

（4 度目の退去強制）

> **裁判例 462**　東京地判平成 27 年 3 月 12 日　平 26（行ウ）198

　ガーナ国籍の外国人男性が，偽名による不法入国，薬物犯罪，不法残留により退去強制された前歴を隠して，真正の名前で日本人配偶者として本邦入国し，6 年後永住許可を受けた。その 6 年後大麻取締法違反により有罪判決を受け，退去強制手続を受けたが，日本人の配偶者等として在留特別許可を受けたものの，在留期間を徒過し，不法残留として再度退去強制手続に移行するという過程を 3 回繰り返したのち，平成 25 年 10 月に収容令書を発付され，退去強制令書の発付を受け，在留特別許可が認められなかった事例。

第 2　在留特別許可に関する判例の動向　161

　なお，原告と日本人配偶者とは，平成 24 年 8 月に離婚しており，両者の子（日本国籍）二人も裁決時 17 歳，14 歳という一定の年齢に達しており，生活力のある日本人前配偶者の監護・養育を受けている。

（15 年以上適法に在留していた外国人に対する無免許運転による有罪判決を契機とする退令処分が適法とされた事例）

裁判例 463　　東京地判平成 25 年 8 月 8 日　平 23（行ウ）699

　パキスタン国籍の外国人男性が，平成 4 年に本邦に入国し，日本人配偶者等として約 4 年間在留し，妻子の事故死の後は定住者資格で約 11 年程度適法に在留し，インド料理店を経営などしている。この間内縁の日本人女性との間に三人の子供が出生している。

　原告は道交法違反を繰り返したため，平成 8 年頃免許取消処分を受け，その後，3 度の無免許運転により罰金刑に処せられたのち，平成 17 年執行猶予付きの有罪判決を受けた。その後，国際免許証を取得したが，これも失効し，平成 19 年に懲役 9 月の有罪判決を，平成 20 年に懲役 1 年の有罪判決を受け，それぞれ服役している。

　なお，原告は裁決後別の女性と再婚している。

　原告は，本邦に入国して以降，常習的に無免許運転を繰り返し，これまで 6 度にわたり刑事処分を受けたにもかかわらず，無免許運転を継続し，更生することはなかったのであって，原告の交通法規に対する規範意識は極めて鈍麻しているというほかなく，ひいて遵法精神欠如の程度は著しいといわざるを得ない。

　原告は長年にわたって日本人女性と内縁関係を築いてきたものであり，両者の間に三人の子供をもうけており，原告と三人の子供との関係も悪いものとはいえない。

　しかしながら，既に本件裁決時において両者の内縁関係は実質的に破綻していたものといえる。また，三人の子供も，本件裁決時には母親と同居していたのであって，原告と同居していたわけではないから，原告が現実に子らの監護・養育に当たっていたものでもない。

（売春あっせん，薬物犯などの重罪）

裁判例 464　　東京地判平成 25 年 4 月 24 日　平 24（行ウ）367

　4 歳から日本で暮らし，永住者としての資格を有し，日本人（複数）との間に二人の実子をもうけているペルー国籍の外国人が，売春周旋，薬物犯罪などの重罪を犯した事例につき，実子と同居，その監護をしている状況ではないこと，母国語を話せ，母国にも親戚がいることなどから在留特別許可を認めなかった事例。

（入管法違反，外国人登録法違反等）

裁判例 465　　東京地判平成 25 年 4 月 16 日　平 24（行ウ）96

　原告は，無断で行方をくらまし，外国人登録法に基づく居住地変更登録等をすることもな

162　第1編　入管法制

く，資格外活動（不法就労）をするようになり，その在留期間を認識しながらなおもわが国において収入を得たいという理由からあえて在留期間経過後も本邦に残留して不法就労を続けたものであり，その在留状況は，全体を通じて，わが国の外国人在留制度の趣旨に反するものといわざるを得ず，原告に対する在留特別許可の許否の判断において重要な消極要素として考慮されることは当然のことというほかはない。

（中国国籍の外国人が実刑判決を受けた場合で，両親が日本に帰化していても退去強制令書が交付された事例）

裁判例 466　東京地判平成 24 年 8 月 24 日　平 23（行ウ）611

　中国残留孤児として帰国した祖母の娘夫婦（いずれも来日し，約 20 年後に帰化して日本国籍取得）の子として中国に出生し，14 歳で来日し，定住者の在留資格を有する中国国籍の外国人が，未成年の頃より，窃盗・器物損壊などの非行を繰り返し，少年院送致，執行猶予付き有罪判決を受けていたが，25 歳の時点で自動車の車内からクレジットカード等を窃取する窃盗，器物損壊などにより，懲役 2 年の実刑判決を受け確定した事例。

　原告は，原告がひとたび中国に強制送還されれば，再び日本に入国することはできなくなる一方，原告の母方の祖母及び原告の両親はいずれも日本で生活しており，原告の両親らが中国を訪問することは経済的に困難であり，再び中国に戻って生活することもできないことから，原告が退去強制されれば，原告の家族関係が分断され，原告の両親の面倒をみる者がいなくなる旨主張する。

　しかし，退去強制事由に該当する外国人の両親や祖母が，本邦に居住しているからといって，当該外国人に対し当然に在留特別許可がされるべきであるとはいえない。原告の父母は，その生活状況に経済的に余裕があるとは言い難いものの，原告が本邦に在留してその面倒をみなければ直ちに生活に支障があるような状況にはないのであるから，将来的にそのような状況が生じる可能性があるとしても，原告に在留特別許可をすべきとはいえない。

　原告は，14 歳の時に来日後，約 16 年間を日本で過ごしており，日本の中学校を卒業し，日本国内の工事現場や中華料理店，中国物産店等で働き，日本語も流暢に話し，日本に多くの友人もいるなど，日本に強い定着性を有している旨主張する。

　しかし，原告は本件裁決時において 29 歳の未婚の男性であって，これまで工事現場や中華料理店等で稼働し，自ら中国物産店を営むなどしてきたが，いずれも半年から 1 年半程度と長くは続いていないうえ，原告の約 14 年 9 か月間にわたる本邦における生活のうち，約 5 年 11 か月間は不法残留であり，また，約 4 年 2 か月間は刑務所に服役していた期間であって，いまだ原告が日本において安定した生活基盤を築いているともいえない。

（在留特別許可による在留中の犯罪）

裁判例 467　東京地判平成 24 年 5 月 30 日　平 23（行ウ）122

　原告と日本人配偶者との婚姻期間は，本件裁決の時点までで 14 年間に及び，両名の間に

第2 在留特別許可に関する判例の動向　163

は，本件裁決の時点で中学3年生及び小学4年生であった子らがいたこと，原告は，その期間において，夫として家計を支え，あるいは父として子らの監護・養育に当たってきたこと，原告が平成20年2月から身柄を拘束されていた間も，面会，手紙及び電話を通じた夫婦間や親子間の交流が継続されていたことからすると，原告と日本人配偶者らとの間にはそれなりに成熟し安定した婚姻関係及び親子関係の実態が存在していたものということができる。

しかしながら，

─原告は，4年半以上にわたり不法残留及び不法就労をした後の平成8年に窃盗の罪を犯し，平成9年懲役2年に処し，4年間その執行を猶予する旨の判決の宣告を受け，同判決は確定していること，

─その後における1回目の退去強制手続を経て，在留特別許可を受けているにもかかわらず，在留期間の末日までに在留期間の更新を受けずに，同日を超えて本邦に不法残留していること，

─原告は，同年12月に東京入管局に出頭して本邦に不法残留していることを申告し，以後，2回目の退去強制手続がとられているが，原告はその前後にわたり，営利目的での覚せい剤の所持及び覚せい剤の自己使用に及んでいたばかりか，その事実を秘匿して，平成19年11月に再度在留特別許可を受けていたこと，

─再度の在留特別許可を受けた後にも，原告は，営利目的での覚せい剤の所持及び覚せい剤の自己使用に及んで逮捕されるに至り，実刑判決を宣告されて，同判決は確定し，本件裁決及び本件退令発付処分を受けるに至ったものである。

上記の事実を考慮すると，札幌入管局長が，本件裁決をするに当たり，これらを総合しての原告の在留状況等について，出入国管理行政上看過することができないものと判断したとしても，首肯するに足りるものというべきである。

（日本人配偶者は，膵炎，白血病等により入院，子供は児童養護施設に入所し，配偶者の母等の支援を受けている。）

（自動車窃盗の常習犯）

裁判例468　東京地判平成24年1月27日　平22（行ウ）733，平23（行ウ）22，338，367

入出国を繰り返し，過去に3回不法残留による退去強制を受けている外国人が，日本人配偶者として在留中に，自動車窃盗の常習犯として窃盗罪で有罪判決を受け，服役し，その間，同人の日本人妻は生活保護を受けつつ稼働して，子三人の生活を維持している事案について，在留特別許可を認めなかった判決。

（在留30年余，薬物犯，五人の子供は既に成人）

裁判例469　東京地判平成23年11月10日　平22（行ウ）347

20歳から28年以上日本に在留し，この間，会社を経営し，日本人女性三人，外国人女性一人と結婚若しくは同棲し，家庭をもうけ，五人の子供の父親となった経歴を有する外国人男性

164　第1編　入管法制

が，過去2度退去強制手続を受けたことがあるうえ（いずれも日本人配偶者等として在留特別許可を受ける。），大麻取締法違反で懲役3年の有罪判決を受けた事例につき，日本人配偶者との関係も離婚訴訟が提起されており，子供も既に成人・独立している者が過半であるとして，在留特別許可を認めなかった事例。

（偽装入国による不法就労の継続）

裁判例470　東京地判平成20年9月2日　平20（行ウ）97

　不法就労目的で入国し，不法就労した後退去強制された経歴を隠すため，本国に氏名変更の手続をとったうえで，再び稼働目的で本邦に入国し，不法就労に従事し，9年以上にわたって不法残留を継続したことが認められ，その入国及び在留の態様は悪質であるといわざるを得ない。

（14年間の不法就労）

裁判例471　東京地判平成19年11月15日　平18（行ウ）500

　短期在留資格で入国した後，14年間にわたって不法就労を継続し，その間，本国に1,000万円以上を送金するなど，その入国・在留状況は悪質なものといえ，永住許可を得ている者との婚姻関係も永続的な精神及び肉体的結合を目的として真摯な意思をもって共同生活を営むものとはいえないことから，裁決に裁量権の逸脱，濫用はないとされた事例。

第7章

罰則

① 法70条（不法入国，不法残留等）

| 裁判例472 | 東京地方立川支部判平成27年2月4日　平25（わ）1514 |

「投資・経営」の在留資格をもって本邦に在留する外国人による資格外活動について，本条ではなく法73条を適用した事例（本章⑤参照）。

（不法残留罪）

| 裁判例473 | 最二小決平成17年4月21日　平16（あ）1595（判タ1181号183頁） |

被告人は，在留期間内に在留期間更新の申請をし，不許可の通知を受け取っていないものであるが，在留期間の更新又は変更を受けないで在留期間を経過して本邦に残留した以上，法70条1項5号の不法残留罪に当たることは明らかである。被告人については，在留期間更新の申請が不許可とされるのに先立って，既に不法残留罪が成立しているのであり，不許可の通知が被告人に到達したか否かや同申請が不許可となったことについての被告人の認識の有無がこれを左右するものではない。

| 裁判例474 | 東京高判平成19年11月5日　平19（行ウ）1828 |

不法残留罪の成立を認めて被告人を有罪とするためには，被告人が本邦に在留した事実だけでなく，法3条の規定に違反して本邦に入った事実についても，被告人の自白のほかに補強証拠が必要であると解すべきであり，原審で取り調べた証拠中に上記の趣旨で被告人の自白を補強するに足る証拠は見当たらないとして原判決を破棄した事例。

| 裁判例475 | 最一小決平成15年12月3日　平14（あ）1658（刑集57巻11号1075頁） |

自費出国の許可及び仮放免は，在留期間を更新したり，新たな滞在の権利を付与したりするような法的効果を伴うものではなく，被退去強制者の出国の自由を拘束するものでもないから，出国待機期間中の滞在についても不法残留罪の成立は否定されないと解するのが相当である。

166　第1編　入管法制

(不法入国)

裁判例476　松江地判平成10年7月22日　平10（わ）50（判時1653号156頁）

　中国国籍の被告人が不法入国した行為は，計画外妊娠をしたことによる強制中絶から胎児の生命及び母体の安全に対する現在の危難を避けるためのものであるが，そのために許容されるやむを得ない行為としての程度を超えており，過剰避難に該当するが，情状により刑の免除が相当である。

②　法70条の2（刑の免除）

裁判例477　東京高判平成20年3月21日　平19（う）2834

　難民の認定申請に伴う仮滞在の許可が得られないまま在留期間の更新又は変更を受けないで本邦に残留した行為について，難民認定申請が審査中であり，この間の滞在は実質的違法性がなく，不法残留罪は成立しないとする主張が認められなかった事例。

裁判例478　広島高判平成14年9月20日　平14（う）129（判時1814号161頁）

　「遅滞なく」とは，可及的速やかにという意味であるが，単なる時間的長短だけで決められる事項ではなく，不法入国等の罪を犯すに至った事情，不法入国等をした場所，交通事情，本人の健康状態や会話能力等の個別事情を総合的に判断して，合理的と認められる程度の期間をいうものと解すべきである。

　被告人は，日本国内の地理に通じているうえ，日常会話ができる程度の日本語の語学力を有していること，国内の移動にも支障はなかったこと，逮捕されるまでの間，身柄の拘束も受けていないことが認められる。そうすると，被告人が，入国管理局に対してした難民申請は，被告人が申出をするに当たって必要と考えられる合理的期間を大幅に遅滞したものであるといわざるを得ない。

裁判例479　広島地判平成14年6月20日　平14（わ）225（判時1814号167頁）

　アフガニスタンの国籍を有する外国人が，有効な旅券又は乗員手帳を所持しないで，不法に入国し，不法に在留した事例につき，難民に該当するとして刑の免除がなされた事例。

　同控訴審（広島高判平成14年9月20日　平14（う）129）は，刑の免除を認めなかった。

裁判例480　大阪高判平成5年7月1日　平4（う）226（高刑集46巻2号204頁）

　本邦上陸後，不法入国の罪により第一審で有罪判決を受け，身柄を入国管理局に移されるなどして相当の日時を経過してされた難民の申出は，法70条の2にいう遅滞なく行われたものとはいえないとする。

③　法71条（密出国・出国企画）

| 裁判例481 | 東京高判昭和48年4月26日　昭47（う）998（高刑集26巻2号214頁） |

　法71条は密出国行為のみならず，密出国企図行為をも処罰の対象としているのは，憲法31条に反することはない。

| 裁判例482 | 最三小決昭和43年7月16日　昭42（あ）2287（判時527号83頁） |

　たとえ，形式上有効な船員手帳を所持していても，船内労働に従事し，その対償として給料等の支払を受ける意思がなく，単に出入国の手段として，雇入契約を仮装したにすぎないような場合には，その者は，法にいう「乗員」には当たらず，旅券に出国の証印を受けることなく出国すれば，法71条違反の罪が成立する。

| 裁判例483 | 最大判昭和37年11月28日　昭34（あ）1678（判時322号2頁） |

　昭和27年4月ごろまでは本邦に在住していたが，その後所在不明となってからは，日時は詳らかでないが，中国に向けて不法に出国し，引き続いて本邦外にあり，同33年7月8日船舶に乗船して帰国したものであるとして，不法出国の事実として起訴したものとみるべき場合には，刑事訴訟法256条3項に違反しない。

| 裁判例484 | 広島高判昭和27年12月8日　昭27（う）531（高刑裁特20号114頁） |

　正当な旅券を所持せずして中国への渡航を決意し，他の共謀者が密航用船舶を物色しその周旋を他に依頼し，さらに一同乗船の目的で集結し乗船の到着を待機した事実が認められるときは，船長の欺罔により乗船できなかったとしても法71条の「出国を企てた者」に当たる。

④　法72条（逃亡罪等）

| 裁判例485 | 長崎地判昭和33年5月13日　昭32（わ）541（一審刑集1追録233頁） |

　退去強制令書によって適法に身柄を拘束された以上，被拘束者が右拘束を脱して逃走すれば，その国籍のいかんを問わず（例え，被拘束者が日本国籍を有すると主張している場合でも），法72条1号の罪が成立する。

⑤　法73条（資格外活動）

| 裁判例486 | 東京地方立川支部判平成27年2月4日　平25（わ）1514 |

　「投資・経営」の在留資格をもって本邦に在留する外国人が，飲食店での接客活動等と（自ら設立した会社による。）通販業務の両方に従事し，報酬を得ていたことが認められるとし

168　第1編　入管法制

て，接客活動等は法73条に違反する資格外活動に当たるとされ，罰金30万円に処せられた事例（なお，法70条1項4号には当たらないとされる。）。

⑥　法73条の2（不法就労助長）

裁判例487　福岡地小倉支部判平成28年5月25日　平28（わ）95

　3年以上の長期にわたり，学院職員らに指示して組織的に学院に在籍する多数の留学生を対象に複数の就労先を積極的に紹介して不法就労行為をあっせんする行為を行ってきたことが，法73条の2第1項3号に当たるとされた事例。

裁判例488　大阪高判平成9年4月25日　平8（う）427（判時1620号157頁）

　日本語学校の代表者が，学生に不法就労活動をさせるであろうことを認識し，認容しつつ，就労先の紹介行為をした行為について，就学活動への支障の有無にかかわらず，不法就労助長罪が成立するとされた事例。

裁判例489　最三小決平成9年3月18日　平6（あ）1214（裁時1192号26頁）

　同一の事業活動に関し複数の外国に不法就労活動をさせた場合，法73条の2第1項1号の罪は当該外国人ごとに成立し，それらの罪は併合罪の関係にあると解するのが相当である。

（「自己の支配下においた」とされた事例）

裁判例490　東京高判平成5年11月11日　平5（う）751（判タ846号291頁）

　法73条の2第1項2号は，外国人の不法就労の根絶のためには，当該不法就労行為とともにこれを誘因助長する行為をも併せて取り締まる必要があるとの趣旨に基づくものであり，上記の趣旨に鑑みると，同号にいう「自己の支配下に置いた」には，外国人に心理的ないし経済的な影響を及ぼし，その意思を左右し得る状態に置き，自己の影響下から離脱することを困難にさせた場合も含まれると解すべきである。

　被告人は，日本語にも地理にも通じておらず，特段の所持金も持ち合わせていなかったAらの旅券等を預かり，同女らに借金返済の名目で380万円の支払を約束させ，バーのママの住居に連れて行き，同所に住まわせて食事の提供をし，その返済が終わるまで同女らの売春代をすべて取得していたのであるから，Aらに心理的ないし経済的な影響を及ぼし，その意思を左右し得る状態に置き，自己の影響下から離脱することを困難にさせたものであって，法73

⑦　法74条（集団密航）　169

条の２第１項２号にいう「自己の支配下に置いた」に当たるというべきである。

| 裁判例491 | 東京高判平成５年９月22日　平５（う）233（判時1507号170頁） |

　法73条の２第１項１号が規定する「外国人に不法就労活動をさせた」とするためには，当該外国人との間で対人関係上優位な立場にあることを利用して，その外国人に対し不法就労活動を行うべく指示等の働きかけをすることが必要であると解されるところ，いわゆる売春スナックの従業員ではあるが，店の経理を担当し，店長の留守の時は店の管理をするなどして，ホステスなどから「ママ」と見られていた者が，雇われていた不法残留者の外国人女性に対し，同店でホステス兼売春婦として働くよう指示して稼働させたときは，法73条の２第１項１号の不法就労助長罪が成立する。

⑦　**法74条（集団密航）**

| 裁判例492 | 東京高判平成22年１月28日　平21（行ウ）875 |

　集団密航者の本邦での受入稼働先となった会社代表取締役に，集団密航者であるとの認識がなく，集団密航を主導した者との間に共謀を認めることはできないとして，集団密航罪の共同正犯の成立が否定された事例。

| 裁判例493 | 東京高判平成21年12月２日　平21（う）1492（判タ1332号279頁） |

　集団密航助長罪は，実行行為である本邦に入らせ，又は上陸させる行為の時点で，集団密航者を自己の支配又は管理の下に置いている状態にあれば足りるのであって，それ以上に支配又は管理の下に置く行為の着手時点を問題とする必要はないというべきなのである。

| 裁判例494 | 東京高判平成16年９月22日　平16（行ウ）1005 |

　被告人ら５名の蛇頭関係者が，船員７名らとも意思を通じたうえで，食事を配ったり，けん銃等を利用して一般密航者らを監視するなどしたことが，法74条１項にいう「管理」に当たるとされた事例。

| 裁判例495 | 東京地判平成16年２月25日　平15（刑わ）889，平15（特わ）3644，平15（合わ）200 |

　集団密航者であっても，一般密航者と異なる待遇を受け，船員らと意思を通じたうえで，食事を配ったり，けん銃を利用して監視するなどして一般密航者を管理していた者の活動は，集団密航者という集団の単なる自治行為ではなく，自己の支配又は管理の下にある集団密航者を本邦に入らせ又は上陸させる行為に該当する。

170 第1編 入管法制

裁判例 496　千葉地判平成 15 年 2 月 19 日　平 13（ワ）2283，2521

　入国審査官から上陸の許可等を受けないで本邦に上陸する目的を有する 91 名の集団密航者を，日本船籍の船舶に乗り込ませて自己らの管理の下に置いたうえ，同集団密航者を，本邦に向けて輸送し，本邦領海内に入らせ，さらに，本邦内において，上陸予定場所である漁港に向けて輸送した者 2 名が，懲役 4 年及び罰金 200 万円，懲役 4 年 6 月及び罰金 250 万円にそれぞれ処せられた事例。

⑧　**法 76 条（旅券等不携帯，提示拒否）**

裁判例 497　水戸家裁下妻支部決平成 16 年 9 月 1 日　平 16（少）363（判タ 1167 号 302 頁）

　法 23 条違反の罰則規定したる法 76 条 1 号は，有効な旅券を所持（占有）はしているものの，これを携帯（把持・握持）していなかった場合の処罰規定（一種の身分犯）とみるべきであり，そもそも有効な旅券を所持しておらず，その結果，これを携帯していないという場合には，法 76 条 1 号，23 条 1 項の適用はないとみるべきである。

⑨　**法 78 条（没収）**

裁判例 498　福岡地判昭和 57 年 6 月 22 日　昭 57（わ）298（判時 1050 号 177 頁）

　法 3 条 1 項違反の犯罪行為の用に供された犯人所有の船舶に善意の第三者の抵当権が設定されている場合，右船舶を法 78 条により没収することは，犯罪人に対する本件必要的没収の規定の適用により財産権を侵害されたとする善意の第三者である抵当権者は憲法 29 条 3 項の規定により国に対し正当な補償を請求をすることができると解せられるので憲法 29 条に違反しないとする判例。

第8章

在留資格

はじめに

　在留資格については，第1編第1章第2において一般論的な論点にかかる判例をあげている。また，在留特別許可にかかる第1編第6章において，「日本人の配偶者等」という在留資格の外延（在留特別許可該当性）にかかる判例が多数採録されている。

　本章では，そこで十分には触れなかった在留資格のうち，判例が比較的多数ある「永住者」「定住者」「技能実習生」について，資格ごとに判例を纏めている。

第1　永住者

　永住者資格を有する者が，退去強制事由に該当し，退去強制手続において在留特別許可を求める事例については，第6章「在留特別許可」においてあげている。ここでは，永住資格を申請して不許可となった場合，永住資格の許可が取り消された場合についての判例をあげ，在留特別許可との関係についても若干の判例をあげている。

①　永住許可申請，永住許可の取消

裁判例 499	東京地判平成26年4月22日　平25（行ウ）542

　外国人の永住が日本国の利益に合すると認められるには，当該外国人の永住が単に国益に反しないという消極的なものにとどまらず，積極的かつ具体的に国に利益をもたらすものである必要があるというべきであり，その判断に当たっては，当該外国人の経済的状況も重要な考慮要素であるというべきである。

　原告は本国からの送金によって生活しており，日本人配偶者は生活保護による生活扶助を受けているという状態では，経済的基盤が安定しているとはいえない。

172　第1編　入管法制

裁判例 500　東京地判平成22年9月17日　平22（行ウ）292

「日本人の配偶者等」の資格で在留する原告による永住許可申請について，強制わいせつの罪により懲役2年執行猶予4年の刑が確定し，未だ自らの行為に対する真摯な反省の態度が見られておらず，法務大臣が永住不許可処分をしたことは，裁量権の範囲を逸脱・濫用したものとはいえないとされた事例。

（不許可処分が違法であるとされた事例）

裁判例 501　東京高判平成19年7月17日　平19（行コ）25

申請当時，在留歴が10年前後で相応の収入を得，納税の義務を果たし，二人の子も日本の学校に通学し，控訴人ら家族に犯罪歴，非行歴は窺えず，地域社会に溶け込んで通常の社会生活を送っているペルー国籍の女性に，永住許可を与えなかった法務大臣の判断には裁量権の逸脱・濫用があるとして不許可処分を取り消した事例。

（永住許可の取消と素行善良要件）

裁判例 502　東京高判昭和34年10月5日　昭34（ネ）214（判時208号45頁）

外国人の永住許可の条件として，「素行が善良であること」を一条件としているが，この制限規定は，憲法22条に違反するものではないから，前科があることを理由に，永住許可を取り消した処分は適法である。

②　永住者と在留特別許可
（在留特別許可が認められなかった事例）

裁判例 503　東京地判平成25年7月10日　平24（行ウ）346

永住者としての資格を有するペルー国籍の外国人が，強盗，建造物侵入及び窃盗の罪を犯したものとして，懲役7年に処する旨の判決を受け刑罰法令違反で退令処分を受け，在留特別許可も認められないとされた事例。

裁判例 504　東京地判平成25年4月24日　平24（行ウ）367

4歳から日本で暮らし，永住者としての資格を有し，日本人（複数）との間に二人の実子をもうけているペルー国籍の外国人が，売春周旋，薬物犯罪などの重罪を犯した事例につき，実子と同居，その監護をしている状況ではないこと。母国語を話せ，母国にも親戚がいることなどから在留特別許可を認めなかった事例。

第 2 定住者 173

裁判例 505 東京地判平成 24 年 11 月 6 日 平 23（行ウ）294

　　永住許可を受けてわが国に 16 年在留する外国人女性が薬物犯罪を犯した事例につき，永住許可においては，当該外国人の素行が善良であることや，その者の永住がわが国の利益になることが条件とされていることからすると，永住許可の趣旨に反する行為をした場合においては，永住許可を受けていることを重視せず，在留特別許可を与えなかったことが違法ではないとされた事例。

第 2　定住者

　　定住者が有する身分又は地位は，法務大臣による個別的認定が原則であるが，法 7 条 1 項 2 号により，一般の上陸許可に際し定住者の在留資格を決定できる場合につき，法務大臣は予め告示をもって定めることができる。

①　総論

裁判例 506　東京地判平成 24 年 11 月 20 日　平 23（行ウ）661

　　入管法が「定住者」という在留資格を設けた趣旨は，社会生活上，外国人がわが国において有する身分又は地位は多種多様であり，入管法別表第二の「永住者」，「日本人の配偶者等」及び「永住者の配偶者等」の各在留資格の下欄に掲げられている類型の身分又は地位のいずれにも該当しない身分又は地位を有する者としての活動を行おうとする外国人に対し，人道上の理由その他特別な事情を考慮し，その居住を認めることが必要となる場合があり，また，わが国の社会，経済等の情勢の変化により，これらの在留資格の項の下欄に掲げられている類型の身分又は地位のいずれにも該当しない身分又は地位を有する者としての活動を行う外国人の居住を認める必要が生じる場合もあると考えられることから，このような場合に臨機に対応できるようにするためであると解される。

　　したがって，「定住者」の在留資格該当性の判断に当たっては，上記のような趣旨を踏まえて，諸般の事情を総合して的確な判断がされるべく，法務大臣等に広範な裁量が付与されているというべきである。

（告示該当事由以外と法務大臣の裁量）

裁判例 507　東京地判平成 25 年 11 月 27 日　平 24（行ウ）350

　　「定住者」の在留資格が定められた趣旨，定住者告示の内容及び趣旨などに鑑みれば，法務大臣においては，例えば在留資格の変更の許否の判断をするに当たり，定住者告示の定めると

第8章　在留資格

174 第1編 入管法制

ころに該当する地位を有しない外国人についても，

　一定住者告示に類型化して列挙された地位を有する外国人の場合と同視し，あるいはこれに準ずるものと考えられる人道上その他特別の事情があるときや，

　一わが国の社会・経済等の諸情勢の変化により，一定の在留期間を定めて本邦に居住を認めるのが必要，相当であると認められるときには，

　当該外国人につき「定住者」の在留資格についての在留資格該当性を認めることができるものと解される。

　定住者告示の定めるところに該当する地位を有しない外国人について上記のような「定住者」の在留資格についての在留資格該当性を認めるか否かの判断は，法務大臣の広範な裁量に委ねられているものと解され，その判断が法務大臣に与えられた裁量権の範囲を超え又はその濫用があったものとして違法となるのは，判断が全くの事実の基礎を欠き，又は社会通念上著しく妥当性を欠くことが明らかな場合に限られるものというべきである。

（定住者告示と在留期間更新）

裁判例 508　東京地判平成 26 年 9 月 4 日　平 25（行ウ）583

　定住者告示は，直接的には上陸申請の場合の原則的な許否の要件を定めたものであるものの，在留期間の更新に当たっては，従前の在留資格に該当することが必要であると解されること，上陸許可も在留期間更新許可もいずれも外国人の管理にかかる事項であって密接な関係にあり，出入国の公正な管理の観点からは，上陸時と在留期間更新時との間で「定住者」の在留資格該当性にかかる判断の整合性を欠くことは妥当とはいえないことに鑑みれば，在留期間更新の許否の判断においても，定住者告示の内容・趣旨は十分に尊重されなければならないというべきである。

　なお，告示の処分性については，第 3 編第 1 章第 1「行政行為（処分性）」にかかる判例を参照。

（身障者と定住者該当性）

裁判例 509　東京地判平成 25 年 11 月 27 日　平 24（行ウ）350

　原告は，身体に障害のある中国人男性であるが，日本人男性の配偶者である妹を頼って，治療のため来日し，日本人男性の養子となった事例である。

　原告は，いわゆる「連れ親」の事例と同様に定住者告示に列挙された外国人と同視し得るような特別の事情があるといえ「定住者」の在留資格についての在留資格該当性が認められるものというべきであるなどと主張する。

　しかし，原告は妹と，その夫であり原告の養親でもある日本人男性等と同居していたものであるところ，いずれも，原告の介助を常時していたものではなく，自らの生活に付随して原告の介助をしていたものと評し得るものである。原告においては，その動作について常に介助を要するような状況にあったものとは言い難いところである。さらに，本件不許可処分の当時に

第2　定住者　175

おいては，既に，本邦における両下肢の治療を断念しており，病院への通院等もしていなかっ
た。

　社会保障等による国民の保護は第一義的には国籍国の責任であるというべきことをも考慮す
れば，本件不許可処分当時の原告の父母の年齢や健康状況を考慮しても，定住者告示の定める
ところに該当する地位を有しない外国人である原告につき「定住者」の在留資格についての在
留資格該当性が認められないとした東京入管局長の判断をもって，その裁量権の範囲からの逸
脱又はその濫用があったものとまでは認め難いものといわざるを得ない。

②　日系二世，三世関係
（素行善良要件の憲法適合性）

裁判例510　東京地判平成25年2月21日　平24（行ウ）292

　本件定住者告示は，「定住者」の在留資格により本邦に居住する外国人の犯罪が増加してい
るとの実態を踏まえて，「定住者」の在留資格を付与する要件として素行善良要件を定めたも
のであると認められるところ，その目的には合理性が認められるうえ，日系人と本邦との関
係，素行善良要件の内容等に照らせば「定住者」の在留資格の取得につき素行善良要件を求め
ることが上記目的を達成するうえで不均衡があるとも，人種差別に当たるともいえない。

裁判例511　東京地判平成21年5月28日　平19（行ウ）549

　日系人及びその家族について「定住者」の在留資格の要件を定める法7条1項2号の規定に
基づき法別表第二の「定住者」の項の下欄に掲げる地位を定める件（平成2年法務省告示第
132号に素行不良要件を加える告示（平成18年法務省告示第172号））につき，素行善良要件
を課すことは，憲法14条1項並びに人種差別の撤廃に関する国際条約2条1項（a）及び4条
（c）に違反しない。

（日系三世で犯罪を犯した者の退去強制）

裁判例512　東京地判平成25年6月25日　平24（行ウ）456

　日系三世のブラジル国籍を有する男性が，16歳で本邦に入国し，在留期間の更新が不許可
となった後（約10年後），不法残留，不法就労，無免許運転などにより退去強制手続に付され
た事例。

　日系三世であり，生来的に本邦と強い結び付きがあるうえ，15年以上にわたって本邦で生
活しており，本邦に強く定着しているから，在留特別許可の許否の判断に当たり，これら事情
を原告にとって有利にしんしゃくすべきである旨の主張について，入管法は，在留特別許可に
かかる判断に際し，特定の事項を必ず考慮すべきであるとする規定を置いておらず，在留特別
許可の許否の判断に関して法務大臣等に広範な裁量権が存在していることに照らせば，原告が
日系三世であり，本邦での在留期間が長期間にわたっているからといって，これらがしんしゃ

176　第1編　入管法制

くされ得る事情の一つに当たるということを超えて，殊更有利な事情として当然しんしゃくすべきということにはならない。

日系定住外国人施策に関する基本指針は，定住者等の在留資格で在留している日系定住外国人を前提としているものと解され，退去強制事由のある外国人の在留特別許可について言及している部分はないから，法務大臣等による在留特別許可の判断についての裁量を制約するものと解することはできない。

（軽微な形式的犯罪の場合）

裁判例513　東京地判平成24年3月28日　平23（行ウ）80

「定住者」の在留資格で入国し，家族と生活していたペルー共和国の国籍を有する日系三世原告が，古い洗濯機等を近隣の空地に捨てて罰金刑に処せられたことなどから「定住者」としての在留資格更新を受けられず，不法残留者として退去強制手続をされた事例につき，形式的に日系三世に該当するというにとどまらず，実母，三人の姉の家族，二人の兄及び弟がいずれも「定住者」として日本において生活し，原告は，これらの者と交流しつつ，入国後約10年にわたって日本で生活し，実質的にもわが国に生活の基盤を築いており，原告と本邦との強い結び付きがあることが認められるのであって，そのような原告に対し，軽微な形式的犯罪によって罰金刑に処せられたからといって，わが国の在留資格を与えないということは，法務大臣等の裁量権の範囲を逸脱した場合に当たるというべきである。

（日系二世の配偶者）

裁判例514　東京地判平成23年3月24日　平22（行ウ）34

平成18年改正前定住者告示5号及び平成22年改正前定住者告示5号イが，「日本人の配偶者等の在留資格をもって在留する者で日本人の子として出生したもの」の「配偶者」について，「定住者」の在留資格を与えることとしている趣旨は，いわゆる日系二世の外国人で「日本人の配偶者等」の在留資格をもって本邦に在留する者と婚姻しており，その者の配偶者として本邦において活動しようとする外国人については，一定の在留期間を定めて本邦での居住を認めることが「定住者」の在留資格の要件である「特別な理由」（入管法別表第二），すなわち，人道上の理由その他特別な事情に当たると考えられることにあると解される。

そうすると，「日本人の配偶者等の在留資格をもって在留する者で日本人の子として出生したもの」の「配偶者」の地位を有するものとして「定住者」の在留資格が与えられるためには，いわゆる日系二世の外国人で「日本人の配偶者等」の在留資格をもって本邦に在留する者との間に法律上の婚姻関係が存続していることに加え，上記の者の配偶者としての活動を実際にしようとする者であること，すなわち，真しな婚姻の意思をもって夫婦としての共同生活を営もうとする者であることが必要であると解するのが相当である。

第2 定住者　177

（婚姻生活の実態がないとされた事例―告示5号ハ適合性）

裁判例515　東京地判平成21年10月2日　平20（行ウ）506，559

　　ペルー共和国国籍の原告が，日系三世の同国人と婚姻して「定住者」の在留資格で本邦に入国し，その後，在留期間の更新の許可申請をしたところ，不許可処分を受けた事例。

　　原告とその配偶者とは，本邦で婚姻生活をした事実がほとんど認められず，原告は，その配偶者の名前等も正確に記憶していないこと等から，原告には定住者告示5号ハに適合せず，在留資格該当性が認められず，在留期間更新を適当と認めるに足る相当な理由が認められない。

（不法入国後に日系三世の立場になった者の在留特別許可）

裁判例516　東京地判平成26年5月30日　平25（行ウ）324，347－349（判タ1413号226頁，判時2240号44頁）

　　「日本人の配偶者等」の在留資格を持つ外国人と偽装結婚したうえで，平成11年5月に不法入国した原告母（平成12年12月に日系三世の立場となる。）と，日系三世であり定住者資格を有する男性との間に，本邦で出生した子二人が平成21年に不法入国・不法残留の事実を入管局に出頭して申告した事例（平成24年に次女が誕生し，次女には定住者資格が付与されている。）。

　　子二人については，「定住者」（3年）の在留資格を持ち本邦に在留している者（父親）の子であり，定住者告示6号ハが定める要件を充たし得る立場にあり，子らは，いずれも原告母の来日後に本邦で出生した者であり，不法残留に至った経緯について自身に責められるべき点はないとされる。

　　原告母については，平成12年12月13日以降において日系三世であったことが認められるから定住者告示4号が定める要件に該当し得る立場にあったということができ，在留特別許可の判断に当たっても，定住者告示の趣旨及び内容は十分に尊重されるべきであることからすると，原告母が偽装結婚をして「定住者」の在留資格を不正に受けたことについては，その主観的意図において容認し難いものがあるにせよ，そのことを決定的に重大な消極要素として勘案することは必ずしも当を得ないというべきである。

　　本邦での在留期間が本件各裁決時点で約13年6か月に及び，本邦への定着性が認められること，定住者である配偶者との同居生活は約12年に及び，両者の関係は，法律上の婚姻関係こそ成立していないものの，婚姻の実質を備え，安定かつ成熟したものであったこと，裁決当時，両者の間には三人の子がいて，原告母が同居して監護養育しており，原告長男は小学校に在学する年齢に達していること，原告母は，自ら東京入管局に出頭して不法入国の事実を申告したことが認められるところ，これらの諸点は，在留特別許可の判断に当たって積極要素として勘案されるべきものということができる。

第8章

在留資格

178　第1編　入管法制

（定住者として資格を有していない者と在留特別許可）

裁判例 517　大阪地判平成 23 年 1 月 19 日　平 19（行ウ）191

　　原告の祖母は日本国籍を有する者であるから，原告は，定住者告示 3 号にいう「日本人の子として出生した者の実子」に該当する旨主張する。

　　しかしながら，そもそも，定住者告示は，「定住者」の在留資格を付与及び「定住者」の在留資格の更新許可申請に当たり，法務大臣によって行われる裁量的判断を類型化し具体化したものであると解されるところ，原告は，「定住者」の在留資格への在留資格変更許可申請を行っていたわけでもなく，また，「定住者」の在留資格で本邦に在留していた者でもないのであるから，定住者告示に該当するか否かということが，原告に対する在留特別許可の許否の判断に際して決定的に重要な意味を持つということはできない。

　　また，原告には，風営法違反の被疑事実で現行犯逮捕されたほか，入管法違反の罪で有罪判決の言渡しを受け，確定しているというものであり，素行善良要件を充足せず，新定住者告示に該当しない者であることが明らかである。

　　したがって，仮に原告が「日本人の子として出生した者の実子」に該当するとしても，原告に対する在留特別許可の許否の判断に際し，この点を有利な事情として考慮することは困難というべきである。

③　日本人，特別永住者，別表第二の資格で在留する外国人の扶養を受けて生活する未成年・未婚の実子

（DNA 鑑定による父子関係の否定）

裁判例 518　東京地判平成 27 年 3 月 20 日　平 26（行ウ）242，447

　　永住者の資格を持つバングラデシュ人の息子として，定住者資格の在留資格認定証明書の交付を受け，本邦に上陸したバングラデシュ人の男性につき，約 5 年後に息子ではないという申出を永住者たる「父親」から受け，DNA 鑑定の結果父子関係が否定されたことにより（親戚ではある。），更新を拒否し，在留期間経過により不法残留として退去強制手続に付せられた事例。

（扶養の実態について一審・二審で判断が分かれた事例）

裁判例 519　東京高判平成 25 年 4 月 10 日　平 24（行コ）351

　　「日本人の配偶者等」の在留資格をもって在留する母親の元に，先夫との間の子供二人（外国籍）が短期在留資格で入国し，不法残留している事例につき，母親の扶養を受けて生活する未成年で未婚の実子として特別在留許可を与えるべきであるとする原審（東京地判平成 24 年 8 月 24 日　平 23（行ウ）402，504，判タ 1390 号 166 頁）に対し，控訴審は以下のように判示して，原判決を取り消した。

　　配偶者たる日本人は，強盗未遂罪の罪により懲役 22 年の有罪判決を受けて服役中であり，

扶養できる環境にない。給与額と生活保護費の支給額等に照らせば，生活保護の受給を含む社会保障給付がなければ，被控訴人らの在留中の生活に要する経費を賄うことができなかったものと認められ，国又は地方公共団体が負担する給付によることなく，母親が被控訴人らの在留中の生活に要する一切の経費を主として支弁して負担したものとは認められない。

④　養子
（6歳未満の要件に該当しない事例）

> **裁判例520**　東京地判平成19年11月12日　平19（行ウ）302，303

　フィリピン国籍を有する外国人による日本人との養子縁組を理由とする「定住者」にかかる在留資格認定証明書の交付申請について，「定住者告示」は，日本人の養子に関しては，6歳未満の養子で当該日本人の扶養を受けて生活する者にかかる地位のみを定めており，本件不交付処分時において既に20歳になっていた原告が本邦において行おうとする活動が，定住者告示に定める日本人の養子にかかる地位を有する者としての活動に該当せず，法7条1項2号に掲げる上陸のための条件に適合していないとされた事例。

⑤　中国残留邦人

> **裁判例521**　東京地判平成22年3月30日　平20（行ウ）522

　中国残留邦人をめぐる歴史的背景・経緯や中国残留邦人の本邦への帰国の経緯・状況等の事情は，それによって直ちに，中国残留邦人の家族について退去強制を行うことが許されず，当然に在留特別許可を認めるべきであるとの結論が導かれるものではなく，外国人と中国残留邦人の直系卑属との間で婚姻が成立しているという事情も，法務大臣等が在留特別許可を付与するか否かを判断する際にしんしゃくされる諸般の事情の一つにすぎないと解される。

　そして，本件において，原告が中国残留邦人の直系卑属たる者の夫であるという事情を考慮してもなお，原告に対し在留特別許可を付与しなかった本件裁決が，全く事実の基礎を欠き又は社会通念上著しく妥当性を欠くことが明らかであるなど，法務大臣等に与えられた裁量権の範囲を逸脱し又は濫用されたものとは認め難いところである。

（中国残留孤児関係者であると偽装して入国した事例）

> **裁判例522**　大阪地判平成19年11月14日　平17（行ウ）47

　中国残留孤児の実子の子（母親）とその配偶者並びに両名の子であると偽装し，それぞれ告示3号，5号，6号にそれぞれ該当するとして定住者資格を得て本邦に上陸した中国人家族が，8年後に母親は日本人の子として出生したものではないと判明したことにより。8年前に遡って上陸許可が取り消され，退去強制手続に付された事例。

180　第1編　入管法制

（特別永住者なみの取り扱いにすべきであるとの主張が認められなかった事例）

裁判例 523　東京高判平成 19 年 7 月 19 日　平 19（行コ）75

　控訴人が，中国残留邦人の子であることは，法務大臣等が在留特別許可を与えるか否かを判断するにつき，控訴人に有利な事情として考慮すべき事情の一つであるといえるが，入管法は，法務大臣等が在留特別許可を付与すべきか否かの判断について，その要件や基準等に関する定めを何らおいておらず，出入国管理について，法務大臣等の裁量権の範囲が広範なものと解されることに照らせば，控訴人が中国残留邦人の子であることから，直ちに，在留特別許可を付与すべきであるとはいえない。

　中国残留邦人等の円滑な帰国の促進及び永住帰国後の自立の支援に関する法律等の関係諸規定には，中国残留邦人の子孫について，入管法の特例を定めた部分は見当たらないから，控訴人に対し，退去強制をするにつき，特別永住者と同等あるいはさらに厳格な要件によるべきであるとする控訴人の主張は理由がないとした事例。

　［同旨：東京地判平成 17 年 2 月 10 日　平 14（行ウ）359］

裁判例 524　東京地判平成 19 年 2 月 23 日　平 16（行ウ）315，平 17（行ウ）230，平 18（行ウ）106

　原告らは，原告父が中国残留邦人の子であり，特別永住者と同様に退去強制事由が制限されるべきこと，日本政府は中国残留邦人及びその家族の本邦における永住を認め，その家族問題を解決する国際的な義務を負っており，外国人一般と退去強制手続において同じ取扱いをするべきではなく，在留特別許可を与えるべきであったと主張する。

　しかしながら，原告父が，中国残留邦人の子であり，父とともに本邦に帰国し，以降 24 年間にわたり本邦に居住して生活をしているという点については，原告父の在留特別許可を付与するか否かの判断に当たり，積極的に付与すべきとする有力な事情の一つとなるとはいえるものの，更に中国残留邦人の子孫である外国人という地位を根拠として，当然に入管法 24 条の解釈に当たり，特例法所定の特別永住者と同様の取扱いをしなければならないというものではない。

（中国残留邦人に関わる者との偽装にもかかわらず，在留特別許可を認めるべきであるとされた事例）

裁判例 525　福岡高判平成 17 年 3 月 7 日　平 15（行コ）13

　中国残留日本人の配偶者の連れ子で，先に日本に帰国，定住していた同日本人の実子であると偽り，「日本人の配偶者等」の在留資格で本邦に入国していた者らとその家族に対する退去強制令書発付につき，連れ子が前記日本人の実子以上の存在であったと評価できること，及び過去の日本国の施策が遠因となり，その被害回復の措置の遅れによって結果的に在留資格を取得できなくなってしまっている等の本件に特有の事情並びに前記の者らの日本での生活状況に顕れた家族の実態等を，市民的及び政治的権利に関する国際規約及び児童の権利に関する条約

第3 技能実習生　181

の規定に照らしてみるならば，入国手続の際に，継子を実子として身分関係を虚偽申請する違法な行為があったことを考慮しても，その違法の程度が極めて重大とはいえないことなどからすれば，前記裁決は，社会通念上著しく妥当性を欠くことが明らかであるとして，裁決が取り消された事例。

第3　技能実習生

　本邦の公私の機関（実習実施機関）において，雇用契約によって受入れられ，技能・技術若しくは知識の修得をする技能実習生の制度については，団体監理型研修において，低賃金労働など労働法規違反として訴訟となっている事例が少なくない。また，研修生が逃亡して，退去強制手続に付される事例も増加傾向にある。

①　差額分の賃金支払等が認められた事例

裁判例526　徳島地判平成 26 年 12 月 26 日　平 22（ワ）637

　被告らの営む縫製事業に，研修生・技能実習生として関与していた原告らが，研修期間及び技能実習期間を通じて，時間外労働及び休日労働を含む長時間の労働に従事しており，また，被告らが原告らを長期間にわたり違法な労働状態及び生活環境の下で労働に従事させたこと等が不法行為に該当すると主張して，雇用契約又は不法行為に基づき，未払賃金又はその相当額の支払い等を求めた事案において，不法行為責任は認めなかったものの，原告らの従事した時間外・休日・深夜労働時間について，原告らの主張する 6 割の限度で認め，原告らの請求を一部認容した事例。

裁判例527　函館地判平成 26 年 3 月 27 日　平 23（ワ）158，平 24（ワ）27

　水産加工会社で，イカの皮むきやげそ処理などの水産加工業を行っていた中国人研修生が，手取り分が少ないなどの理由で作業拒否し，懲戒解雇されたところ，被告会社らに対し，未払賃金等の支払を求めるとともに，旅券，預金通帳等の違法管理，暴力・セクハラ行為をしたこと等について共同不法行為に基づく損害賠償を求め，他方，被告らも，根拠を欠く主張を新聞社にリークし新聞社の記事に掲載させることで被告らの名誉・信用を毀損したなどと主張して，研修生達に対し不法行為に基づく損害賠償を求めた事案において，どちらの側の不法行為責任も認められなかったが，原告らは，技能実習期間中においても，労働基準法及び最低賃金法上の労働者に当たるとして，原告らの未払賃金支払請求を認容した事例。

　（控訴審：札幌高判平成 26 年 9 月 30 日　平 26（ネ）187）

182 第1編 入管法制

裁判例 528　金沢地裁小松支部判平成 26 年 3 月 7 日　平 24（ワ）77

　「電子部品組立」を習得する「研修生」を受け入れていた電子計算機の部品の製造，組立並びに販売を目的とする株式会社が，原告に対し，研修実施予定表に従った研修をしておらず，また，残業も命じていたのであるから，原告は形式的には「研修生」であったが，実態に照らすと労働者であったとして，未払い賃金の支払いを命じられた事例。

裁判例 529　東京地判平成 25 年 12 月 6 日　平 22（ワ）15077，42153（判タ 1375 号 113 頁）

　外国人研修・技能実習制度に基づき来日した中国人研修生・実習生につき，研修期間における研修手当と最低賃金との差額，技能実習期間中に賃金から控除された寮費の額と日本人従業員の寮費の額との差額分の賃金支払請求が認められ，パスポート及び通帳の保管等が不法行為に該当するとされた事例。

裁判例 530　福島地裁白河支部判平成 24 年 2 月 14 日　平 21（ワ）160，平 22（ワ）1（労判 1049 号 37 頁）

　ベトナム国籍の外国人研修生で，後に技能実習生となった原告らが，実習実施機関であった破産会社の被告会社破産管財人に対し，未払賃金の支払等を求めて認められ，劣悪，過酷な環境で酷使されたとして，人格権侵害による損害賠償も一部認められた事例。

裁判例 531　和歌山地裁田辺支部判平成 21 年 7 月 17 日　平 17（ワ）39，平 18（ワ）187

　外国人実習生として就労していた中国国籍の女性（原告）らに対し，実習実施機関が監理団体に対し支払う「管理費」分を支払わせていたのは，技能実習生の賃金から管理費を徴収してはならないという JITCO ガイドラインを潜脱する違法な控除の脱法行為に当たるとされた事例。

裁判例 532　津地裁四日市支部判平成 21 年 3 月 18 日　平 19（ワ）478，552（労判 983 号 27 頁）

　縫製会社である原告が，外国人技能実習生らが作業をボイコットしたことにより取引先を失ったとして，損害賠償を求めた事案につき，不就労（会社による一方的な労働条件の不利益変更の撤回を求めたが，会社がこれに応じないため労務を停止したもの等）について被告らに帰責性はないとし，反訴としてなされた未払時間外労働賃金の支払等を請求が一部認容された事例。

　（控訴審：名古屋高判平成 22 年 3 月 25 日　平 21（ネ）353（労判 1003 号 5 頁））

第3　技能実習生　183

③　事業者の不法行為責任

（従業員による暴行）

裁判例 533　千葉地判平成 26 年 9 月 30 日　平 24（ワ）2950（判時 2248 号 72 頁）

　被告会社において就労していた外国人技能実習生が，被告会社の従業員であった者から暴行を受けて傷害を負い，死亡したことにつき，従業員による本件暴行は，同被告の職務執行中に起きたフォークリフト事故を契機として，これと密接な関連を有すると認められる行為といえるから，民法 715 条 1 項の「事業の執行について」加えられたものというべきであるとされ，従業員と会社が連帯して不法行為責任を負うとされた事例。

（旅券・通帳の強制管理）

裁判例 534　金沢地裁小松支部判平成 26 年 3 月 7 日　平 24（ワ）77

　「電子部品組立」を習得する「研修生」を受け入れていた電子計算機の部品の製造，組立並びに販売を目的とする株式会社が，研修生の意思に反して帰国させようとしたこと，パスポート・預金通帳を取り上げたこと等は不法行為に当たり，また監理団体たる協同組合には，会社の監督を怠った不法行為責任があるとされた事例。

裁判例 535　長崎地判平成 25 年 3 月 4 日　平 22（ワ）118（時報 2207 号 98 頁）

　技能実習生による，受入れ機関及びその代表取締役等に対する，低賃金及び寡少休日による長時間労働の強制，違法な旅券及び預金通帳の管理，代表取締役らにより胸部や臀部を触れられたこと，頭を小突く等の暴行を受けたこと等の不法行為に基づく損害賠償が一部認められた事例。

裁判例 536　福島地裁白河支部判平成 24 年 2 月 14 日　平 21（ワ）160（労判 1049 号 370 頁）

　衣料品の縫製，販売等を行う会社において縫製作業の研修（団体監理型研修）を受け，その後技能実習生として同一作業に従事していたベトナム人らに対する，手当の天引き，旅券の預かり保管などの行為は，研修生らの人格権を侵害する行為であるとして，会社，協同組合に不法行為責任があるとされた事例。

裁判例 537　熊本地判平成 22 年 1 月 29 日　平 19（ワ）1711（判タ 1323 号 166 頁）

　外国人研修制度の第 2 次受入れ機関である縫製会社による研修生・技能実習生に対する，旅券・預金通帳等の強制管理・違法な長時間労働があったとして，これらの行為を一体として，縫製会社の研修生・技能実習生に対する不法行為責任が認められた事例。

　（控訴審：福岡高判平成 22 年 9 月 13 日　平 22（ネ）255（労判 1013 号 6 頁））

184　第1編　入管法制

③　監理団体等の監督責任
（監理団体等の不法行為責任が認められた事例）

> **裁判例 538**　熊本地判平成 22 年 1 月 29 日　平 19 （ワ）1711 （判タ 1323 号 166 頁）

　外国人研修制度の第 1 次受入れ機関である監理団体（事業協同組合）による第 2 次受入れ機関である縫製会社に対する監査・指導をする注意義務の違反があったとして，監理団体の研修生・技能実習生に対する不法行為責任が認められた事例。

> **裁判例 539**　福島地裁白河支部判平成 24 年 2 月 14 日　平 21 （ワ）160，平 22 （ワ）1

　監理団体である事業協同組合は，実習機関がした不正行為（長時間の低賃金労働，旅券の預かり保管）が技能実習生の人格権を侵害すると評価されるような看過できない重大なものである等の場合には，条理上，実習実施機関を調査して不正行為を抑止するとともに，不正行為がある旨を地方入国管理局長に報告すべき作為義務があると解され，これに違反した場合には，研修生の人格権を侵害するものとして不法行為法上違法であるとされた事例。

> **裁判例 540**　富山地判平成 25 年 7 月 17 日　平 24 （ワ）6

　監理団体である組合の職員が，組合が中国送出機関との間で結んだ保証書の定める女性研修生の「妊娠禁止条項」に基づき，妊娠した女性研修生を中国に送り返そうとした行為が，監理団体の義務に反して，送出機関の要請のみに従って，原告の意思に反して即刻帰国させようとしたものであり，かつ，原告に流産の危険性があることを知りながら，約 5 時間にわたり原告と外部との連絡を遮断して監視下に置いたものであるから，一連の行為は原告に対する不法行為を構成するというべきである。

> **裁判例 541**　さいたま地判平成 24 年 10 月 24 日　平 22 （ワ）3472

　第 1 次受入れ機関である組合は，技能実習において，実態のない会社と雇用契約を締結しようとしていることを管轄する地方入国管理局長に報告しないなど，実習実施機関における不法就労を殊更助長しているといえるのであって，不法行為責任を負うというべきである。
（控訴審：東京高判平成 25 年 4 月 25 日　平 24 （ネ）7822）

（JITCO の責任が認められなかった事例）

> **裁判例 542**　熊本地判平成 22 年 1 月 29 日　平 19 （ワ）1711 （判タ 1323 号 166 頁）

　第 1 次受入れ機関，第 2 次受入れ機関に対し，助言，指導等を行う財団法人 JITCO に対し，個々の外国人研修生・技能実習生に対し不適切な実習が行われないように是正指導する法的義務を認めなかった事例。

第3 技能実習生　185

④　技能実習生による実習実施機関からの逃走・不法残留・不法就労

裁判例 543　東京地判平成 27 年 9 月 8 日　平 26（行ウ）508

　技能実習先から逃亡した中国国籍の外国人数名が，派遣従業員として雇用され，元実習生は「日本人配偶者等」在留期間 1 年とする偽造在留カードを作成，所持していたとして，不法残留，偽造カード所持に該当するとして退去強制されるとともに，派遣会社の会長であるペルー国籍の外国人が不法就労助長の被疑事実で逮捕され，有罪判決を受け，退去強制手続に付された事例。

裁判例 544　東京地判平成 27 年 7 月 10 日　平 26（行ウ）320

　フィリピン国籍の外国人が，技能実習の実習実施機関から約 6 か月後に逃走し，パブで知り合いかねてから交際していた，永住資格を持つ同国人の女性と同居していたところ，在留期間経過約 3 か月後に不法残留として退去強制手続に付された事例。

裁判例 545　東京地判平成 27 年 3 月 25 日　平 26（行ウ）149

　中国国籍の外国人男性が，技能実習とする上陸許可を受けて本邦に上陸し，3 か月後に実習機関の宿舎を出た後，宿舎に戻らず，その後，約 2 年半埼玉県内において，野菜の収穫をする業務に従事し，日本人女性と同居を始めるまで，農家が用意した住居又は自動車内等において寝泊まりをする生活をしていたところ，不法残留として逮捕され，退去強制手続に付された事例。

裁判例 546　東京地判平成 26 年 7 月 15 日　平 25（行ウ）215

　タイ国籍で技能実習生として本邦に上陸した外国人男性が，3 年間の技能実習の末期に日本において更に仕事をしようなどと考え，研修先及び技能実習先から逃げ出し，3 年を超える期間にわたり不法残留，不法就労し，タイに居住する親族に送金していたものである。

　原告は，その間建設業などの業務に従事するとともに，永住者の資格を持つ同国人の女性と同居し，やがて婚姻した（当初は，両名とも別の異性と婚姻していた。）。

　その 6 年余の在留の継続は違法状態の継続にほかならず，それが長期間平穏に継続されたからといって，直ちに法的保護を受ける筋合いのものではないと解される。また，同国人女性との同居期間及び婚姻期間がいずれも短期間にとどまっていること，その同居期間中には両者はそれぞれ前妻及び前夫と婚姻していたことなどの事情に照らし，その婚姻が安定かつ成熟していると評価されなかったとしても不合理ということはできない。

186　第1編　入管法制

⑤　その他

（暴行による死亡と慰謝料の算定）

裁判例 547　千葉地判平成 26 年 9 月 30 日　平 24（ワ）2950（判時 2248 号 72 頁）

　会社の事業所内で起きたフォークリフト同士の接触事故後，一方を運転していた外国人技能実習生が他方を運転していた同僚から暴行を受けて死亡した事案において，加害者の不法行為責任及び会社の使用者責任が認められ，被害者の逸失利益算定は，わが国における滞在予定期間についてはわが国における同人の収入をもって基礎収入とし，その後については母国である中国に帰国し就職した際に予想される収入をもって基礎収入とし，精神的苦痛を慰謝するための賠償金を算定するに当たっては，支払を受けることになる遺族の生活の基盤がある国，支払われた慰謝料が主に費消される国，当該国と日本の物価水準や生活水準等によって，貨幣価値が異なるのであるから，これらの要素も考慮して算定するのが相当であるとされた事例。

（監理団体による実習実施機関への支払請求）

裁判例 548　東京地判平成 23 年 5 月 27 日　平 22（行ウ）24784

　監理団体である事業協同組合が，被告会社（実習実施機関）との間で締結した外国人研修受入事業委託契約に基づき，被告会社に賛助会員年会費，管理負担金，渡航費用等の支払を求めたのに対し，本件各契約に基づく外国人研修生の第 1 次受入れ機関としての監理監督業務を行ってきたと認定して，請求を認容した事例。

（ガイドラインの効力）

裁判例 549　東京地判平成 23 年 5 月 27 日　平 22（行ウ）24784

　入国管理局指針及び管理費等ガイドラインは，法令とは異なるものであって，直接当事者間の契約を規律するものではない。

　その内容についてみても，入国管理局指針は，第 1 次受入れ機関の役割として研修の監理をあげ，その一環として非実務研修の重要な部分を研修生全員に対して実効ある方法で行うことが望まれるとし，生活指導員及び研修指導員への指導，適切な研修生の選抜等をあげると同時に，第 2 次受入れ機関の役割としても非実務研修，生活指導員及び研修指導員の在り方及び適正な研修生の選抜等をあげるものである。

　管理費の額の定め方についても，実際の負担額を勘案した適正な額であることを求めるのみであり，また，管理費等ガイドラインも，研修にかかる受入管理費の例を示しつつ，具体的な管理費の額について，関係当事者の業務分担及び役割分担を踏まえ，管理コストをどの程度負担するかについて十分協議し，関係当事者が合意のうえ，決定しなければならないとするのみであり，第 1 次受入れ機関及び第 2 次受入れ機関の間の業務内容や管理負担金の具体的内容を規定するのは両当事者の合意であることを当然の前提としたものとしか解せないところである。

第 3　技能実習生　187

（使用者性の認定）

| 裁判例 550 | さいたま地判平成 24 年 10 月 24 日　平 22（ワ）3472 |

　第 2 次受入れ機関である訴外会社は名義として用いられたにすぎず，訴外の相談役である被告が，実質的に原告である研修生達に指揮命令をして，労務の提供を受け，賃金を支払っていた又は賃金を支払うべき者とはいえ，原告らは研修期間中であっても労働者性が認められるから，原告らとの関係では，被告は研修期間及び技能実習期間を通じて，使用者であったといえる。

　（控訴審：東京高判平成 25 年 4 月 25 日　平 24（ネ）7822）

（日本人従業員との間の賃金の合理的差異）

| 裁判例 551 | 東京地判平成 24 年 4 月 20 日　平 23（ワ）20365 |

　外国人研修・技能実習制度において，外国人研修生・技能実習生を外国で募集して本邦に招き入れる仕組みとして，外国の送出機関とわが国の第 1 次受入れ機関という仲介機関の存在が予定されていることからすれば，これを最終的に受け入れる第 2 次受入れ機関において，そのために相応のコストを負担することもまた予定されているとはいえ，このような同制度の特質に基づいて日本人従業員との間に一定の合理的差異を設けることは，労基法 3 条の解釈上，許容されているものと解される。

（行政書士による就業のあっせん）

| 裁判例 552 | 東京高判平成 22 年 11 月 24 日　平 22（ネ）5465（判タ 1373 号 184 頁） |

　行政書士が外国人との間で締結した，当該外国人とは別の外国人の研修及び技能実習生としての受入れ先を有償で紹介すること等を内容とする契約が，技能実習の予定のある研修生の受入れについては職業安定法の適用があるものと解され，本件において，控訴人は，有料職業紹介事業の許可を受けていないにもかかわらず，被控訴人の知人らに有料で職業を紹介しようとして本件職業紹介契約を締結したものであるから，本件職業紹介契約は職業安定法 30 条 1 項に違反するものといわざるを得ないとして，無効とされた事例。

（技能実習生による殺人）

| 裁判例 553 | 広島地判平成 27 年 3 月 13 日　平 25（わ）480 |

　マガキ養殖業を営む水産会社で技能実習生として働いていた外国人が，技能実習が上手くいかず思うように収入が得られないことから追い詰められた精神状態となり，社長，従業員，通行人等を包丁やスコップなどで次々と襲い，2 名を殺害し，その他に重軽傷を負わせた事案につき，殺人，殺人未遂，障害等により無期懲役に処せられた事例。

（労基法違反による有罪判決）

裁判例554 和歌山地判平成20年6月3日　平20（わ）146，218（労判970号91頁）

　縫製業を営む事業主である被告人が雇用していた中国人実習生2名，被告人が代表理事を務める組合傘下の縫製会社の中国人実習生3名に対し，関係者と共謀のうえ，36協定を超えて時間外労働をさせ，時間外労働，休日労働，深夜労働の各割増賃金との差額を支払わなかったという事案につき，労働基準法違反で執行猶予付きの有罪判決に処せられた事例。

第2編

難民認定制度

第 1 章

総論

はじめに

　難民認定は，それぞれの国籍国の政治情勢，認定をする外国人の個人的立場等の個別的判定により判断が分かれることになるが，第 2 編第 1 章ではそれらにある程度共通の原則・法理に言及する判例を纏めてある。

第 1　難民の定義

（条約解釈権限の所在）

裁判例 555　東京地判平成 23 年 2 月 4 日　平 21（行ウ）514

　「迫害」の内容について，原告は，難民条約 42 条 1 項の規定からして「難民」の意義の解釈は統一的に導かれなければならないこと，条約の解釈の通則的規定である条約法に関するウィーン条約 31 条 1 項の規定により条約の文言は用語の通常の意味に従って解釈すべきことなどからすれば，「迫害」は，生命又は身体の自由に対する侵害に限定されず，その他の人権の重大な侵害も含むというべきである旨主張する。

　しかし，難民条約 42 条 1 項の規定は，締約国に対し，難民の定義を定めた同条約 1 条の規定等に留保を付してはならないことを義務づけているにとどまり，難民条約中には，他に，他国や UNHCR 等による解釈と統一的な解釈をすべき旨の定めもないことに照らし，難民条約の文言の解釈は締約国の権限に委ねられていると解すべきである。

192　第2編　難民認定制度

（難民条約以外の難民概念―マンデート難民）

裁判例 556　東京高判平成 17 年 1 月 20 日　平 16（行コ）113

　UNHCR は，UNHCR 事務所規程所定の責務（マンデート）に基づき，国際保護を必要とする者に対して各種の保護を与える前提として，独自に「難民」認定を実施しており，その認定は，難民条約の締約国に滞在しているかどうか，その国によって正式に難民として認定されたかどうか，条約難民としての法的地位を与えられたかどうかに関わりなく行われ，条約難民とほぼ同様に定義されている上記規程 6 条にいう難民のみではなく，その定義は満たさないが国際保護を必要とする「援助対象者」についても，マンデート難民としての認定の対象としていることが認められる。このように，UNHCR による難民認定は，難民条約所定の保護を与えることを目的とする加盟国による難民認定とは目的・対象を異にするものというべきであるから，条約難民についても，加盟国と UNHCR との間でその該当性の判断に食違いが生じることは十分にあり得ることというべきである。

（難民条約以外の難民概念― OAU 難民）

裁判例 557　東京地判平成 20 年 2 月 21 日　平 19（行ウ）43

　ブルンジを出国し，ジンバブエに入国し同国政府から，1969 年アフリカ統一機構（OAU）難民条約上の難民と認定された，ブルンジ共和国籍の男性が，本邦に短期滞在資格で入国し，ほどなく難民認定申請をした事例。

　OAU 難民条約は，同条約における難民の定義として，第 1 に，難民条約の適用を受ける難民をあげるが，そればかりでなく，「外部からの侵略，占領，外国の支配又は出身国若しくは国籍国の一部若しくは全部における公の秩序を著しく乱す事件を理由として，その出身国又は国籍国外の地に避難を求めるため，その常居所を去ることを余儀なくされたすべての者」も OAU 難民条約独自の難民として扱うこととしている。したがって，OAU 難民条約上の難民と認定されたとしても，それだけでは，当然に難民条約上の難民であるということはできない。

（経済的自由が含まれないこと）

裁判例 558　東京地判平成 23 年 2 月 4 日　平 21（行ウ）514

　難民条約上の「迫害」とは，「生命又は自由」の侵害又は抑圧をいうと解するのが相当であり，「自由」の内容については，難民条約上必ずしも明らかではないが，「自由」が「生命」と並置されており，「難民」となり得るのは，迫害を受けるおそれがあるという状況に直面したときに「恐怖を有する」ような場合であると考えられることからすれば，これに対する侵害等が「迫害」に当たるというべき「自由」は，主として，生命活動に関する自由，すなわち肉体活動（身体）の自由を意味し，原則として経済活動の自由等は含まれないと解するのが相当である。

　［同旨：東京地判平成 26 年 7 月 25 日　平 25（行ウ）277，東京地判平成 24 年 11 月 16 日

第 1　難民の定義　193

卆 23（行ウ）29〕

（迫害の主体）

裁判例 559	東京地判平成 26 年 1 月 28 日　平 24（行ウ）864

　原告が主張するとおり，原告がミャンマーに帰国すれば脱走兵として NDA-K（カチン新民主軍）から迫害を受けるおそれがあるとしても，その迫害の直接的な主体は，原告の国籍国であるミャンマーの政府ではなく，カチン族の武装民族勢力である NDA-K である。このように直接的には国籍国の政府組織以外の者から迫害を受けるおそれがある場合に，当該迫害を受ける者が国籍国による保護を受けることができないものとして難民に該当するといえるためには，国籍国の政府がこれを故意に容認したり，又は効果的な保護を与えることを拒否し，若しくはそれができないものであるというような特別な事情があることを要するものというべきである。

裁判例 560	東京地判平成 25 年 7 月 30 日　平 24（行ウ）336

　原告は，迫害の主体は国籍国の政府に限られない旨主張し，その根拠として，UNHCR の定義を根拠として指摘するところ，UNHCR は，UNHCR 事務所規定に基づき保護の対象とする者を確定する趣旨で，独自に難民の認定を行っており，UNHCR の見解は，難民条約の解釈のための補足的手段としては必ずしもふさわしいものとはいえない。

（恐れの存否）
（恐れがあるとされた事例・本編第 2 章を参照。）
　（ミャンマー）
　　東京地判平成 22 年 6 月 8 日　平 21（行ウ）144
　　東京地判平成 19 年 3 月 23 日　平 16（行ウ）462・平 17（行ウ）344
　（トルコ）
　　名古屋地判平成 16 年 4 月 15 日　平 14（行ウ）49

（恐れがあったとは認められないとされた事例）

裁判例 561	東京地判平成 25 年 7 月 30 日　平 24（行ウ）336

　パキスタンにおいては，主として FATA 及びハイバル・パフトゥンハー州（旧北西辺境州）においてイスラム武装勢力，特に TTP（パキスタンタリバン運動）による自爆テロ又は爆弾テロ等のテロ行為が頻繁に発生しているが，パキスタン政府は，軍及び辺境警備隊を派遣することにより TTP に対する掃討作戦を行ってきたことが認められる。

　このようなパキスタンの一般的情勢の下においては，本件難民不認定処分がされた平成 23 年 12 月当時，パキスタン政府が TTP と共謀してイスラム教スンニ派などイスラム原理主義者が強

194　第2編　難民認定制度

制するイスラム教の厳格な戒律に従わない者に対して迫害するおそれがあったことやTTPからの迫害をパキスタン政府が故意に容認したり，又は効果的な保護を与えることを拒否し，若しくはそれができないおそれがあったと認めることはできないとされた事例。

裁判例 562　東京地判平成24年6月26日　平23（行ウ）144・159-161

　不認定処分がされた平成20年6月11日又は平成21年4月7日当時のトルコにおいては，政治活動の自由等に対する制約や拷問禁止の不徹底等の問題は残っているものの，少なくともクルド人であるという人種的属性のみを理由として，難民条約上の「迫害」を受けるおそれ，すなわち通常人において受忍し得ない苦痛をもたらす攻撃ないし圧迫であって，生命又は身体の自由の侵害又は抑圧を受けるおそれがあったとは認められず，原告父母及びその家族が行った具体的な政治活動・内容・程度，トルコ政府から受けた措置の有無・内容・程度等の個別事情からも，原告らに難民性を認めることはできないとされた事例。

裁判例 563　東京地判平成20年2月7日　平18（行ウ）547・548

　原告はミャンマーにおいても本邦においても反政府活動について中核的な立場にあるといえず，ミャンマー政府としても弾圧の対象とするほど同人の言動に関心があるとまで認めることはできないから，原告がミャンマーに帰国したとしても，生命又は身体の自由の侵害又は抑圧を受ける恐怖を抱くような客観的事情が存在するということはできない。

第2　立証責任

（難民認定申請者側にあるとする判例）

裁判例 564　東京地判平成27年5月28日　平25（行ウ）831

　難民の認定における立証責任の帰属については，入管法61条の2第1項が，法務大臣は，難民認定申請者が提出した資料に基づき，その者が難民である旨の認定を行うことができる旨規定しており，難民認定について難民認定申請者が資料を提出することを前提としている。

　また，難民認定を受けた者は，入管法61条の2の2第1項に基づき定住者の在留資格を取得できるなど，有利な法的地位が与えられることになるから，難民認定は，いわゆる授益処分に当たるものであるところ，一般に，授益処分については，その処分を受ける者が，根拠法令の定める処分要件が充足されていることについて立証責任を負担するものと解される。以上によれば，難民該当性の立証責任は，難民認定申請者にあると解するのが相当である。

第3 申請時期　195

第1章 総論

| 裁判例565 | 東京地判平成26年1月28日　平24（行ウ）864 |

　難民該当性を基礎づける事実の立証の程度については，当該事実の認定が自由心証主義によるべきことは通常の場合と同様であり，その立証の程度を通常の場合と比較して緩和すべき理由はない。この点につき，原告は，難民該当性の立証の程度は合理的な可能性で十分とすべきであるとし，具体的には，「迫害を受けるおそれがあるという十分に理由のある恐怖を有する」ことについて，通常の民事訴訟のような高度の蓋然性の基準によることは不相当であり，迫害に合理的な可能性があることの立証で足りるなどと主張する。

　しかし，訴訟において，「迫害を受けるおそれがあるという十分に理由のある恐怖を有する」ことについての主たる立証命題は，危険性や将来の可能性の存在といった評価それ自体ではなく，それを基礎づける客観的事情の存在であるところ，その存在についての立証の程度を通常の場合に比して軽減すべき理由はないし，そのように解することがB規約又は憲法の規定に違反するものと解すべき理由もない。

| 裁判例566 | 東京地判平成25年7月30日　平24（行ウ）336 |

　難民認定における立証責任の帰属については，入管法61条の2第1項の文理のほか，難民認定処分が授益処分であることなどに鑑みれば，その立証責任は原告にあり，その立証の程度についても，原告が入管法上の難民に該当することについて合理的な疑いを超える程度の立証が必要であるというべきである。この点，原告は，被告の側において原告が難民でないことについての立証責任を負い，難民認定の申請者に迫害を受ける可能性がある程度存在し，それを否定する明白な事実が存在しない場合には，難民該当性を認めるべきである旨主張するが，独自の見解であって採用することはできない。

第3　申請時期

| 裁判例567 | 東京地判平成25年1月18日　平23（行ウ）442 |

　ギニア国籍を有する外国人男性による難民認定申請につき，本邦に上陸してから1年半近くが経過した後（原告についての退去強制令書の発付時点からみても5か月後）になってようやく本件難民認定申請をしたものであって，このような原告の行動は，仮に，原告が日本にも難民についての制度があるだろうと考え，日本で難民の認定の申請をする意図を持って来日したのであるとすれば，極めて不自然なものというほかなく，これらの点についての原告の弁解も，上記のような不自然さを払拭するには到底足りないものというほかないことを併せ考慮すれば，本件難民不認定処分の当時において，原告が難民に該当していたものとは認め難いもの

196　第2編　難民認定制度

というべきであるとされた事例。

（遅滞なき届出）

裁判例 568　大阪高判平成5年7月1日　平4（う）226（高刑集46巻2号204頁）

　被告人は，経済的理由から密出国して来日したものの，逮捕される羽目に陥り，本国への強制送還と処罰を恐れ，第三国への亡命を希望して方策を講じたが，その実現が思わしくないとみて，ようやく難民の申出に至ったもので，本邦上陸後，不法入国の罪により第一審で有罪判決を受け，身柄を入国管理局に移されるなどして相当の日時を経過してされた難民の申出は，遅滞なく行われたものとはいえない。

裁判例 569　東京地判平成26年10月8日　平25（行ウ）589

　ギニア国籍を有する外国人男性による難民認定申請につき，本邦に上陸してから約8か月が経過し，かつ，本件退令発付処分の後になって，ようやく本件難民認定申請をしたものであって，そのような原告の行動は，仮に，原告が，本邦に上陸する前にマレーシアでインターネットにより本邦において難民認定申請をすることができることを知ったうえで，日本で難民認定申請をする意図を持って来日したのであるとすれば，極めて不自然なものというほかなく，これらの点についての原告の弁解も，上記のような不自然さを払拭するには到底足りないものというほかないとされた事例。

（一定期間後の申請を，難民性を疑う要因とした事例）

裁判例 570　東京地判平成25年12月24日　平24（行ウ）747

　原告が初めて難民認定申請をしたのは，退令処分を受けた後であり，かつ，本邦入国から約1年4か月が経過した後である。その間，原告が本邦において難民としての庇護を求めるための積極的な行動をしたことは何らうかがわれない。この点につき，原告は，難民認定申請の手続が分からなかった旨や，日本語が分からなかった旨を供述するが，原告は，ギニア人の知人宅で生活し，クリーニング工員として稼働するなど本邦において一定の社会生活を営んでいたものであるし，退去強制手続においては通訳を介した取調べを受けていたのであるから，知人等を介して関係機関に問い合わせたり，取調べ担当者に尋ねたりするなどして，難民認定申請の方法についての情報を得ようとすることは可能であったはずであり，このような情報を得るための行動すらしていないのは，難民としての庇護を求めて来日した者の行動としては不自然というほかない。

第4　手続等　197

第4　手続等

（法61条の2の2第2項の在留特別許可）

裁判例571　東京地判平成21年1月20日　平20（行ウ）431

　原告（ミャンマー国籍の男性）は飛行機の乗り継ぎ客を装って上陸申請をし，法違反で逮捕されるまで，9年4か月以上もの長期間にわたり不法在留をして稼働しながら，摘発されるや，虚偽の事実を述べて自分が難民であるとして難民認定をするよう求めているのであって，このような原告の態度は，遵法精神が欠如していることはもとより，わが国の入管行政を愚弄するものである。

　原告が同居しているとする韓国籍の女性は，「人文知識・国際業務」の在留資格であり，在留期間も3年を超えず，在留期間更新許可も確実に受けられるものではなく，同人と本邦との結びつきが強固なものであったということもできない。

（仮滞在の許可が認められなかった事例）

裁判例572　東京地判平成21年3月27日　平18（行ウ）470，483－488

　トルコ共和国国籍の原告らが，上陸条件に適合しない旨の認定を受けた後，難民認定申請をしたが仮滞在不許可処分を受け，収容された事案につき，原告らは就労目的の入国・滞在のための便法として難民手続を利用したとの疑いもあり，申出に係る居住先の親族も適格者と認め難いこと等から，「逃亡するおそれがあると疑うに足りる相当の理由」があったものと認めるのが相当であるとした事例。

裁判例573　東京地決平成18年10月20日　平18（行ク）257

　本邦に上陸しようとしたが上陸を許可されなかった外国人が，法61条の2の4第1項に基づき，難民認定申請したうえでした仮に本邦に滞在することの許可をすることを仮に義務づけることを求めた申立てが，仮滞在の許可がされないために入国管理局収容場に収容されることによって受ける損害は，「償うことのできない損害」には当たらないなどとして却下された事例。

（異議申立手続）

裁判例574　東京地判平成22年1月15日　平20（行ウ）626，平21（行ウ）2

　異議申立人やその代理人に対して，難民調査官及び難民審査参与員の質問に対する異議申立権を認めた規定はなく，難民調査官が原告の代理人の要望に従わなかったとしても，それは

198　第2編　難民認定制度

当・不当の問題に留まるとされた事例。

（出訴期間徒過と重大な瑕疵―無効とした事例）

裁判例 575　東京地判平成 19 年 2 月 2 日　平 17（行ウ）114（判タ 1268 号 139 頁）

　難民認定申請における認定に当たり，バングラデシュ情勢及び原告の個人的事情についての情勢の把握と分析が重要であるのにもかかわらず，表面的な事象に囚われて，事実認識に重大な誤りがあるままに不認定処分をしたとして，認定の過誤は重大であり，入管法の定める難民認定をするうえでの根幹についての過誤であるとして，不認定処分は，不可争的効果の発生に関わらず，当然無効となるとされた事例。

（手続的瑕疵―誤った理由の通知）

裁判例 576　東京地判平成 16 年 5 月 14 日　平 15（行ウ）2

　難民認定申請に対し，難民の認定をしない旨の処分をした場合に，通知書添付の別紙の取り違えにより，真実の処分理由が同人に通知されず，これとは性質・内容が大きく異なる別の理由が通知されており，この手続的瑕疵は，処分の理由が全く示されていない場合以上に，重大であり，処分の取消事由に当たるというべきである。

　入管法 61 条の 2 第 3 項が規定している書面をもって通知すべき「理由」とは，法務大臣が，難民の認定をしない旨の処分をするに至った最終的な根拠を指すものであることは明らかである。

　難民認定申請をした者が，60 日要件，難民要件の双方を満たしていない場合には，入管法上，難民の認定をしない旨の処分をするとき，60 日要件を満たしていないことを根拠にすることも，難民要件を満たしていないことを根拠にすることも可能であるから，この場合に，どちらを処分の理由とするか，あるいはその双方を処分理由にするかは，被告（法務大臣）の判断するところに委ねられているということになる。そして，法務大臣が，そのうちのいずれの理由，あるいは，両方の理由に基づいて，難民の認定をしない旨の処分を行ったのかは，確定させる必要があり，その確定された理由を処分の最終的な根拠として被処分者に通知する必要があるというべきである。

（参考人の申請）

裁判例 577　東京地判平成 20 年 11 月 13 日　平 19（行ウ）76，436

　原告は，本件異議申立手続において，参考人 2 名を採用するよう申請したが，法務大臣がこれを採用せず，両名に陳述をさせないまま，原告の不利益に事実を認定したことは，不公正な取扱いであり，重大な手続的瑕疵に当たると主張する。

　しかしながら，当該事案の利害関係人ではない第三者である参考人に陳述させる必要があるか否かは，審査庁の裁量に委ねられていると解すべきである。原告は，参考人 2 名の申請をす

第5　難民認定手続と退去強制手続　199

心に先立ち，両名の供述録取書及び関係書類を提出しており，その内容は相当程度詳細であり，供述録取書等の写しの送付を受けた難民審査参与員は，参考人に陳述する機会を与えるべきであるとの意見を述べなかった。

　法務大臣が，両名の陳述が上記の供述録取書と重複するものであり直接の陳述の機会を与える必要がないと判断したとしても，不合理であるとまではいえず，上記の取扱いにつき裁量権の逸脱，濫用があるとはいえないというべきである。

第5　難民認定手続と退去強制手続

（別個の手続であるとする事例）

裁判例578　　東京地判平成23年3月10日　平22（行ウ）461

　退令事由に該当すると認定され，それに対する異議に理由がない旨の裁決及び退令処分を受けた原告が，異議申立を含む難民認定に関する手続が終了するまでは，当該裁決及び退令処分はできない等として，裁決及び退令処分の取消しを求めた事案において，難民認定申請をした在留資格未取得外国人に対し，退令手続にかかる裁決及び退令処分を禁止する規定はなく，そうした者に対して，裁決及び退令処分がなされることは，当然に許容されている等として，請求を棄却した事例。

裁判例579　　東京地判平成19年8月31日　平15（行ウ）645（判タ1278号69頁）

　難民認定手続における難民該当性判断の時期と退去強制手続における送還可能性判断の時期とに時間的な隔たりがあり，前者の時期には難民に該当していなかった者が後者の時期には難民に該当していたということが十分にあり得ることを考えれば，送還時における難民該当性の判断は，難民認定手続とは別に，退去強制手続の中で独自に行われなければならないものというべきである。

〈難民認定拒否処分の違法性と，退令処分，在留特別許可拒否処分の効力〉
（退令処分，在留特別許可拒否処分も無効とされた事例）

裁判例580　　名古屋地判平成18年3月23日　平16（行ウ）73

　入管法上，難民認定手続と退去強制手続とは別個の手続であり，難民認定申請をしていること又は難民認定を受けているからといって，法務大臣が在留特別許可を付与しなければならないものではない。

　しかしながら，難民条約は，難民の保護を目的としており，被申請国において難民認定を受

200　第2編　難民認定制度

けられない場合であっても，申請者を迫害の当事国に送還しないようノン・ルフルマン原則を
定めているのであって，迫害を受ける客観的なおそれが存在するにもかかわらず，難民性の判
断に誤認があり，当該当事国に送還されることがあれば，確実に難民の生命・身体に危害が加
えられる結果を招くことが予想され，かつ，その結果は回復できない重大なものとなる可能性
が高い。

　難民該当性は，在留特別許可の付与の検討に当たって考慮すべき必須の要素というべきであ
るから，申請者の国籍国における政治状況を前提に，退去強制手続において収集された各種資
料のみによっても，申請者が国籍国において迫害を受ける客観的なおそれがあると認められる
にもかかわらず，漫然と異議の申出は理由がない旨の裁決をした場合には，重大かつ明白な違
法が存するといわざるを得ない。

裁判例 581　東京地判平成 27 年 8 月 28 日　平 25（行ウ）237，462，平 26（行ウ）285

　原告については，法 61 条の 2 の 4 第 1 項の仮滞在の許可がされ，法 61 条の 2 の 6 第 2 項に
より，法第 5 章に規定する退去強制の手続が停止されていたが，難民不認定処分に対する異議
申立を棄却する決定がされたことから，仮滞在期間の終期が到来したものとして退去強制の手
続が続行された結果，本件裁決がされ，本件退令が発付されるに至っている。

　しかるに，難民不認定処分は取り消され，原告について難民の認定がされるべきであるか
ら，仮滞在期間の終期が到来したものとして原告に対して法第 5 章の規定による退去強制の手
続が続行されたことは，法 61 条の 2 の 6 第 2 項に反するものであり，この続行された退去強
制の手続は瑕疵を帯びたものといえる。そして，処分及び裁決からなる手続の全体に瑕疵があ
る場合，これを構成する処分のみならず，裁決にも固有の瑕疵があると解すべきである。

（法 50 条の裁決との関係）

裁判例 582　東京地判平成 20 年 8 月 22 日　平 18（行ウ）528，平 19（行ウ）359

　原告は法 61 条の 2 の 6 第 4 項所定の難民認定申請をした在留資格未取得外国人であるとこ
ろ，原告が難民に該当することは，原告が退去強制対象者に該当するかどうかという点にかか
る特別審理官の判定に対する異議の申出に理由がない旨の本件裁決の違法事由であるというこ
とはできず，他に本件裁決における裁決固有の瑕疵（行政事件訴訟法 10 条 2 項参照）にかか
る主張はないから，本件裁決は適法であるといわざるを得ない（難民として認定されたので，
難民不認定処分，退令処分のほうは取り消された。）。

（ノン・ルフルマン原則と送還先指定）

裁判例 583　名古屋高判平成 18 年 6 月 21 日　平 16（行コ）32

　原判決（原告が法 24 条 6 号に当たるとの入国管理官の認定に服し，口頭審理放棄書に署名
押印しているから，自らの意思で退去強制手続のなかで実体上の難民の該当性について判断を

第6　その他　201

受ける機会を放棄したといわざるを得ないとして，請求を棄却）は，主任審査官には実体上の
難民該当性についての判断権限がないとする。

　しかしながら，法53条3項はノン・ルフルマン原則（難民条約33条1項）を国内法化した
規定であり，主任審査官は，本国政府を迫害主体とする難民と認定されるべき者を当該本国に
送還することは許されず，送還先が法53条3項に適合しているか否かについて審査のうえ送
還先を指定することになる。退去強制手続における送還先は，主任審査官によって，当該外国
人が難民に該当するかについての実質判断がなされたうえで指定される手続になっているもの
と解するのが相当である。

　したがって，退去強制手続において送還先が法53条3項に適合しているか否かの判断にお
いても，主任審査官には実質的審査権限を有しないとする原判決の判断は是認できず，その見
解を前提とする原判決は取り消すべきものである。

第6　その他

（難民の家族）

裁判例 584　東京地判平成 24 年 5 月 17 日　平 22（行ウ）456，477

　トルコ共和国国籍を有するクルド人である原告母子が，夫又は父が法2条3号の2所定の難
民に該当するから，難民の「家族統合の原則」により自らも難民に該当するとして，本件各難
民不認定処分の無効確認及び本件各退令処分の取消しを求めた事案において，原告らの夫又は
父に対する難民不認定取消訴訟において，夫又は父を難民と認定することはできないとする判
決が確定していることもあり，夫又は父を難民と認定することはできず，また，原告らの個別
的事情を検討しても，難民該当性を裏づける事情についての具体的供述もないなどとして，原
告らが難民に該当するとはいえないとされた事例。

裁判例 585　東京地判平成 19 年 1 月 19 日　平 18（行ウ）401，406，407

　市民的及び政治的権利に関する国際規約（B規約）23条は，家族を社会の自然かつ基礎的
な単位として，社会及び国による保護の対象とすべき旨を定めており，わが国の入管法の解
釈，適用においても，上記条約の規定並びに夫婦の同居・協力の関係及び子の福祉の見地から
みて，夫婦と未成熟子から成る家族が同居生活を営むことは可能な限り尊重されるべきものと
解されるとして，難民として認定されたミャンマー国籍の夫婦に監護されている子供に難民性
を認めた事例。

202　第2編　難民認定制度

（難民の研究所への入学不許可）

裁判例 586　東京地判平成 23 年 12 月 19 日　平 23（ワ）20551

　イラン人に対し，イラン国籍を理由とする安全保障上の配慮に基づいてされた国立大学附置研究所の研究生としての入学不許可の決定について，国籍国との結びつきの強さに関する点で，難民であるという事実は，難民条約に照らし重要な判断要素とすべきであり，難民であるという事実について，容易に確認することができたのに調査をせず，考慮にも入れないまま，入学不許可の判断をしたのは，国立大学附置研究所の研究生の入学に関し，国籍を理由とする不合理な差別をしたことになるとされた事例。

（国家賠償請求訴訟）

裁判例 587　東京地判平成 27 年 8 月 28 日　平 25（行ウ）237，462，平 26（行ウ）285

　原告を難民と認めるべきであるのは，原告が現に捜索対象とされていると推認すべき事実に負うところが大きい。国連報告書は，原告の個別的事由については何ら触れておらず，難民調査官が本件国連報告書の全文を参照しなかったことと，原告が本件難民不認定処分を受けたこととの間には相当因果関係がないものといわざるを得ない。

　原告の国家賠償請求のうち，本件難民不認定処分及びこれに後行して下された本件退令発付処分による損害の賠償を請求する部分は，その余の点について判断するまでもなく，理由がない。

（国家賠償責任があるとされた事例）

裁判例 588　東京地判平成 15 年 4 月 9 日　平 14（行ウ）116

　難民調査官は，原告の難民認定申請を退去強制を免れるためのものとの疑念にこだわり，これを解消させるに足りる事情が存したにもかかわらず，これに気づかず，当初の思い込みに影響され，原告の供述の疑問点や不審点にばかり目を向けた可能性が高く，その結果，難民該当性判断の核心をなすべき部分について十分な質問をすることすらせず，原告の供述についての公正かつ慎重な評価，吟味を欠いたまま，誤った判断に至ったものといわざるを得ない。

　法務大臣が，このように難民調査官の調査結果に不十分かつ誤った点があったにもかかわらず，これを看過して自らも誤った判断に至ったのは，難民認定申請者が置かれた状況に対して正当な配慮を与え，その供述内容を公正かつ慎重に評価，吟味するという法務大臣の法的義務に違反したためであるといわざるを得ないのであり，したがって，法務大臣の行為には違法性があったものというべきである。

　この判決は控訴審で取り消された。

第6 その他 203

| 裁判例 589 | 東京高判平成 16 年 1 月 14 日　平 15（行コ）131 |

　法務大臣の難民不認定処分が事実の評価を誤ってなされていても，そのことから直ちに国家賠償法 1 条 1 項にいう違法な行為があったとの評価を受けるものではなく，法務大臣が難民認定を行うに際して，職務上当然に尽くすべき注意義務を尽くさなかったために，誤った難民不認定処分をしたと認められる場合にはじめて，上記評価を受けるものと解するのが相当である。

　より具体的にいえば，本件不認定処分をした当時，法務大臣において，収集していた資料に基づいて行った本件不認定処分が，当該資料に基づく判断としては著しく相当性を欠くものであったとか，あるいは，一般的に見れば当該資料だけでは適切な判断が不可能であったのに，さらなる資料は不要であると速断して，調査を尽くさないまま本件不認定処分をしたというように，認定権者として通常尽くすべき注意義務を著しく欠いたために本件不認定処分をしたと評価できる場合であってはじめて，国家賠償法 1 条 1 項にいう違法があると解すべきである。

（義務づけ請求）

| 裁判例 590 | 東京地判平成 27 年 8 月 28 日　平 25（行ウ）237, 462, 平 26（行ウ）285 |

　難民不認定処分取消請求に理由があると認められる以上，行政事件訴訟法 37 条の 3 第 1 項 2 号に基づいて難民認定処分義務づけ請求にかかる訴えも適法である。原告が難民であると認められる以上，法務大臣が原告について難民認定処分をすべきであることは，法の規定から明らかであると認められる。

　したがって，同条 5 項の規定により，法務大臣に対し，その旨を命ずべきであり，原告の難民認定処分義務づけ請求は理由がある。

（難民条約 33 条 1 項適用可能性）

| 裁判例 591 | 広島地判平成 17 年 6 月 30 日　平 15（行ウ）16 |

　本件犯罪は，営利目的で史上最大量の大麻樹脂を本邦に輸入したことなどを内容とするものであるから（難民条約 33 条 1 項適用可能性），原告が「特に重大な犯罪について有罪の判決が確定し当該締約国の社会にとって危険な存在となったもの」（難民条約 33 条 2 項）及び「日本国の利益又は公安を著しく害する」場合（入管法 53 条 3 項）に該当するといわざるを得ない。

　そうすると，原告は，難民条約 33 条 1 の規定による利益の享受を要求することができず（難民条約 33 条 2 項），入管法 53 条 3 項の「難民条約第 33 条第 1 項に規定する領域の属する国」に送還することが許される場合にすら該当することになる。

　仮に原告が難民に該当したとしても，原告に在留特別許可を与えないこととした本件裁決が難民条約及び難民認定法に反するものということはできない。

第2章

各国別事例

はじめに

難民申請は多くの国籍の外国人からなされているが，ここでは難民不認定処分が取り消された事例がある国の判例を中心に纏めてある（ただし，スリランカ，中国は取消事例はないがあげてある。）。

第1　ミャンマー

件数，請求認容とされた数がいずれも最も多いのはミャンマーである。難民性を認めた例については，できるだけ採録するようにしたが，10年以上前の事例は採録していないことがある。

請求認容事例は，平成17年から平成20年前後に集中しており，政治情勢が最近落ち着いてきていることもあって，件数，請求認容事例とも最近は大幅に減っている。

1　難民性を認めた事例

①　一般
（ロヒンギャ族）

裁判例592	東京高判平成24年9月12日　平22（行コ）397（訟月59巻6号1654頁）

ミャンマーのロヒンギャ族17名による難民認定申請のうち，1名についてのみ，その個別的事情（国民民主連盟（NLD）の指導者のひとりであり，国外に逃亡している伯父の選挙活動を手伝い，自身も軍情報部に身柄を拘束されたことのある者）から難民であることを認定し

206　第2編　難民認定制度

たが，ロヒンギャ族であることから直ちに難民性を肯定することはできないとして，それ以外
の16名については認めなかった事例（不認定処分は平成18年段階）。

（チン族）

> **裁判例 593**　東京地判平成24年4月13日　平23（行ウ）73（判タ1405号90頁）

当時（平成20年9月段階）ミャンマー政府はミャンマー・チン民族戦線（CNF）を強く敵
対視し，その協力者等に対し厳しい対応を取っており，キリスト教など少数民族が信仰する宗
教を弾圧し，宗教的指導者にも厳しい対応をしていたとして，CNFのキャンプで宗教的指導
者として活動し，来日後も在日チン教会等で活動している外国人を難民であると認定した事例。

> **裁判例 594**　東京地判平成22年6月8日　平21（行ウ）144（判タ1354号98頁）

ミャンマーの少数民族チン族に属する者の難民認定申請につき，原告の父がチン州ハカー郡
区におけるNLDの幹部であったことや，原告自身もCNFの活動に従事していた者との関係
やNLDの構成員としての活動等に関し数回ミャンマー政府当局者から取調べを受けているこ
となどからすれば，原告がミャンマー政府ないしその政策等に批判的な意見を有する者である
ことをミャンマー政府に把握されている可能性が高いということができることに加え，原告が
本邦に入国した後に，CNFの元構成員がミャンマー政府当局者に対し原告がCNFの活動を
支援したこと等を供述したというのであるから，これらの事情は，通常人が原告の立場に置か
れた場合にもその政治的意見を理由に迫害されるとの恐怖を抱くような客観的事情であるとい
うことができる。

（カチン族―親族の政治活動）

> **裁判例 595**　東京地判平成19年4月13日　平17（行ウ）329

ミャンマー国籍を有する男性のミャンマー及びわが国における政治活動そのものを理由とし
て，同人がミャンマー連邦政府から迫害されるおそれがあると認めることはできないが，ミャ
ンマー連邦の少数民族に属するカチン族に属する者であって，かつてミャンマー連邦政府の国
軍と対立していたカチン独立機構及びカチン独立軍の創設者の妻であるとともに同人自身もタ
イ王国政府の庇護を受けて同国国籍を取得してビルマ女性連盟を設立して政治活動を行ってい
る者を姉としていることから，カチン民族のなかでもミャンマー連邦政府から特に注目される
家系に属する者と認めるのが相当であること，男性の兄弟がミャンマー連邦政府により投獄さ
れその後死亡し又は行方不明になっていること，男性が，ミャンマー及びわが国において一定
程度の政治活動をしていたことなどからすれば，前記裁決当時，男性は難民に該当していたと
いうべきである。

第1　ミャンマー　207

（反政府活動についての証言が信用できるとされた事例）

裁判例 596　東京地判平成 22 年 2 月 5 日　平 20（行ウ）713（判タ 1333 号 121 頁）

　他人名義の旅券で入国し，不法入国として有罪判決を受け，退去強制手続中のミャンマー国籍の男性が，東日本入国管理センター入所中に難民認定申請し，不認定処分を平成 18 年に受けた事例につき，ミャンマー政権下で反政府活動をして，軍籍を剥奪され日本に亡命してきたとする本人の証言は具体的かつ詳細で，直接体験した本人しか知り得ない内容を含むものであり，ミャンマーの一般情勢等とも整合しており，特に不自然又は不合理な点は見当たらず，信用できるとして，チン族である原告に難民性を認めた事例。

（大学在学中の反政府活動）

裁判例 597　東京地判平成 22 年 1 月 29 日　平 20（行ウ）261（判タ 1359 号 93 頁）

　ミャンマー政権下で大学在学中に反政府活動をして警察から身柄を拘束されるなどの弾圧を受け，本邦に入国後，BWU（ビルマ女性連盟）の日本支部結成に関与し，一貫して民主化活動をしてきたミャンマー国籍の女性と，同じく大学在学中に反政府活動をし，本邦に入国後，上記女性と結婚してその活動を手伝い，民主化活動を行ってきた男性の夫婦を難民であると認定し，その夫婦の子供に在留特別許可を与えるべきであるとした事例。

（政府批判記事の投稿）

裁判例 598　東京地判平成 20 年 2 月 8 日　平 18（行ウ）491

　ミャンマー反政府活動をし，2 度にわたり身柄を拘束され，約 1 年間刑務所に収容され，政治活動は行わない旨の署名をして釈放されたが，本邦入国後も，在日大使館前のデモに参加したり，アハラ誌にペンネーム及び実名で政府を批判する記事を投稿したり（インターネットで閲覧可能）している原告に，難民不認定時点（平成 17 年 7 月）においてミャンマー政府から迫害を受ける恐れがあるという十分な理由のある恐怖を有するために国籍国の外にいるものであると認めた事例。

（反政府活動の継続）

裁判例 599　東京地判平成 19 年 4 月 27 日　平 14（行ウ）390・平 17（行ウ）328

　原告は，本国を出国する以前から，職場であった国営企業の労働者らを指導して大規模な民主化デモに参加したり，総選挙で NLD の候補者を積極的に支援したこと，武装ゲリラが出没する立入禁止区域に立ち入ったこと，国家の治安に関わる罪で逮捕された NLD メンバーの支援活動を行ったことなどにより，軍政府当局から減給処分や警告等を受け，本邦入国後も，著名なミャンマー人の民主化活動家らと会合を持ち，公然と反政府デモに参加し，ラジオのインタビューに応じて軍政府の批判をしていたことから，ミャンマー政府においても個別的に把握

208　第2編　難民認定制度

されることが可能な状況にあったものと認められ，難民に該当するとして，請求が認容された
事例。

（DPNSの日本支部での活動等）

> **裁判例 600**　東京地判平成 19 年 3 月 28 日　平 17（行ウ）424・425

　　ミャンマー国籍である原告は，本邦入国後，非合法団体として扱われていた DPNS（新社会
民主党）日本支部の指導的地位にあったとはいえないまでも，一定の分掌の下で役職に就いて
いたことなどがホームページに掲載され，さらに DPNS の日本支部の活動目的が軍独裁体制
を崩壊させることである旨も掲載されていることなどから，ミャンマー政府が原告の活動に特
段の関心を寄せていないとまでは速断できず，原告が本国に帰国した場合に迫害を受けるおそ
れを払拭することはできないとみるべきであり，迫害の対象と認められるとされた事例。

（ABSDFのメンバー）

> **裁判例 601**　東京地判平成 19 年 3 月 23 日　平 16（行ウ）462・平 17（行ウ）344

　　原告は，ABSDF（全ビルマ学生民主戦線）のメンバーで，その武装闘争にも従事したこと
があり，また，本邦入国後は，その活動資金を送金していたことなどから，本件不認定処分が
された平成 16 年 7 月 13 日及び本件裁決がされた同月 27 日当時，① ABSDF という特定の社
会的集団の構成員であること，並びに②ミャンマー国内，同国とタイとの国境付近，タイ及び
日本において民主化運動を進めるという政治的意見を理由に，ミャンマー政府から迫害を受け
るおそれがあるという十分に理由のある恐怖を有しているものと認めるのが相当であるとされ
た事例。

（逮捕，拘束後もCNFを支援）

> **裁判例 602**　東京地判平成 19 年 3 月 6 日　平 17（行ウ）111，113

　　原告は，ミャンマーにおける民主化運動や民主化運動家らとの交際などから軍情報部から注
視される存在となり，2 回にわたり逮捕，拘束され，今後は政治活動をしないこと及び軍事政
権を支持する旨の誓約書に署名させられたにもかかわらず，その後，ミャンマー政府から反政
府団体と見られている CNF に対して資金提供等の支援を行い，このことがミャンマー政府に
よって把握されたため，ミャンマーに在る原告の実家を軍関係者が訪れ，原告の家族が脅迫を
受けたものであって，原告のこのような活動は，ミャンマー政府にとって不快なものであると
いうことができる。

　　原告としては，原告の実家に初めて軍関係者が訪れたことを知った平成 15 年 10 月頃の時点
で，ミャンマー政府が，原告の活動に注目する蓋然性が高く，かつ，これを不快に感じている
ものと推測していたと認めることができ，かつ，原告がそのように推測していたことについて
は合理的な理由があるというべきである。

（NLD 支部の執行委員としての活動等）

裁判例 603	東京地判平成 19 年 2 月 28 日　平 16（行ウ）174・平 17（行ウ）162

　ミャンマー連邦国籍の原告は，本国で学生連盟に入会し，デモに参加しただけでなく，NLD の支部の執行委員として活動を継続し，地元警察から二度にわたる取調べ及び警告を受けたうえ，その後も活動を継続し，逮捕状発付の事実を知って身の危険から免れるべく，別人名義の旅券で来日したが，原告の国外逃亡を助けたことなどを理由に妻が刑罰を受けて投獄されたこと，本邦においても，在日ビルマ人工業労働組合に加入し，運営委員となって政治的活動を継続してきたことが認められ，これらの事実によれば，原告は，出国前から反政府的な政治的意見に基づき民主化運動を行い，逮捕状発付から出国後まで本国当局から無視できない存在として関心を寄せられており，本件不認定処分及び各処分当時，本国に帰国した場合に，通常人がその者の立場に置かれた場合に迫害の恐怖を抱くような客観的事情が存したということができる。

（NLD 支持の退役軍人）

裁判例 604	東京地判平成 19 年 1 月 31 日　平 16（行ウ）323，平 17（行ウ）469（判タ 1247 号 138 頁）

　ミャンマー本国において NLD（国民民主連盟）を支持し，退役軍人（元少佐）であり，退役後は政治活動をしないことを誓約したにもかかわらず，ミャンマーを出国して日本において民主化運動を進めたことを理由にミャンマー政府から迫害を受けるおそれがあるという十分に理由のある恐怖を有するとして難民であると認定された事例。

（海外民主化ビルマ学生戦線）

裁判例 605	東京地判平成 18 年 11 月 17 日　平 16（行ウ）459，平 18（行ウ）308（判タ 1262 号 84 頁）

　学生運動を推し進め，軍事政権樹立後はタイに移り，ミャンマーから逃れてくる学生のために食料及び寝床を確保することに努めるとともに，海外民主化ビルマ学生戦線という組織を結成していた原告のミャンマー本国及びタイにおける活動の内容について，ミャンマー政府は，平成 16 年 1 月，2 月の時点においても，これを不快に感じていたものと推認することができる。
　（なお，本判決は控訴審で取り消されている。東京高判平成 19 年 9 月 19 日　後掲）

（海外での反政府活動）

裁判例 606	大阪高判平成 17 年 6 月 15 日　平 16（行コ）89

　控訴人は，ミャンマーでの民主化要求デモで傷害を負うとともに，友人が逮捕され，刑に処せられたと聞き，逮捕を恐れて，タイに出国し，韓国に入国して在韓国ミャンマー大使館前の

デモ行進やビラ配り等の反政府活動に積極的に参加したのであり，このような控訴人の一連の政治的活動に，平成 14 年 2 月当時のミャンマー国内の政情，ミャンマー政府が国外での反政府活動に関心を有していること，ミャンマー国内では NLD 関係者の多数が政治囚として拘留されていることなどを総合考慮すると，控訴人は，本件難民認定不認定処分時には，ミャンマー政府に対して反政府活動を積極的に行うものとして把握され，現政権による取調べや身柄拘束の対象とされていた可能性が高いものと認められる。

確かに，ミャンマー政府は，NLD の組織そのものの存在自体を否定しているものではないが，NLD 関係者に対する迫害のおそれは十分に窺われ，仮に控訴人がミャンマーに帰国すれば，現政権によって，身体的，精神的な危害を加えられることが容易に予想されるというべきであるから，控訴人が政治的意見を理由に迫害の恐怖を抱くことについて，客観的な事情が存在するものというべきである。

（ミャンマー政府から反対派として把握されていること）

裁判例 607　東京地判平成 17 年 3 月 25 日　平 15（行ウ）360（判タ 1210 号 98 頁）

就学資格で本邦に入学し，難民認定申請したミャンマー国籍の原告に対し，ロヒンギャ族であること，イスラム教徒であることのみによって直ちに迫害を受けると考えることは困難であるが，父が積極的に政治活動を行ったため，強制連行され獄死したこと，ミャンマーにおいて反政府活動に参加した際，本邦から一時帰国した際にも身柄を拘束され尋問を受けたこと，日本の反政府団体（BRAJ，FWCBC）の役員として積極的に政治活動を行っていたことなどの事実に鑑みると，ミャンマー政府は，原告の活動に注目し，これを極めて不快に感じているものと推認することができるとして，難民不認定処分当時（平成 14 年 11 月 11 日），原告が難民に該当していたとした事例。

②　本邦での活動により難民認定

多くの判例は，本国での活動と合わせて，本邦に入国してからの反政府活動を難民認定の一要因，若しくは主たる要因として評価している。

（CNF の支援，父が NLD 幹部）

裁判例 608　東京地判平成 22 年 6 月 8 日　平 21（行ウ）144（判タ 1354 号 98 頁）

平成 15 年短期滞在として入国。平成 17 年 2 月法務大臣に難民認定申請。平成 19 年 7 月不認定処分を受け，異議申立に対する裁決，在留特別許可の不許可処分，並行して進められていた退去強制手続としての退去強制令書発付処分の取消，無効確認を求めて出訴。

原告は，専門学校に在籍中に CNF（チン民族戦線）のために寄付金を集めるとともに，CNF が作成した政治宣伝チラシを配布する活動に従事していたところ，原告の活動がミャンマー政府の知るところになれば，原告は，その政治的意見を理由に身柄を拘束されるなどして生命又は身体の自由の侵害又は抑圧を受ける相当程度のがい然性があるということができる。

第1 ミャンマー　211

原告の父がチン州ハカー郡区における NLD（国家民主連盟）の幹部であったことや，原告自身も数回ミャンマー政府当局者から取調べを受けていることなどからすれば，原告がミャンマー政府ないしその政策等に批判的な意見を有する者であることをミャンマー政府に把握されている可能性が高いということができる。

また，原告が本邦に入国した後に，CNF の元構成員がミャンマー政府当局者に対し原告が CNF の活動を支援したこと等を供述したというのであるから，これらの事情は，通常人が原告の立場に置かれた場合にもその政治的意見を理由に迫害されるとの恐怖を抱くような客観的事情であるということができる。

以上によれば，本件不認定処分当時，原告は，その政治的意見を理由にミャンマー政府から迫害を受けるおそれがあるという十分に理由のある恐怖を有するために，国籍国の外にいる者であったと認められる。よって，原告については，難民に該当するものと認めることができるから，本件不認定処分は違法であり取消しを免れない。

（控訴審：東京高判平成 24 年 4 月 26 日　平 22（行コ）228　国側の控訴を棄却）

（日本における LDB 支部での反政府活動）

裁判例 609　　名古屋地判平成 22 年 12 月 13 日　平 20（行ウ）36

ミャンマーにおいては反政府活動家として取り締まりの対象とはなっていなかったが，本邦において，ビルマ民主化同盟（LDB）名古屋支部の活動に積極的に関与し，スピーチを担当していて目立った存在であり，駐日ミャンマー大使館を通じて，ミャンマー政府にも反政府活動家として認識されている可能性が高い原告に対し難民性を認定した事例。

（民主化支援の演奏活動）

裁判例 610　　東京高判平成 21 年 4 月 30 日　平 20（行コ）329

ミャンマー国籍を有し，民主化運動に高校生として参加し，逮捕を逃れるために，本邦に乗員上陸許可で入国し，在留期間を超えて不法残留していた控訴人が，本邦において民主化運動を支援する目的で音楽グループを結成し演奏活動をしたことなどから，ミャンマー大使館から敵視されており，帰国した際には迫害を受けるおそれがあるとして，難民申請し不認定処分を受け（平成 17 年），その取消を求めた事案の控訴審において，反政府組織の日本支部の一員であり，反政府的な音楽活動をする音楽団体の一員であるという控訴人の存在自体が，民主化運動の活発化や民主化勢力の拡大を拡大を望まず，軍事政権の権力掌握の継続を望むミャンマー政府からすれば，一定の脅威を感じる存在であるということができ，控訴人のバンドのメンバーの自宅に軍情報部の軍人らが立ち入り，同メンバーを特定する資料を押収したという事実等からすれば，控訴人は，入管法 2 条 3 号の 2 にいう「難民」に当たるというべきであるとされた事例。

212　第2編　難民認定制度

（反政府集会での芸能活動）

裁判例611	東京地判平成20年8月22日　平18（行ウ）528，平19（行ウ）359

　来日して，離婚後，原告は，地下組織であるダウンオーウェーに加入して，ミャンマー民主化運動に専念するようになり，NLD-LA日本支部のC主催のコンサートに歌手として参加し，NLD-LA日本支部に加入し，反政府集会などの場において芸能活動をしていた。

　原告の政治活動の中心は芸能活動であり，それは，反政府集会において，民主化勢力への支持及び軍事政権への抗議の姿勢を示す内容の歌や踊りを披露するというものであり，原告の歌及び踊りは人気があり，反政府集会を盛り上げ，民主化組織への寄付金をより多く集めることに寄与していることが認められる。そうすると，原告の芸能活動は，単なる伝統芸能の披露にとどまらず，ミャンマーの民主化運動を広く社会に知らしめ，反政府集会の効果を高め，民主化組織の経済的基盤を強化するという意味で，重要な役割を果たしていると認めるのが相当であり，したがって，このような原告の存在は，民主化運動の活性化及び民主化勢力の拡大を望まないミャンマー政府からすれば，民主化運動のリーダーたちと同様に，一定の脅威を感じるものというべきである。

（バンドにおけるボーカリスト）

裁判例612	東京地判平成20年9月5日　平19（行ウ）485，508

　原告の在日ミャンマー人により構成されるバンドにおけるボーカリストとしての活動は，単なる音楽活動の披露にとどまらず，ミャンマーの民主化運動を広く社会に知らしめ，反政府的な意味を有する集会の効果を高め，民主化団体の経済的基盤を強化するという意味で，重要な役割を果たしていると認めるのが相当であり，したがって，このような原告の存在は，民主化運動の活発化及び民主化勢力の拡大を望まないミャンマー政府からすれば，民主化運動のリーダーたちと同様に，一定の脅威を感じるものというべきである。

（夫婦ともに難民として認定した事例）

裁判例613	東京地判平成20年1月16日　平18（行ウ）409，415（判時1998号30頁）

　不法入国後，NLD（LA）日本支部に加入し，大使館前のデモ参加をし，BBC放送（ミャンマー語）が原告夫妻の動向を報道し，それを契機として原告夫の父が身柄拘束等され，死亡していることをみれば，原告夫は難民であると認められる。また，原告妻についても，同支部で活動をしているが，仮に帰国すれば，原告夫の活動内容に関する情報の入手やかかる活動の阻止のため身柄拘束等されることは極めて高いと認められる。

第1　ミャンマー　213

（DPNS の日本支部幹部）

| 裁判例 614 | 東京地判平成 19 年 10 月 31 日　平 17（行ウ）450（判時 2009 号 81 頁） |

　本国政府（ミャンマー）からテロ組織として非合法化されている DPNS（新社会民主党）の日本支部発足メンバーとして活動し，ホームページ上で，序列 2 位の幹部として紹介されており，帰国した場合には逮捕・拷問を受け，更には相当期間身柄拘束が続く可能性が相当程度存在し，通常人でも迫害を受ける恐怖を抱くような客観的事情が存在するとされた事例。

（NLD-LA 日本支部会員としての活動）

| 裁判例 615 | 東京地判平成 19 年 3 月 28 日　平 17（行ウ）523・534・535 |

　ミャンマー人夫婦のうち，夫は本国で民主化を要求する学生運動で軍に逮捕，身柄を拘束され，本邦に不法入国後も NLD-LA 日本支部の運営委員として活動し，平成 15 年 5 月 30 日のディペイン事件以後，連日のように本国政府に対する抗議デモに参加し，その姿が同年 6 月 19 日以降，マスメディアによって再三報道されていたこと，妻も NLD-LA 日本支部の運営委員として活動し，本邦でのデモへの参加がインターネット記事等に掲載されるなどして，本国に帰国した場合に迫害を受けるおそれを払拭することはできないとみるべきであり，両者の間に生まれた子とともに難民と認定すべきであるとして請求が認容された事例。

　（ただし，本件一審判決は控訴審で取り消された。東京高判平成 19 年 9 月 19 日　後掲）

| 裁判例 616 | 東京地判平成 17 年 7 月 15 日　平 13（行ウ）176，181（判時 1951 号 44 頁） |

　短期滞在で入国し，6 年間の不法滞在ののち，難民認定申請をしたミャンマー国籍の原告に本国における政治活動歴は，たとえそれがあったとしても，当局の注目を引くほどのものではなかった可能性が高いものといわざるを得ないが，本邦上陸の後である 1995（平成 7）年に NLD-LA 日本支部の会員となり，1997（平成 9）年からは運営委員を務め，反政府デモにも多数回参加しており，反政府活動家として，政府当局の忌避の対象となり得ることは否定し難く，仮に原告が帰国した場合には，わが国における活動を理由に，身柄を拘束され，不当な処遇や不当な処罰を受ける可能性があることもまた否定し難いものというべきであるから，原告は法 2 条 3 号の 2 に規定する難民に該当するというべきである。

（その他）

| 裁判例 617 | 名古屋地判平成 18 年 3 月 23 日　平 16（行ウ）73 |

　原告の本邦における民主化運動の内容が，ミャンマーの軍事政権による抑圧の対象とされており，民主化の象徴的存在でもあるアウン・サン・スー・チーの肖像画を掲げるなどして，ミャンマーの軍事政権を打倒し，同国の民主化を要求するものであり，日本国民に対して自分たちの活動への理解と協力を求めることを企図してなされている以上，かかる運動に取り組ん

214　第2編　難民認定制度

でいる原告が，国際的な孤立化が進む軍事政権側によって個別的に把握された場合には，同人が上記組織の指導的立場になかったからといって，寛容な対応を受けると期待できる根拠は全くなく，むしろ，その実効的支配の及ぶ範囲内においては，日本における政治活動を理由に，不当な身柄拘束や拷問などを加えられるおそれがあるといわざるを得ない。

③　難民と家族の在留資格

裁判例 618　東京高判平成 21 年 5 月 27 日　平 20（行コ）204（判時 2062 号 33 頁）

　ミャンマー人夫婦のうち，妻については，兄とともに反政府活動に加わり，軍情報部に連行されて厳しい取り調べを受け，活動家として有期刑を宣告されている兄の支援活動を続けていることなどから，政治的意見を理由に迫害を受ける恐れがあるため難民として認められ，夫は難民ではないが，難民でありミャンマーに帰還できない妻と夫婦生活を続けてきた事情を勘案すると在留特別許可が与えられるべきであり，退令処分等は違法であり取り消されるべきであるとされた事例。

裁判例 619　東京地判平成 19 年 1 月 19 日　平 18（行ウ）401・406・407

　ミャンマー国籍の原告夫妻及びその子らによる難民認定申請につき，原告夫は，母国で単なる受動的，大衆的なデモ参加者の域を超えて反政治的活動を行い，母国政府が敵視する NLD-LA の日本支部で枢要な地位を有し，その活動がインターネットの国際ニュース等に掲載され，原告両親宅に軍の情報局が捜索等に来たのであって，本件処分当時，原告夫は難民に該当し，妻も夫の政治活動を支えるとともに，NLD-LA の日本支部への加入を申請しており，デモにも可能な限り参加しており，難民に当たるとされ，原告子も両親と一体の家族として難民に該当するといえるとされた事例。

（姉妹で判断が分かれた事例）

裁判例 620　東京地判平成 21 年 1 月 20 日　平 19（行ウ）649・650

　ミャンマー国籍を有する姉妹である原告らが，母国における原告姉の弁護士活動及び原告妹の政治活動により帰国すれば迫害を受けるおそれがあり，両名とも難民に該当すると主張した事例について，原告姉の本国及び本邦における民主化活動，反政府活動は，弁護士による反政府活動を強く嫌悪するミャンマー軍政府当局において注視されていることは明らかであるというべきであるとして難民性を認定したが，原告妹についてはその政治活動は，全体としてみても，従属的・間接的なものにすぎないから難民に該当しないとしてその余の請求を棄却した事例。

2　難民性を認めなかった事例

　ミャンマー国籍の外国人が難民認定申請した数は，判例データベースで検索しただけで，150件以上に上り，そのうち認容されたのは約2割であるから，残りは難民と認められなかった事例である。事例の多くは，申請者の個別的事情について，申請者の述べることに信憑性が見られなかったり，証拠とされる文書が真正でない疑いがあったり，申請者が就労目的で本邦に入国してきた疑いが強いなどとしている。以下では，いくつかの特徴的な事例をあげるに留める。

（女優としての活動抑制が，迫害とまではいえないとされた事例）

| 裁判例 621 | 東京地判平成27年9月11日　平25（行ウ）465 |

　2007年5月以降，ミャンマーで女優として出演する映画は10本中3本しか検閲に通らなくなり，政府から女優業をできないように抑圧，妨害されたとする主張について，原告は，本件難民認定申請にかかる申請書において，ミャンマー政府に敵対する組織に属し，敵対する政治的意見を表明したり，行動をとったりしたことはないとしているところ，女優として活動していた原告が本件映画を制作したのであるとしても，1回か2回，政府当局から取調べを受け，検閲をされて女優としての活動が難しくなったものの，出頭要請に応じなくても身柄拘束まではされていないというのであるから，そもそもミャンマー政府において，原告を迫害するという状況にあったとは認められないとされた事例。

（出国後の本邦での就労中心の活動状況）

| 裁判例 622 | 東京地判平成24年4月10日　平23（行ウ）128 |

　ミャンマーの一般情勢を前提として，原告にかかる個別的事情を勘案しても，ミャンマー政府あるいは軍から迫害を受けるおそれがあるという十分に理由のある恐怖を原告が有するというべき客観的事情の存在を認めることはできず，原告が入国から間もない平成20年2月には，本邦において働き始めていたこと，在留資格「特定活動」への在留資格変更許可申請が不許可とされたにも関わらず，その後も継続して稼働していたものと認められることからすると，難民認定申請ではなく専ら就労目的を持って本邦に入国した疑いも強いというべきである。

（ロヒンギャ族全員が迫害を受けるおそれはない）

| 裁判例 623 | 東京地判平成24年3月16日　平21（行ウ）311 |

　ミャンマーには，現在も約72万5,000人ものロヒンギャ族がアラカン州北部に居住しているのであり，ロヒンギャ族に対する差別的又は不利益な取扱いが存在するとしても，そのことから，直ちに，ロヒンギャ族全員について，ロヒンギャ族であることを理由として，「迫害」を受けるおそれがあるとすることは困難であり，ミャンマー政府が原告に特別の関心を寄せて

216 第2編 難民認定制度

いたとも認定できないとされた事例。

（モスクの指導者）

| 裁判例 624 | 東京地判平成 23 年 11 月 30 日　平 22（行ウ）37 |

　かつて母国でモスクの指導者として活動していたこと等を理由に原告が迫害を受けるであろうことを認めるには足りず，母国で身柄拘束をされてから約 10 年 6 か月後，出国から約 8 年 6 か月後である本件難民不認定処分がされた当時，いまだに母国当局が原告に特別の関心を有しているとも認められず，また，本邦に入国して約 6 年 6 か月も難民認定申請をしなかったこと等から，原告は入管法 2 条 3 号の 2 所定の難民には該当しないとされた事例。

（シャン族）

| 裁判例 625 | 東京地判平成 23 年 7 月 6 日　平 22（行ウ）9 |

　不法残留を理由に退去強制令書発付処分を受け，その際，2 度にわたり難民認定申請をしたミャンマー国籍を有するシャン民族である原告について，認定事実によれば，処分（難民不認定）当時，原告に，少数民族であることを理由に難民認定要件を充足する事情があったとは認め難く，人種又は政治的意見を理由に「難民」に該当していたとも認められないとされた事例。

（ボーカリスト）

| 裁判例 626 | 東京高判平成 21 年 4 月 15 日　平 20（行コ）334（判時 2067 号 22 頁） |

　難民認定申請をしたミャンマー国籍を有する被控訴人につき，本国において反政府団体の中心的な役割を担っていたなどの事実はうかがわれず，本邦入国後も，不法就労を続け，収入を得る傍ら，音楽活動として年に数回反政府的な楽曲を演奏するといった程度の活動を行っていたにすぎず，ミャンマー政府が被控訴人を危険視し，迫害対象として関心を寄せるほどに，被控訴人が主導的，積極的な立場で反政府活動をしていたとみることは困難であるとして，被控訴人を難民と認めた原判決（東京地判平成 20 年 9 月 5 日　平 19（行ウ）485，508　前掲）を変更し，請求を棄却した事例。

（特定の社会集団性が認められなかった事例）

| 裁判例 627 | 大阪地判平成 19 年 11 月 21 日　平 17（行ウ）54（判タ 1273 号 139 頁） |

　原告がミャンマー旧政権につながる名家出身であることを理由とする難民認定申請につき，同名家の一族が包括的に軍事政権から敵視されているとまではいうことができないから，現政権から敵対者とみなされている「特定の社会的集団」（難民条約 1 条 A（2））に当たるというには認められないとされた事例。

第1　ミャンマー　217

（難民性を認めた原審を取り消した事例）

| 裁判例 628 | 東京高判平成 19 年 9 月 26 日　平 19（行コ）147（判タ 1290 号 141 頁） |

　ミャンマー政府から正規の旅券発給を受け，出国している事実，わが国に入国後，ミャンマー政府から迫害をおそれるような行動が見られず，約 10 年間ミャンマーにいる家族に仕送りをするための稼働を続けていたという事実に照らすと，当人等が難民に該当するということはできないとして，難民性を認めた原判決（東京地判平成 19 年 3 月 28 日　平 17（行ウ）523，534，535　前掲）を取り消した事例。

| 裁判例 629 | 東京高判平成 19 年 9 月 19 日　平 18（行コ）330（判タ 1290 号 138 頁） |

　難民性につき客観的証拠に乏しいことから，主として難民であると主張する本人の供述を検討したうえでその信用性を肯定して，難民に当たらないとした処分を取り消した原審（東京地判平成 18 年 11 月 17 日　（判タ 1262 号 84 頁）　前掲）に対し，ミャンマー政府から正規に旅券を受けている事実，本名でミャンマーに帰国することをミャンマー大使館に申請している事実，特に民主化運動の指導者と目されるような活動を行っていない事実等に照らして，当人らの難民性は認められないとされた事例。

（難民不認定処分等に対する取消訴訟が請求棄却となった最近の例）

　東京地判平成 27 年 12 月 15 日　平 26（行ウ）395
　東京地判平成 27 年　5 月 28 日　平 25（行ウ）831
　東京地判平成 27 年　4 月 14 日　平 26（行ウ）105
　東京地判平成 26 年　5 月 13 日　平 25（行ウ）253
　東京地判平成 26 年　1 月 28 日　平 24（行ウ）864
　東京地判平成 25 年 11 月 19 日　平 24（行ウ）274
　東京地判平成 25 年　7 月 23 日　平 24（行ウ）393
　東京地判平成 25 年　5 月 15 日　平 23（行ウ）697
　東京地判平成 24 年 11 月 20 日　平 22（行ウ）563
　東京地判平成 24 年　6 月 22 日　平 22（行ウ）40
　東京地判平成 23 年 11 月 30 日　平 22（行ウ）37
　東京地判平成 23 年　6 月 17 日　平 21（行ウ）494

218　第2編　難民認定制度

第2　トルコ（クルド人）

　申請件数の多さからすると，トルコ，クルド民族による難民認定申請はミャンマーの次に多いが，申請を認められた件数は多くない。

1　難民性を認めた事例

裁判例630　東京地判平成16年4月20日　平10（行ウ）208（判時1863号30頁）

　本件不認定処分時（平成10年）において，クルド人の独立等の政治的意見やPKK（クルド労働者党）を支援する発言をした場合，あるいはその疑いをかけられた場合には，官憲により身柄を拘束され，拷問を受け，国家保安裁判所によって一般犯罪者より過酷な刑罰を受けるとともに，身柄拘束中に生命及び身体に対する重大な危険が生じる高度の蓋然性があったというべきである。

裁判例631　名古屋地判平成16年4月15日　平14（行ウ）49

　短期滞在で入国したトルコ国籍を有する外国人の難民認定申請につき，原告は，トルコ国内においてPKK（クルド労働者党）を支援する活動を行い，本邦に入国してからもクルド人の置かれた状況の改善を訴えるデモ等へ参加しているところ，これらの行為は，反テロリズム法などによって，取締りの対象とされていることが認められるから，原告は，同法4条（刑法169条）ないし8条に違反するとの容疑で逮捕，訴追され，普通犯罪と比較して重い処罰を受ける可能性があるばかりか，その過程において，法律の定める刑事手続によらない虐待，暴行，拷問を受けるおそれがあると判断することができるとされた事例。

2　難民性を認めなかった事例

（クルド人というだけでは難民とは認められないとする判例）

裁判例632　東京地判平成26年1月31日　平24（行ウ）146

　トルコにおいては，一定の場合には，政治的意見等を理由としてクルド人が迫害を受ける状況がなお存在しているが，原告の個別的事情を前提とすれば，原告には，その政治的意見等を理由としてトルコ政府から迫害を受けることに対して恐怖を有することに十分な理由があるといえるまでの客観的な事情は認められず，原告を難民と認めることはできないというべきであ

第2　トルコ（クルド人）　219

んとされた事例

（クルド労働者等（PKK）等の組織への支援などでは難民とは認められないとする判例）

裁判例 633　東京地判平成 24 年 6 月 22 日　平 23（行ウ）7

　トルコにおけるクルド人について，PKK（クルド労働者党）等の組織への支援や親族に
PKK の構成員等がいることだけではトルコ政府から継続的な関心や措置の対象となるものと
は直ちにはいえず，迫害を受けるおそれがあるといえるか否かは，難民申請者やその親族の
PKK への関与の程度，過去に受けた措置の有無，時期，内容等の具体的事情を基に個別具体
的な事案ごとに判断すべきであるとして，申請者の難民性を認めなかった事例。

裁判例 634　東京地判平成 24 年 5 月 29 日　平 22（行ウ）126・176 − 179

　トルコにおいては，クルド人は，その民族の出身であること自体及び合法的・平和的な政治
活動をすることのみを理由に直ちに迫害を受けることはなくなり，国内の人権をめぐる状況
も，EU 加盟に向けたトルコ政府の諸施策及び憲法・法令の改正により改善が進んでいたもの
と認められ，これらの事情等に照らすと，原告らについて，トルコ国内の情勢及びクルド人の
状況等の一般的事情から，通常人が当該人の立場に置かれた場合にも，法令に基づく正当な捜
査及び調査に必要かつ相当な範囲を超えて身柄の拘束及び拷問の対象とされるなどの迫害の恐
怖を直ちに抱くような客観的事情が存在すると認めることはできないとされ，その他の難民該
当性にかかる原告らの個別的・具体的事情も認められなかった事例。

（申請者の個人的・具体的事情から難民性を認めることができないとした事例）

裁判例 635　東京地判平成 24 年 4 月 27 日　平 22（行ウ）190，207

　クルド人家族が難民不認定処分と退去強制令書発付処分の取消しを求めた事案において，夫
は本邦に入国した後に稼働しており，難民認定を申請したのは入国から 1 年 10 か月以上経過
した後であること，婚姻するに当たりトルコ政府から自らの戸籍を取り寄せていること，3 回
目の難民認定申請を取り下げて帰国する際，帰国した場合に身体に危険が及ぶという問題は解
決したと難民調査部門の担当者に供述したこと等を考慮すれば，本件各不認定処分当時，原告
らに入管法上の難民要件を満たすような事情が存在したとは認められないとして，不認定処分
を適法としたうえで，不法入国の退去強制事由に該当すると認められる原告に対してされた退
令処分もまた適法であるとして，各請求を棄却した事例。

裁判例 636　東京地判平成 24 年 4 月 17 日　平 22（行ウ）6・7・189

　難民不認定処分当時（平成 19 年），クルド人が，その民族の出身であること自体及び合法
的・平和的な政治活動をしたことのみを理由に，直ちに迫害を受けることはなくなっていたと

いうべきである。

　原告らの個別的事情も，トルコ政府当局が原告等を反政府活動家として個別的に把握するなど特段の関心を寄せていたと認めることもできない。

（正規に入国し，稼働していること）

裁判例 637　東京地判平成 23 年 12 月 21 日　平 21（行ウ）636

　民主主義人民党（DEHAP）の構成員又はそのように疑われている者の親族について，本件組織の構成員等の親族であるという理由だけでトルコ政府による継続的な関心や措置の対象となるものとは直ちにいえず，原告の父の従兄弟が本件組織に関与した疑いにより連行されて起訴等されたからといって，その親族に過ぎず，当時 13 歳であった原告が，政治的意見を理由に迫害を受けるおそれがあるとまで認めることはできない。

　原告は，トルコにおいて正規の旅券の発給を受けてトルコを出国した後，在東京トルコ大使館において同旅券の有効期限の延長を受けていること，原告は，本邦に入国した後に稼働しており，本件難民認定申請をしたのは入国から 2 年 8 か月後であることも併せ考慮すれば，原告を難民と認定することはできない。

（クルド人の合法的政治活動への迫害はなくなっていること）

裁判例 638　東京地判平成 23 年 10 月 27 日　平 20（行ウ）487・497・530－533・557・690

　本件各不認定処分等がされた平成 16 年から平成 20 年までの間には，クルド人が，その民族の出身であること自体及び合法的・平和的な政治活動のみを理由に，直ちに迫害を受けることはなくなっていたものというべきである。

　また，トルコ当局が原告らの活動を把握して原告らを個別的に注視していることをうかがわせるに足りる事情は認められない。

（名誉殺人の可能性）

裁判例 639　東京地判平成 23 年 10 月 18 日　平 22（行ウ）413・416－418

　トルコ共和国の国籍を有する原告ら母子が，原告母の夫はトルコの風習として行われる「名誉殺人」の被害を受けるおそれがあり，原告らはその親族という理由で迫害を受けるおそれがあるから難民に当たる旨主張した事案において，本件各不認定処分当時（平成 21 年），およそトルコ政府が名誉殺人を容認し又は名誉殺人の対象として被害を受けるおそれのある者に対して効果的な保護を与えることを拒否している状況にあったとは認められないから，名誉殺人の対象として被害を受けるおそれのある者の家族であることを理由に「迫害」を受けるおそれがある旨の原告らの主張は認められない。

（アレヴィー派）

| 裁判例 640 | 東京地判平成 23 年 5 月 25 日　平 22（行ウ）156 |

　原告がクルド人であるということ，あるいは，イスラム教のアレヴィー派であることのみを理由に，トルコ政府から迫害を受けるおそれがあるとは認め難く，また，原告の主張する難民性を基礎づける事情のうち，本件で事実と認定された事情をもってしても，原告が迫害を受けるおそれがあるとはいえない。原告が本邦に上陸後 7 か月以上も難民認定申請に及んでいないとの点をひとまずおくとしても，本件処分の当時において，原告について，入管法所定の「難民」に該当していたということはできない。

第3　イラン

1　難民性を認めた事例

（一審・二審で判断が分かれた事例）

| 裁判例 641 | 東京地判平成 18 年 10 月 31 日　平 16（行ウ）45，46 |

　原告は，日本において 10 年以上もイラン労働者共産党に入党して活動を続けてきており，その間一度もイランに帰国していない事実から，単なる出稼ぎ目的ではなく，イランの現状に不満を抱いていたことから帰国しなかったものと疑われる可能性がある。

　反体制的活動家である原告の活動内容がイラン政府に明らかになった場合，原告が迫害の対象になる可能性は十分にあり得る。

　このような危惧は，いずれも推測に基づくものであって，原告の活動がイラン政府当局に把握されていることを具体的に裏づけるものであるとまでは言い難いが，その反面，いずれもそれなりの根拠に基づくものであり，これらの諸事情を全体的に考慮した場合，原告が，自らの活動がイラン政府当局に把握されているとか，帰国した場合，厳密な調査の対象となり，その結果，自らの活動が明らかにされるとのおそれを抱くのにはもっともなところがあるものというべきであり，難民該当性が認められる。

　なお，この判決は，控訴審で取り消された。

| 裁判例 642 | 東京高判平成 20 年 4 月 16 日　平 18（行コ）318 |

　被控訴人は，就労目的で来日し，その後，イラン人労働者の待遇の改善を求める活動を開始し，その活動を中心として，これに難民の救済活動を併せて行ったものということができる。在日イラン人労働者の待遇改善の活動は，イランの体制とは直接の関係を有しないこと，難民

222　第2編　難民認定制度

の救済活動についても，その非難の先は，難民認定をしない国であったこと等に照らすと，被控訴人の活動内容をもって，被控訴人がイラン政府による迫害を受けるおそれがあるという恐怖を抱くような客観的事情が存するということはできないというべきである。

　また，上記のとおり，本件難民認定申請後の活動についても，本件認定申請を補強するためのものと認められる。

2　難民性を認めなかった事例

裁判例 643　東京地判平成 24 年 10 月 3 日　平 23（行ウ）434

　イラン国籍の原告が，イスラム教からキリスト教に改宗しているが，母国でも本邦でも積極的に布教や入信の勧誘をしたわけでもないため，改宗を理由に迫害される蓋然性が高いとまではいえず，また，イランにおいて，ガソリンの配給制に反対するデモに参加したものの，当該デモへの参加も大勢のなかの一人として参加したに留まり，母国政府が原告に殊更関心を寄せるとまでは認め難いことなどから，原告が母国政府から迫害を受けるおそれがあるという恐怖を抱く客観的事情は認められず，原告は難民に該当しないとされた事例。

（クルド人）

裁判例 644　東京地判平成 23 年 12 月 6 日　平 22（行ウ）215

　不法残留を理由として退去強制令書発付処分を受けたイラン国籍を有するクルド人でイスラム教スンニ派に所属する原告が，イランの政府当局から KDPI の指導者や武装活動家として直接把握されていたと認めるに足りる証拠はなく，原告の本邦入国に至る経緯等は，イランの政府当局から注視又は監視されていると認識している者の行動としては不自然不合理であるといえるから，原告がイランに強制送還されたとしても政府当局から迫害を受けるおそれがあるとはいえず，原告の難民該当性を認めることはできないとされた事例。

第4 アフガニスタン

1 難民性を認めた事例

（タリバンからの迫害）

| 裁判例645 | 東京地判平成18年6月13日　平15（行ウ）416（判時1957号26頁） |

　本件不認定処分は，タリバン政権が崩壊してから5か月後で，暫定政権がアフガニスタン全土を完全に掌握し治安の安定を実現させていたとは言い難く，原告がタリバンから迫害を受けるおそれは依然として存在していたとはいえ，原告が撮影するなどして持ち込みNHK及びTBSで放映された本件ビデオは，タリバン支配地域における公開処刑の様子や北部同盟支配地域を撮影したものであり，原告はタリバン政権から迫害を受ける危険性があったというべきものである。

（シーア派ハザラ人）

| 裁判例646 | 大阪地判平成16年3月26日　平12（行ウ）46 |

　シーア派ハザラ人であり，イスラム統一党に加入して同党の活動を行っていたと主張するアフガニスタン人について，同人が所持していたイスラム統一党が発行した在職証明書，党員証が真正に成立したものと認められ，同人の供述に変化があるとしても，供述自体が信用できないものではないとして，イスラム統一党の党員として活動を行っていたという経歴を有する原告が難民不認定処分当時，アフガニスタンに送還された場合，当時アフガニスタンを実質的に支配していたタリバーンによって迫害を受ける恐れがあったと認められる。

| 裁判例647 | 東京地判平成16年5月27日　平14（行ウ）75，80（判時1875号24頁） |

　本件各処分時（タリバン崩壊前），タリバン政権により，シーア派ハザラ人はその宗教及び人種ゆえに憎悪の可能性があったものと認められ，反タリバン活動を積極的にしていた者やそのことをタリバンに把握されていた者については，その居住地域にかかわらず，通常のシーア派ハザラ人以上にタリバンにより迫害を受ける極めて切迫した可能性に直面していたものと優に認めることができる。

224　第2編　難民認定制度

2　難民性を認めなかった事例

（タリバンからの迫害のおそれがないとされた事例）

裁判例648　東京地判平成19年12月26日　平19（行ウ）171

　本件難民不認定処分当時（平成14年），タリバン政権は既に崩壊していたこと，アフガニスタン・イスラム暫定政府が成立していたこと，同暫定行政機構や暫定政府には，ナジブラ政権の軍部に所属していた者も含まれていること，それ以前のムジャヒディーン政権やタリバン政権においても，元KhADの構成員が政府機関の職員に含まれていたことなどからして，原告がかつてPDPAの党員であったことやKhADに所属していたという理由によって，タリバンの残党やアフガニスタン政府から迫害を受けるおそれがあるということはできないとされた事例。

（不法就労目的での本邦残留）

裁判例649　東京地判平成16年10月29日　平15（行ウ）245

　原告には，反タリバン組織に参加したり，政治活動を行っていた等，タリバンからの迫害を特に招くような個別的事情は存しないこと，タリバン政権が既に国土の約9割を制圧していた平成13年（2001年）2月当時において，原告は特段の支障もなく旅券の有効期限の延長を受けていたこと，原告は，アフガニスタンを出国した後，イランにおいて難民認定申請をする機会が十分あったにもかかわらず当該申請をしていないこと，原告の本邦上陸後の活動並びに難民調査官による面接時における供述内容及びその変遷の状況からすると，原告が不法就労目的で来日し，日本にとどまったことが推認されること等の事実が認められる。

　したがって，これらの事実に鑑みると，原告に固有の事情を勘案してみても，本件不認定処分の当時，原告が迫害を受けるとの恐怖を抱くような客観的事情が存在していたものとは認められない。

（国籍の虚偽申請）

裁判例650　東京地判平成17年1月26日　平14（行ウ）232

　アフガニスタンで出生したが，13歳ごろにパキスタンに移住し，パキスタン国籍を有する外国人による，アフガニスタン国籍であるとする難民認定申請について，パキスタン国籍を保有していることを故意に隠ぺいしてなされた虚偽申請であるとされた事例。

第5　スリランカ

スリランカは独立以来，スリランカ自由党（SLFP）と統一国民党（UNP）が二大政党として，交代で政権を担ってきており，他方，タミル・イーラム解放の虎（LTTE）が反政府武装勢力として政府と長年対立した関係にあった。

（地方有力者による迫害）

裁判例651　東京地判平成28年2月17日　平26（行ウ）219

原告は，迫害の主体は地元の有力者であり国会議員であるAであると主張し，国籍国政府による迫害のおそれを主張するものではないところ，難民の該当性の要件となる「迫害」の主体は，難民認定申請者の国籍国の政府が想定されているものと解される。もっとも，当該申請者が直接的には第三者からの暴力行為等を受けるおそれがある場合においても，当該政府においてそのような事情があることを知りながらその放置，助長等をしているといった事情があるときには，国籍国の政府による迫害のおそれがあるものと同視し得る余地があるものと解される。

しかしながら，スリランカ政府がAらによるUNP（統一国民党）の支持者に対する襲撃の放置，助長等をしているといった特別な事情があることが直ちに認められるものではない。

（映画の製作）

裁判例652　東京地判平成27年9月2日　平26（行ウ）139

原告は，本件難民認定申請から本件訴訟に至るまで，スリランカの政府とタミル人の戦争を背景に，シンハラ人の男性とタミル人の女性のラブストーリーを描き，軍人が行ったさまざまな残虐行為も映像化する映画を制作しようとし，脚本を完成させ，出資者を見つけ，キャスティングの準備に入り，何人かの俳優に声をかけた段階で，政府関係者から脅迫の電話を受けるようになった旨を供述している。

しかしながら，脚本が完成している証拠はなく，原告が制作を開始していたことや，これにより，政府関係者から脅迫され，制作が中止に追い込まれたものとは認め難いというほかはない。

（私的な迫害）

裁判例653　東京地判平成24年2月24日　平22（行ウ）719

原告の主張は，その元交際相手との交際に関して生じた私的な問題を理由として同人の兄に殺害等されるおそれがある旨をいうものであって，「人種，宗教，国籍若しくは特定の社会的

226　第2編　難民認定制度

集団の構成員であること又は政治的意見を理由として迫害を受けるおそれがある」旨をいうものでないことは明らかである。

（LTTEによる迫害のおそれはない）

裁判例 654　東京地判平成23年7月12日　平20（行ウ）682，平21（行ウ）537，平22（行ウ）48

　原告は，スリランカにおいて，タミル人という人種，イスラム教という宗教及びSLMCの党員としての政治的意見を理由として，政府当局から恣意的に逮捕されたり（ヒンドゥー教徒のタミル人で構成される。），反政府組織LTTEから拉致・殺害されたりして，生命・身体の自由を侵害されるといった迫害を受けるという十分な根拠のあるおそれが存在する旨主張する。

　しかしながら，LTTEは，本件難民不認定処分等がされた平成20年5月当時，政府軍によって徐々にその支配領域を制圧され，原告の出身地であるスリランカ東部では地方議会選挙等が実施される状態になっていたのであり，その後の2009年（平成21年）5月には政府軍によって壊滅させられ，以後政府軍・警察により国内の治安が維持されるに至ったことを考慮すれば，平成20年5月当時，東部出身者である原告が，スリランカに帰国したとしても，弱体化していたLTTEから，訓練への参加や資金の提供を強制され，かつ，このような虐待に対してスリランカ政府による効果的な保護を与えられないなどの迫害を受けるおそれがあったということはできないから，LTTEの原告に対する迫害のおそれを認めることはできない。

　以上に加え，原告は，スリランカでLTTEや警察等から迫害を受けるおそれがあったことから日本に上陸したと主張しながら，平成8年5月に本邦に上陸した後，不法残留中の平成12年3月に至るまで難民認定申請をせず，その間の2回にわたりスリランカに一時帰国したのであり，真実LTTEや政府当局からの迫害の恐怖を有する者であれば通常しない言動をしていることをも併せ考慮すると，もはや原告について迫害を受けるおそれがあるという恐怖を抱くような個別的かつ具体的な事情が存在したと認めるには足りないというべきである。

（国家刑罰権の行使）

裁判例 655　東京地判平成24年8月28日　平22（行ウ）581

　原告は，テロ組織であるLTTEによる爆破事件である本件爆破事件が発生した際に，その周辺で実家が営む雑貨屋の手伝いをしていたことから，LTTEの関係者ではないかと疑われ，その容疑で逮捕拘禁され，取調べを受けたものであり，これに加え，原告がジャフナ市においてLTTEに援助を行ったことがあると認めていることをも考慮すると，原告が上記のような容疑で政府軍や警察から身柄拘束を受けたり裁判を受けたりしたことが不合理な嫌疑又は原告がジャフナ市出身のタミル人であることのみに基づいてされたものとは言い難いし，原告に対し提起された裁判は原告に対する国家の刑罰権の行使の一環というべきであり，上記裁判それ自体をもって原告に対する迫害に当たるということはできない。

　保釈中に国外に逃亡した者が，送還された後に身柄を拘束されて，再度裁判を受けることに

なること自体は，国家の刑罰権の行使の一環というべきであり，これをもって原告に対する迫害に当たるということはできない．

第6　エチオピア

エチオピアでは，1974年，軍事革命により帝政が廃止され，軍部による社会主義政権が発足したが，社会情勢の混乱が続き，1991年5月，反政府勢力のEPRDF（エチオピア人民革命民主戦線）が首都に侵入したことにより，上記社会主義政権が崩壊した。同年7月，EPRDF，OLF（オロモ解放戦線）及びその他のグループによる暫定政府が成立し，その後，EPRDFとOLFの関係が悪化し，1992年6月，OLFは，暫定連立政権から離脱した。1995年（平成7年）5月ないし6月に第1回国会選挙が実施され，以降5年ごとに国会選挙が実施されており，2010年（平成22年）5月の第4回選挙に至るまで，EPRDFが勝利し，与党の地位にある。

1　難民性を認めた事例

裁判例 656　東京地判平成22年10月1日　平21（行ウ）132（判タ1362号73頁）

エチオピア国籍の女性。平成19年「親族訪問」目的で上陸申請，上陸条件に合致せず，退去命令を受ける。上陸申請時に難民認定申請。不認定処分を受ける。平成21年に2回目の難民認定申請を行い，再度不認定処分。

エチオピア政府又は与党であるEPRDFは，CUD（統一民主連合）などの野党を弾圧し，その党員等を不当に逮捕したり，反政府系指導者らを不当に拘束して起訴したりしているもので，さらに，エチオピア外務省は，在外大使館員に指示して，国外にいる反政府系の人物に対する監視を強化するなどしているのであり，これによれば，エチオピア政府及びEPRDFは，反政府系の人物を取り締まる強固な意思を有していることがうかがわれる。

原告は，野党であるAEUP（全エチオピア統一党）の党員として反政府活動に加わっていたところ，これまでに2度にわたり逮捕されており，本件不認定処分当時，エチオピア政府から迫害を受けるおそれがあるという十分に理由のある恐怖を有するために，国籍国であるエチオピアの外にいる者であると認めるのが相当である。

228　第2編　難民認定制度

2　難民性を認めなかった事例

裁判例 657　東京地判平成 26 年 8 月 8 日　平 25（行ウ）590

　原告（イロブ人）はエチオピアにおいてエリトリア国と国境を接する州の野党に所属し，エリトリアにイロブ人住民が拉致された問題等に関しエチオピア政府の無策を批判していたため，本国に帰国すれば，反体制派として収容され，殺害されるおそれなどがあるから，難民に該当すると主張する。

　エチオピアにおいては，政治的意見を理由として野党支持者が政府から迫害を受ける状況がないとはいえないが，原告の個別的事情をみると，原告は，政党に所属していないか，所属しているとしても合法的政党の末端党員であり，政治活動の期間，内容及び範囲のいずれも限定的で，政府から敵視されていることを裏づける事情もない。

　合法的に出国して，本邦においても反政府活動をしておらず，本国にいる原告の家族らがエチオピア政府から危害を加えられたこともないとして，難民該当性を否定した事例。

裁判例 658　東京地判平成 25 年 12 月 3 日　平 24（行ウ）423

　エチオピア国籍の男性。平成 19 年 9 月短期滞在資格で入国。同月中に難民認定申請。不認定処分を受け，平成 24 年に再度の難民認定申請を行う。

　原告が，CUD（統一民主連合　野党）の党員として政治献金を行っていたか否かには疑問の余地があり，仮に CUD の党員であったとしても，他の党員と比較してエチオピア政府から特に注視されるような政治活動を行っていたとは認められず，原告に対してその政治活動を理由に身柄拘束及び暴行が行われたと直ちに認めることもできない。

　そして，エチオピアの一般情勢に照らせば，原告がエチオピアを出国した後に，原告に対して出頭要請や指名手配が行われたとも認め難い。したがって，原告がエチオピアを出国する前に行っていた活動が，原告の難民該当性を基礎づけるものということはできない。

（旧軍の通信員）

裁判例 659　東京地判平成 22 年 3 月 12 日　平 21（行ウ）33・250

　原告は，旧国軍の通信兵であったことから，現政府から逮捕又は拘禁され，迫害を受けるおそれがあると主張する。エチオピアにおいては，現在もソマリ地方の ONLF やオロミア地方の OLF などの反政府武装勢力と政府軍との武力紛争が続いており，これに関連して反政府武装勢力の支持者と疑われた者が政府軍から逮捕され，拷問されるなどしており，また，選挙後の抗議活動に関連して野党の幹部や反政府活動家などが逮捕されて訴追され，あるいは裁判も受けないまま身柄拘束されるなどしていることが認められる。

　しかしながら，現在，単に旧国軍の兵士であったというだけで，直ちに反政府武装勢力の支

持者と疑われて逮捕され拘禁されるといった事実を認めるに足る証拠はない。

（その他認められなかった事例。東京地判平成 27 年 7 月 3 日　平 26（行ウ）13，東京地判平成 27 年 7 月 10 日　平 24（行ウ）873）

第7　バングラデシュ

バングラデシュでは，BNP（バングラデシュ民族主義党）と AL（アワミ連盟）が，選挙により与党となった場合，野党側になった政党の支持者を迫害するという理由で，あるいはその他少数政党の迫害を理由とする難民申請がなされている。

1　難民性を認めた事例

（政治団体からの迫害）

裁判例 660　東京地判平成 19 年 2 月 2 日　平 17（行ウ）114（判タ 1268 号 139 頁）

バングラデシュの少数民族ジュマ族で学生時代から政治活動に参加し，指導的地位にあった者が，政府から直接迫害を受けることはないが，国内の政治団体関係者から組織的迫害を受けるおそれがあり，それを防止する実効的な保護を同国政府から受けられないことから，難民の要件に該当するとして，退去強制令書発付処分，法務大臣の裁決を取り消した事例。

2　難民性を認めなかった事例

裁判例 661　東京地判平成 25 年 11 月 15 日　平 24（行ウ）753

平成 15 年 4 月，短期滞在で入国，不法残留，約 3 年後難民認定申請を行う。その趣旨は，原告が，2001 年の政変により，野党となった AL（アワミ連盟）の活動を支える重要な人物であったため，政府，BNP 及び警察から迫害を受けてきており，帰国すると迫害を受けるおそれがあるから難民の相当するというものである。不認定処分を受け，異議申立の棄却を経て，2 回目の難民認定申請を行い，再度の難民不認定処分を受け，難民不認定処分の無効確認を求めて出訴。

バングラデシュにおいては，独立以降の政治的経緯から，BNP と AL が激しく対立してきたことが認められが，2008 年（平成 20 年）12 月には，自由かつ公正で透明性と信頼性の高い

230　第 2 編　難民認定制度

平和的な選挙であったと評価された総選挙が実施されたことからすれば，本件難民不認定処分がされた同年 11 月当時，単に AL の党員又は幹部として政治的活動に従事していたというだけで，BNP 政権等から「迫害を受けるおそれがあるという十分に理由のある恐怖を有する」と認めることはできないというべきである。

原告が AL において重要な立場にあったとか，BNP 政権党から殊更注視されるような活動をしていたとは認められない。BNP 党員等による暴行，自宅襲撃等についての原告の主張，供述は合理的理由なく変遷しており，その他の供述も採用することはできない。

入国後，塗装工等の職に就き，不法就労を継続して本国に送金していた原告については，難民として庇護を求めるのではなく，就労目的での入国であることを伺わせる。

入国してから 3 年 2 か月の間，難民認定申請をしなかったことについての原告の弁解も採用できない。

裁判例 662　東京地判平成 25 年 1 月 16 日　平 23（行ウ）52

バングラデシュ国籍を有する外国人男性による難民認定申請につき，本件不認定処分のされた当時において，AL 政権が，BNP そのものや BNP の構成員その他の関係者を組織的に迫害している事実が一般的な状況として存在していたとは認め難いことを前提とすれば，原告が BNP のメンバーであったこと等を理由として，迫害を受けるおそれがあるというべき客観的事情が存するとも直ちには認め難いとされた事例。

原告が刑事事件の被告人として公訴を提起されたとされることをもって，迫害のおそれがあるとの主張についても，バングラデシュ国籍の亡命申請者が提出する刑事事件関係の文書の多くが偽造されたものである旨の報告が紹介されていることも併せ考慮すれば，本件刑事記録が真正に成立したものであるとは認め難いというべきである。

裁判例 663　東京地判平成 19 年 6 月 8 日　平 18（行ウ）14

平成 16 年 8 月 20 日に短期滞在の資格で入国，同 11 月 15 日に，野党であるジャティヨ党（JP）の政治活動指導者又は学生指導者であったという「政治的意見」を理由に，バングラデシュ政府から迫害を受けるおそれがあるという十分に理由のある恐怖を有しているとして難民認定申請し，平成 17 年 5 月 18 日に不認定処分を受け，取消を求めて出訴。

バングラデシュの現在の政治状況からすれば，JP などの反対勢力が，現政府からの迫害や弾圧の対象となっている客観的状況にあるとはそもそも認め難いものというべきである。

また，原告の個別的事情についても，JP 党員であるとする原告の主張はにわかには採用し難いものであるうえ，原告が JP の政治的指導者であると認めることも困難である。そして，仮に，原告が JP 党員であったとしても，その活動状況はさほど目立ったものということはできないから，原告が政府から個別的に把握され，迫害の対象とされる存在であったとは，にわかに認め難い。さらに，原告が証拠として提出している逮捕状なる書面は，いずれも偽造されたものである疑いが極めて高いから，原告がバングラデシュに帰国しても，政府当局によって

逮捕されるとは認めることができない。

　これらの事情を総合すると，原告は，迫害を受けるおそれがあるという恐怖を抱いているという主観的事情を有するとは認めることができず，また，通常人が原告の立場に置かれた場合にも迫害の恐怖を抱くような客観的事情が存在していると認めることもできない。したがって，原告は，入管法にいう「難民」には該当しないというべきである。

第8　アンゴラ

1　難民性を認めた事例

裁判例664　東京地判平成26年4月15日　平25（行ウ）33（判時2230号11頁，判タ1409号336頁）

　アンゴラ北部のカビンダ解放戦線（FLEC）のメンバーとして，カビンダの独立を訴える政治的活動をしていたところ，国家安全保障罪の容疑によりアンゴラ政府の治安当局に逮捕されたものであるなどとする原告の主張は一貫しており，原告の供述の信用性に疑問を生じさせるような事情は見当たらず，原告が，FLECのメンバーであることにより身柄を拘束され，暴行を伴う取調べを受けたうえで，その後国家犯罪捜査庁及び刑務所において，3か月以上にわたり，食事も満足に与えられず，不衛生で劣悪な環境の下で収容され続けたとの認定により，原告が難民に該当するとした事例。

2　難民性を認めなかった事例

裁判例665　東京地判平成24年4月12日　平23（行ウ）48

　アンゴラやBDKの一般的事情によれば，本件不認定処分の当時，BDKがアンゴラにおいて反政府活動をしているとも認められず，また，バコンゴ人であることやBDKの構成員であることのみをもって，アンゴラ政府当局から迫害を受けるおそれがあったとは認められない。

　原告が，アンゴラ政府当局から，何らかの反政府組織に所属して活動していると把握されていたり，何らかの攻撃又は圧迫を受けたりしたことをうかがわせる事情も特に認められず，かえって，原告は，本邦に入国するに当たり，アンゴラ政府当局から適法に自己名義の旅券の発給を受け，正規の手続を経てアンゴラを出国しているのであって，このような原告の本法入国に至る経緯等は，アンゴラ政府当局から注視又は監視されていると認識している者としての行動としては不自然不合理であるといわざるを得ない。原告が本邦に入国した目的は，原告が難

232　第2編　難民認定制度

民認定申請をするまでの間に供述していたとおり，日本で就労して金を稼ぐためであったと認められる。原告の難民該当性を認めることはできない。

第9　コンゴ

1　難民性を認めた事例

裁判例 666　東京地判平成 27 年 8 月 28 日　平 25 (行ウ) 237，462，平 26 (行ウ) 285

　2002 年から BDK (Bundu dia Kongo) の党員であり，2005 年 2 月には BDK 党員としての活動に関連した逮捕歴がある原告について，2008 年 2 月当時において，バ・コンゴ州内で BDK 党員としての政治活動に関連した犯罪を犯したことを理由として身柄を拘束された場合には，適切な刑事司法手続上の処遇を超えて，迫害を受けるおそれがある，すなわち，通常人において受忍し得ない苦痛をもたらす攻撃ないし圧迫を受けるおそれがあるという恐怖を抱くような客観的な事情があったということができ，その状況は，平成 22 年 3 月 2 日の本件難民不認定処分時においても，現時点においても，継続していると認めることが相当である。

2　難民性を認めなかった事例

裁判例 667　東京地判平成 21 年 1 月 29 日　平 19 (行ウ) 741

　コンゴにおいては，その国民が UDPS 党員 (民主社会進歩連合) あるいはルバ族であることを理由として迫害を受けた時期が存在したものの，本件難民不認定処分当時 (平成 19 年) においては，UDPS 党員あるいはルバ族であることのみをもって迫害を受けるという一般的情勢にあるとは認められず，しかも，コンゴ政府が原告を個別に迫害の対象として注視しているとも認められないから，原告についてその政治的意見及びその属する社会的集団を理由とする本国政府からの迫害に対して恐怖を抱くことに十分な理由があるといえるまでの客観的事情を認めることはできないというべきである。

　したがって，原告は，難民条約 1 条又は難民議定書 1 条の規定により難民条約の適用を受ける難民 (法 2 条 3 号の 2) とは認められない。

第 10　中国

（天安門事件）

裁判例 668	東京地判平成 19 年 2 月 13 日　平 17（行ウ）19，86，109

　天安門事件に関連して逮捕，拘留その他の処分を受けたとして報告されているのは，民主化運動のためのグループを自ら組織したり，中国政府に批判的な見解をインターネット等で公にするなどした事例であって，これに対し，単に天安門事件に抗議をしたり，中国政府を批判するデモや集会に参加する経験を有するにとどまる者（追随者）が，このような過去の行為のみを理由として処罰，逮捕・拘留，自宅軟禁等の処分を受けた事例が存することはうかがわれない。少なくとも本件難民不認定処分当時において，追随者に対してまで迫害のおそれがあったと認めることは困難であるといわざるを得ず，原告はその追従者の域を出ていないことから難民とは認めらない。

（法輪功）

裁判例 669	東京地判平成 24 年 9 月 26 日　平 23（行ウ）337

　原告については，本件不認定処分時において，法輪功の布教活動やデモ運動の組織等において重要な役割を担っていたとまで認めるには足りないというべきであり，中国政府が原告につきそれらの点において顕著な役割があった人物として注意を向けていたとも認めるには足りないというべきである。そして，本件不認定処分時までの間における原告の法輪功学習者としての活動に関しては，個人的に修練を継続していたことは特に否定するまでもないにせよ，原告について，「難民」に該当することについて立証があったとまで認めることは困難であるというほかはない。

　本邦における法輪功修練者としての活動を見ても中国政府から関心を寄せられるような立場にはなく，帰国した場合直ちに迫害を受けるおそれがあるとまでは認められないとする。

　　［同旨：東京地判平成 27 年 4 月 21 日　平 25（行ウ）334］

（一人っ子政策）

裁判例 670	東京地判平成 21 年 10 月 29 日　平 21（行ウ）202 − 204

　人口抑制策として，一人っ子政策を行っている中国に帰国した場合，仮に，原告母が本邦在住中に第二子を出産したことについて何らかの不利益を受ける可能性があり得るとしても，それは経済的な不利益（社会扶養費の増額）にとどまるものと解され，不妊手術の強制的な実施など経済的な不利益以外の不利益が課されるとは認め難いというべきである。

第 3 編

行政行為論，
行政訴訟にかかる
判例法理

第1章

行政行為論にかかる判例

はじめに

　入管行政はある意味で規制行政の典型的な性質を今日でも維持している例外的な行政分野であり（行政手続法の適用もない），そこでは従来からの行政行為論を始めとする実体法的な行政法がなお色濃く残っているということができる。

　以下では，判例のなかに示された行政法的な仕組みについて，実体法，訴訟法それぞれについてまとめてある。

第1　行政行為

　行政行為という理論上の用語は当然判例では用いられていない。以下では抗告訴訟で処分性が問題となっている判例をあげることを通じて，入管法制における各種行為が，公権力的決定としての行政行為性を有しているかについての判例の立場を見ていくこととする。

①　資格変更にかかる通知の処分性

　在留期間更新申請等に対し，許可できないため，出国準備や他の在留資格に変更することを促す通知等を処分と捉えるかについては，処分性を認めない判決例が多い。

（処分性を認めないとする事例）

裁判例671	東京地判平成 23 年 3 月 10 日　平 22（行ウ）291

　在留期間の更新申請に対する，「申請どおりの内容では許可できませんが，申請内容を出国準備を目的とする申請に変更するのであれば，別紙の申出書を提出してください。」との通知は，原告に対し，本件申請に対する最終的な不許可の判断に先立って，申請に対しては不許可

238　第3編　行政行為論，行政訴訟にかかる判例法理

処分がされる見込みであることをその理由を付記して明らかにするとともに，原告の利益を一定の範囲で考慮して，本件申請の内容を任意に変更する意思の有無を明らかにするよう求めるものであったと認めるのが相当であり，直接原告の権利義務を形成し又はその範囲を確定することが法律上認められているものに当たるとはいえず，取消訴訟の対象となる処分とはいえないというべきである。

| 裁判例 672 | 東京地判平成 22 年 2 月 17 日　平 20（行ウ）443 |

　留学の在留資格から家族滞在の在留資格への変更申請に対しなされた，申請どおりの内容では許可できないが申請内容を変更するのであれば申請内容変更申出書を提出されたい旨の通知は，原告に対して本件申請にかかる在留資格の変更の許否の判断を本件申請に対する諾否の応答として表示したものとは認め難く，それに先立って，申請人である原告の利益も一定の範囲で考慮して，本件申請の内容を任意に変更する意思の有無を明らかにするよう求めるものであったと認めるのが相当であるとして，申請不許可処分としての処分性は認められないとされた事例。

| 裁判例 673 | 東京地判平成 19 年 4 月 27 日　平 18（行ウ）707 |

　本件通知書には，「申請どおりの内容では許可できませんが，申請内容を出国準備を目的とする申請に変更するのであれば，別紙の申出書を提出して下さい。」という記載があり，①更新許可申請に対する不許可処分の見込みと，②更新許可申請の内容を出国準備を目的とする申請に変更することを希望するのであれば，申請内容変更申出書を提出することにより申請の内容を変更することができることを，不許可処分の見込みについての理由を付記して伝えたものにすぎず，更新許可申請に対する東京入管局長の最終的な判断を告知するものではないと見るのが相当であるから，原告に対する通知書の交付は，更新許可申請に対して東京入管局長がした不許可処分であると認めることはできず，その他原告の権利関係や法律上の地位に何らかの変動を生じさせる行為と認めることもできないというべきである。

　（通知の非処分性についてのその他の同旨：東京地判平成 23 年 11 月 29 日　平 22（行ウ）202，東京地判平成 19 年 8 月 3 日　平 19（行ウ）251，東京地判平成 17 年 11 月 25 日　平 15（行ウ）429）

②　再審情願と処分性
（処分性を認めないとする事例）

| 裁判例 674 | 東京地判平成 20 年 8 月 22 日　平 20（行ウ）435 |

　異議の申出には理由がない旨の裁決及び退去強制令書発付処分を受けた外国人に対し，法務大臣等が，処分後に新たに生じた事情を考慮して，在留特別許可を付与することを求める行為

第1　行政行為　239

を，再審査情願又は再審情願と呼称しているようである。しかし，このような実務上の取扱いは，入管法に規定のない在留特別許可をする権限が法務大臣等にあることを前提として，これを行使しているものではなく，同裁決をした法務大臣等が，再審査情願等を職権発動の端緒として，同裁決後の事情変更を考慮して同裁決を職権により撤回したうえで，同裁決の基礎となった入管法49条1項に基づく異議の申出についての審理をやり直し，入管法50条1項に基づいて改めて在留特別許可をしているものと解するのが相当である。

　そうすると，再審査情願に対して在留特別許可をしないということは，基づく異議の申出には理由がない旨の裁決を撤回するという職権発動をしないということに帰するものであり，そこには職権発動をしないという不作為があるにすぎず，何らかの処分がされたものということはできない。

裁判例 675　　名古屋地判平成 26 年 1 月 30 日　　平 24（行ウ）23

　再審情願は，法務大臣等に在留特別許可に関する職権発動を促す上申にすぎず，情願者は，法務大臣等に対して当該情願について審理や応答等を求める権利があるものではなく，再審情願の審理等の手続が行われなかったとしても，情願者の権利や法律上保護された利益が害され，あるいはその法的地位が不安定になることはない。

　したがって，再審情願の手続を開始することは，直接情願者の権利義務を形成し又はその範囲を確定することが法律上認められているものに該当せず，行政処分には当たらないというべきであるから，再審情願手続開始の義務づけの訴えは，行政処分に当たらないものを義務づけの対象とするものであり，不適法といわざるを得ない。

③　告示と処分性
（一審・二審で判断が分かれた事例）

裁判例 676　　大阪地判平成 19 年 4 月 19 日　　平 17（行ウ）53

　日本語教育機関告示と本件学院に通学し又は通学しようとする学生に対する上陸不許可処分や在留期間更新不許可処分とは，別個の事由を契機としてされるものであり，一定の目的に向けられた複数の行為による仕組みを構成する関係にない。すなわち，前者は，本件学院の日本語教育機関としての適格性の有無，程度という観点から，一般的な規範の定立という形で随時され得るものであるのに対し，後者は，個々の外国人から，上陸申請や在留期間更新申請がある場合，その申請に対する処分としてされるものである。

　したがって，本件は，最高裁平成17年判決の事案（医療法30条の7に基づく勧告）のように，一定の目的に向けられた個々の行為について，その一つ一つを見たのでは把握し得ない新たな意味と機能があり，当該行為の処分性を，全体の仕組みのなかでとらえないと不当な結果をもたらすような場面であるとはいえない。

　この大阪地裁の控訴審は，告示に処分性を認めている。

240　第3編　行政行為論，行政訴訟にかかる判例法理

裁判例 677　大阪高判平成 20 年 3 月 13 日　平 19（行コ）43

　法務省入局管理局長は，日本語教育機関告示の別表第二に掲げる日本語教育機関について調査し，日本語教育機関が入国・在留審査要領の定める一定の事由に該当する場合には，実態調査を行ったうえ，日本語教育機関告示別表第二削除のりん請を行い，所定の手続を経，最終的に法務大臣の決裁を経て，告示により別表第二削除，別表第五追加を行っているのである。

　そして，本件告示においても，大阪入管局長は，控訴人の実態調査のうえ，平成 16 年 11 月 8 日，入国管理局長に対し，当該学院が，虚偽の出席率を記載した虚偽在学状況証明書を提出して在留期間更新許可を得させたもので，極めて悪質かつ日本語教育機関として不適切で，出入国管理行政上看過できないとして，「在学生の在留期間更新申請において，虚偽の在学状況証明書を作成し当局に提出していた。」ことを削除事由として，告示削除のりん請を書面でし，その後の必要な手続を経て，本件告示についての法務大臣の決済がなされ官報に掲載されたものである。

　これらによれば，日本語教育機関告示別表第二から当該教育機関を削除し，別表第五にこれを加える告示は，国民の権利，義務に具体的な変動・影響を及ぼすものであり，行政事件訴訟法 3 条 2 項にいう「行政庁の処分その他公権力の行使に当たる行為」に当たると解するのが相当である。

④　法務大臣の裁決

（異議の申出に対する法務大臣の裁決の処分性を否定した事例）

　異議の申出に対する法務大臣の裁決については，処分性を認める判例が多いが，例外として処分性を否定する判例がある。

裁判例 678　東京地判平成 15 年 9 月 19 日　平 12（行ウ）211（判時 1836 号 46 頁）

　異議の申出に対する法務大臣の裁決については，その結果を主任審査官に通知し，主任審査官が当該容疑者に通知すべきこととなっているが，法務大臣がその名によって異議の申出をした当該容疑者に対し直接に応答することを予定していない行政機関内の内部的決裁行為と解するのが相当であり，行政庁への不服申立に対する応答行為としての裁決に当たらず処分に該当しないとする東京地裁の判決。

　なお，同事例の控訴審は，「法務大臣の裁決は，特別審理官の判定に対する不服申立てに対し義務として応答するものであるから，行政事件訴訟法 3 条 3 項の裁決に当たり，取消訴訟の対象となる。」としている（東京高判平成 16 年 3 月 30 日　平 15（行コ）247（訟月 51 巻 2 号 511 頁））。

第1　行政行為　241

（在留特別許可を付与しない決定は，裁決から独立した処分ではないとされた事例）

| 裁判例 679 | 東京地判平成 20 年 3 月 6 日　平 19（行ウ）463 |

　法 50 条 1 項が法 49 条 3 項の裁決に当たって在留特別許可をすることができる旨規定し，また，法 50 条 3 項は，同条 1 項各号に該当する場合には，異議の申出が理由がある旨の裁決とみなされると規定していることからすれば，同項 4 号における在留特別許可を付与しないとの判断は，法 49 条 1 項の異議の申出に対する裁決において一体として行われ，その結果を書面にして当事者に通知するものであるということができ，法務大臣の在留特別許可を付与しないとの判断のみが独立した行政処分として行われるものではないと解される。

⑤　査証と処分性

（査証発給の拒否は取消訴訟の対象でないとする事例）

| 裁判例 680 | 東京地判平成 24 年 2 月 28 日　平 23（行ウ）276 |

　外国人には本邦に上陸する権利は与えられていないのであるから，本邦に上陸しようとする外国人に対し，そもそもどのような申請手続を設け，どのような不服申立の手続を用意するかは，わが国の立法政策に委ねられていると解される。そうすると，査証の発給についてどのような手続的な地位を与えるか，あるいは与えないかは立法政策に委ねられていると解すべきところ，査証について，法律上，その申請や不服申立等について何らかの手続上の地位を付与したことを窺わせる規定はない。したがって，査証の発給について，法律上外国人に何らかの手続上の権利が付与されていると解することもできないのであって，この点からも査証の発給の拒否が処分であるということはできない。

　確かに，査証の発給拒否に何らかの瑕疵があったとしても，それを取消訴訟として争うことができなくなることになるが，それは，わが国の法律が，外国人に本邦への入国や上陸の権利を認めず，また査証の発給についての権利ないし地位を与えていないことによる結果として生じることであり，このことは，例えば，およそ一般に処分とされない行政行為について取消訴訟では争うことができず，その違法性を主張するには損害賠償請求等の他の方法によらざるを得ない場合などにも同様なことが生じ得るのであって，わが国の法律が，取消訴訟の対象として一定のものを予定していることから当然に生じる帰結といえよう。

| 裁判例 681 | 東京高判平成 22 年 12 月 14 日　平 22（行コ）253 |

　査証にかかるわが国の法令の規定に照らせば，本邦に入国しようとする外国人について，一定の手続の下にわが国の在外公館に所属する日本国領事官等に対して査証の発給を求める権利が付与されているものとはいえず，査証の発給を受けることができないために事実上適法に本邦に上陸することができないという結果が生じたとしても，それは，わが国が，入管法の下において，そのような立法政策を選択したことによるものであって，査証の発給の拒否により，その発給を求めた外国人の本邦への入国又は上陸等にかかる権利義務が直接形成され又はその

242　第3編　行政行為論，行政訴訟にかかる判例法理

範囲が確定されるものではない。

　本邦に上陸することを希望してあらかじめ在留資格認定証明書の交付を受けた外国人が，査証の発給の拒否を受けた結果，在留資格認定証明書を利用することができない事態が生じたとしても，そのような事態は，わが国の法制度上は想定されている範囲内のものであり，在留資格認定証明書の交付の拒否等が取消訴訟の対象となる行政処分に当たることは，査証の発給の拒否が取消訴訟の対象となる行政処分に当たるものと解すべき根拠にはならない。

裁判例 682　東京地判平成22年7月8日　平21（行ウ）107

　日本国領事官等による査証の発給の拒否は，外務省設置法4条13号及び7条1項の規定に基づき国の行政機関である外務省に置かれた在外公館の所掌事務の遂行の一環として行われるものではあるものの，本邦に実際に入国した後につき入管法が定める手続とは別個のものとして，本邦に入国する前に在外公館に所属する日本国領事官等により行われるものである。それが行われたことによって，その発給を求めた外国人につき，わが国の採用する立法政策に基づき制定された法律で現に定められた範囲内での本邦への入国又は上陸等に係る権利義務について，直接これが形成され又はその範囲が確定されると認めることは困難というべきであるとして，査証の発給の処分性を否定した事例。

⑥　その他
（口頭審理請求の受理）

裁判例 683　名古屋地判平成26年1月30日　平24（行ウ）23

　入管法によると，容疑者が入国審査官による退去強制対象者に該当するとの認定の通知から3日以内に法48条1項所定の口頭審理請求をした場合には，口頭審理が行われるのであって，これとは別に，口頭審理請求の受理という形で行政庁の公権的判断を示す手続が定められているわけではなく，入管法その他の関係法令を精査してみても，口頭審理請求の受理そのものの根拠規定やその法律効果を定めた規定は見当たらない。そうすると，口頭審理請求の受理は，直接口頭審理請求をした容疑者の権利義務を形成し又はその範囲を確定することが法律上認められているものに該当せず，行政処分には当たらないというべきである。

（収容令書の発付）

裁判例 684　東京地決昭和44年9月20日　（判タ240号194頁）

　収容令書の発付は，それ自体としては主任審査官が入国警備官に対し行うものであり，容疑者たる外国人に対し，法的命令をするものではない。しかしながら，当該外国人に対し身体の継続的拘束という事実たる強制を加えるものであることから，裁判所は収容令書の発付に対する取消訴訟が可能であることを前提としている。

第2 理由付記 243

（退去強制令書発付と在留期間更新不許可処分）

| 裁判例 685 | 広島地判平成 20 年 3 月 28 日　平 28（行ウ）13，28 |

　退去強制令書の発付処分の公定力により在留資格の効力がない以上，在留期間更新許可申請
に対する不許可処分は法律上の利益に何ら影響を及ぼさない，処分性を持たないとする被告側
の主張は以下の理由により，認められなかった。

　退去強制令書の発付処分の効力を争っている間に従前の在留資格にかかる在留期間が経過す
る場合でも，在留期間の更新を申請しておかなければ，その許可を受ける可能性がなくなりか
ねない。

　当該外国人が有効な在留資格を有することは在留期間更新許可の実体的要件である。退去強
制令書の発付処分を取り消す旨の判決が確定すれば，原告が在留資格を有することを前提とし
て，在留期間の更新を適当と認めるに足りる相当な理由があるか否かの判断を経て，許可され
得るものであるから，本件不許可処分は，このような判断を受けることができるという，原告
の法律上の地位に影響を及ぼすものとして，取消訴訟の対象となる「処分」に当たるものとい
うべきである。

（上陸のための条件に適合しない旨の認定）

| 裁判例 686 | 東京高決昭和 45 年 11 月 25 日　昭 45（行ス）21 |

　外国人の本邦への上陸の申請につき，特別審理官が出入国管理令 10 条 7 項に基づいてした
上陸のための条件に適合しない旨の認定は，実質において上陸不許可処分の性質を有し，抗告
訴訟の対象となる行政処分である。

第2　理由付記

（書面による理由の提示がなくても，手続上の違法性はないとする事例）

| 裁判例 687 | 那覇地判平成 27 年 1 月 27 日　平 25（行ウ）4 |

　原告らは，本件各判定にかかる判定通知書には，原告らの違反事実が何も記載されておら
ず，本件各裁決にかかる裁決通知書にも，裁決の理由が記載されているのであり，書面による
これらの告知を欠いた本件各裁決は違法である旨を主張する。

　外国人の出入国に関する処分に対しては，書面による理由の提示を定める行政手続法の規定
の適用はないところ（入管法 3 条 1 項 10 号），入管法においても，判定及び裁決について，理
由の提示を定めた規定はない。

　したがって，外国人の出入国に関する処分については，たとえ書面によって処分の理由が提

244　第3編　行政行為論，行政訴訟にかかる判例法理

示されていなかったとしても，当該処分の具体的な経過に照らし，当該処分が理由の提示にか
かる上記の趣旨を満たしている限り，手続上の違法があると認めることはできない。

　本件各裁決に至る一連の経緯に照らすと，本件各裁決までの退去強制手続において，原告母
の退去強制事由が入管法24条1号であり，原告子の退去強制事由が同条2号であることが明
らかにされており，本件各裁決にかかる通知をもって原告らに特別に在留を許可すべき事情が
あるとは認められないと判断されたことも明らかであるから，本件においては，行政庁の判断
の慎重と合理性は担保され，その恣意は抑制されているといえる。そして，原告母は，原告ら
の違反事実がいかなるものであるかを十分に認識し，原告らは，これに応じた不服申立も実際
に行っているのであるから，原告らの不服申立の便宜も図られていたというべきである。

　したがって，本件各裁決にかかる裁決通知書に理由が記載されず，本件各判定にかかる判定
通知書に違反事実が記載されなかったとしても，本件各裁決に手続上の違法があると認めるこ
とはできない。

裁判例 688　東京高判昭和33年2月24日　昭31（ネ）1677（行集9巻5号1003頁）

　退去強制を受ける者の退去強制の理由の記載を欠いた退去強制令書であっても，既に入国審
査官の認定より法務大臣の裁決に至る一連の手続において，退去強制理由が明示され，その国
外退去義務が存することが確定している場合には，理由の不記載は，退去強制令書自体の効力
には何ら影響を及ぼさないものと解するのを相当とする。

（立証責任と理由付記の程度）

裁判例 689　東京地判平成24年7月13日　平23（行ウ）79

　一般的に，法律が行政処分に理由の付記を要求している趣旨は，処分庁の判断の慎重・合理
性を担保してその恣意を抑制するとともに，処分の理由を相手方に知らせて不服の申立てに便
宜を与える趣旨に出たものであり，理由の付記に当たり，どの程度の記載をすべきかは，処分
の性質と理由付記を命じた各法律の規定の趣旨・目的に照らしてこれを決定すべきものである。

　本件処分にかかる在留資格認定証明書不交付通知書には，その理由として，「提出された資
料等からみて，申請人が本邦で「日本人の配偶者等」の在留資格に該当する活動を行うものと
は認められません。」と記載されていたものである。

　そして，在留資格認定証明の交付の申請に当たっては，申請人である外国人が本邦において
行おうとする活動が法に定める在留資格に対応する活動のいずれに該当するかなどの在留資格
にかかる上陸のための条件に適合していることの立証責任は，申請人が負うものであることに
照らすと，在留資格認定証明書の交付の申請があった場合，法務大臣から権限の委任を受けた
東京入管局長が，提出された資料等を総合的に評価しても上記の上陸のための条件に適合して
いることを基礎づける事実の存在が認められないと判断した場合には，その旨の理由の記載を
すれば，既に述べた理由の付記の趣旨は充足されるというべきであって，本件処分の上記理由
の記載に不備があり違法であったということはできない。

第3　行政行為の違法性（瑕疵）　245

（誤った理由の通知）

| 裁判例 690 | 東京地判平成 16 年 5 月 14 日　平 15（行ウ）2 |

　難民認定申請に対し，難民の認定をしない旨の処分をした場合に，通知書添付の別紙の取り違えにより，真実の処分理由が同人に通知されず，これとは性質・内容が大きく異なる別の理由が通知されており，この手続的瑕疵は，処分の理由が全く示されていない場合以上に，重大であり，処分の取消事由に当たるというべきである。

　異議手続の直前において，真実の処分理由が示されたとしても，原告はそれまで 3 か月以上も，別な処分理由を前提として，本件難民異議申出をしたうえ，その手続ないし準備を進めていたというのである。これらを考慮すると処分理由の追完ないし瑕疵の治癒は認められない。

第3　行政行為の違法性（瑕疵）

（無効の瑕疵）

| 裁判例 691 | 東京地判平成 22 年 10 月 1 日　平 21（行ウ）132（判タ 1362 号 73 頁） |

　エチオピア国籍の女性。平成 19 年「親族訪問」目的で上陸申請，上陸条件に合致せず，退去命令を受ける。上陸時に難民認定申請し，不認定処分を受ける。平成 21 年に 2 回目の難民認定申請を行い，再度不認定処分。

　本件在特不許可処分は，難民である原告について入管法 61 条の 2 の 2 第 2 項による在留特別許可をせず，その結果，原告を，これを迫害するおそれのある国に向けて送還しようとする点において，入管法の根幹にかかる重大な過誤というべき瑕疵を有するものといわなければならない。

　そうすると，本件在特不許可処分には，出入国管理行政の安定とその円滑な運営の要請を考慮してもなお，出訴期間の経過による不可争的効果の発生を理由として，難民である原告について入管法 61 条の 2 の 2 第 2 項による在留特別許可をせず，その結果，原告に迫害を受けるおそれのある国に送還されるという不利益を甘受させることが，著しく不当と認められるような例外的な事情があるというべきである。したがって，前記の過誤による瑕疵が明白なものでなくても，本件在特不許可処分は当然無効と解するのが相当である。

| 裁判例 692 | 東京地判平成 22 年 6 月 8 日　平 21（行ウ）144（判タ 1354 号 98 頁） |

　入管法 61 条の 2 の 2 第 2 項による在留特別許可をしない処分が当該外国人に対してのみ効力を有するもので，当該処分の存在を信頼する第三者の保護を考慮する必要が乏しいこと等を考慮すれば，当該処分の瑕疵が入管法の根幹についてのものであり（原告の難民性を見誤り，

246 第3編 行政行為論，行政訴訟にかかる判例法理

在留特別許可を与えない瑕疵），かつ，出入国管理行政の安定とその円滑な運営が要請されることを考慮してもなお出訴期間の経過による不可争的効果の発生を理由として当該外国人に処分による重大な不利益を甘受させることが著しく不当と認められるような例外的な事情のある場合には，上記の過誤による瑕疵が必ずしも明白なものでなくても，当該処分は当然に無効であると解するのが相当である。

裁判例 693　東京地判平成22年2月5日　平20（行ウ）713（判タ1333号121頁）

出訴期間を徒過してなされた退令処分，財得不許可処分に対する無効確認訴訟について，入管法61条の2の2第2項による在留特別許可をしない旨の処分が当該外国人に対してのみ効力を有するもので，当該処分の存在を信頼する第三者の保護を考慮する必要が乏しいこと等を考慮すれば，当該処分の瑕疵が入管法の根幹についてのそれ（難民性の認定を誤る）であって，出入国管理行政の安定とその円滑な運営の要請を考慮してもなお，出訴期間の経過による不可争的効果の発生を理由として当該外国人に処分による重大な不利益を甘受させることが著しく不当と認められるような例外的な事情のある場合には，前記の過誤による瑕疵が必ずしも明白なものでなくても，当該処分は当然無効と解するのが相当である。

裁判例 694　東京地判平成19年2月2日　平17（行ウ）114（判タ1268号139頁）

難民認定申請における認定に当たり，バングラデシュの情勢及び原告の個人的事情についての情勢の把握と分析が重要であるのにもかかわらず，表面的な事象に囚われて，事実認識に重大な誤りがあるままに不認定処分をしたとして，認定の過誤は重大であり，入管法の定める難民認定をするうえでの根幹についての過誤であるとして，不認定処分は，不可争的効果の発生に関わらず，当然無効となるとされた事例。

第4　違法性の承継

（難民認定手続と退去強制手続の間には違法性は承継しない）

裁判例 695　東京地判平成23年10月25日　平21（行ウ）373

法は，退去強制手続と難民認定手続とを別の手続として位置づけ，難民の認定の申請をした在留資格未取得外国人についての在留特別許可の許否は，難民認定手続のなかで判断されるものとし（法61条の2の2），外国人で仮滞在の許可を受けていない者の退去強制の手続については，在留特別許可について定める法50条1項の適用はないとしている（法61条の2の6第4項，3項）。

第4　違法性の承継　247

　　そうすると，本件の原告について，仮に難民認定手続において行われた在留特別許可の許否
の判断に関して原告が主張するような違法が存したとしても，これと並行して行われた退去強
制手続において行われた本件退去強制令書発付処分に違法をもたらすことになるとは考えにく
いといわざるを得ない。

（更新不許可処分と変更許可）

| 裁判例 696 | 名古屋地判平成 17 年 2 月 17 日　平 16（行ウ）11（判タ 1209 号 101 頁） |

　　従前の在留期間更新不許可処分が判決によって取り消されれば，行政事件訴訟法 33 条 1 項
所定の拘束力の効果として，これと整合しない在留資格の変更許可処分を取り消すことによっ
て，上記矛盾は解消できるとの見解もある。しかしながら，後者の処分は，前者の処分と相結
合して一つの効果の発生を目指すもの，あるいは前者の処分とともに一連の手続を構成し，共
通の違法事由を内包するもの，さらには前者の処分と表裏の関係にあるものといったように，
前者の処分との間に法律上の牽連関係・依存関係が存在するものではなく，あくまで在留資格
の変更の許可を求める申請に対する応答として行われた別個独立の処分であるから，不整合処
分として取消義務の対象となるものとは解し難く，上記の見解は採用できない。

（裁決と入国審査官の認定）

| 裁判例 697 | 神戸地判昭和 54 年 6 月 1 日　（訟月 25 巻 10 号 2665 頁） |

　　出入国管理令 47 条ないし 49 条によれば，法務大臣が異議の申立を理由がないとして棄却す
る裁決は，特別審理官によって誤りがないと判定されたことによって維持された入国審査官の
認定を原処分として，その当否を審査し，これを維持する処分であると解するのが相当である
ところ，法務大臣の右裁決のうち，入国審査官の認定の当否の判断を争う部分については，原
処分の違法を理由として，その取消しを求めることは許されないというべきである。

第2章

行政訴訟にかかる判例

第1 訴訟要件

抗告訴訟の訴訟要件のうち，処分性については，行政行為性について前章で扱っているので，ここでは出訴期間と訴えの利益に関する判例を中心に纏めてある。

1 出訴期間

（出訴期間の認識，教示）

| 裁判例 698 | 東京地判平成 27 年 4 月 21 日　平 26（行ウ）25 |

原告は裁決の通知を受けてから 6 か月経過したら出訴できないことを認識しており，期間中刑務所に収容されていたこと，母親が相談していた行政書士を弁護士として誤認していたことなどが，期間徒過の正当理由とはならないとされた事例。

| 裁判例 699 | 東京地判平成 25 年 6 月 11 日　平 24（行ウ）520 |

裁決があったことを原告が知ってから 6 か月を過ぎているのみならず，裁決がなされてから 1 年以上経過しており，いずれにせよ出訴期間徒過の正当理由が認められないとされた事例。

| 裁判例 700 | 東京地判平成 25 年 2 月 28 日　平 24（行ウ）600 |

原告が本件訴えを提起した時点は，通知等を受けてから 6 か月以上経過しており，原告はスペイン語を何不自由なく使用できるところ，本件退去強制令書，本件裁決の裁決通知書にはいずれも出訴期間にかかる教示文言がスペイン語で記載されている別添文書が添付されており，原告において署名指印のうえこれを受領していることからすれば，原告において，本件裁決及

250　第3編　行政行為論，行政訴訟にかかる判例法理

び本件退去強制令書発付処分に対して取消訴訟を提起することができること及び出訴期間について
いても認識していたか，少なくとも認識し得たというべきである。

裁判例 701　東京地判平成 19 年 7 月 26 日　平 18（行ウ）560

　違反調査に手続的な瑕疵はなく，退去強制令書発付処分の執行があった時に，原告が処分が
あったことを知ったというべきであるとされた事例。

〈正当理由〉

（難民不認定処分への異議申立は在特不認定処分等への出訴期間徒過の正当理由にならない）

裁判例 702　東京地判平成 27 年 8 月 28 日　平 25（行ウ）237，462，平 26（行ウ）285

　原告が難民不認定処分に対する異議申立を行い，審査が継続していたことは，行政事件訴訟
法 14 条 1 項本文所定の出訴期間を経過して在特不許可処分の取消の訴えを提起する「正当な
理由」には当たらないというべきである。
　［同旨：東京地判平成 24 年 8 月 28 日　平 22（行ウ）581］

（病気療養）

裁判例 703　東京地判平成 21 年 7 月 17 日　平 20（行ウ）584・638

　乳がん摘出後の療養中であったことは，出訴期間徒過の正当理由には当たらないとされた事
例。

（期間徒過の正当理由があるとされた事例）

裁判例 704　東京地判平成 20 年 2 月 21 日　平 17（行ウ）493

　平成 18 年に至るまで，難民不認定処分に対する異議申立に理由がない旨の決定をする際，
併せて入管法 61 条の 2 の 2 第 2 項に基づく在留特別許可に関する判断を行い，在留特別許可
をしない処分に対しては取消訴訟を提起することができる旨の通知を行っていた。そのため原
告妻も，このような処分がでた段階で争えば足りると考えていたところ，法務大臣等が，平成
18 年から従来の運用を変更して異議申立に対する決定後は，原則として在留特別許可に関す
る判断をしないことにした。
　原告妻が，本件妻在特不許可処分の取消訴訟について出訴期間を徒過することになったの
は，法改正に伴い法務大臣等においても，その運用について必ずしも統一的な運用がなされて
いなかったことに考慮すると，原告妻には「正当な理由」がある。

第1 訴訟要件　251

2　訴えの利益

①　代理人・配偶者等の原告適格を否定する判例
（配偶者の原告適格）

裁判例 705	東京地判平成 23 年 12 月 13 日　平 23（行ウ）303，393，394

　本邦に上陸しようとする外国人の配偶者等に関して，家族としての同居の利益を保護すべきものとする趣旨や目的を含むと解される入管法の規定や入管法と目的を同じくし，家族としての同居の利益を保護すべきものとする趣旨や目的を含む関係法令の規定は存在しないから，在留資格認定証明書の交付申請に対する不交付処分の関係法条が本邦に上陸しようとする外国人の配偶者等に関して，家族としての同居の利益を保護すべきものとする趣旨を含むと解すべき根拠はないというほかない。したがって，原告は，本件各不交付処分の取消の訴えにつき原告適格を有しないというべきである。

裁判例 706	東京地判平成 23 年 12 月 9 日　平 22（行ウ）421

　入管法及びその関係法令が，異議の申出に理由がない旨の裁決や退去強制令書発付処分との関係において，これらの裁決及び処分の名宛人である外国人の配偶者の婚姻関係上の権利又は利益をその個別的利益として保護すべきものとする趣旨を含むものと解することはできない。
　［同旨：静岡地判平成 24 年 4 月 27 日　平 23（行ウ）34］

裁判例 707	東京地判平成 23 年 1 月 18 日　平 22（行ウ）365

　在留期間更新不許可処分にかかる取消訴訟において，外国人の日本人配偶者で，更新手続を代理人として行った者に原告適格は認められないとされた事例。

（在留資格認定証明書不交付と訴えの利益）

裁判例 708	東京地判平成 20 年 7 月 16 日　平 19（行ウ）676

　在留資格認定証明書を交付する処分によって代理人が受ける利益はその代理人の固有の利益ではなく，代理人（申請者の配偶者）は不交付処分の取消を求める訴えにおける原告適格を有するということはできない。
　在留資格認定証明書の申請は，その性質上，本邦に入国しようとする外国人自身の意思に基づくべきものであり，その申請の代理人は，専ら当該外国人の意思に基づいて手続を代行する者であって，その固有の立場から行動する者ということはできないことなどに照らすと，その代理人が申請者の配偶者等であったとしても，法 7 条の 2 第 2 項及び規則 6 条の 2 第 3 項が，在留資格認定証明書を交付する旨の処分によって代理人が受ける利益をその代理人の固有の利益として保護しようとしていると認めることはできない。

252　第3編　行政行為論，行政訴訟にかかる判例法理

（代理人である弁護士と訴えの利益）

裁判例 709　東京地判平成 21 年 3 月 13 日　平 20（行ウ）503

　法 54 条に基づき，被収容者である外国人の仮放免の請求を行うべく選任された代理人は，仮放免不許可処分についての取消を求めるにつき法律上の利益を有する者に当たらない。法 54 条 1 項所定の代理人の資格が特に定められていないことから，その代理人に原告適格を認めて取消訴訟の提起を可能とすると，弁護士代理の原則（行政事件訴訟法 7 条，民事訴訟法 54 条 1 項本文）を容易に潜脱し得る結果になる。

（関連事業者の利益）

裁判例 710　東京地判平成 19 年 4 月 27 日　平 17（行ウ）513

　現行の出入国管理制度の下における営業の自由とは，同制度の下において適法に本邦に入国した外国人を使用して営業を行う自由にとどまるものと解さざるを得ないのであるから，原告と契約した外国人タレントが本邦に入国できないことそれ自体は，原告の営業の自由を侵害するものと評価することはできないとして，外国人タレントの招へい及びマネージメント等を業とする株式会社の不交付処分取消請求における原告適格を認めなかった事例。

② 出国後の訴えの利益

裁判例 711　東京地判平成 21 年 7 月 24 日　平 21（行ウ）123

　法 7 条 1 項 2 号所定の上陸条件に不適合の認定処分を受けた後本邦から出国した外国人がした，同認定処分の取消を求める訴えにつき，当該外国人が再び本邦に上陸しようとするときは，改めて上陸審査を受けなければならず，仮に認定処分が取り消されたとしても，当初の申請に基づいて上陸許可がされる余地はないから，訴えは訴えの利益を欠くとされた事例。

裁判例 712　東京地判平成 22 年 6 月 18 日　平 21（行ウ）512

　仮に本件裁決又は本件退令処分が取り消され，法 5 条 1 項 9 号ロの上陸拒否事由に該当しなくなったとしても，同項 4 号の上陸拒否事由に該当する結果，原告が再度本邦に上陸して適法に在留することができるという法的地位を回復することはできないのであるから，上記の観点から，原告に本件裁決又は本件退去強制令書発付処分の取消を求める法律上の利益があるということはできない。

（上陸拒否期間と訴えの利益）

裁判例 713　東京地判平成 19 年 5 月 15 日　平 18（行ウ）60

　法 5 条 1 項 9 号ロ及びハは，法 24 条各号（4 号オからヨまで及び 4 号の 3 を除く。）のいず

第1　訴訟要件　253

れかに該当して本邦からの退去を強制された者について，退去した日から5年又は10年を経過しないと本邦に上陸することができないものと定めている。

　既に本邦から退去したことによって在留特別許可を受ける余地がなくなった者であっても，上記期間内における本邦への上陸を拒否されないために，なお裁決の取消しを求める法律上の利益を有するものと解するのが相当である。

| 裁判例714 | 東京地判平成18年9月15日　平17（行ウ）364（判タ1283号101頁）
（原審：東京高判平成19年5月16日） |

　原告は本国に向けて強制送還されており，仮に裁決が取り消されたとしても国外への退去を強制されないという法的利益を受ける余地はないが，退去強制されてから5年間は上陸をすることができないことから，その期間内に上陸を拒否されないためには，退去強制が違法であり，上陸拒否事由に該当しない旨の主張をする必要があり，なお裁決の取消しを求める法律上の利益を有する。

| 裁判例715 | 大阪地判平成18年3月23日　平16（行ウ）140（判タ1213号112頁） |

　容疑者が既に退去を強制された場合であっても，退去裁決の取消判決を受けることにより，当該容疑者は，退去強制令書発付処分を取り消され，上陸拒否の不利益を免れることができるのであり，これは退去裁決の取消訴訟による法的効果の除去を通じて回復すべき法的利益であると解すべきである。

| 裁判例716 | 最二小判平成8年7月12日　平7（行ツ）111 |

　上告人は退去強制令書の執行により本邦外に送還されてから既に1年が経過したというのであり，法5条1項9号の規定により本邦への上陸を拒否されることもなくなったのであるから，もはや右退去強制令書発付処分の取消により回復すべき法律上の利益は何ら存在せず，右処分の取消しを求める訴えの利益は失われたとされた事例。

（再入国不許可処分と訴えの利益）

| 裁判例717 | 最二小判平成10年4月10日　平6（行ツ）152（判タ973号281頁） |

　再入国の許可申請に対する不許可処分を受けた者が再入国の許可を受けないまま本邦から出国した場合には，同人がそれまで有していた在留資格が消滅することにより，右不許可処分が取り消されても，同人に対して右在留資格のままで再入国することを認める余地はなくなるから，同人は，右不許可処分の取消によって回復すべき法律上の利益を失うに至るものと解すべきである。

254　第3編　行政行為論，行政訴訟にかかる判例法理

| 裁判例 718 | 東京地判平成元年4月28日　昭58（行ウ）10（訟月35巻9号1811頁，判タ694号187頁） |

　原告が旅行目的としていた会議が終了した以上，再入国不許可処分の取消を求める訴えの利益は喪失したとされた事例。

③　各種行為と訴えの利益
（更新不許可処分取消訴訟と資格変更）

| 裁判例 719 | 名古屋地判平成17年2月17日　平16（行ウ）11（判タ1209号101頁） |

　仮に，従前の在留期間更新不許可処分が判決によって取り消されたとしても，これによって，同不許可処分後の申請に基づいてされた在留資格の変更許可処分が当然に違法，無効となると解する根拠はないから，被告としては判決の理由に沿った新たな在留期間更新許可処分をすることができず，従前の在留資格は完全に失われて復活する余地がないといわざるを得ない。したがって，上記不許可処分を取り消す利益を喪失したというべきである。

（仮放免不許可処分と訴えの利益）

| 裁判例 720 | 東京地判平成22年11月30日　平21（行ウ）401 |

　ヨルダン国籍の外国人が，退去強制令書発付処分の執行後，病気療養等のため仮放免され，仮放免の期間延長，収容，仮放免ののち，4年後に仮放免の延長を不許可とされ，退去強制令書発付処分の執行によりヨルダンに強制送還された事例。

　仮放免の制度において，仮放免ないしその期間の延長によって当該外国人が受ける利益は，専ら退去強制令書の執行を一時的に免れることにあるといえる。

　外国人が退去強制令書の執行により本邦外に送還されるなどして退去強制令書の執行が完了しもはやその対象ではなくなった場合には，上記のような利益を回復する可能性はなくなるというべきであるから，仮放免を不許可とする旨の処分ないしその期間の延長を不許可とする旨の処分の取消し又は無効確認を求める訴えの利益は失われるものというべきであって，これと異なって解すべき法令上の根拠は見当たらない。

| 裁判例 721 | 東京地判平成21年3月25日　平20（行ウ）695 |

　東京入管収容場に収容中に仮放免を許可しない処分がされ，その後に被収容者が東日本センターに移収された場合でも，仮に，取消判決によって，仮放免を許可しない処分が取り消されれば，その判決の拘束力により，東京入管主任審査官は，被収容者を東京入管収容場に再移収したうえで，仮放免を許可する処分をすることができると解されるので，原告が東日本センターに移収中であることをもって，本件不許可処分の取消の訴えが訴えの利益を欠くものとはいえない。

（収容令書と訴えの利益）

| 裁判例 722 | 最一小決平成 14 年 2 月 28 日　平 14（行フ）1（裁集民 205 号 835 頁，判タ 1089 号 133 頁） |

　収容令書の執行により収容された者に退去強制令書が発付された場合，収容令書は目的を達成して効力を失い，以後は退去強制令書の執行として収容が行われることとなるから，収容令書の執行停止を求める利益は失われる。

| 裁判例 723 | 東京地判平成 21 年 9 月 29 日　平 20（行ウ）586・674 |

　法 39 条に基づく収容令書による収容は，退去強制令書が発付され執行されたときは，その目的を達し，収容令書は効力を失い，以後は退去強制令書の執行として収容が行われることになるというべきである。したがって，既に，退去強制令書が発付され，それが執行されている本件においては，本件収容令書を発付する処分の取消しを求める訴えの利益は失われており，その訴えは不適法であると解するのが相当である。

（仮滞在不許可処分と訴えの利益）

| 裁判例 724 | 東京地判平成 21 年 3 月 27 日　平 18（行ウ）470，483-488 |

　仮滞在不許可処分について，申請にかかる仮滞在期間は既に終期が到来している（法 61 条の 2 の 4 第 5 項 2 号）ことからすると，仮に仮滞在不許可処分が取り消されたとしても，仮滞在許可がされる余地はないのであって，仮滞在不許可処分の取消を求める訴えは，訴えの利益を欠くというべきである。

　この点について，原告は難民不認定処分の取消訴訟を別途提起して現在係属中であって，難民不認定処分が取り消された場合には，法 61 条の 2 の 4 第 5 項所定の仮滞在期間の終期は到来していないこととなるから，改めて仮滞在許可処分がされる可能性があり，仮滞在不許可処分の取消を求める利益は失われていない旨主張する。

　しかしながら，仮滞在許可は，在留資格未取得外国人から難民認定の申請があった場合に，退去強制手続を仮に停止し，難民認定申請者の法的地位の安定化を図ることを目的として設けられた制度であって，そのような目的に則して，仮滞在許可の終期も，

　―難民不認定処分がされた場合については，同処分に関する行政上の不服申立にかかる手続が終わるまでの間（法 61 条の 2 の 4 第 5 項 1 号，2 号），

　―難民認定処分がされた場合については，定住者の在留資格取得許可及び在留特別許可をしない処分があるまでの間（同項 3 号）等

と限定されているところである。

　そうすると，難民不認定処分に対する異議申立に関しては，既にこれを棄却する決定がされ，同処分に関する行政上の不服申立にかかる手続が終了している以上，難民認定申請について仮滞在の許可がされる余地はないのであって，仮滞在不許可処分の取消を求める訴えは，訴

256　第3編　行政行為論，行政訴訟にかかる判例法理

えの利益を欠くというべきである。

④　その他

（訴えの利益と違法性の承継）

裁判例 725	東京高判平成 19 年 5 月 16 日　平 18（行コ）264（判タ 1283 号 96 頁）

　退去強制に向けては，入国審査官の退去強制事由該当認定，それに対する異議申出，法務大臣の裁決といった一連の手続を踏み，退去強制令書の発付に至るところ，一般に退去強制を争う者が，このような退去強制という目的を追及する一連の過程のどの処分を対象に取消訴訟を提起するか，退去強制令書の発付処分のみを対象とするか，その前の段階の処分も併せて取消しを求めるか等は，一般に退去強制を争う者の側の選択に委ねられているところであり，退去強制令書発付処分の取消訴訟においては，その前提となる法務大臣の裁決の違法をも争うことができるのである。この解釈は，一定期間本邦への上陸を拒否されるという効果を受けないようにするという法的利益のため退去強制を争う必要がある場合においても妥当するというべきであり，既に本国に強制送還されている者が，退令処分の取消を求めるほか，裁決固有の瑕疵を主張して端的に本件裁決の取消を求めることも，その訴えの利益がないとはいえないというべきである。

　（控訴審：東京地判平成 18 年 9 月 15 日）

（行政書士の業務停止処分と申請取次業務を行う利益）

裁判例 726	東京高判平成 19 年 8 月 29 日　平 19（行コ）159

　日本行政書士会連合会の作成する「申請取次事務処理の手引き」は，申請取次行政書士の届出に関し，自主的に定める内部的取扱要領とみるよりほかはなく，業務停止処分を受けた申請取次行政書士が，手引きに定められたところに従い届出済証明書を返還したため，事実上，申請取次業務を行うことができない状態となってはいるもの，それが本件処分の法的効果であると解することはできないし，また，本件処分が取り消されたからといって，控訴人が申請取次業務を行うことができるようになると解することもできない。

　それゆえ，申請取次行政書士としての資格を回復する点に，本件処分の取消を求める訴えの利益を見出すことはできない。

3　その他

（入国審査官の認定と後続する法務大臣の裁決の間には原処分主義の適用はないとされた事例）

裁判例 727	大阪高判平成 17 年 5 月 19 日　平 16（行コ）114

　先行する入国審査官の認定処分等が独立の争訟対象となるとしても，早期救済のため争訟の

機会を与えたものにすぎないのであって，その段階で取消訴訟等を提起して争わなければ最終処分である退令処分において，先行する認定処分等の違法を主張して争うことを許容しない趣旨であるとは到底考えられない。

また，法務大臣の裁決の取消訴訟において入国審査官の認定の違法を主張し得るかどうかは行政事件訴訟法10条2項のいわゆる原処分主義の適用があるかどうかの問題であるが，本件において取消しを求められている退令処分は，入国審査官の認定との関係では「その処分（本件では入国審査官の認定）についての審査請求を棄却した裁決」に当たらないことが明らかである。すなわち，本件は，同条項の直接の適用場面ではないのである。

異議の申出に理由がないとする裁決の通知を受けた主任審査官が退去強制令書の発付（退令処分）を義務づけられるという点を根拠に，法が入国審査官の認定と退令処分との関係について，行政事件訴訟法10条2項と同様の規制を及ぼすという立法政策を採用しているとは解されない。

第2　審理に関する法理

1　立証責任

難民性の立証責任については，第2編第1章第2を参照。

裁判例 728　大阪高判平成23年12月8日　平23（行コ）28（訟月59巻10号2731頁）

退去強制令書発付処分の要件である「外国人」の立証として，被控訴人（国）は，控訴人（原告）は日本国籍を有しない者として上陸の許可を受け，入管法上の在留管理の対象となっている者，あるいは在留管理の対象となるべき者という手続的地位にあることを立証すれば足り，控訴人がこのような退去強制手続の適用を排除するためには，改めて，上記のような有効な旅券又は日本の国籍を証する文書という間接証明資料を所持すること（日本人としての身分の占有），あるいは実体法上日本国籍を有すること（国籍取得原因）を主張立証することを要するというべきである。

裁判例 729　名古屋地判平成18年3月23日　平16（行ウ）73

法50条所定の在留特別許可は，法24条各号所定の退去強制事由に該当する者に対し，法務大臣の特別な裁量に基づき，本邦への在留を認めるものであり，難民条約上の難民に該当する事実の主張立証責任は，在留特別許可を与えなかったことを理由に裁決の取消を求める者が負

258　第3編　行政行為論，行政訴訟にかかる判例法理

担すると解するのが相当である。

　もっとも，経験則上，迫害を受け，あるいは受けるおそれがあることによって母国を出国した者については，十分な客観的証明資料を所持していることを期待できず，出国してからも，これらの資料を収集するための協力を得ることが困難であることが多いと考えられるから，難民と主張する者がこれらの資料を提出しないからといって，直ちに難民であることを否定すべきではない。本人の供述するところを主たる材料として，恐怖体験や時間の経過に伴う記憶の変容，希薄化の可能性なども十分に考慮したうえで，その基本的内容が首尾一貫しているか，不合理な内容を含んでいないか等を吟味し，難民であることを基礎づける根幹的な主張が肯認できるか否かに従って，最終的な判断を下すべきである。

2　文書提出命令

裁判例 730　東京高判平成 23 年 3 月 31 日　平 23（ラ）233（判タ 1375 号 231 頁）

　ガーナ国籍の男性が東京入国管理局入国警備官らの違法な有形力の行使により死亡したことを証明すべき事実として，同人の日本人配偶者が証拠保全の申立てをした事案の抗告審で，当該検証物（護送事故等の発生報告書など）について，内部文書に当たらず，国は民事訴訟法 220 条が定める文書提出義務を負わないとはいえないというべきであり，他に正当な理由に当たる事由を認められないなどとして，原決定を取り消し，本件検証物の提示を命じた事例。

裁判例 731　東京地判平成 17 年 3 月 16 日　平 16（行タ）117，平 17（行タ）38

　法務大臣が外務大臣に対し，パキスタン・イスラム共和国公機関に対し行った照会にかかる依頼文書，並びに外務大臣による回答文書の提出が命じられた事例。

裁判例 732　東京高判昭和 52 年 3 月 9 日　昭 51（行ス）13（行集 28 巻 3 号 189 頁）

　申立人の出入国管理令 49 条 1 項の規定に基づく異議申出の審査に関する稟議書は，相手方が同条 3 項の裁決をするに当たりその判断の適正を期する等もっぱら行政事務執行の便宜上自己使用のためにのみ作成した内部文書であるから，民事訴訟法 312 条 3 号後段の文書（現 220 条）には該当しないというべきである。

3 違法判断の基準時

（婚姻関係の判定時を裁決時とし，裁決後の事情を考慮外とする事例）

裁判例 733 東京地判平成 25 年 2 月 27 日 平 23 （行ウ） 539

裁決は平成 23 年 7 月 4 日付けでされたこと，原告と配偶者（永住者）はその後の同年 9 月 5 日に婚姻を届け出たこと，原告は，平成 24 年 7 月 2 日に妊娠 5 週と診断され，出産予定日が平成 25 年 3 月 2 日であることが認められる。

そうすると，原告が主張する婚姻及び原告の妊娠は，いずれも本件裁決後の事情であって，これらの事情をもって本件裁決の違法性を基礎づけることはできないというべきである。

（養子縁組の成立）

裁判例 734 東京高判平成 23 年 5 月 11 日 平 22 （行コ） 206 （判時 2157 号 3 頁）

子に関する裁決の違法判断の基準時は，裁決時であると解すべきであり，当時，養子縁組は既に成立していたから，控訴人が口頭審理，裁決の際にそのことを被控訴人に告げなかったとしても，これを判断の基礎に加えない裁決は，事実の基礎を欠いていることになる。

（腫瘍の存在）

裁判例 735 東京地判平成 22 年 1 月 22 日 平 20 （行ウ） 601，617 - 619 （判タ 1353 号 96 - 110 頁）

原告長男に脳膜瘤が発見されたのは，本件裁決後である。しかし，原告長男の脳膜瘤は，本件裁決の時点で，既に一定程度の大きさの腫瘍として存在していたものと推認することができる。したがって，本件裁決の当時，上記腫瘍の存在が認識されていなかったとしても，事後的にその存在が明らかとなった以上，本件裁決の当時の事情として考慮すべきである。

260　第3編　行政行為論，行政訴訟にかかる判例法理

第3　仮の救済

1　執行停止

①　収容の執行停止が認められなかった事例

裁判例 736　最一小決平成 16 年 5 月 31 日　平 16（行フ）3（訟月 51 巻 3 号 742 頁）

　退去強制令書の発付処分を受けた韓国人母子につき，帰国の意思を明確にしており，子は本国の大学の推薦入試を受けるために，本邦の韓国学校高等科を卒業しなければならないこと等の事情から収容部分の執行停止を認めた原審に対し，収容部分の執行により受ける損害は，社会通念上金銭賠償による回復をもって満足することもやむを得ないものであるとして，回復困難な損害には当たらないとされた。
　［同旨：最二小決平成 14 年 4 月 26 日　平 14（行フ）6］

（回復困難な損害，重大な損害が認められないとされた事例）

裁判例 737　東京地決平成 17 年 2 月 1 日　平 16（行ク）383

　病気治療のため，ストレス等を避け，安静療養が必要であるとされたとしても，そのことから，申立人につき，東京入国管理局収容場において収容を継続した場合に，診断，治療等の対応ができず，その症状悪化による回復の困難な損害を避けるため緊急の必要があると認めるには足りないとされた事例。

裁判例 738　東京高決平成 16 年 11 月 26 日　平 16（行ス）92

　外国人が，退去強制令書に基づく収容によって就労できなくなり，その内縁の妻や子の収入が減少するとしても，公的扶助制度の利用等を考慮すれば，その生活が直ちに困難になるとは言いがたく，「回復の困難な損害」が生ずるとは認められないとされた事例。
　（原審は，収容が継続することにより，家族としての生活が崩壊する危険が高いとして，収容により回復困難な損害が生じるとした。東京地決平成 16 年 9 月 22 日　平 16（行ク）187）

（不法残留者と回復困難な損害）

裁判例 739　東京地判平成 19 年 2 月 28 日　平 18（行ウ）370

　留学生が，収容令書が発付されるおそれがあるとして，その発付処分の差止めを求めた事案において，収容されると授業等に出席できないなどの「重大な損害を生ずるおそれ」がある

が，原告は，長時間にわたる就労により高額の収入を継続的に得ており，客観的に見て「留学」という在留目的が変更されているといえる程度に資格外活動を行っていたものというべきであって，「容疑者が第24条各号の1に該当すると疑うに足りる相当の理由」があると認められるとして請求が棄却とされた事例。

② 収容部分の執行停止を認めた事例

| 裁判例 740 | 大阪地決平成19年3月30日　平19（行ク）1（判タ1256号58頁） |

大学で学業を継続できなくなるのみならず，大学を除籍されることになる蓋然性が高いことを理由に，退去強制令書発付処分の送還部分のみならず収容部分の執行停止の申立てについても，「重大な損害を避けるため緊急の必要がある」と認めた事例。

| 裁判例 741 | 広島高決平成18年12月8日　平18（行ス）6 |

資格外活動許可を受けずに就労したことが法24条4号イに該当するとして退去強制令書発付処分を受けた留学生による処分の執行停止の申立てにつき，報酬を受ける活動を行うことによって在留目的が実質的に変更したと認めることができるか，法24条4号イに規定する事由があるか否かは即断しがたく，「本案について理由がないとみえるときに」に当たらず，他方，留学生にとって，収容が更に継続されることによって学業に支障を生ずることによる不利益は，回復が困難な損害である蓋然性が高いとして，収容部分の執行停止申立にかかる原審決定（広島地決平成18年10月17日　平18（行ク）14）に対する即時抗告を棄却した事例。

| 裁判例 742 | 東京地決平成17年11月25日　平17（行ク）203 |

被収容者が，精神科の受診が必要な状況にあるにもかかわらず，このまま収容を継続させた場合には，適切な診療を受ける機会を失い，精神的，肉体的打撃を受けるおそれがあることは，身柄の拘束を伴う通常の損害を超えた特別の損害，すなわち重大な損害に当たるなどとされた事例。

| 裁判例 743 | 東京地決平成17年9月29日　平17（行ク）217 |

資格外活動許可を受けずに就労したことが法24条4号イに該当するとして退去強制令書発付処分を受けた留学生による処分の執行停止の申立てにつき，勉学を志して適法に本邦に入国し，「留学」の在留資格を得て，極めて計画的かつ意欲的に学業に励んでいた留学生にとって，収容が更に継続されることによって学業に支障を生ずることによる不利益は，回復が容易ではなくより重大なものということができるとして，収容部分の執行停止申立を認容した事例。

262　第 3 編　行政行為論，行政訴訟にかかる判例法理

| 裁判例 744 | 東京地決平成 15 年 6 月 11 日　平 15（行ウ）17（判時 1831 号 96 頁） |

　退去強制令書による収容中に統合失調症を発症したタイ人女性につき，統合失調症が収容を原因とするものであることは容易に推認でき，収容をこのまま継続したとすれば，心身の異常が固定化されるなど回復し得ない結果となることも十分考えられるのであり，申立人の収容を解く必要性は極めて高いといわざるを得ないとして，退去強制令書の執行が収容部分も含めて停止された事例。

③　送還部分の執行停止

| 裁判例 745 | 東京地決平成 17 年 2 月 1 日　平 16（行ク）383 |

　退去強制令書に基づき申立人が本国に送還された場合には，現代において通信手段が相当程度発達したことを考慮に入れても，申立人とその代理人との間で訴訟追行のための十分な打合せができなくなるなど，申立人が本案事件の訴訟を追行することが著しく困難になることは明らかである。

　そして，仮に申立人が本案事件について勝訴判決を得ても，その送還前に置かれていた原状を回復する制度的な保障はないことをも考慮すれば，申立人は，本件退去強制令書に基づく送還部分の執行により回復の困難な損害を被るものと認めるのが相当である。

④　執行停止と訴えの利益

| 裁判例 746 | 最一小決平成 14 年 2 月 28 日　平 14（行フ）1（判タ 1089 号 133 頁） |

　収容令書の執行により収容された者に退去令書が発布された場合，収容令書は目的を達成して効力を失い，以後は退去令書の執行として収容が行われることとなるから，収容令書の執行停止を求める利益は失われる。

（更新期間徒過と執行停止申立）

| 裁判例 747 | 大阪地決平成 24 年 4 月 2 日　平 23（行ク）138 |

　就学・留学等の資格で 4 年程度滞在したのち，「投資経営」の在留資格でエステティックサロン等の経営をしていた中国国籍の女性に対し，決算等事業の経営状況からみて，本邦で安定的・継続的に「投資・経営」の在留資格に該当する活動を行うものと認められないとの事実を根拠に在留資格の更新が拒否されたのを受けて，更新不許可処分の取消訴訟を本案とする執行停止の申立てがなされた事例。

　在留資格を有する外国人が在留期間更新許可を申請し，従前の在留期間満了の日から 2 か月を経過した日の後については，何ら特別の規定は置かれていないから，従前の在留期間満了の日から 2 か月を経過した時点で在留期間更新の許否に関する判断がされていないときに，当該外国人が従前の在留資格をもって適法に本邦に在留していると解することはできない。した

第3 仮の救済　263

がって，仮に，在留期間更新不許可処分の効力を停止してみたとしても，在留期間更新許可申請がされたのに対し法務大臣等が何ら応答をしていない状況に復するにとどまるから，在留期間満了の日から2か月を経過した場合には，従前の在留資格をもって適法に本邦に在留しているということはできず，法24条4号ロの退去強制事由があるというほかなく，当該外国人に対する退去強制手続の進行を止めることはできないうえ，当該外国人は従前の在留資格において認められていた活動をすることもできないと解される。そうすると，在留期間満了の日から2か月を経過した場合には在留期間更新不許可処分の効力停止の申立ての利益は失われるというほかない。

2　その他の仮の救済

（差止めの訴え）

裁判例748　大阪地決平成19年11月1日　平19（行ク）57

大韓民国国籍の申立人が，不法残留に該当すると認定され，退去強制令書発付処分を受けることで，退去強制令書が執行されて送還されると，本邦における生活そのものが奪われるばかりか，少なくとも5年間は本邦への入国が認められなくなるので，夫婦関係が決定的に破壊され，回復不能な損害を被るおそれがあるとして，その差止めを求めた事案において，送還段階で生じる損害は，退去強制令書発付処分の取消訴訟を提起し執行停止を受けることで避け得る性質のものであることから，処分がされることにより生じる償うことができない損害を避けるため緊急の必要があるとはいえないとされた事例。

裁判例749　大阪地決平成18年12月12日　平18（行ク）76

入国審査官から資格外活動に該当する旨の認定を受けた申立人（中国国籍）が，退去強制令書の発付処分がなされるおそれがあるとして処分の差止訴訟を提起したうえで，その仮の差止めを求めた事案において，退去強制令書の送還部分の執行による不利益は処分後の取消訴訟・執行停止により回避でき，収容部分の執行による不利益は金銭賠償による回復をもって満足するのもやむを得ないものであり，行政事件訴訟法37条の5の第2項にいう緊急の必要性は認められないとして，申立てが却下された事例。

〈仮の義務づけ〉
（償うことのできない損害があるとはいえないとされた事例）

裁判例750　大阪地決平成24年4月2日　平23（行ク）138

在留資格のない外国人に対し退去強制手続によって退去を強制することは法が予定しているところであって，在留期間更新不許可処分を受けた申立人が法の定める退去強制手続を受ける

264　第3編　行政行為論，行政訴訟にかかる判例法理

おそれがあることをもって，直ちに償うことのできない損害と評価することはできない。そもそも申立人に対し退去強制令書発付処分がされるかどうかも不確定であることに照らすと，申立人が現実に身柄を拘束され，申立人の子を自ら養育する機会が奪われるという事態が生ずる高度の蓋然性があるとはいえない。

　申立人は，早期に経営復帰できなければ，経営する会社の経営状態が悪化する高度の蓋然性があると主張するが，10名程度の従業員が稼働している会社が，申立人が稼働できないことによって直ちに破綻するとは認め難い。

裁判例 751　東京地決平成18年10月20日　平18（行ク）257

　本邦に上陸しようとしたが上陸を許可されなかった外国人が，難民の認定を申請したうえでした，仮に本邦に滞在することの許可をすることを仮に義務づけることを求めた申立てにつき，仮滞在の許可がされないために収容令書の執行により入国管理局収容場に収容されることによって受ける損害は，社会通念上，金銭賠償による回復をもって甘受することもやむを得ないものというべきであり，また，収容場に収容されたままの状態で難民認定手続が進行することによる損害も，難民認定のための準備に著しい困難を来たすとまではいえないから，行政事件訴訟法37条の5第1項の「償うことのできない損害」には当たらないなどとされた事例。

第4　義務づけ訴訟

1　在留特別許可の義務づけと裁決の存在

裁判例 752　東京地判平成27年1月14日　平25（行ウ）658

　当該外国人からの法49条1項に基づく異議の申出には理由がないとの裁決を既に受けた外国人が在留特別許可を受けるためには，その前提として，当該裁決の効力が失われている必要があるというべきであり，当該裁決の効力が存続したままの状態で在留特別許可を求めることは，行政庁に法的権限のない処分を求めるものであって，そのような在留特別許可の義務づけの訴えは，不適法というべきである。

裁判例 753　東京地判平成23年6月28日　平22（行ウ）234

　法50条1項は，法務大臣等に対し，法49条3項の裁決を行う際に在留特別許可をすることをできるとするが，既に同項に基づく裁決が有効にされている場合に，その裁決とは別に在留

特別許可をすることを法は予定していない以上，在留特別許可の義務づけをもとめる訴えは権限のない行為の義務づけを求めるものであって不適法である。

　［同旨：東京地判平成 26 年 7 月 10 日　平 25（行ウ）230，東京地判平成 26 年 1 月 17 日　平 24（行ウ）595，東京地判平成 23 年 12 月 7 日　平 22（行ウ）227，東京地判平成 22 年 7 月 2 日　平 22（行ウ）8，東京地判平成 20 年 8 月 22 日　平 20（行ウ）435］

2　在留特別許可に関する義務づけ訴訟──訴訟の形態

　在留特別許可に関する義務づけ訴訟は，在留特別許可が外国人に申請権を認めるものではないことから，多くの判例では，非申請型義務づけ訴訟として捉えられる。

　すなわち，法 49 条 1 項に基づく異議の申出は，法務大臣が同条項に従いこれに理由があるか否かを裁決するに当たって，法 50 条 1 項に基づく在留特別許可にかかる裁量権行使につきこれを促す性格を有するものに留まるものであり，在留特別許可の申請の手続ではない。したがって，在留特別許可の義務づけを求める訴えは，申請型の義務づけの訴えに当たらず，非申請型の義務づけの訴えであるというべきであるとされる（東京地判平成 27 年 7 月 16 日　平 26（行ウ）309，名古屋地判平成 22 年 12 月 9 日　平 21（行ウ）19（判タ 1367 号 124 頁），東京地判平成 23 年 12 月 7 日　平 22（行ウ）227，東京地判平成 23 年 2 月 17 日　平 22（行ウ）241，東京地判平成 22 年 10 月 19 日　平 21（行ウ）331，東京高判平成 21 年 3 月 5 日　平 20（行コ）146（訟月 56 巻 11 号 2551 頁））。

　これに対し，例外的に，申請型義務づけ訴訟と解する判例もなくもない。すなわち，法 50 条 1 項の在留特別許可を受けるためには，法 49 条 1 項の異議の申出が必要であり，異議の申出のうちには，退去強制事由該当性は争わないが，在留特別許可を望むという趣旨の申出が含まれており，異議の申出をすることが在留特別許可の手続的前提であることを捉えて，申請型義務づけ訴訟とする見方である（東京地判平成 20 年 2 月 29 日（判時 2013 号 61 頁）。ただし，控訴審では非申請型とする通説が取られている（東京高判平成 21 年 3 月 5 日　平 20（行コ）146（訟月 56 巻 11 号 2551 頁））。

　また，法 49 条の異議の申出に理由がない旨の裁決には，当該外国人が退去強制事由に該当し，かつ在留特別許可を付与しない旨の法務大臣等の判断が含まれていることから，義務づけの訴えは，いわゆる申請型の義務づけの訴えに準ずるもとであるとみることもできないわけではないとする判例もある（東京地判平成 24 年 5 月 15 日　平 22（行ウ）698）。

266　第3編　行政行為論，行政訴訟にかかる判例法理

3　事後的事情と義務づけ訴訟──再審情願

（再審情願）

裁判例 754　　名古屋地判平成 26 年 1 月 30 日　平 24（行ウ）23

　　入管法には，再審情願を認める規定はなく，また，退去強制令書の発付を受けた容疑者は直ちに本邦外に送還されていることが予定されているのであるから，入管法は，退去強制令書の発付を受けた容疑者に対して在留特別許可を付与する再審情願の手続を予定していないというべきである。そうすると，再審情願は，単なる情願（請願），すなわち，法務大臣等に在留特別許可に関する職権発動を促す上申にすぎず，情願者は，法務大臣等に対して当該情願について審理や応答等を求める権利があるものではなく，情願をしたことにより法務大臣等との間に特別な公法上の法律関係が生じるものでもない。そうすると，再審情願の審理等の手続が行われなかったとしても，情願者の権利や法律上保護された利益が害され，あるいはその法的地位が不安定になることはない。

　　したがって，再審情願の手続を開始することは，直接情願者の権利義務を形成し又はその範囲を確定することが法律上認められているものに該当せず，行政処分には当たらないというべきであるから，再審情願手続開始の義務づけの訴えは，行政処分に当たらないものを義務づけの対象とするものであり，不適法といわざるを得ない。

裁判例 755　　名古屋地判平成 23 年 4 月 14 日　平 22（行ウ）83

　　法務大臣等は，裁決がされた時点では当該裁決に何ら瑕疵がない場合であっても，裁決後に生じた事情を考慮して，その裁量により当該裁決を取消し（講学上の「撤回」）と，当該外国人に対し在留特別許可を付与することもできる。

　　在留特別許可を付与するか否かの判断が法務大臣等の広範な裁量に委ねられていることに照らせば，法務大臣等が裁決を撤回せず，当該外国人に対し在留特別許可を付与しないことが裁量権の範囲を超え又はその濫用となると認められるのは，裁決後に，在留特別許可を付与しないとの判断を見直すべき顕著な事情が生じ，法務大臣等において在留特別許可を付与しないとの判断を維持することが社会通念に照らし著しく妥当性を欠くことが明らかな場合に限られるというべきである。

（撤回の義務づけ）

裁判例 756　　東京地判平成 27 年 1 月 15 日　平 25（行ウ）530

　　裁決は出入国管理秩序の維持という公益性を有するものであり，裁決によって形成された法律関係を尊重し，法的安定性を維持するという要請を無視することもできないのであって，適法になされた裁決を事後的に生じた事情に基づいて覆すのは，在留特別許可を付与するか否かの判断よりも更に広範な裁量に委ねられているものと解するのが相当である。したがって，在

第4　義務づけ訴訟　267

留特別許可を付与しないでした裁決を撤回しないとする法務大臣等の判断が，裁量権の範囲を逸脱し又はこれを濫用したものと評価されるのは，裁決後に，在留特別許可を付与しないとの判断を見直すべき顕著な事情が生じ，法務大臣等において在留特別許可を付与しないとの判断を維持することが社会通念上著しく妥当性を欠くことが明らかな場合に限られるというべきである。

　　［同旨：東京地判平成 27 年 4 月 16 日　平 25（行ウ）351］

4　口頭審理放棄と義務づけ訴訟

（口頭審理を放棄した以上，法務大臣には在留特別許可を付与する権限はないとするもの）

| 裁判例 757 | 東京地判平成 27 年 5 月 21 日　平 26（行ウ）326 |

　　原告は，原告が在留特別許可の義務づけ訴訟で勝訴した場合，その判決の拘束力により，法務大臣等は，在留特別許可を義務づける判決の主文が導き出されるのに必要な事実認定及び法律判断に拘束され，処分行政庁である主任審査官は，本件退令処分を取り消したうえ，職権により原告に対し口頭審理請求の機会を再度与え，その後の手続を経て在留特別許可を付与することが義務づけられることとなる旨主張するが，入国審査官の認定に服して口頭審理請求権を放棄した容疑者に対して，法務大臣等は在留特別許可を付与する権限を有していない以上，原告の主張は，結局のところ，行政庁が義務づけの対象たる行政処分を行う法令上の権限を有していない場合であっても，裁判所は行政庁に対して法令に基づかない行政処分を義務づける旨の判決をすることができるという立論に帰着するものであって，採用の限りではない。

| 裁判例 758 | 名古屋地判平成 26 年 1 月 30 日　平 24（行ウ）23 |

　　容疑者が入国審査官の認定に服した場合には，主任審査官は，その者に対し，口頭審理の請求をしない旨を記載した文書に署名させ，速やかに退去強制令書を発付しなければならないのであり，この場合に，法務大臣等が当該容疑者の在留を特別に許可することができることを定めた規定は存在しない。そうである以上，法務大臣等は，入国審査官の認定を受けた容疑者が口頭審理請求権を放棄した場合には，在留特別許可を付与する権限を有しておらず，在留特別許可を付与することができないものというほかない。

　　したがって，容疑者が，口頭審理請求権を放棄した後に，法務大臣等に対して在留特別許可の義務づけを求めることは，行政庁に対して法令上の権限のない処分を求めることにほかならないから，当該義務づけの訴えは不適法というべきである。

　　［同旨：東京地判平成 27 年 5 月 21 日　平 26（行ウ）326］

268　第3編　行政行為論，行政訴訟にかかる判例法理

（口頭審理放棄後でも義務づけ訴訟提起は可能であるとするもの）

裁判例 759　東京地判平成 26 年 11 月 25 日　平 25（行ウ）825

　出入国管理行政の実務において，口頭審理の請求を放棄した外国人に対して在留特別許可が付与された実例があることは当裁判所に顕著な事実である。このような行政実例を踏まえて，法務大臣等の権限について検討すると，本件義務づけの訴えにおいて原告が勝訴すれば，行政事件訴訟法 38 条 1 項，33 条 1 項により，関係行政庁は在留特別許可を義務づける判決の主文が導き出されるのに必要な事実認定及び法律判断に拘束されるため，法務大臣等は，入管主任審査官による本件処分の取消し（撤回）や原告による口頭審理の請求等の手続を経て，入管法 50 条 1 項に基づき，在留特別許可を付与することができることになるのであるから，法務大臣等は，本件義務づけの訴えにかかる処分をする権限を有しているものと解するのが相当である。

裁判例 760　東京地判平成 19 年 9 月 28 日　平 19（行ウ）10

　法務大臣において，外国人の事実上の上申（いわゆる再審情願）に基づき，退去強制令書の発付後に生じた事由に基づいて在留特別許可を付与する実例も存在しており，口頭審理を放棄している外国人に対しても，在留特別許可が付与される余地がないとはいえないから，口頭審理を放棄している外国人であっても，退去強制令書の発付後に生じた事情の変更等を理由に在留特別許可の義務づけの訴え（非申請型）を提起することは可能であると解するのが相当である。

5　重大な損害

（重大な損害ありとするもの）

裁判例 761　東京地判平成 27 年 4 月 14 日　平 26（行）334

　義務づけ訴訟における重大な損害の有無については，当初処分後にいかなる事情が生じたのかを基礎に据えつつ判断されるべきものと解するのが相当であり，処分取消又は無効確認の訴えという当初処分自体の違法性を争う訴えとともに申し立てられた執行停止における重大な損害の要件の判断の在り方とは事情が異なる。

　本件裁決後に原告と配偶者（定住者資格）は婚姻し，子をもうけており，現在配偶者は第 2 子を妊娠中である。かかる本件裁決後に生じた事情を踏まえて検討すると，本件裁決が撤回されず，原告が入管法 24 条 4 号ロ（不法残留）に該当する外国人として本邦から退去強制されれば，原告は，原則として，本邦に 5 年間上陸することができなくなる（同法 5 条 1 項 9 号ロ）から，上記婚姻に基づく夫婦の共同生活や実子の監護・養育が困難になるという損害が生じ得ることは否定できない。

第 4　義務づけ訴訟　269

　このうち，原告と配偶者との婚姻は本件裁決があることを知りつつあえてされたものであることを踏まえると，その損害の性質に照らして，これを重大な損害とまで評価できるかは疑問であるが，他方，実子は本件裁決を知りつつ生まれてきたわけではなく，原告から監護養育を受けられないことは，損害の内容及び性質に照らしても，実子にとって重大な損害といわざるを得ない。そして，これは親として実子に対する監護義務を負う原告自身の重大な損害と評価し得るものである。

（受忍すべき損害であるとするもの）

> **裁判例 762**　　東京地判平成 27 年 7 月 16 日　平 26（行ウ）309

　裁決及び本件退令処分が適法である以上，原告は，速やかにナイジェリアに送還されるべき地位にあり，仮放免も一時的に収容を解くものにすぎないのであるから，原告らは，本来であれば，本邦において夫婦ないし親子としての同居生活を継続することができない地位にあり，原告が本邦から退去強制されることによって被る不利益は，原告において甘受すべき性質のものといえる。

　原告とその実子が，本件裁決後に同居を開始し，現在に至るまで同居を継続し，親子関係を深めているとしても，本来原告において甘受すべき本件裁決が撤回されないことにより原告に重大な損害を生ずるおそれのある新たな事情が生じているとみることはできないというべきである。

　［同旨：東京地判平成 27 年 6 月 30 日　平 26（行ウ）473］

6　補充性─その損害を避けるために他に適当な方法がない場合の要件

（補充性の要件を満たすとするもの）

> **裁判例 763**　　東京地判平成 26 年 8 月 1 日　平 25（行ウ）513

　被告は，原告は，本件裁決及び本件退令発付処分の各取消訴訟を提起し，その勝訴判決を得たうえ，取消判決の拘束力に従って行われる法務大臣等の裁決を経ることによって，その目的を達成することができるから，本件裁決撤回の義務づけの訴えは，行政事件訴訟法 37 条の 2 第 1 項の「損害を避けるため他に適当な方法がないとき」との補充性の要件を欠き，不適法である旨主張する。

　しかしながら，原告は，本件裁決撤回の義務づけの訴えの本案の理由として本件裁決後に婚姻したという事情を主張しているところ，本件裁決の取消訴訟においては，違法性の判断の基準時は本件裁決時であると解されており，原則として本件裁決後に生じた事情は違法事由として考慮されず，原告は，本件裁決の取消訴訟によってはその目的を達することができないから，本件裁決撤回の義務づけの訴えは，「損害を避けるため他に適当な方法がないとき」との補充性の要件を満たすというべきであり，上記被告の主張を採用することはできない。

270　第3編　行政行為論，行政訴訟にかかる判例法理

裁判例 764　東京地判平成 17 年 11 月 25 日　平 15（行ウ）429

　裁決がされた時点では在留特別許可を付与すべき事情がいまだ存在せず，その後の事情変更により在留特別許可を付与すべき事情が生じたというような場合には，取消訴訟によって目的を達成することができないことから，行政事件訴訟法 37 条の 2 第 1 項に定める救済の必要性の要件が存在するとみることもできる。

（補充性の要件を欠くとするもの）

裁判例 765　名古屋地判平成 22 年 12 月 9 日　平 21（行ウ）19

　原告らは，裁決行政庁が原告らに対し在留特別許可を付与しなかったことには裁量権の逸脱又は濫用があるとして，本件各裁決の取消し等を求めるほかに，原告らに対する在留特別許可の付与の義務づけを求める本件義務づけの訴えを提起している。しかしながら，本件各裁決の取消訴訟において，原告らに対し在留特別許可を付与しなかったことに裁量権の逸脱又は濫用があると判断されて，原告らがこれに勝訴すれば，行政事件訴訟法 33 条により，法務大臣等は，取消判決の主文が導き出されるのに必要な事実認定及び法律判断に拘束されることになるのであるから，本件において，原告らは，本件義務づけの訴えを提起しなくとも，本件各裁決の取消訴訟の勝訴判決の後に改めてされる法務大臣等の裁決により，本邦での在留資格を得るという目的を達することができるはずである。

裁判例 766　東京地判平成 21 年 1 月 29 日　平 19（行ウ）741

　本件の義務づけの訴え（難民の認定をしない処分，在留特別許可をしない処分を受けて，法 61 条の 2 の 2 第 1 項に基づいて「定住者」の在留資格を付与すべきことの義務づけの訴え）が，法 3 条 6 項 1 号所定の非申請型の義務づけの訴えであるとすれば，原告としては，本件難民不認定処分の取消訴訟を提起し，同処分の取消しを得たうえで難民である旨の認定を受ければ，ひとまずその保護を受けることができ，なお「定住者」の在留資格の許可を受けられない場合にはそれを争えば足りるのであるから，同訴えは，補充性の要件（法 37 条の 2 第 1 項）を欠くものであり，不適法であると解されるところである。

裁判例 767　東京地判平成 19 年 5 月 25 日　平 18（行ウ）266

　在留資格を取得するためには，退令処分に対する取消訴訟を提起し，そこで在留特別許可が与えられなかったことが，退令処分の裁量権逸脱・濫用であると争うのが通常の争い方である以上，在留特別許可付与の義務づけを求める原告らの訴えは「その損害を避けるため，他に適当な方法がない」という場合ではないとされる。

7 本案要件

| 裁判例 768 | 東京地判平成 27 年 4 月 16 日　平 25（行ウ）351 |

　スリランカ国籍の外国人男性が，短期滞在で入国し，不法残留中に永住者であるフィリッピン国籍の女性と婚姻し，退去強制手続を経て，退去強制令書交付を受け，裁決後に配偶者の女性が妊娠していることが判明したとして，裁決の撤回を求めてきた事例。

　本件裁決後に原告が上婚姻関係を継続させているとしても，両者の婚姻関係は，そもそも原告の不法残留という違法状態のうえに築かれたものであるうえ，原告は，適法に本件裁決及び本件退令処分を受け，速やかに本邦から送還されるべき地位にあるにもかかわらず，敢えてこれに従わずに本邦に残留することによって婚姻関係を継続させていたことからすれば，これを保護すべき必要性が高いとはいえない。

　また，原告と配偶者は，本訴について原告が敗訴し，将来，子の出産後に原告が本邦から退去強制され，家族の統合が失われる可能性があることを十分に認識し，これを承知したうえ「で子をもうけようとしたことは明らかといえる。そして，わが国においても，さまざまな事情により一方の親からの監護しか受けられない家庭が存在している以上，原告が本邦から退去強制され，家族の統合が失われることになるとしても，在留特別許可を付与しないとの判断を見直すべき顕著な事情があるということもできない。

| 裁判例 769 | 東京地判平成 19 年 9 月 28 日　平 19（行ウ）10 |

　在留特別許可の義務づけを求める本案事件について「理由があるとみえるとき」に当たるとするためには，法 37 条の 2 第 1 項及び 3 項に規定する要件に当たるほか，法務大臣が申立人に対して在留特別許可を付与しないことが，その裁量権の範囲を超え又はその濫用となると認められるものであることを要するというべきである（法 37 条の 2 第 5 項）。

判 例 索 引

広島高判昭和 27 年 12 月 8 日昭 27（っ）531（高刑裁時 20 号 114 頁）（裁判例 484）················· 167
最三小決昭和 32 年 7 月 9 日昭 30（あ）2684（刑集 11 巻 7 号 1813 頁）（裁判例 73）················ 27
東京高判昭和 33 年 2 月 24 日昭 31（ネ）1677（行集 9 巻 5 号 1003 頁）（裁判例 243・688）····· 83, 244
長崎地判昭和 33 年 5 月 13 日昭 32（わ）541（一審刑集 1 追録 233 頁）（裁判例 485）··········· 167
東京地判昭和 33 年 12 月 24 日昭 30（行）58（裁判例 284）······································· 96
東京高判昭和 34 年 10 月 5 日昭 34（ネ）214（判時 208 号 45 頁）（裁判例 502）············· 172
最大判昭和 37 年 11 月 28 日昭 34（あ）1678（判時 322 号 2 頁）（裁判例 483）············· 167
最一小判昭和 40 年 12 月 23 日昭 37（オ）853（判タ 187 号 113 頁）（裁判例 138）·········· 45
最三小判昭和 43 年 7 月 16 日昭 42（あ）2287（判時 527 号 83 頁）（裁判例 6・482）······ 4, 167
東京地決昭和 44 年 9 月 20 日昭 44（行ク）56（判タ 240 号 194 頁）（裁判例 244・684）···· 83, 242
東京地判昭和 45 年 7 月 4 日昭 45（行ク）50（裁判例 41）······································· 16
東京高決昭和 45 年 11 月 25 日昭 45（行ス）21（裁判例 686）··································· 243
大阪地判昭和 45 年 12 月 24 日昭 43（行ウ）803（訟月 17 巻 4 号 635 頁，訟月 20 巻 7 号 77 頁）
　　（裁判例 143）·· 49
最一決昭和 46 年 1 月 25 日昭 45（ク）441（訟月 17 巻 3 号 454 頁）（裁判例 25・31）······ 10, 13
東京高判昭和 47 年 4 月 15 日昭 46（う）3326（判タ 279 号 359 頁）（裁判例 23・242）····· 10, 83
東京高判昭和 48 年 4 月 26 日昭 47（う）998（高刑集 26 巻 2 号 214 頁）（裁判例 481）······ 167
最三小決昭和 49 年 4 月 30 日（刑集 192 号 407 頁）（裁判例 241）······························ 82
東京高判昭和 50 年 11 月 26 日昭 49（ネ）1778（判時 814 号 109 頁）（裁判例 240）········· 82
東京高判昭和 52 年 3 月 9 日昭 51（行ス）13（行集 28 巻 3 号 189 頁）（裁判例 271・732）··· 92, 258
最大判昭和 53 年 10 月 4 日昭 50（行ツ）120（民集 32 巻 7 号 1223 頁）（判タ 368 号 196 頁）
　　（裁判例 9・19・74）·· 6, 9, 28, 119
神戸地判昭和 54 年 6 月 1 日昭 50（行ウ）23（訟月 25 巻 10 号 2665 頁）（裁判例 267・697）··· 91, 247
最三小判昭和 54 年 10 月 23 日昭 53（行ツ）37（裁判例 139）··································· 48
大阪地判昭和 54 年 11 月 6 日昭 50（行ウ）30（判タ 404 号 96 頁）（裁判例 268）·········· 91
大阪地決昭和 55 年 9 月 19 日（訟月 27 巻 1 号 179 頁）（裁判例 91）···························· 32
福岡地判昭和 57 年 6 月 22 日昭 57（わ）298（判時 1050 号 177 頁）（裁判例 498）········· 170
最二小判昭和 59 年 2 月 17 日昭 58（あ）257（判タ 531 号 151 頁）（裁判例 137）·········· 44
横浜地判昭和 63 年 8 月 8 日昭 62（行ウ）15（判タ 687 号 135 頁）（裁判例 266）·········· 91
東京高判昭和 63 年 9 月 29 日昭 61（行コ）33（判タ 689 号 281 頁）（裁判例 134）········· 44
東京地判平成元年 4 月 28 日昭 58（行ウ）10（訟月 35 巻 9 号 1811 頁，判タ 694 号 187 頁）
　　（裁判例 136・718）·· 44, 254
大阪地決平成 2 年 12 月 25 日平 2（行ク）33（判時 1382 号 21 頁）（裁判例 275）·········· 93
福岡地判平成 4 年 3 月 26 日平 2（行ウ）9（判タ 787 号 137 頁）（裁判例 233・252・265）··· 80, 86, 90
大阪高判平成 5 年 7 月 1 日平 4（う）226（高刑集 46 巻 2 号 204 頁）（裁判例 480・568）··· 166, 196
東京地判平成 5 年 9 月 6 日平 3（行ウ）254（判タ 864 号 209 頁）（裁判例 93・94）········ 33
東京高判平成 5 年 9 月 22 日平 5（う）233（判時 1507 号 170 頁）（裁判例 491）·········· 169
東京高判平成 5 年 11 月 11 日平 5（う）751（判タ 846 号 291 頁）（裁判例 108・490）····· 36, 168
最一小判平成 8 年 2 月 22 日平 4（行ツ）140（裁判例 13）······································· 7
最三小判平成 8 年 7 月 2 日平 6（行ツ）183（判タ 920 号 126 頁）（裁判例 76・117）······ 29, 40
最二小判平成 8 年 7 月 12 日平 7（行ツ）111（裁判例 716）····································· 253
東京地判平成 8 年 10 月 24 日平 7（行ウ）306（裁判例 78）····································· 29
大阪地判平成 8 年 11 月 12 日平 7（行ウ）11（訟月 44 巻 10 号 1742 頁）（裁判例 86）······ 31
最三小決平成 9 年 3 月 18 日平 6（あ）1214（裁時 1192 号 26 頁）（裁判例 489）·········· 168
大阪高判平成 9 年 4 月 25 日平 8（う）427（判時 1620 号 157 頁）（裁判例 488）·········· 168
最二小判平成 10 年 4 月 10 日平 6（行ツ）153（判タ 973 号 281 頁）（裁判例 133）········ 43
最二小判平成 10 年 4 月 10 日平 6（行ツ）152（判タ 973 号 281 頁）（裁判例 135・717）··· 44, 253
松江地判平成 10 年 7 月 22 日平 10（わ）50（判時 1653 号 156 頁）（裁判例 476）·········· 166
東京地判平成 10 年 12 月 25 日平 10（行ウ）23（判タ 1006 号 146 頁）（裁判例 44）········ 17
大阪高判平成 10 年 12 月 25 日平 8（行コ）60（判タ 1059 号 108 頁）（裁判例 102）······· 35

274　判 例 索 引

東京地判平成 11 年 10 月 15 日平 9（行ウ）120（裁判例 100）‥‥‥‥‥‥‥‥‥‥‥‥‥‥‥‥‥ 35
東京地判平成 11 年 11 月 11 日平 10（行ウ）77（裁判例 120）‥‥‥‥‥‥‥‥‥‥‥‥‥‥‥‥‥ 40
東京地判平成 11 年 11 月 12 日平 11（行ウ）19（判タ 1219 号 212 頁）（裁判例 366）‥‥‥‥‥ 127
東京地判平成 13 年 3 月 15 日平 10（行ウ）130（判時 1784 号 67 頁）（裁判例 291）‥‥‥‥‥ 99
東京地判平成 13 年 11 月 12 日平 12（ワ）2316（判タ 1087 号 109 頁）（裁判例 68）‥‥‥‥‥ 25
最一小決平成 14 年 2 月 28 日平 14（行フ）1（裁集民 205 号 835 頁，判タ 1089 号 133 頁）
　（裁判例 270・722）‥‥‥‥‥‥‥‥‥‥‥‥‥‥‥‥‥‥‥‥‥‥‥‥‥‥‥‥‥‥‥ 91, 255
最一小決平成 14 年 2 月 28 日平 14（行フ）1（判タ 1089 号 133 頁）（裁判例 746）‥‥‥‥‥ 262
最二小決平成 14 年 4 月 26 日平 14（行フ）6（裁判例 736）‥‥‥‥‥‥‥‥‥‥‥‥‥‥‥‥‥ 259
広島地判平成 14 年 6 月 20 日平 14（わ）225（判時 1814 号 167 頁）（裁判例 479）‥‥‥‥‥ 166
広島高判平成 14 年 9 月 20 日平 14（う）129（判時 1814 号 161 頁）（裁判例 478）‥‥‥‥‥ 166
最一小判平成 14 年 10 月 17 日平 11（行ヒ）46（民集 56 巻 8 号 1823 頁）（判タ 1109 号 113 頁）
　（裁判例 11・110・348・367）‥‥‥‥‥‥‥‥‥‥‥‥‥‥‥‥ 6, 37, 119, 122, 128
東京地判平成 14 年 12 月 20 日平 10（ワ）3147（裁判例 237）‥‥‥‥‥‥‥‥‥‥‥‥‥‥‥‥ 81
千葉地判平成 15 年 2 月 19 日平 13（ワ）2283, 2521（裁判例 496）‥‥‥‥‥‥‥‥‥‥‥‥‥ 170
東京地判平成 15 年 4 月 9 日平 14（行ウ）116（裁判例 588）‥‥‥‥‥‥‥‥‥‥‥‥‥‥‥‥ 202
東京地決平成 15 年 6 月 11 日平 15（行ウ）17（判時 1831 号 96 頁）（裁判例 272・744）‥‥‥ 92, 262
東京地判平成 15 年 9 月 19 日平 12（行ウ）211（判時 1836 号 46 頁）（裁判例 29・678）‥‥‥ 11, 240
最一小決平成 15 年 12 月 3 日平 14（あ）1658（刑集 57 巻 11 号 1075 頁）（裁判例 475）‥‥‥ 165
東京高判平成 16 年 1 月 14 日平 15（行コ）131（裁判例 589）‥‥‥‥‥‥‥‥‥‥‥‥‥‥‥ 203
最三小判平成 16 年 1 月 15 日平 14（受）687（判タ 1145 号 120 頁）（裁判例 63）‥‥‥‥‥‥ 23
東京地判平成 16 年 2 月 25 日平 15（刑わ）889, 平 15（特わ）3644, 平 15（合わ）200（裁判例 495）‥‥ 169
大阪地判平成 16 年 3 月 26 日平 12（行ウ）46（裁判例 646）‥‥‥‥‥‥‥‥‥‥‥‥‥‥‥‥ 223
東京高判平成 16 年 3 月 30 日平 15（行コ）247（訟月 51 巻 2 号 511 頁）（裁判例 29・678）‥‥‥‥ 12, 240
名古屋地判平成 16 年 4 月 15 日平 14（行ウ）49（裁判例 560・631）‥‥‥‥‥‥‥‥‥ 193, 218
東京地判平成 16 年 4 月 20 日平 10（ワ）24079（裁判例 238）‥‥‥‥‥‥‥‥‥‥‥‥‥‥‥ 81
東京地判平成 16 年 4 月 20 日平 10（行ウ）208（判時 1863 号 30 頁）（裁判例 630）‥‥‥‥‥ 218
東京地判平成 16 年 5 月 14 日平 15（行ウ）2（裁判例 576・690）‥‥‥‥‥‥‥‥‥‥‥ 198, 245
東京地判平成 16 年 5 月 27 日平 14（行ウ）75, 80（判時 1875 号 24 頁）（裁判例 299・647）‥‥‥‥ 101, 223
最一小決平成 16 年 5 月 31 日平 16（行フ）3（判タ 1159 号 123 頁）（訟月 51 巻 3 号 742 頁）
　（裁判例 274・736）‥‥‥‥‥‥‥‥‥‥‥‥‥‥‥‥‥‥‥‥‥‥‥‥‥‥‥‥‥‥ 92, 260
名古屋地判平成 16 年 8 月 26 日平 16（行ウ）30（裁判例 281）‥‥‥‥‥‥‥‥‥‥‥‥‥‥‥ 95
水戸家裁下妻支部決平成 16 年 9 月 1 日平 16（少）363（判タ 1167 号 302 頁）（裁判例 64・497）‥‥‥ 24, 170
東京地判平成 16 年 9 月 17 日平 15（行ウ）420（判時 1892 号 17 頁）（裁判例 365）‥‥‥‥‥ 127
東京高判平成 16 年 9 月 22 日平 16（行ウ）1005（裁判例 494）‥‥‥‥‥‥‥‥‥‥‥‥‥‥‥ 169
東京地決平成 16 年 9 月 22 日平 16（行ク）187（裁判例 738）‥‥‥‥‥‥‥‥‥‥‥‥‥‥‥ 260
東京地判平成 16 年 10 月 14 日平 13（ワ）17413（判タ 1188 号 271 頁）（裁判例 277）‥‥‥‥‥ 94
大阪地判平成 16 年 10 月 19 日平 15（行ウ）91（法時 82 巻 5 号 92 頁）（裁判例 182）‥‥‥‥‥ 61
東京地判平成 16 年 10 月 29 日平 15（行ウ）245（裁判例 649）‥‥‥‥‥‥‥‥‥‥‥‥‥‥‥ 224
東京地判平成 16 年 11 月 5 日平 15（行ウ）340（判タ 1216 号 82 頁）（裁判例 431）‥‥‥‥‥ 150
東京高決平成 16 年 11 月 26 日平 16（行ス）92（裁判例 738）‥‥‥‥‥‥‥‥‥‥‥‥‥‥‥ 260
東京地判平成 16 年 12 月 2 日平 15（行ウ）283（裁判例 85）‥‥‥‥‥‥‥‥‥‥‥‥‥‥‥‥ 31
東京高判平成 17 年 1 月 20 日平 16（行コ）113（裁判例 556）‥‥‥‥‥‥‥‥‥‥‥‥‥‥‥ 192
東京地判平成 17 年 1 月 21 日平 15（行ウ）11, 平 16（行ウ）66（判時 1915 号 3 頁）（裁判例 262）‥‥‥ 90
東京地判平成 17 年 1 月 26 日平 14（行ウ）232（裁判例 650）‥‥‥‥‥‥‥‥‥‥‥‥‥‥‥ 224
東京地決平成 17 年 2 月 1 日平 16（行ク）383（裁判例 737・745）‥‥‥‥‥‥‥‥‥‥ 260, 262
東京地判平成 17 年 2 月 3 日平 14（行ウ）77（裁判例 263）‥‥‥‥‥‥‥‥‥‥‥‥‥‥‥‥ 90
東京地判平成 17 年 2 月 10 日平 14（行ウ）359（裁判例 523）‥‥‥‥‥‥‥‥‥‥‥‥‥‥‥ 180
名古屋地判平成 17 年 2 月 17 日平 16（行ウ）11（判タ 1209 号 101 頁）
　（裁判例 10・15・77・99・116・696・719）‥‥‥‥‥‥ 6, 7, 29, 34, 39, 247, 254
福岡高判平成 17 年 3 月 7 日平 15（行コ）13（裁判例 27・525）‥‥‥‥‥‥‥‥‥‥‥‥ 11, 180
東京地判平成 17 年 3 月 16 日平 16（行タ）117, 平 17（行タ）38（裁判例 731）‥‥‥‥‥‥‥ 258

判　例　索　引　　275

東京地判平成 17 年 3 月 25 日平 15（行ウ）360（判タ 1210 号 98 頁）（裁判例 607）················ 210
東京高判平成 17 年 4 月 13 日平 16（行ウ）389（裁判例 417）·· 145
最二小決平成 17 年 4 月 21 日平 16（あ）1595（判タ 1181 号 183 頁）（裁判例 473）··········· 165
大阪高判平成 17 年 5 月 19 日平 16（行コ）114（裁判例 727）·· 256
大阪高判平成 17 年 6 月 15 日平 16（行コ）89（裁判例 606）··· 209
広島地判平成 17 年 6 月 30 日平 15（行ウ）16（裁判例 591）··· 203
東京地判平成 17 年 7 月 15 日平 13（行ウ）176，181（判時 1951 号 44 頁）（裁判例 616）······ 213
横浜地判平成 17 年 7 月 20 日平 15（行ウ）31（判タ 1219 号 242 頁）（裁判例 438）············· 152
名古屋地判平成 17 年 8 月 31 日平 16（行ウ）48−50（裁判例 296）································· 100
東京地決平成 17 年 9 月 29 日平 17（行ク）217（裁判例 185・743）······························ 62, 261
東京地決平成 17 年 11 月 25 日平 17（行ク）203（裁判例 742）·· 261
東京地決平成 17 年 11 月 25 日平 15（行ウ）429（裁判例 673・764）·························· 238, 270
東京高判平成 18 年 1 月 18 日平 17（行コ）222（訟月 52 巻 11 号 3486 頁）（裁判例 439）······· 152
大阪地判平成 18 年 1 月 25 日平 16（行ウ）15（裁判例 173）·· 59
広島高判平成 18 年 3 月 23 日平 17（行ウ）225（裁判例 3）·· 4
大阪地判平成 18 年 3 月 23 日平 16（行ウ）140（判タ 1213 号 112 頁）
　　（裁判例 12・269・331・715）··· 7, 91, 115, 253
名古屋地判平成 18 年 3 月 23 日平 16（行ウ）73（裁判例 580・617・729）··········· 199, 213, 257
東京地判平成 18 年 3 月 28 日平 17（行ウ）79（判タ 1236 号 126 頁）（裁判例 430）············· 150
東京地判平成 18 年 6 月 13 日平 15（行ウ）416（判時 1957 号 26 頁）（裁判例 645）············· 223
大阪地判平成 18 年 6 月 14 日平 16（行ウ）156（判タ 1217 号 117 頁）（裁判例 17・40・149）··· 8, 16, 50
名古屋高判平成 18 年 6 月 21 日平 16（行コ）32（裁判例 282・583）······························ 95, 200
名古屋地判平成 18 年 6 月 29 日平 17（行ウ）24（判タ 1244 号 94 頁）（裁判例 362）············· 126
東京地判平成 18 年 6 月 30 日平 16（行ウ）64（判タ 1241 号 57 頁）（裁判例 379）·············· 132
東京地判平成 18 年 7 月 19 日平 17（行ウ）80（判タ 1301 号 130 頁）（裁判例 429）············· 149
東京地判平成 18 年 8 月 30 日平 17（行ウ）368（判タ 1305 号 106 頁）（裁判例 181）············· 61
東京地判平成 18 年 9 月 15 日平 18（行ウ）63（裁判例 39）··· 15
東京地判平成 18 年 9 月 15 日平 17（行ウ）364（判タ 1283 号 101 頁）
　　（原審：東京高判平成 19 年 5 月 16 日）（裁判例 714）··· 253
最一小判平成 18 年 10 月 5 日平 17（行ヒ）395（裁時 1421 号 15 頁）
　　（平成 17 年 2 月 3 日東京地判の上告審）（裁判例 264）··· 90
広島地決平成 18 年 10 月 17 日平 18（行ク）14（裁判例 741）··· 261
東京地決平成 18 年 10 月 20 日平 18（行ク）257（裁判例 573・751）························· 197, 264
東京地判平成 18 年 10 月 31 日平 16（行ウ）45，46（裁判例 641）··································· 221
大阪地判平成 18 年 11 月 2 日平 18（行ウ）29（判タ 1234 号 68 頁）（裁判例 251）··············· 85
東京地判平成 18 年 11 月 17 日平 16（行ウ）459，平 18（行ウ）308（判タ 1262 号 84 頁）
　　（裁判例 605）··· 209
広島高決平成 18 年 12 月 8 日平 18（行ス）6（裁判例 741）·· 261
大阪地決平成 18 年 12 月 12 日平 18（行ク）76（裁判例 749）··· 263
東京地判平成 19 年 1 月 19 日平 18（行ウ）401，406，407（裁判例 585・619）·········· 201, 214
東京地判平成 19 年 1 月 31 日平 17（行ウ）607（法時 82 巻 5 号 92 頁）（裁判例 180）··········· 61
東京地判平成 19 年 1 月 31 日平 16（行ウ）323，平 17（行ウ）469（判タ 1247 号 138 頁）
　　（裁判例 604）··· 209
大阪高判平成 19 年 2 月 1 日平 18（行コ）43（裁判例 360）·· 125
東京地判平成 19 年 2 月 2 日平 17（行ウ）114（判タ 1268 号 139 頁）
　　（裁判例 575・660・694）··· 198, 229, 246
東京地判平成 19 年 2 月 13 日平 17（行ウ）19，86，109（裁判例 668）······························ 233
東京地判平成 19 年 2 月 15 日平 17（行ウ）346（裁判例 377）··· 131
東京地判平成 19 年 2 月 20 日平 18（行ウ）323（裁判例 72）··· 27
東京地判平成 19 年 2 月 23 日平 16（行ウ）315 等（裁判例 283・524）··························· 95, 180
東京地判平成 19 年 2 月 27 日平 19（行ウ）33（裁判例 58）··· 21
東京高判平成 19 年 2 月 27 日平 18（行コ）126（裁判例 428）··· 149

276 判 例 索 引

東京地判平成 19 年 2 月 28 日平 18（行ウ）370（裁判例 236・739）―――――――――81, 260
東京地判平成 19 年 2 月 28 日平 16（行ウ）174・平 17（行ウ）162（裁判例 603）――――209
東京地判平成 19 年 3 月 6 日平 17（行ウ）111, 113（裁判例 602）――――――――――208
東京地判平成 19 年 3 月 14 日平 17（行ウ）467, 平 18（行ウ）137（裁判例 220）――――74
東京地判平成 19 年 3 月 16 日平 18（行ウ）32（裁判例 14・194）――――――――――7, 65
東京地判平成 19 年 3 月 23 日平 16（行ウ）462・平 17（行ウ）344（裁判例 560・601）――193, 208
東京地判平成 19 年 3 月 28 日平 17（行ウ）424・425（裁判例 600）―――――――――208
東京地判平成 19 年 3 月 28 日平 17（行ウ）523・534・535（裁判例 615）――――――213
大阪地判平成 19 年 3 月 30 日平 19（行ク）1（判タ 1256 号 58 頁）（裁判例 273・740）――92, 261
東京地判平成 19 年 4 月 13 日平 17（行ウ）329（裁判例 595）―――――――――――206
大阪地判平成 19 年 4 月 19 日平 17（行ウ）53（裁判例 676）―――――――――――239
東京地判平成 19 年 4 月 27 日平 17（行ウ）513（裁判例 60・710）―――――――――21, 252
東京地判平成 19 年 4 月 27 日平 14（行ウ）390・平 17（行ウ）328（裁判例 599）―――207
東京地判平成 19 年 4 月 27 日平 18（行ウ）707（裁判例 673）――――――――――238
東京地判平成 19 年 5 月 15 日平 18（行ウ）60（裁判例 713）―――――――――――252
東京高判平成 19 年 5 月 16 日平 18（行コ）264（判タ 1283 号 96 頁, 128 頁）
　　（裁判例 2・226・725）――――――――――――――――――――――――3, 77, 256
東京地判平成 19 年 5 月 18 日平 18（行ウ）157（裁判例 305）―――――――――――103
東京地判平成 19 年 5 月 25 日平 18（行ウ）266（裁判例 767）――――――――――270
東京地判平成 19 年 5 月 31 日平 18（行ウ）139, 184（裁判例 330）―――――――――114
東京地判平成 19 年 6 月 8 日平 18（行ウ）14（裁判例 663）―――――――――――230
東京地判平成 19 年 6 月 14 日平 18（行ウ）112（裁判例 364）――――――――――126
東京地判平成 19 年 6 月 29 日平 18（行ウ）216（裁判例 246・260）――――――――84, 89
東京高判平成 19 年 7 月 17 日平 19（行コ）25（裁判例 30・501）―――――――――12, 172
東京高判平成 19 年 7 月 19 日平 19（行コ）75（裁判例 523）―――――――――――180
東京地判平成 19 年 7 月 24 日平 18（行ウ）281（裁判例 231）――――――――――79
東京地判平成 19 年 7 月 26 日平 18（行ウ）560（裁判例 701）――――――――――250
東京地判平成 19 年 8 月 3 日平 19（行ウ）251（裁判例 673）―――――――――――238
東京地判平成 19 年 8 月 23 日平 18（行ウ）440（裁判例 347）――――――――――122
東京地判平成 19 年 8 月 28 日平 18（行ウ）476（裁判例 207）――――――――――69
東京地判平成 19 年 8 月 28 日平 18（行ウ）47（判時 1984 号 18 頁）（裁判例 411）―――142
東京高判平成 19 年 8 月 29 日平 19（行コ）159（裁判例 89・726）―――――――――32, 256
東京地判平成 19 年 8 月 31 日平 18（行ウ）79（裁判例 49）―――――――――――19
東京地判平成 19 年 8 月 31 日平 15（行ウ）645, 平 18（行ウ）189（判タ 1278 号 69 頁）
　　（裁判例 280・579）――――――――――――――――――――――――――95, 199
東京地判平成 19 年 9 月 3 日平 18（ワ）3979（裁判例 279）―――――――――――94
東京地判平成 19 年 9 月 14 日平 18（行ウ）432（裁判例 227）――――――――――77
東京地判平成 19 年 9 月 19 日平 17（行ウ）360（裁判例 346）――――――――――121
東京高判平成 19 年 9 月 19 日平 18（行コ）330（判タ 1290 号 138 頁）
　　（裁判例 605・615・629）―――――――――――――――――――――209, 213, 217
東京地判平成 19 年 9 月 21 日平 18（行ウ）179, 190, 191（裁判例 111）―――――――37
東京地判平成 19 年 9 月 26 日平 18（行ウ）632, 643-645（裁判例 417）――――――145
東京高判平成 19 年 9 月 26 日平 19（行コ）147（判タ 1290 号 141 頁）（裁判例 628）―――217
東京地判平成 19 年 9 月 27 日平 18（行ウ）292（裁判例 260）――――――――――89
東京地判平成 19 年 9 月 28 日平 19（行ウ）10（裁判例 760・769）――――――――268, 271
東京地判平成 19 年 10 月 31 日平 18（行ウ）113（裁判例 109）――――――――――37
東京地判平成 19 年 10 月 31 日平 17（行ウ）450（判時 2009 号 81 頁）（裁判例 614）――212
大阪地決平成 19 年 11 月 1 日平 19（行ク）57（裁判例 235・278・748）――――――81, 94, 263
東京高判平成 19 年 11 月 5 日平 19（行ウ）1828（裁判例 474）――――――――――165
東京地判平成 19 年 11 月 12 日平 19（行ウ）302・303（裁判例 51・520）――――――19, 179
大阪地判平成 19 年 11 月 14 日平 17（行ウ）47（裁判例 38・435・522）―――――15, 151, 179
東京地判平成 19 年 11 月 15 日平 18（行ウ）500（裁判例 471）――――――――――164

判 例 索 引　277

大阪地判平成 19 年 11 月 21 日平 17（行ウ）54（判タ 1273 号 139 頁）（裁判例 627）⋯⋯⋯⋯⋯⋯⋯⋯ 216
東京地判平成 19 年 12 月 6 日平 18（行ウ）611（裁判例 329）⋯⋯⋯⋯⋯⋯⋯⋯⋯⋯⋯⋯⋯⋯⋯⋯⋯⋯⋯⋯ 114
東京地判平成 19 年 12 月 13 日平 19（行ウ）473（裁判例 334）⋯⋯⋯⋯⋯⋯⋯⋯⋯⋯⋯⋯⋯⋯⋯⋯⋯⋯⋯⋯ 116
東京地判平成 19 年 12 月 26 日平 19（行ウ）171（裁判例 648）⋯⋯⋯⋯⋯⋯⋯⋯⋯⋯⋯⋯⋯⋯⋯⋯⋯⋯⋯⋯ 224
東京地判平成 20 年 1 月 16 日平 18（行ウ）409，415（判時 1998 号 30 頁）（裁判例 613）⋯⋯⋯⋯⋯⋯ 212
東京地判平成 20 年 1 月 18 日平 19（行ウ）57（裁判例 354・377）⋯⋯⋯⋯⋯⋯⋯⋯⋯⋯⋯⋯⋯⋯ 123, 131
東京地判平成 20 年 1 月 21 日平 18（行ウ）650（裁判例 363）⋯⋯⋯⋯⋯⋯⋯⋯⋯⋯⋯⋯⋯⋯⋯⋯⋯⋯⋯⋯ 126
東京地判平成 20 年 1 月 25 日平 19（行ウ）547（裁判例 46・388）⋯⋯⋯⋯⋯⋯⋯⋯⋯⋯⋯⋯⋯⋯⋯ 18, 135
東京地判平成 20 年 2 月 7 日平 18（行ウ）665（裁判例 178）⋯⋯⋯⋯⋯⋯⋯⋯⋯⋯⋯⋯⋯⋯⋯⋯⋯⋯⋯⋯⋯ 60
東京地判平成 20 年 2 月 7 日平 17（ワ）27187（裁判例 239）⋯⋯⋯⋯⋯⋯⋯⋯⋯⋯⋯⋯⋯⋯⋯⋯⋯⋯⋯⋯⋯ 82
東京地判平成 20 年 2 月 7 日平 18（行ウ）547・548（裁判例 563）⋯⋯⋯⋯⋯⋯⋯⋯⋯⋯⋯⋯⋯⋯⋯⋯⋯ 194
東京地判平成 20 年 2 月 8 日平 18（行ウ）491（裁判例 598）⋯⋯⋯⋯⋯⋯⋯⋯⋯⋯⋯⋯⋯⋯⋯⋯⋯⋯⋯⋯ 207
東京地判平成 20 年 2 月 18 日平 19（行ウ）186（裁判例 353）⋯⋯⋯⋯⋯⋯⋯⋯⋯⋯⋯⋯⋯⋯⋯⋯⋯⋯⋯ 123
東京地判平成 20 年 2 月 21 日平 19（行ウ）43（裁判例 557）⋯⋯⋯⋯⋯⋯⋯⋯⋯⋯⋯⋯⋯⋯⋯⋯⋯⋯⋯⋯ 192
東京地判平成 20 年 2 月 21 日平 17（行ウ）493（裁判例 704）⋯⋯⋯⋯⋯⋯⋯⋯⋯⋯⋯⋯⋯⋯⋯⋯⋯⋯⋯ 250
東京地判平成 20 年 2 月 15 日平 19（行ウ）77（裁判例 260）⋯⋯⋯⋯⋯⋯⋯⋯⋯⋯⋯⋯⋯⋯⋯⋯⋯⋯⋯⋯ 89
東京地判平成 20 年 2 月 29 日（判時 2013 号 61 頁）（裁判例 380）⋯⋯⋯⋯⋯⋯⋯⋯⋯⋯⋯⋯⋯⋯⋯⋯⋯ 132
東京地判平成 20 年 3 月 6 日平 19（行ウ）463（裁判例 679）⋯⋯⋯⋯⋯⋯⋯⋯⋯⋯⋯⋯⋯⋯⋯⋯⋯⋯⋯⋯ 241
広島地判平成 20 年 3 月 13 日平 18（行ウ）29（裁判例 179）⋯⋯⋯⋯⋯⋯⋯⋯⋯⋯⋯⋯⋯⋯⋯⋯⋯⋯⋯⋯⋯ 60
大阪高判平成 20 年 3 月 13 日平 19（行コ）43（裁判例 677）⋯⋯⋯⋯⋯⋯⋯⋯⋯⋯⋯⋯⋯⋯⋯⋯⋯⋯⋯⋯ 240
東京高判平成 20 年 3 月 19 日平 19（行コ）341（裁判例 417）⋯⋯⋯⋯⋯⋯⋯⋯⋯⋯⋯⋯⋯⋯⋯⋯⋯⋯⋯ 145
東京高判平成 20 年 3 月 21 日平 19（う）2834（裁判例 477）⋯⋯⋯⋯⋯⋯⋯⋯⋯⋯⋯⋯⋯⋯⋯⋯⋯⋯⋯⋯ 166
東京地判平成 20 年 3 月 25 日平 19（行ウ）447（裁判例 260）⋯⋯⋯⋯⋯⋯⋯⋯⋯⋯⋯⋯⋯⋯⋯⋯⋯⋯⋯ 89
広島地判平成 20 年 3 月 28 日平 18（行ウ）28（裁判例 172）⋯⋯⋯⋯⋯⋯⋯⋯⋯⋯⋯⋯⋯⋯⋯⋯⋯⋯⋯⋯ 58
広島地判平成 20 年 3 月 28 日平 28（行ウ）13，28（裁判例 685）⋯⋯⋯⋯⋯⋯⋯⋯⋯⋯⋯⋯⋯⋯⋯⋯⋯ 243
東京地判平成 20 年 4 月 11 日平 19（行ウ）685（裁判例 304）⋯⋯⋯⋯⋯⋯⋯⋯⋯⋯⋯⋯⋯⋯⋯⋯⋯⋯⋯ 102
東京高判平成 20 年 4 月 16 日平 18（行コ）318（裁判例 642）⋯⋯⋯⋯⋯⋯⋯⋯⋯⋯⋯⋯⋯⋯⋯⋯⋯⋯⋯ 221
東京地判平成 20 年 5 月 20 日平 19（行ウ）599，612，613，614（裁判例 412）⋯⋯⋯⋯⋯⋯⋯⋯⋯⋯ 143
大阪高判平成 20 年 5 月 28 日平 19（行コ）127（判時 2024 号 3 頁）（裁判例 427）⋯⋯⋯⋯⋯⋯⋯⋯ 149
和歌山地判平成 20 年 6 月 3 日平 20（わ）146，218（労判 970 号 91 頁）（裁判例 554）⋯⋯⋯⋯⋯⋯ 188
東京地判平成 20 年 6 月 27 日平 19（行ウ）424（裁判例 352）⋯⋯⋯⋯⋯⋯⋯⋯⋯⋯⋯⋯⋯⋯⋯⋯⋯⋯⋯ 123
東京地判平成 20 年 7 月 8 日平 19（行ウ）263，347－349（裁判例 420）⋯⋯⋯⋯⋯⋯⋯⋯⋯⋯⋯⋯⋯ 146
東京地判平成 20 年 7 月 16 日平 19（行ウ）676（裁判例 37・43・46・58・708）⋯⋯⋯ 15, 17, 18, 21, 251
東京地判平成 20 年 8 月 22 日平 18（行ウ）528，平 19（行ウ）359（裁判例 340・582・611）⋯⋯ 118, 200, 212
東京地判平成 20 年 8 月 22 日平 20（行ウ）435（裁判例 674・753）⋯⋯⋯⋯⋯⋯⋯⋯⋯⋯⋯⋯⋯ 238, 264
東京地判平成 20 年 8 月 29 日平 19（行ウ）261（裁判例 260）⋯⋯⋯⋯⋯⋯⋯⋯⋯⋯⋯⋯⋯⋯⋯⋯⋯⋯⋯ 89
東京地判平成 20 年 9 月 2 日平 20（行ウ）97（裁判例 470）⋯⋯⋯⋯⋯⋯⋯⋯⋯⋯⋯⋯⋯⋯⋯⋯⋯⋯⋯⋯ 164
東京地判平成 20 年 9 月 5 日平 19（行ウ）313，319－321（裁判例 416）⋯⋯⋯⋯⋯⋯⋯⋯⋯⋯⋯⋯⋯ 145
東京地判平成 20 年 9 月 5 日平 19（行ウ）485，508（裁判例 612・626）⋯⋯⋯⋯⋯⋯⋯⋯⋯⋯ 212, 216
東京地判平成 20 年 9 月 19 日平 19（行ウ）274，645（裁判例 176）⋯⋯⋯⋯⋯⋯⋯⋯⋯⋯⋯⋯⋯⋯⋯⋯ 60
大阪地判平成 20 年 9 月 26 日平 18（ワ）1883（判タ 1295 号 198 頁）（裁判例 22・67）⋯⋯⋯⋯⋯ 9, 25
東京地判平成 20 年 11 月 13 日平 19（行ウ）76，436（裁判例 577）⋯⋯⋯⋯⋯⋯⋯⋯⋯⋯⋯⋯⋯⋯⋯ 198
東京地判平成 20 年 11 月 14 日平 19（行ウ）780（裁判例 377）⋯⋯⋯⋯⋯⋯⋯⋯⋯⋯⋯⋯⋯⋯⋯⋯⋯⋯ 131
東京地判平成 20 年 11 月 28 日平 19（行ウ）720（裁判例 211）⋯⋯⋯⋯⋯⋯⋯⋯⋯⋯⋯⋯⋯⋯⋯⋯⋯⋯⋯ 71
東京地判平成 21 年 1 月 20 日平 20（行ウ）431（裁判例 571）⋯⋯⋯⋯⋯⋯⋯⋯⋯⋯⋯⋯⋯⋯⋯⋯⋯⋯⋯ 197
東京地判平成 21 年 1 月 20 日平 19（行ウ）649・650（裁判例 620）⋯⋯⋯⋯⋯⋯⋯⋯⋯⋯⋯⋯⋯⋯⋯ 214
東京地判平成 21 年 1 月 22 日平 19（行ウ）793（裁判例 345）⋯⋯⋯⋯⋯⋯⋯⋯⋯⋯⋯⋯⋯⋯⋯⋯⋯⋯⋯ 121
東京地判平成 21 年 1 月 29 日平 19（行ウ）741（裁判例 667・766）⋯⋯⋯⋯⋯⋯⋯⋯⋯⋯⋯⋯⋯ 232, 270
東京地判平成 21 年 2 月 10 日平 20（行ウ）434（裁判例 84）⋯⋯⋯⋯⋯⋯⋯⋯⋯⋯⋯⋯⋯⋯⋯⋯⋯⋯⋯⋯ 30
東京地判平成 21 年 2 月 27 日平 20（行ウ）123（裁判例 8）⋯⋯⋯⋯⋯⋯⋯⋯⋯⋯⋯⋯⋯⋯⋯⋯⋯⋯⋯⋯⋯ 5
東京地判平成 21 年 2 月 27 日平 20（行ウ）76，78-80（裁判例 417）⋯⋯⋯⋯⋯⋯⋯⋯⋯⋯⋯⋯⋯⋯⋯ 145
東京地判平成 21 年 2 月 27 日平 19（行ウ）724・728（裁判例 418）⋯⋯⋯⋯⋯⋯⋯⋯⋯⋯⋯⋯⋯⋯⋯ 146

278 判例索引

東京高判平成 21 年 3 月 5 日平 20（行コ）146（裁判例 381）……………………………… 132
東京地判平成 21 年 3 月 6 日平 19（行ウ）357（裁判例 459）……………………………… 159
東京地判平成 21 年 3 月 13 日平 20（行ウ）585（裁判例 310）……………………………… 104
東京地判平成 21 年 3 月 13 日平 20（行ウ）503（裁判例 315・709）…………………… 105, 252
東京地判平成 21 年 3 月 13 日平 20（行ウ）268，297（裁判例 357）……………………… 124
津地裁四日市支部判平成 21 年 3 月 18 日平 19（ワ）478，552（労判 983 号 27 頁）（裁判例 532）… 182
東京地判平成 21 年 3 月 25 日平 20（行ウ）695（裁判例 308・721）…………………… 103, 254
東京地判平成 21 年 3 月 25 日平 20（行ウ）608（裁判例 309）……………………………… 103
東京地判平成 21 年 3 月 25 日平 20（行ウ）203，259（裁判例 417）……………………… 145
東京地判平成 21 年 3 月 26 日平 20（行ウ）301（裁判例 350）……………………………… 122
東京地判平成 21 年 3 月 26 日平 20（行ウ）185・218−220（裁判例 419）………………… 146
東京地判平成 21 年 3 月 27 日平 20（行ウ）186・198（裁判例 198）……………………… 66
東京地判平成 21 年 3 月 27 日平 20（行ウ）152（裁判例 344・358）………………… 121, 124
東京地判平成 21 年 3 月 27 日平 20（行ウ）186・198（裁判例 458）……………………… 159
東京地判平成 21 年 3 月 27 日平 18（行ウ）470，483−488（裁判例 572・724）……… 197, 255
東京地判平成 21 年 4 月 9 日平 20（行ウ）95（裁判例 254）………………………………… 86
東京地判平成 21 年 4 月 9 日平 20（行ウ）158，平 20（行ウ）168，平 20（行ウ）169，平 20（行ウ）170
　（裁判例 295）……………………………………………………………………………… 100
東京地判平成 21 年 4 月 14 日平 20（行ウ）363（裁判例 387）……………………………… 134
東京高判平成 21 年 4 月 15 日平 20（行コ）334（判時 2067 号 22 頁）（裁判例 626）……… 216
東京地判平成 21 年 4 月 17 日平 20（行ウ）159（裁判例 343）……………………………… 121
東京高判平成 21 年 4 月 30 日平 20（行コ）329（裁判例 610）……………………………… 211
東京地判平成 21 年 5 月 22 日平 21（行ウ）10（裁判例 302）……………………………… 102
東京地判平成 21 年 5 月 22 日平 20（行ウ）328，332−334（裁判例 415）………………… 144
東京高判平成 21 年 5 月 27 日平 20（行コ）204（判時 2062 号 33 頁）（裁判例 618）……… 214
東京地判平成 21 年 5 月 28 日平 19（行ウ）549（裁判例 21・511）……………………… 9, 175
東京地判平成 21 年 5 月 29 日平 20（行ウ）284（裁判例 349）……………………………… 122
和歌山地裁田辺支部判平成 21 年 7 月 17 日平 17（ワ）39，平 18（ワ）187（裁判例 531）……… 182
東京地判平成 21 年 7 月 17 日平 20（行ウ）584・638（裁判例 703）……………………… 250
東京地判平成 21 年 7 月 24 日平 21（行ウ）123（裁判例 24・36・66・711）……… 10, 15, 24, 252
東京地判平成 21 年 7 月 31 日平 18（行ウ）72，74（裁判例 417）………………………… 145
東京地判平成 21 年 8 月 3 日平 20（行ウ）593・627（裁判例 414）……………………… 144
東京地判平成 21 年 9 月 4 日平 20（行ウ）300（裁判例 218）……………………………… 73
東京地判平成 21 年 9 月 18 日平 20（行ウ）625，578，679（裁判例 434）………………… 151
東京地判平成 21 年 9 月 25 日平 20（行ウ）304（裁判例 461）……………………………… 160
東京地判平成 21 年 9 月 29 日平 20（行ウ）586，674（裁判例 20・107・270・723）… 9, 36, 91, 255
東京地判平成 21 年 10 月 2 日平 20（行ウ）506，559（裁判例 515）……………………… 177
東京地判平成 21 年 10 月 16 日（判タ 1337 号 123 頁）（裁判例 50）……………………… 19
東京高判平成 21 年 10 月 29 日平 21（行コ）209（原審：東京地判平成 21 年 5 月 22 日平 21（行ウ）10）
　（裁判例 301）……………………………………………………………………………… 102
東京地判平成 21 年 10 月 29 日平 21（行ウ）202−204（裁判例 670）……………………… 233
東京高判平成 21 年 12 月 2 日平 21（う）1492（判タ 1332 号 279 頁）（裁判例 493）……… 169
東京地判平成 22 年 1 月 15 日平 20（行ウ）626，平 21（行ウ）2（裁判例 574）………… 197
東京地判平成 22 年 1 月 20 日平 21（行ウ）473（裁判例 303）……………………………… 102
東京地判平成 22 年 1 月 22 日平 21（行ウ）82（裁判例 339）……………………………… 118
東京地判平成 22 年 1 月 22 日平 20（行ウ）601，617−619（判タ 1353 号 96−110 頁）
　（裁判例 426・735）…………………………………………………………………… 149, 259
東京高判平成 22 年 1 月 28 日平 21（行ウ）875（裁判例 492）……………………………… 169
熊本地判平成 22 年 1 月 29 日平 19（ワ）1711（判タ 1323 号 166 頁）（裁判例 537・538・542）……… 183, 184
東京地判平成 22 年 1 月 29 日平 20（行ウ）261（判タ 1359 号 93 頁）（裁判例 597）……… 207
東京地判平成 22 年 2 月 5 日平 20（行ウ）713（判タ 1333 号 121 頁）（裁判例 596・693）……… 207, 246
東京地判平成 22 年 2 月 17 日平 20（行ウ）443（裁判例 115・119・672）……… 39, 40, 238

東京地判平成 22 年 2 月 19 日平 20（行ウ）457・470（判タ 1356 号 145-146 頁）（裁判例 261・286）…… 89, 96
東京地決平成 22 年 2 月 25 日平 22（む）374（判タ 1320 号 282 頁）（裁判例 234）…………………………… 80
東京地判平成 22 年 3 月 12 日平 21（行ウ）33・250（裁判例 659）…………………………………………… 228
名古屋高判平成 22 年 3 月 25 日平 21（ネ）353（労判 1003 号 5 頁）（裁判例 532）………………………… 182
東京地判平成 22 年 3 月 30 日平 20（行ウ）522（裁判例 521）………………………………………………… 179
東京地判平成 22 年 4 月 28 日平 20（行ウ）484，485（裁判例 337・351）…………………………… 117, 123
東京地判平成 22 年 5 月 14 日平 21（行ウ）235（裁判例 224）………………………………………………… 76
東京地判平成 22 年 6 月 8 日平 21（行ウ）144（判タ 1354 号 98 頁）
　　（裁判例 560・594・608・692）……………………………………………………… 193, 206, 210, 245
東京地判平成 22 年 6 月 10 日平 21（行ウ）329（裁判例 400）………………………………………………… 138
東京地判平成 22 年 6 月 18 日平 21（行ウ）512（裁判例 712）………………………………………………… 252
東京地判平成 22 年 7 月 2 日平 22（行ウ）8（裁判例 753）……………………………………………………264
東京地判平成 22 年 7 月 8 日平 21（行ウ）107（裁判例 42・682）………………………………………… 16, 242
東京地判平成 22 年 7 月 23 日平 21（刑わ）1358，2122，2365，平 21（特わ）2330，平 21（合わ）443
　　（裁判例 61）……………………………………………………………………………………………… 22
福岡高判平成 22 年 9 月 13 日平 22（ネ）255（労判 1013 号 6 頁）（裁判例 537）…………………………… 183
東京地判平成 22 年 9 月 17 日平 21（行ウ）289・296・297（裁判例 298）…………………………………… 100
東京地判平成 22 年 9 月 17 日平 22（行ウ）292（裁判例 500）………………………………………………… 172
東京地判平成 22 年 10 月 1 日平 21（行ウ）132（判タ 1362 号 73 頁）（裁判例 656・691）…………… 227, 245
東京地判平成 22 年 10 月 19 日平 21（行ウ）331（裁判例 336）……………………………………………… 117
横浜地判平成 22 年 10 月 27 日平 22（行ウ）26（裁判例 71）…………………………………………………… 26
東京地判平成 22 年 10 月 29 日平 19（行ウ）472（訟月 57 巻 1 号 1 頁）（裁判例 285）…………………… 96
東京地判平成 22 年 11 月 5 日平 21（行ウ）625（裁判例 319）………………………………………………… 109
東京地判平成 22 年 11 月 10 日平 21（行ウ）265（裁判例 4）…………………………………………………… 4
東京地判平成 22 年 11 月 19 日平 21（行ウ）441，平 22（行ウ）14（裁判例 294）………………………… 99
東京高判平成 22 年 11 月 24 日平 22（ネ）5465（判タ 1373 号 184 頁）（裁判例 552）……………………… 187
東京地判平成 22 年 11 月 30 日平 21（行ウ）401（裁判例 314・720）…………………………………… 105, 254
大阪地判平成 22 年 12 月 3 日平 19（行ウ）203（裁判例 247・250・255）…………………………… 84, 85, 87
名古屋地判平成 22 年 12 月 9 日平 21（行ウ）19（判タ 1367 号 124 頁）（裁判例 422・765）………… 147, 270
名古屋地判平成 22 年 12 月 13 日平 20（行ウ）36（裁判例 609）……………………………………………… 211
東京高判平成 22 年 12 月 14 日平 22（行コ）253（裁判例 681）……………………………………………… 241
東京地判平成 23 年 1 月 18 日平 22（行ウ）365（裁判例 92・707）……………………………………… 33, 251
大阪地判平成 23 年 1 月 19 日平 19（行ウ）191（裁判例 517）………………………………………………… 178
東京地判平成 23 年 2 月 4 日平 21（行ウ）514（裁判例 555・558）……………………………………… 191, 192
東京地判平成 23 年 2 月 18 日平 21（行ウ）622，594（裁判例 184）………………………………………… 61
東京地判平成 23 年 3 月 10 日平 22（行ウ）461（裁判例 578）………………………………………………… 199
東京地判平成 23 年 3 月 10 日平 22（行ウ）291（裁判例 671）………………………………………………… 237
東京地判平成 23 年 3 月 11 日平 21（行ウ）560（裁判例 56）…………………………………………………… 20
東京地判平成 23 年 3 月 16 日平 21（行ウ）478（裁判例 338・450）……………………………………… 117, 156
東京地判平成 23 年 3 月 16 日平 21（行ウ）478，613 − 616（裁判例 437）………………………………… 152
東京地判平成 23 年 3 月 24 日平 22（行ウ）34（裁判例 514）………………………………………………… 176
東京地判平成 23 年 3 月 25 日平 22（行ウ）191（裁判例 386）………………………………………………… 134
東京高判平成 23 年 3 月 31 日平 23（ラ）233（判タ 1375 号 231 頁）（裁判例 730）………………………… 258
名古屋地判平成 23 年 4 月 14 日平 22（行ウ）83（裁判例 755）……………………………………………… 266
東京地判平成 23 年 4 月 15 日平 22（行ウ）168（裁判例 390）………………………………………………… 135
東京地判平成 23 年 4 月 15 日平 21（行ウ）639，平 22（行ウ）1 − 3（裁判例 413）………………………… 143
東京地判平成 23 年 4 月 22 日平 22（行ウ）201 − 203（裁判例 433）………………………………………… 151
福岡高判平成 23 年 4 月 28 日 22（行コ）13（裁判例 297）…………………………………………………… 100
東京高判平成 23 年 5 月 11 日平 22（行コ）206（判時 2157 号 3 頁）
　　（裁判例 351・425・436・734）…………………………………………………… 123, 148, 151, 259
東京地判平成 23 年 5 月 12 日平 22（行ウ）307（裁判例 125・131）……………………………………… 42, 43
東京地判平成 23 年 5 月 25 日平 22（行ウ）156（裁判例 640）………………………………………………… 221

東京地判平成 23 年 5 月 27 日平 22 (行ウ) 24784 (裁判例 548・549) ································· 186
東京地判平成 23 年 6 月 7 日平 22 (行ウ) 138, 142, 143 (裁判例 432) ································150
東京地判平成 23 年 6 月 15 日平 22 (行ウ) 568 (裁判例 312) ·· 104
東京地判平成 23 年 6 月 17 日平 21 (行ウ) 494 (裁判例 629) ··217
東京地判平成 23 年 6 月 24 日平 22 (行ウ) 339 (裁判例 35) ··· 14
東京地判平成 23 年 6 月 28 日平 22 (行ウ) 234 (裁判例 130・753) ································ 43, 264
東京地判平成 23 年 6 月 28 日平 22 (行ウ) 266 (裁判例 288) ·· 97
東京地判平成 23 年 7 月 6 日平 22 (行ウ) 9 (裁判例 625) ·· 216
東京地判平成 23 年 7 月 12 日平 20 (行ウ) 682, 平 21 (行ウ) 537, 平 22 (行ウ) 48 (裁判例 654) ······· 225
東京地判平成 23 年 7 月 19 日平 21 (行ウ) 406-408 (裁判例 417) ·······································145
東京地判平成 23 年 9 月 8 日平 22 (行ウ) 504 (裁判例 55) ·· 20
東京地判平成 23 年 9 月 13 日平 22 (行ウ) 464 (裁判例 57・62) ····································· 21, 22
東京地判平成 23 年 9 月 13 日平 22 (行ウ) 758 (裁判例 83) ··· 30
東京地判平成 23 年 9 月 28 日平 22 (行ウ) 114, 120-122 (裁判例 432) ································150
京都地判平成 23 年 10 月 18 日平 22 (行ウ) 36 (判タ 1383 号 197 頁) (裁判例 48) ················· 18
東京地判平成 23 年 10 月 18 日平 22 (行ウ) 413・416-418 (裁判例 639) ···························· 220
東京地判平成 23 年 10 月 25 日平 21 (行ウ) 373 (裁判例 695) ·· 246
東京地判平成 23 年 10 月 27 日平 20 (行ウ) 487・497・530-533・557・690 (裁判例 638) ········· 220
大阪高判平成 23 年 10 月 28 日平 23 (行コ) 7 (訟月 58 巻 12 号 4072, 4073 頁) (裁判例 248・256) ····· 84, 87
東京地判平成 23 年 11 月 4 日平 22 (行ウ) 674 (裁判例 98) ··· 34
東京地判平成 23 年 11 月 10 日平 22 (行ウ) 347 (裁判例 206・469) ······························ 69, 163
東京地判平成 23 年 11 月 10 日平 22 (行ウ) 444, 473-474 (裁判例 417) ·····························145
福岡高判平成 23 年 11 月 15 日平 22 (行コ) 38 (判タ 1377 号 104 頁) (平成 26 年 7 月 18 日最判の原審)
　(裁判例 70) ·· 26
東京地判平成 23 年 11 月 29 日平 22 (行ウ) 503 (裁判例 260) ·· 89
東京地判平成 23 年 11 月 29 日平 22 (行ウ) 202 (裁判例 673) ···238
東京地判平成 23 年 11 月 30 日平 22 (行ウ) 37 (裁判例 624・629) ····························· 216, 217
東京地判平成 23 年 12 月 1 日平 22 (行ウ) 644 (裁判例 404) ·· 140
東京地判平成 23 年 12 月 2 日平 22 (行ウ) 565 (裁判例 317) ·· 108
東京地判平成 23 年 12 月 6 日平 22 (行ウ) 206 (裁判例 457) ·· 158
東京地判平成 23 年 12 月 6 日平 22 (行ウ) 215 (裁判例 644) ·· 222
東京地判平成 23 年 12 月 7 日平 22 (行ウ) 227 (裁判例 753) ···264
大阪高判平成 23 年 12 月 8 日平 23 (行コ) 28 (訟月 59 巻 10 号 2731 頁) (裁判例 7・33・728) ····· 5, 14, 257
東京地判平成 23 年 12 月 9 日平 22 (行ウ) 421 (裁判例 706) ·· 251
東京地判平成 23 年 12 月 13 日平 23 (行ウ) 303, 393, 394 (裁判例 59・705) ·················· 21, 251
東京地判平成 23 年 12 月 19 日平 23 (ワ) 20551 (裁判例 586) ·· 202
東京地判平成 23 年 12 月 21 日平 22 (行ウ) 428 (裁判例 372) ··· 129
東京地判平成 23 年 12 月 21 日平 21 (行ウ) 636 (裁判例 637) ··· 220
東京地判平成 24 年 1 月 12 日平 22 (行ウ) 251, 256-259 (裁判例 394) ···························· 137
福岡地判平成 24 年 1 月 13 日平 22 (行ウ) 31 (裁判例 324・374) ·································· 111, 130
東京地判平成 24 年 1 月 27 日平 22 (行ウ) 733, 平 23 (行ウ) 22, 338, 367 (裁判例 468) ········· 163
東京地判平成 24 年 2 月 1 日平 23 (行ウ) 71 (裁判例 307) ··· 103
東京地判平成 24 年 2 月 3 日平 23 (行ウ) 357 (裁判例 311) ·· 104
東京地判平成 24 年 2 月 7 日平 23 (行ウ) 200 (裁判例 161) ··· 54
福島地裁白河支部判平成 24 年 2 月 14 日平 21 (ワ) 160, 平 22 (ワ) 1 (労判 1049 号 37 頁)
　(裁判例 530・536・539) ·· 182, 183, 184
東京地判平成 24 年 2 月 24 日平 22 (行ウ) 719 (裁判例 653) ·· 225
東京地判平成 24 年 2 月 28 日平 23 (行ウ) 276 (裁判例 680) ·· 241
東京地判平成 24 年 3 月 8 日平 22 (行ウ) 495 (裁判例 97) ··· 34
東京地判平成 24 年 3 月 9 日平 22 (行ウ) 540 (裁判例 393) ··136
東京地判平成 24 年 3 月 16 日平 21 (行ウ) 311 (裁判例 623) ·· 215
東京地判平成 24 年 3 月 21 日平 22 (行ウ) 551 (裁判例 373) ···130

東京地判平成 24 年 3 月 28 日平 23（行ウ）80（裁判例 513）‥‥‥‥‥‥‥‥‥‥‥‥‥‥‥ 176	
大阪地決平成 24 年 4 月 2 日平 23（行ク）138（裁判例 16・90・747・750）‥‥‥‥‥‥ 8, 32, 262, 263	
東京地判平成 24 年 4 月 10 日平 22（行ウ）722（裁判例 259）‥‥‥‥‥‥‥‥‥‥‥‥‥‥‥ 89	
東京地判平成 24 年 4 月 10 日平 23（行ウ）128（裁判例 622）‥‥‥‥‥‥‥‥‥‥‥‥‥‥‥ 215	
東京地判平成 24 年 4 月 11 日平 23（行ウ）373（裁判例 258）‥‥‥‥‥‥‥‥‥‥‥‥‥‥‥ 88	
東京地判平成 24 年 4 月 12 日平 23（行ウ）48（裁判例 665）‥‥‥‥‥‥‥‥‥‥‥‥‥‥‥ 231	
東京地判平成 24 年 4 月 13 日平 22（行ウ）667, 675－677（裁判例 417・432）‥‥‥‥‥ 145, 150	
東京地判平成 24 年 4 月 13 日平 23（行ウ）73（判タ 1405 号 90 頁）（裁判例 593）‥‥‥‥‥ 206	
東京地判平成 24 年 4 月 17 日平 22（行ウ）6・7・189（裁判例 636）‥‥‥‥‥‥‥‥‥‥‥ 219	
東京地判平成 24 年 4 月 18 日平 23（行ウ）143（裁判例 370）‥‥‥‥‥‥‥‥‥‥‥‥‥‥‥ 129	
東京地判平成 24 年 4 月 18 日平 22（行ウ）595（裁判例 393）‥‥‥‥‥‥‥‥‥‥‥‥‥‥‥ 136	
東京地判平成 24 年 4 月 19 日平 22（行ウ）760（裁判例 376）‥‥‥‥‥‥‥‥‥‥‥‥‥‥‥ 131	
東京地判平成 24 年 4 月 20 日平 23（ワ）20365（裁判例 551）‥‥‥‥‥‥‥‥‥‥‥‥‥‥‥ 187	
東京地判平成 24 年 4 月 25 日平 22（行ウ）756（裁判例 79・260）‥‥‥‥‥‥‥‥‥‥‥ 29, 89	
東京高判平成 24 年 4 月 26 日平 22（行コ）228（裁判例 608）‥‥‥‥‥‥‥‥‥‥‥‥‥‥‥ 210	
東京地判平成 24 年 4 月 27 日平 22（行ウ）190, 207（裁判例 635）‥‥‥‥‥‥‥‥‥‥‥‥ 219	
静岡地判平成 24 年 4 月 27 日平 23（行ウ）34（裁判例 706）‥‥‥‥‥‥‥‥‥‥‥‥‥‥‥ 251	
東京地判平成 24 年 5 月 17 日平 22（行ウ）456, 477（裁判例 584）‥‥‥‥‥‥‥‥‥‥‥‥ 201	
東京地判平成 24 年 5 月 29 日平 22（行ウ）126・176－179（裁判例 634）‥‥‥‥‥‥‥‥‥ 219	
東京地判平成 24 年 5 月 30 日平 23（行ウ）122（裁判例 467）‥‥‥‥‥‥‥‥‥‥‥‥‥‥‥ 162	
東京地判平成 24 年 6 月 15 日平 23（行ウ）163（裁判例 175）‥‥‥‥‥‥‥‥‥‥‥‥‥‥‥ 59	
東京地判平成 24 年 6 月 15 日平 23（行ウ）66（裁判例 444）‥‥‥‥‥‥‥‥‥‥‥‥‥‥‥ 154	
東京地判平成 24 年 6 月 20 日平 23（行ウ）308（裁判例 323）‥‥‥‥‥‥‥‥‥‥‥‥‥‥‥ 111	
東京地判平成 24 年 6 月 22 日平 22（行ウ）40（裁判例 629）‥‥‥‥‥‥‥‥‥‥‥‥‥‥‥ 217	
東京地判平成 24 年 6 月 22 日平 23（行ウ）7（裁判例 633）‥‥‥‥‥‥‥‥‥‥‥‥‥‥‥ 219	
東京地判平成 24 年 6 月 26 日平 23（行ウ）144・159－161（裁判例 562）‥‥‥‥‥‥‥‥‥ 194	
東京地判平成 24 年 7 月 4 日平 23（ワ）2651（裁判例 96）‥‥‥‥‥‥‥‥‥‥‥‥‥‥‥ 33	
東京地判平成 24 年 7 月 10 日平 23（行ウ）647（裁判例 397）‥‥‥‥‥‥‥‥‥‥‥‥‥‥‥ 137	
東京地判平成 24 年 7 月 13 日平 23（行ウ）79（裁判例 689）‥‥‥‥‥‥‥‥‥‥‥‥‥‥‥ 244	
東京地判平成 24 年 7 月 19 日平 22（行ウ）470（裁判例 260）‥‥‥‥‥‥‥‥‥‥‥‥‥‥‥ 89	
東京地判平成 24 年 7 月 26 日平 23（行ウ）479（裁判例 322）‥‥‥‥‥‥‥‥‥‥‥‥‥‥‥ 110	
東京地判平成 24 年 8 月 24 日平 23（行ウ）611（裁判例 466）‥‥‥‥‥‥‥‥‥‥‥‥‥‥‥ 162	
東京地判平成 24 年 8 月 24 日平 23（行ウ）402, 504（判タ 1390 号 166 頁）（裁判例 519）‥‥‥‥‥ 178	
東京地判平成 24 年 8 月 28 日平 24（行ウ）122（裁判例 342）‥‥‥‥‥‥‥‥‥‥‥‥‥‥‥ 120	
東京地判平成 24 年 8 月 28 日平 22（行ウ）581（裁判例 655・702）‥‥‥‥‥‥‥‥‥‥ 226, 250	
東京地判平成 24 年 8 月 31 日平 23（行ウ）255（裁判例 356）‥‥‥‥‥‥‥‥‥‥‥‥‥‥‥ 124	
東京地判平成 24 年 9 月 7 日平 24（行ウ）29（裁判例 101）‥‥‥‥‥‥‥‥‥‥‥‥‥‥‥ 35	
東京地判平成 24 年 9 月 7 日平 23（行ウ）219（裁判例 412）‥‥‥‥‥‥‥‥‥‥‥‥‥‥‥ 143	
東京地判平成 24 年 9 月 10 日平 22（行ウ）660（裁判例 230・245・257）‥‥‥‥‥‥ 79, 83, 88	
東京高判平成 24 年 9 月 12 日平 22（行コ）397（訟月 59 巻 6 号 1654 頁）（裁判例 592）‥‥‥‥‥ 205	
東京地判平成 24 年 9 月 26 日平 23（行ウ）337（裁判例 669）‥‥‥‥‥‥‥‥‥‥‥‥‥‥‥ 233	
東京地判平成 24 年 10 月 2 日平 24（行ウ）103（裁判例 47）‥‥‥‥‥‥‥‥‥‥‥‥‥‥‥ 18	
東京地判平成 24 年 10 月 3 日平 23（行ウ）434（裁判例 643）‥‥‥‥‥‥‥‥‥‥‥‥‥‥‥ 222	
福岡高判平成 24 年 10 月 19 日平 24（行コ）10（裁判例 375）‥‥‥‥‥‥‥‥‥‥‥‥‥‥‥ 130	
さいたま地判平成 24 年 10 月 24 日平 22（ワ）3472（裁判例 541・550）‥‥‥‥‥‥‥‥ 184, 187	
東京地判平成 24 年 11 月 6 日平 23（行ウ）294（裁判例 505）‥‥‥‥‥‥‥‥‥‥‥‥‥‥‥ 173	
東京地判平成 24 年 11 月 15 日平 23（行ウ）572, 600（裁判例 449）‥‥‥‥‥‥‥‥‥‥‥‥ 156	
東京地判平成 24 年 11 月 16 日平 23（行ウ）29（裁判例 558）‥‥‥‥‥‥‥‥‥‥‥‥‥‥‥ 192	
東京地判平成 24 年 11 月 19 日平 24（行ウ）6（裁判例 129）‥‥‥‥‥‥‥‥‥‥‥‥‥‥‥ 43	
東京地判平成 24 年 11 月 20 日平 23（行ウ）661（裁判例 75・506）‥‥‥‥‥‥‥‥‥‥ 28, 173	
東京地判平成 24 年 11 月 20 日平 23（行ウ）696（裁判例 385）‥‥‥‥‥‥‥‥‥‥‥‥‥‥‥ 134	
東京地判平成 24 年 11 月 20 日平 22（行ウ）563（裁判例 629）‥‥‥‥‥‥‥‥‥‥‥‥‥‥‥ 217	

282　判 例 索 引

東京地判平成 24 年 12 月 7 日平 23（行ウ）417，平 24（行ウ）144，490（裁判例 88）………………… 32
東京地判平成 24 年 12 月 25 日平 24（行ウ）323（裁判例 392）………………………………………… 136
東京地判平成 25 年 1 月 15 日平 24（行ウ）101（裁判例 293）…………………………………………… 99
東京地判平成 25 年 1 月 15 日平 23（行ウ）752，平 24（行ウ）93，102（裁判例 443）……………… 154
東京地判平成 25 年 1 月 16 日平 23（行ウ）52（裁判例 662）…………………………………………… 230
東京地判平成 25 年 1 月 18 日平 23（行ウ）442（裁判例 567）………………………………………… 195
東京地判平成 25 年 1 月 29 日平 23（行ウ）672（裁判例 328）………………………………………… 114
東京高判平成 25 年 1 月 31 日平 24（ネ）5340（原審：東京地判平成 24 年 7 月 18 日平 22（ワ）42340）
　（裁判例 87）……………………………………………………………………………………………… 31
東京地判平成 25 年 1 月 31 日平 23（行ウ）759（裁判例 132）………………………………………… 43
東京地判平成 25 年 2 月 5 日平 24（行ウ）273（裁判例 384）………………………………………… 134
東京地判平成 25 年 2 月 5 日平 24（行ウ）159（裁判例 453）………………………………………… 157
東京地判平成 25 年 2 月 15 日平 23（行ウ）111，116-119（裁判例 417）……………………………… 145
東京地判平成 25 年 2 月 21 日平 24（行ウ）292（裁判例 510）………………………………………… 175
東京地判平成 25 年 2 月 26 日平 24（行ウ）482（裁判例 401）………………………………………… 139
東京地判平成 25 年 2 月 27 日平 23（行ウ）539（裁判例 389・733）…………………………… 135, 259
東京地判平成 25 年 2 月 28 日平 24（行ウ）600（裁判例 700）………………………………………… 249
東京地判平成 25 年 3 月 1 日平 23（行ウ）654（裁判例 53）…………………………………………… 20
長崎地判平成 25 年 3 月 4 日平 22（ワ）118（時報 2207 号 98 頁）（裁判例 535）…………………… 183
東京地判平成 25 年 3 月 8 日平 24（行ウ）232（裁判例 124）………………………………………… 42
東京地判平成 25 年 3 月 26 日平 24（行ウ）72（裁判例 106）………………………………………… 36
東京地判平成 25 年 3 月 26 日平 24（行ウ）348（裁判例 260）………………………………………… 89
東京高判平成 25 年 4 月 10 日平 24（行コ）351（裁判例 519）………………………………………… 178
東京地判平成 25 年 4 月 16 日平 24（行ウ）96（裁判例 396・465）………………………………… 137, 161
東京地判平成 25 年 4 月 17 日平 24（行ウ）429（裁判例 146）………………………………………… 49
東京地判平成 25 年 4 月 18 日平 24（行ウ）333（裁判例 334）………………………………………… 116
東京地判平成 25 年 4 月 24 日平 24（行ウ）367（裁判例 205・464・504）………………… 69, 161, 172
東京地判平成 25 年 4 月 25 日平 24（行ウ）41（裁判例 371）………………………………………… 129
東京高判平成 25 年 4 月 25 日平 24（ネ）7822（裁判例 541・550）………………………………… 184, 187
東京地判平成 25 年 5 月 15 日平 23（行ウ）697（裁判例 629）………………………………………… 217
東京地判平成 25 年 5 月 23 日平 24（行ウ）342（裁判例 223）………………………………………… 75
東京地判平成 25 年 6 月 11 日平 24（行ウ）520（裁判例 699）………………………………………… 249
東京地判平成 25 年 6 月 14 日平 25（行ウ）28（裁判例 442）………………………………………… 154
東京地判平成 25 年 6 月 19 日平 24（行ウ）401（裁判例 95）………………………………………… 33
東京地判平成 25 年 6 月 25 日平 24（行ウ）456（裁判例 512）………………………………………… 175
名古屋高判平成 25 年 6 月 27 日平 25（行コ）19（裁判例 446）……………………………………… 155
東京地判平成 25 年 6 月 27 日平 24（行ウ）445（裁判例 452）………………………………………… 157
東京地判平成 25 年 7 月 4 日平 24（行ウ）378（裁判例 221・222）…………………………………… 75
東京地判平成 25 年 7 月 10 日平 24（行ウ）346（裁判例 503）………………………………………… 172
富山地判平成 25 年 7 月 17 日平 24（ワ）6（裁判例 540）…………………………………………… 184
東京地判平成 25 年 7 月 18 日平 24（行ウ）523（裁判例 369）………………………………………… 128
東京地判平成 25 年 7 月 19 日平 24（行ウ）550（裁判例 54）………………………………………… 20
東京地判平成 25 年 7 月 23 日平 24（行ウ）393（裁判例 629）………………………………………… 217
東京地判平成 25 年 7 月 25 日平 24（行ウ）662（裁判例 122）………………………………………… 41
東京地判平成 25 年 7 月 30 日平 24（行ウ）336（裁判例 287・560・561・566）………… 97, 193, 195
東京地判平成 25 年 7 月 30 日平 24（行ウ）519，602（裁判例 454）………………………………… 157
東京地判平成 25 年 8 月 8 日平 23（行ウ）699（裁判例 407・463）………………………………… 141, 161
東京地判平成 25 年 9 月 10 日平 24（行ウ）735（裁判例 405）………………………………………… 141
東京地判平成 25 年 9 月 11 日平 24（行ウ）451（裁判例 52）………………………………………… 19
東京地判平成 25 年 9 月 12 日平 25（行ウ）26（裁判例 204）………………………………………… 69
東京地判平成 25 年 9 月 25 日平 24（行ウ）平 498（裁判例 171）…………………………………… 58
東京地判平成 25 年 10 月 10 日平 24（行ウ）618（裁判例 341）……………………………………… 120

判 例 索 引　283

東京地判平成 25 年 11 月 15 日平 24（行ウ）753（裁判例 661）──────────────── 229
東京地判平成 25 年 11 月 19 日平 24（行ウ）274（裁判例 629）──────────────── 217
東京地判平成 25 年 11 月 27 日平 24（行ウ）350（裁判例 507・509）──────── 173, 174
東京地判平成 25 年 12 月 3 日平 24（行ウ）724（裁判例 112・128）────────── 38, 42
東京地判平成 25 年 12 月 3 日平 24（行ウ）423（裁判例 658）──────────────── 228
横浜地判平成 25 年 12 月 4 日平 24（ワ）4059（裁判例 65）────────────────── 24
東京地判平成 25 年 12 月 6 日平 22（ワ）15077, 42153（判タ 1375 号 113 頁）（裁判例 529）────── 182
東京地判平成 25 年 12 月 10 日平 24（行ウ）525（裁判例 321）──────────────── 110
東京地判平成 25 年 12 月 13 日平 24（行ウ）71（裁判例 249）───────────────── 85
大阪高判平成 25 年 12 月 20 日平 25（行コ）13（裁判例 326・421・445）──── 113, 146, 154
東京地判平成 25 年 12 月 24 日平 25（行ウ）153（裁判例 359・410）─────── 125, 142
東京地判平成 25 年 12 月 24 日平 24（行ウ）747（裁判例 570）──────────────── 196
東京地判平成 26 年 1 月 10 日平 24（行ウ）770（判タ 1408 号 323 頁）（裁判例 391）───── 135
東京地判平成 26 年 1 月 17 日平 25（行ウ）306（裁判例 160）───────────────── 54
東京地判平成 26 年 1 月 17 日平 24（行ウ）595（裁判例 212・753）───────── 72, 264
東京地判平成 26 年 1 月 21 日平 24（行ウ）772（裁判例 191）───────────────── 64
東京地判平成 26 年 1 月 24 日平 24（行ウ）607（裁判例 217）───────────────── 73
東京地判平成 26 年 1 月 28 日平 24（行ウ）864（裁判例 559・565・629）──── 193, 195, 217
東京地判平成 26 年 1 月 30 日平 25（行ウ）458（裁判例 306）──────────────── 103
名古屋地判平成 26 年 1 月 30 日平 24（行ウ）23
　（裁判例 335・675・683・754・758）──────────── 116, 239, 242, 266, 267
東京地判平成 26 年 1 月 31 日平 24（行ウ）146（裁判例 632）──────────────── 218
東京地判平成 26 年 2 月 6 日平 24（行ウ）410, 428（裁判例 355）─────────── 124
東京地判平成 26 年 2 月 12 日平 25（行ウ）138, 587（裁判例 165）──────────── 56
東京地判平成 26 年 2 月 20 日平 24（行）603（裁判例 200）──────────────── 67
東京高判平成 26 年 2 月 26 日平 25（行コ）383（裁判例 378）──────────────── 131
東京地判平成 26 年 2 月 27 日平 24（行ウ）814（裁判例 260）───────────────── 89
東京地判平成 26 年 2 月 28 日平 24（行ウ）757, 平 25（行ウ）211（裁判例 163・166）───── 55, 56
金沢地裁小松支部判平成 26 年 3 月 7 日平 24（ワ）77（裁判例 528・534）──── 182, 183
東京地判平成 26 年 3 月 19 日平 23（ワ）25874（判タ 1420 号 246 頁）（裁判例 276）───── 93
函館地判平成 26 年 3 月 27 日平 23（ワ）158, 平 24（ワ）27（裁判例 527）──── 181
東京地判平成 26 年 4 月 15 日平 25（行ウ）238（裁判例 210）───────────────── 71
東京地判平成 26 年 4 月 15 日平 25（行ウ）604（裁判例 333）──────────────── 115
東京地判平成 26 年 4 月 15 日平 25（行ウ）33（判時 2230 号 11 頁, 判タ 1409 号 336 頁）（裁判例 664）──── 231
東京地判平成 26 年 4 月 22 日平 25（行ウ）131・357, 164（裁判例 156）──────── 53
東京地判平成 26 年 4 月 22 日平 25（行ウ）542（裁判例 499）──────────────── 171
東京地判平成 26 年 4 月 24 日平 25（行ウ）179（裁判例 455）──────────────── 158
東京地判平成 26 年 5 月 13 日平 25（行ウ）253（裁判例 629）──────────────── 217
東京地判平成 26 年 5 月 22 日平 25（行ウ）199（裁判例 300）──────────────── 101
東京地判平成 26 年 5 月 23 日平 25（行ウ）567（裁判例 325）──────────────── 112
東京地判平成 26 年 5 月 29 日平 25（行ウ）328（裁判例 332）──────────────── 115
東京地判平成 26 年 5 月 30 日平 23（行ウ）679, 平 24（行ウ）430（裁判例 127）──── 42
東京地判平成 26 年 5 月 30 日平 25（行ウ）324, 347 − 349（判タ 1413 号 226 頁, 判時 2240 号 44 頁）
　（裁判例 516）────────────────────────────── 177
東京地判平成 26 年 6 月 4 日平 24（行ウ）862, 平 25（行ウ）390（裁判例 155）──── 52
東京地判平成 26 年 6 月 5 日平 25（行ウ）161（裁判例 260）───────────────── 89
東京地判平成 26 年 6 月 10 日平 25（行ウ）436（裁判例 216）───────────────── 73
東京地判平成 26 年 6 月 13 日平 24（行ウ）755（裁判例 209・406）──────── 70, 141
東京地判平成 26 年 6 月 19 日平 25（行ウ）283（裁判例 188）───────────────── 63
東京地判平成 26 年 6 月 20 日平 25（行ウ）647, 654 − 656（裁判例 121・152）──── 41, 51
東京地判平成 26 年 6 月 20 日平 25（行ウ）636（裁判例 145）───────────────── 49
東京地判平成 26 年 6 月 25 日平 24（行ウ）334（裁判例 5）────────────────── 4

284　判 例 索 引

東京地判平成 26 年 6 月 26 日平 25 (行ウ) 447 (裁判例 126・153) ·················· 42, 52
東京地判平成 26 年 7 月 10 日平 25 (行ウ) 235 (裁判例 45) ·························· 17
東京地判平成 26 年 7 月 10 日平 25 (行ウ) 230 (裁判例 753) ······················264
東京地判平成 26 年 7 月 15 日平 25 (行ウ) 322, 362 (裁判例 292) ·················· 99
東京地判平成 26 年 7 月 15 日平 25 (行ウ) 215 (裁判例 546) ·······················185
東京地判平成 26 年 7 月 17 日平 25 (行ウ) 364 (裁判例 187) ························ 63
最二小判平成 26 年 7 月 18 日平 24 (行ヒ) 45 (訟月 61 巻 2 号 356 頁, 判例地方自治 386 号 78 頁)
　(裁判例 69) ·· 26
東京地判平成 26 年 7 月 25 日平 25 (行ウ) 277 (裁判例 558) ·······················192
東京地判平成 26 年 8 月 1 日平 25 (行ウ) 513 (裁判例 763) ························ 269
東京地判平成 26 年 8 月 5 日平 25 (行ウ) 553, 576-578 (裁判例 417) ··············145
東京地判平成 26 年 8 月 8 日平 25 (行ウ) 824 (裁判例 190) ························ 63
東京地判平成 26 年 8 月 8 日平 25 (行ウ) 590 (裁判例 657) ························228
東京地判平成 26 年 8 月 28 日平 25 (行ウ) 531 (裁判例 368) ·······················128
東京地判平成 26 年 9 月 4 日平 25 (行ウ) 583 (裁判例 81・508) ··············· 30, 174
東京地判平成 26 年 9 月 5 日平 26 (行ウ) 92 (裁判例 189) ························· 63
東京地判平成 26 年 9 月 5 日平 25 (行ウ) 400 (裁判例 193) ························ 64
東京地判平成 26 年 9 月 8 日平 25 (行ウ) 448 (裁判例 142) ························ 48
東京地判平成 26 年 9 月 19 日平 26 (行ウ) 14 (裁判例 395) ························137
東京高判平成 26 年 9 月 19 日平 26 (行コ) 49 (原審：東京地判平成 25 年 12 月 25 日平 25 (行ウ) 61)
　(裁判例 424) ···148
東京地判平成 26 年 9 月 24 日平 25 (行ウ) 810 (裁判例 382) ·······················133
東京地判平成 26 年 9 月 24 日平 26 (行ウ) 67 (裁判例 383) ························133
東京地判平成 26 年 9 月 26 日平 25 (行ウ) 455 (裁判例 144) ························ 49
東京地判平成 26 年 9 月 30 日平 25 (行ウ) 741 (裁判例 199) ························ 67
札幌高判平成 26 年 9 月 30 日平 26 (ネ) 187 (裁判例 527) ·························181
千葉地判平成 26 年 9 月 30 日平 24 (ワ) 2950 (判時 2248 号 72 頁) (裁判例 533・547) ··········· 183, 186
東京地判平成 26 年 10 月 2 日平 25 (行ウ) 586 (裁判例 203) ························ 68
東京地判平成 26 年 10 月 8 日平 25 (行ウ) 589 (裁判例 569) ·······················196
東京地判平成 26 年 10 月 10 日平 26 (行ウ) 42 (裁判例 123) ························ 41
東京地判平成 26 年 10 月 22 日平 25 (行) 806 (裁判例 82) ························· 30
横浜地判平成 26 年 11 月 5 日平 25 (行ウ) 40 (裁判例 423) ························148
東京地判平成 26 年 11 月 11 日平 25 (行ウ) 747・767 (裁判例 361) ·················125
東京地判平成 26 年 11 月 19 日平 25 (行ウ) 358 (裁判例 34・47) ················ 14, 18
東京地判平成 26 年 11 月 20 日平 25 (行ウ) 718 (裁判例 162) ······················· 55
東京地判平成 26 年 11 月 25 日平 25 (行ウ) 825 (裁判例 759) ·······················268
東京地判平成 26 年 11 月 27 日平 25 (行ウ) 473, 506-508 (裁判例 327) ·············113
東京地判平成 26 年 11 月 28 日平 25 (行ウ) 2980 (裁判例 114) ······················ 38
東京地判平成 26 年 12 月 5 日平 25 (行ウ) 352・784, 平 26 (行ウ) 161 (裁判例 159) ······· 54
東京地判平成 26 年 12 月 5 日平 26 (行ウ) 200 (裁判例 229) ························ 78
東京地判平成 26 年 12 月 11 日平 25 (行ウ) 780 (裁判例 232・253) ·············· 80, 86
東京地判平成 26 年 12 月 19 日平 25 (行ウ) 731 (裁判例 225) ························ 76
東京地判平成 26 年 12 月 24 日平 26 (行ウ) 257 (裁判例 80) ························ 29
徳島地判平成 26 年 12 月 26 日平 22 (ワ) 637 (裁判例 526) ·························181
東京地判平成 27 年 1 月 13 日平 25 (行ウ) 420 (裁判例 441) ·······················153
東京地判平成 27 年 1 月 14 日平 25 (行ウ) 658 (裁判例 752) ·······················264
東京地判平成 27 年 1 月 15 日平 25 (行ウ) 530 (裁判例 756) ·······················266
東京地判平成 27 年 1 月 22 日平 26 (行ウ) 217 (裁判例 195) ························ 65
那覇地判平成 27 年 1 月 27 日平 25 (行ウ) 4 (裁判例 1・148・440・687) ········· 3, 50, 153, 243
東京地判平成 27 年 1 月 28 日平 26 (行ウ) 79 (裁判例 105・118・320) ········ 36, 40, 109
東京地裁立川支部判平成 27 年 2 月 4 日平 25 (わ) 1514 (裁判例 177・472・486) ······ 60, 165, 167
東京地判平成 27 年 2 月 4 日平 24 (行ウ) 763, 平 25 (行ウ) 640, 平 26 (行ウ) 164 (裁判例 313) ······· 104

東京地判平成 27 年 3 月 12 日平 26 (行ウ) 427 (裁判例 202) ······························· 68
東京地判平成 27 年 3 月 12 日平 26 (行ウ) 198 (裁判例 462) ······························ 160
東京地判平成 27 年 3 月 13 日平 25 (行ウ) 709 (裁判例 403) ······························ 140
広島地判平成 27 年 3 月 13 日平 25 (わ) 480 (裁判例 553) ··································· 187
東京地判平成 27 年 3 月 17 日平 24 (行ウ) 693 (裁判例 113) ································· 38
東京地判平成 27 年 3 月 20 日平 26 (行ウ) 52 (裁判例 32・147) ······················ 13, 50
東京地判平成 27 年 3 月 20 日平 26 (行ウ) 265 (裁判例 208) ······························· 70
東京地判平成 27 年 3 月 20 日平 26 (行ウ) 242, 447 (裁判例 518) ······················ 178
東京地判平成 27 年 3 月 25 日平 26 (行ウ) 149 (裁判例 186・545) ··················· 63, 185
東京地判平成 27 年 3 月 26 日平 25 (行ウ) 742, 745, 746 (裁判例 104) ·················· 36
東京地判平成 27 年 3 月 27 日平 26 (行ウ) 167 (裁判例 398・402) ················· 138, 139
東京地判平成 27 年 4 月 14 日平 26 (行ウ) 105 (裁判例 629) ······························· 217
東京地判平成 27 年 4 月 14 日平 26 (行) 334 (裁判例 761) ································· 268
東京地判平成 27 年 4 月 16 日平 25 (行ウ) 287 (裁判例 158・318) ·················· 54, 109
東京地判平成 27 年 4 月 16 日平 25 (行ウ) 351 (裁判例 756・768) ················ 266, 271
東京地判平成 27 年 4 月 17 日平 26 (行ウ) 204 (裁判例 140) ································· 48
東京地判平成 27 年 4 月 21 日平 25 (行ウ) 334 (裁判例 669) ······························· 232
東京地判平成 27 年 4 月 21 日平 26 (行ウ) 25 (裁判例 698) ······························· 249
東京地判平成 27 年 4 月 23 日平 25 (行ウ) 817 (裁判例 260) ······························· 89
東京地判平成 27 年 4 月 28 日平 26 (行ウ) 573 (裁判例 399) ······························ 138
東京地判平成 27 年 5 月 14 日平 26 (行ウ) 240 (裁判例 382) ······························ 133
東京地判平成 27 年 5 月 21 日平 26 (行ウ) 326 (裁判例 334・757) ················ 116, 267
東京地判平成 27 年 5 月 28 日平 26 (行) 344 (裁判例 157・164) ····················· 54, 55
東京地判平成 27 年 5 月 28 日平 25 (行ウ) 831 (裁判例 564・629) ················ 194, 217
東京地判平成 27 年 6 月 16 日平 26 (行ウ) 205, 207, 208 (裁判例 447) ··············· 156
東京地判平成 27 年 6 月 23 日平 26 (行ウ) 341 (裁判例 215) ······························· 73
東京地判平成 27 年 6 月 30 日平 26 (行ウ) 473 (裁判例 762) ······························ 268
東京地判平成 27 年 7 月 3 日平 26 (行ウ) 13 (裁判例 659) ······························· 228
東京地判平成 27 年 7 月 10 日平 26 (行ウ) 345 (裁判例 151・409) ················· 51, 141
東京地判平成 27 年 7 月 10 日平 26 (行ウ) 320 (裁判例 544) ······························ 185
東京地判平成 27 年 7 月 10 日平 24 (行ウ) 873 (裁判例 659) ······························ 228
東京地判平成 27 年 7 月 15 日平 26 (行ウ) 170－173 (裁判例 451) ······················ 157
東京地判平成 27 年 7 月 16 日平 26 (行ウ) 192 (裁判例 141) ······························· 48
東京地判平成 27 年 7 月 16 日平 26 (行ウ) 309 (裁判例 762) ······························ 269
大阪地判平成 27 年 7 月 24 日平 23 (行ウ) 215 (裁判例 289) ······························· 98
東京地判平成 27 年 8 月 6 日平 26 (行ウ) 252 (裁判例 460) ······························· 159
東京地判平成 27 年 8 月 28 日平 25 (行ウ) 237, 462, 平 26 (行ウ) 285
　(裁判例 581・587・590・666・702) ······························· 200, 202, 203, 232, 250
東京地判平成 27 年 9 月 2 日平 26 (行ウ) 139 (裁判例 652) ······························· 225
東京地判平成 27 年 9 月 4 日平 26 (行ウ) 424 (裁判例 214) ······························· 72
東京地判平成 27 年 9 月 8 日平 26 (行ウ) 508 (裁判例 168・543) ··················· 57, 185
東京地判平成 27 年 9 月 10 日平 26 (行ウ) 477 (裁判例 408) ······························ 141
東京地判平成 27 年 9 月 11 日平 25 (行ウ) 465 (裁判例 621) ······························ 215
東京地判平成 27 年 9 月 15 日平 26 (行ウ) 531 (裁判例 154) ······························· 52
東京地判平成 27 年 9 月 17 日平 26 (行ウ) 434 (裁判例 167) ······························· 57
東京地判平成 27 年 11 月 13 日平 27 (行ウ) 277 (裁判例 150) ···························· 51
大阪高判平成 27 年 11 月 27 日平 26 (行コ) 106 (裁判例 26・290) ··················· 10, 98
東京地判平成 27 年 12 月 15 日平 26 (行ウ) 395 (裁判例 629) ···························· 217
東京高判平成 28 年 1 月 18 日平 26 (ネ) 2195 (裁判例 276) ······························· 93
東京高判平成 28 年 1 月 20 日平 27 (行コ) 240 (裁判例 448) ······························ 156
東京地判平成 28 年 1 月 20 日平 27 (行ウ) 267 (裁判例 456) ······························ 158
東京地判平成 28 年 1 月 21 日平 27 (行ウ) 416 (裁判例 201) ······························· 67

東京地判平成 28 年 1 月 26 日平 26（行ウ）535（裁判例 170）……………………………… 58
東京地判平成 28 年 1 月 27 日平 26（行ウ）432（裁判例 18・174）……………………… 8, 59
名古屋高判平成 28 年 1 月 27 日平 27（行コ）36（裁判例 196）…………………………… 65
東京地判平成 28 年 1 月 28 日平 27（行ウ）389（裁判例 192）…………………………… 64
東京地判平成 28 年 2 月 17 日平 26（行ウ）219（裁判例 651）…………………………… 225
名古屋地判平成 28 年 2 月 18 日平 26（行ウ）128（裁判例 169・183）……………… 57, 61
名古屋高判平成 28 年 3 月 2 日平 27（行コ）45（裁判例 197）…………………………… 65
名古屋高判平成 28 年 3 月 16 日平 27（行コ）32（裁判例 219）………………………… 73
広島地判平成 28 年 5 月 18 日平 26（行ウ）15（裁判例 213）…………………………… 72
福岡地裁小倉支部判平成 28 年 5 月 25 日平 28（わ）95（裁判例 487）………………… 168
東京地判平成 28 年 6 月 3 日平 27（行ウ）422（裁判例 28・316）…………………… 11, 108
東京地判平成 28 年 6 月 30 日平 27（行ウ）41・56（裁判例 228）…………………… 77
東京地判平成 28 年 8 月 28 日平 25（行ウ）819（裁判例 103）………………………… 35

著 者 略 歴

多賀谷　一照 （たがや　かずてる）

1948 年 3 月 14 日生まれ

1971 年 3 月　東京大学法学部卒，同大学院を経て

1978 年 4 月　千葉大学専任講師，助教授，教授，評議員，副学長などを歴任

2011 年 3 月　千葉大学を退職。同 4 月から獨協大学法学部教授，現在に至る

（主たる公職）　NHK 経営委員（2006～2008 年），総務省情報通信審議会委員（2001～2008 年），情報通信・郵政行政審議会会長，法務省出人国懇談会委員（2002～2016 年），行政書士試験委員（委員長）

（主要著書）

入管法大全（日本加除出版　2015 年，共著）

詳解　逐条解説港湾法（改訂版）（第一法規　2015 年）

要説個人情報保護法（弘文堂　2005 年）

情報ネットワークと法律実務（第一法規，加除式，編者代表）

行政情報化の理論（行政管理研究センター　2001 年）

マルチメディアと情報通信法制（第一法規　1998 年，共著）

行政とマルチメディアの法理論（弘文堂　1995 年）

実務裁判例
出入国管理及び難民認定法

定価：本体 3,600 円（税別）

平成 28 年 12 月 5 日　初版発行

編著者　　多 賀 谷　一 照

発行者　　尾 中 哲 夫

発行所　　日 本 加 除 出 版 株 式 会 社

本　　　社　　郵便番号 171-8516
　　　　　　　東京都豊島区南長崎 3 丁目 16 番 6 号
　　　　　　　　　TEL　(03) 3953-5757（代表）
　　　　　　　　　　　　(03) 3952-5759（編集）
　　　　　　　　　FAX　(03) 3953-5772
　　　　　　　　　URL　http://www.kajo.co.jp/
営　業　部　　郵便番号 171-8516
　　　　　　　東京都豊島区南長崎 3 丁目 16 番 6 号
　　　　　　　　　TEL　(03) 3953-5642
　　　　　　　　　FAX　(03) 3953-2061

組版・印刷・製本　㈱アイワード

落丁本・乱丁本は本社でお取替えいたします。
© K. Tagaya 2016
Printed in Japan
ISBN978-4-8178-4356-2 C2032 ¥3600E

┌───┐
JCOPY　〈出版者著作権管理機構　委託出版物〉

　本書を無断で複写複製（電子化を含む）することは、著作権法上の例外を除き、禁じられています。複写される場合は、そのつど事前に出版者著作権管理機構（JCOPY）の許諾を得てください。
　また本書を代行業者等の第三者に依頼してスキャンやデジタル化することは、たとえ個人や家庭内での利用であっても一切認められておりません。

　〈JCOPY〉　H P：http://www.jcopy.or.jp/，e-mail：info@jcopy.or.jp
　　　　　　電話：03-3513-6969，FAX：03-3513-6979
└───┘

入管法大全
立法経緯・判例・実務運用

第1部 逐条解説
第2部 在留資格 （2巻組）

多賀谷一照・髙宅茂 著
2015年3月刊 A5判箱入 1,208頁 本体10,000円+税 978-4-8178-4218-3

商品番号：40581
略　号：入大

● 訴訟、申請取次等のあらゆる実務に必携。複雑かつ変化する全体像を明らかにする一冊。利便性を重視し「逐条解説」と「在留資格」を二分冊化。
● 過去の改正の背景を明らかにする政府答弁・政府資料や在留資格制度に関する政省令や告示、主要判例の要旨等も可能な限り掲載。

【好評シリーズ】

第2版
実務裁判例 交通事故における過失相殺率 自転車・駐車場事故を中心にして
伊藤秀城 著　2016年2月刊 B5判 424頁 本体4,200円+税 978-4-8178-4287-9 商品番号：40500 略号：自転車

実務裁判例 交通事故における過失割合 自動車事故及び消滅時効、評価損等の諸問題
伊藤秀城 著　2014年2月刊 B5判 392頁 本体4,100円+税 978-4-8178-4143-8 商品番号：40542 略号：自動車

実務裁判例 借地借家契約における原状回復義務
伊藤秀城 著　2016年6月刊 B5判 160頁 本体2,000円+税 978-4-8178-4311-1 商品番号：40630 略号：借原

実務裁判例 借地借家契約における信頼関係の破壊
伊藤秀城 著　2015年4月刊 B5判 348頁 本体3,700円+税 978-4-8178-4225-1 商品番号：40584 略号：借信

実務裁判例 借地借家契約における各種特約の効力
伊藤秀城 著　2012年3月刊 B5判 224頁 本体2,600円+税 978-4-8178-3981-7 商品番号：40459 略号：借契

実務裁判例 過払金返還請求訴訟
輿石武裕 著　2014年6月刊 B5判 208頁 本体2,500円+税 978-4-8178-4164-3 商品番号：40554 略号：過払

日本加除出版
〒171-8516　東京都豊島区南長崎3丁目16番6号
TEL（03）3953-5642　FAX（03）3953-2061（営業部）
http://www.kajo.co.jp/